图书在版编目(CIP)数据

枣庄统计年鉴. 2014 / 枣庄市统计局编. -- 北京：中国统计出版社, 2014.9
ISBN 978-7-5037-7193-4

Ⅰ. ①枣… Ⅱ. ①枣… Ⅲ. ①统计资料－枣庄市－2014－年鉴 Ⅳ. ①C832.523-54

中国版本图书馆 CIP 数据核字(2014)第 182582 号

枣庄统计年鉴 -2014

作　　者 / 枣庄市统计局
责任编辑 / 陈越月　陈　成　张　磊　陈　永
装帧设计 / 山东瀚林印务有限公司
出版发行 / 中国统计出版社
地　　址 / 北京市丰台区西三环南路甲 6 号　邮政编码 / 100073
电　　话 / 邮购(010)63376909　书店(010)68783171
网　　址 / http://csp.stats.gov.cn
印　　刷 / 山东瀚林印务有限公司
经　　销 / 新华书店
开　　本 / 890mm × 1240mm　1/16
字　　数 / 318 千字
印　　张 / 25
版　　别 / 2014 年 9 月第 1 版
版　　次 / 2014 年 9 月第 1 次印刷
定　　价 / 260 元

如有印装差错，由本社发行部调换。

2014
枣庄统计年鉴
ZAO ZHUANG TONG JI NIAN JIAN

枣庄市统计局 编
ZAO ZHUANG SHI TONG JI JU BIAN

中国统计出版社
China Statistics Press

《枣庄统计年鉴 2014》编辑委员会

编 辑 说 明 BIAN JI SHUO MING

一、《枣庄统计年鉴》是一部全面反映枣庄市国民经济和社会发展情况的资料性年刊，是认识和研究枣庄市情，制定政策，指导国民经济发展的重要资料和历史性工具书。

二、《枣庄统计年鉴—2014》共包括特载、统计表和附录三大部分。特载部分包括政府工作报告、统计公报和统计工作综述，综合反映机构及社会发展概况和枣庄市统计工作情况。

统计表部分收录了2013年度枣庄市国民经济和社会发展方面的统计数据，共有二十一篇：第一篇，行政区划、人口和自然资源；第二篇，综合；第三篇，从业人员和劳动报酬；第四篇，固定资产投资；第五篇，能源和原材料消费；第六篇，财政；第七篇，价格指数；第八篇，居民生活；第九篇，城市建设；第十篇，农林牧渔业；第十一篇，工业；第十二篇，建筑业；第十三篇，交通运输邮电通信业；第十四篇，批发和零售、住宿和餐饮业；第十五篇，对外经济贸易；第十六篇，金融；第十七篇，教育科技文化卫生体育民政司法；第十八篇，测绘档案标准计量旅游环保；第十九篇，乡镇主要经济指标；第二十篇，全省分市主要经济指标；第二十一篇，淮海经济区主要经济指标。各篇章插页后附有简要说明，概括介绍各篇主要内容和资料来源。

附录部分包括统计分析报告、枣庄市统计局工作大事记和主要统计指标解释。

三、本《年鉴》所列各项指标，《政府工作报告》和《统计公报》使用的数字多为快报数或初步统计数，其他各部分为正式年报数据。凡与本《年鉴》数字不符的，一律以本《年鉴》为准。

四、本《年鉴》的编辑，已根据现行国家统计制度，对统计指标概念、口径、范围、计算方法、计算价格等，作了统一调整，并分别在主要指标解释或表末加以注释。各表中价值量指标，凡未加说明的，均按当年价格计算。部分数据合计数或相对数由于单位取舍不同而产生的计算误差均未作机械调整。

五、由于编者水平有限，本《年鉴》编辑中难免存在不足之处，恳请广大读者提出宝贵意见，以便改进、提高。

编 者

二〇一四年九月

目　录

特　载

统计表

第一篇　行政区划、人口和自然资源

第二篇　综合

第六篇 财政

第七篇 价格指数

第八篇 居民生活

第九篇　城市建设

第十篇　农林牧渔业

第十一篇　工业

第十二篇 建筑业

第十三篇 交通运输邮电通信业

第十四篇 批发和零售、住宿和餐饮业

第十五篇 对外经济贸易

第十六篇 金融

第十七篇 教育、科技、文化、卫生、体育、民政、司法

第十八篇 测绘、档案、标准计量、旅游、环保

2014年政府工作报告

——2014年2月19日在枣庄市第十五届人民代表大会第三次会议上

市长　张术平

各位代表：

现在，我代表市人民政府向大会作政府工作报告，请予审议，并请市政协委员和其他列席会议的同志提出意见。

一、2013年政府工作回顾

2013年是宏观经济形势较为复杂、经济下行压力加大、转型发展很不平凡的一年。一年来，全市上下在市委的正确领导下，坚定不移地实施城市转型战略，抢抓机遇，奋力攻坚，经济社会发展实现了稳中有进、稳中向好，提速转型、跨越发展迈出了坚实步伐。全市GDP完成1830.6亿元，增长10.1%；地方财政收入完成130.7亿元，增长12.3%，扣除省级下划部分可比口径增长6.4%；固定资产投资完成1238亿元，增长20.5%；社会消费品零售总额达到627亿元，增长13.5%；外贸进出口总额达到12.5亿美元，增长10.7%；实际利用境外资金1.6亿美元，增长11.3%；城镇居民人均可支配收入25238元，增长9.9%；农民人均纯收入10878元，增长13.2%，连续4年高于城镇居民收入增幅。

（一）工业转型步伐加快。坚定不移地推进市属工业企业改革，2013年启动实施了33家企业改革改制和社会化管理，2万余名困难职工的历史遗留问题基本得到解决，市南工业区转入以基础设施建设、棚户区改造、产业招商为主的发展阶段。着力推进传统产业市场化重组，泉兴中联覆盖全市三分之二以上水泥产能，促成了中联水泥集团运营总部落户枣庄；八一轮胎成功重组丰源轮胎；泉兴集团实现对金庄煤矿的托管。持续推进产业改造升级，实施工业技改项目516个，完成投资267亿元。锂电自行车、润恒光伏、华润三九医药、鲁南装备制造等“四新”产业项目建设顺利，高新技术产业产值占规模以上工业总产值的比重提高到17.4%。大力扶持中小微企业发展，滚动拨付过桥还贷资金5.2亿元。以更大的力度抓招商引资，引进日本JFE、美国喜达屋等世界500强企业投资项目10个。百个重点项目建设完成投资372亿元，薛城能源循环经济产业园、十电2×60万千瓦机组等一批大项目开工建设，联想百万吨烯烃、辰阳数控机床等项目进展顺利。全市在建投资亿元以上项目303个，其中过10亿元项目63个。

（二）服务业发展亮点增多。以服务业重点项目建设为抓手，促进服务业提档升级。服务业固定资产投资完成635亿元，增长21.7%，占固定资产投资比重达51.3%。台儿庄古城重建全面竣工，省人大常委会通过保护条例；古城文化产业园、非遗博览园规划建设继续推进。微山湖古镇一期建成开放，冠世榴园、抱犊崮、熊耳山等重点景区服务功能进一步完善，成功创建为省乡村旅游示范市。全市旅游综合收入111.6亿元，增长16.5%。大力培植高端服务业，上海跨采中心枣庄分中心、泰国世博城、香港天合数码城、鲁南之家电子商务等项目签约落地，数据中心、万洲商贸、义乌商城等项目建设顺利，红星美凯龙、居然之家、大润发等知名品牌落户枣庄。坚持政府引导、市场运作，成功举办年博会、世界石榴大会、国际机床工具展览会、国际锂电产业博览会等节会活动。引进软件和服务外包企业11家。济宁银行枣庄分行挂牌营业，青岛银行枣庄分行获批筹建，枣庄农商行组建加快推进，32家企业实现股权挂牌托管。

（三）农村改革纵深推进。加快国家农村改革试验区和现代农业示范区建设，积极推进农业产业化、农村城镇化、农民市民化。深化农村土地使用产权制度改革，新增土地合作社492家、流转土地19.7万亩、农地抵押贷款1.9亿元，分别增长68%、37%和62%。注册成立全省首家农村产权交易中心，农村集体土地所有权确权登记发证全面完成，家庭农场、规模以上龙头企业分别发展到481家和288家。新创建农业标准化生产基地3.8万亩，新认证“三品一标”农产品45个，农产品质量抽检合格率达到98.1%。完成农田水利建设投资12亿元。农业综合机械化水平达到80%，农作物良种覆盖率达到98%。落实农业“四补一保”资金4.5亿元。百个美丽乡村创建扎实开展,3 个村被列为国家千村试点。大力推进城乡环卫一体化,目前已覆盖半数以上村居。

(四)城镇化进程全面提速。坚持四轮驱动、四级联动,着力优化布局、突出特色、完善功能,不断提升城镇化质量。完成城市总体规划修编和示范镇规划编制,基本建立了城乡一体的规划体系。出台加强城市管理 30 条意见,城市规划建设管理水平进一步提升。统筹推进城市基础设施建设,完成投资 46 亿元,增长 10.3%。新城实验高中一期、龙潭公园建成启用,实验小学、市妇保院新院、市立医院新院、文体中心等项目进展顺利,11 处便民商业网点投入使用。新建、改造城市主次干道 86 条,新建污水管网 82 公里,区(市)城区承载能力进一步提升。强力推进中心城区集中供热改造,新建供热一级管网 47 公里,新增供热面积 538 万平方米。以示范镇为引领加快小城镇发展,完成小城镇建设投资 35 亿元、增长 8%,新争取 7 个镇纳入省级示范镇。稳步推进农村新型社区建设,新建农村社区服务中心 100 个,改造农村危房 2672 户。深入开展城乡环境综合整治,顺利通过省级卫生城市复审。开通薛城至陶庄的 BRT,改造城乡客运一体化线路 6 条。争取枣鱼高速公路东延,完成 104 国道改建、枣济线改造,新建、改造农村公路 868 公里,城乡路网结构进一步优化。

(五)生态建设初见成效。全面完成中心城区南部山系绿道建设、枣临高速和抱犊崮旅游大道绿化,扩种石榴 3.7 万亩,新增造林绿化面积 26 万亩,环城森林公园绿道总长达到 190 公里,市域森林覆盖率达到 34%以上。实施重点节能项目 50 个,预计万元 GDP 能耗降幅完成省下达任务。关闭 30 万吨以下小煤矿 9 处、采石场 25 处、储煤场 150 处,城市扬尘、机动车尾气、工业废气治理和秸秆禁烧力度进一步加大,蓝天白云天数达到 144 天。深入开展南水北调和淮河流域水污染防治,重点治污工程建设完成 80%以上,境内 7 条主要河流实现鱼类稳定生长。

(六)民生保障更加有力。百件惠民实事得到较好落实,民生支出占财政总支出比重达到 53%。新增城镇就业 6 万人,农村劳动力转移就业 7 万人。城市低保、城乡居民基础养老金发放标准分别提高到每人每月 360 元和 70 元,农村低保、五保集中和分散供养标准分别提高到每人每年 2200 元、4000 元和 2700 元,企业退休人员基本养老金实现"九连增"。新建社区老年人日间照料中心 32 处、农村幸福院 100 处。开工建设保障性住房 1890 套,竣工 1005 套。新建幼儿园 35 所,新建、维修校舍 31 万平方米。医药卫生体制改革稳步推进。人口自然增长率控制在 5.7‰以内。成功承办十艺节民乐展演。市八运会圆满落幕。物价总水平保持基本稳定。平安枣庄建设扎实推进,安全生产事故起数、死亡人数实现"双下降"。其他社会事业也都取得了新发展。

(七)发展环境持续优化。严格执行中央"八项规定",坚决解决"四风"问题。厉行勤俭节约,市级"三公"经费和会议费下降 26%。自觉接受人大、政协监督,566 件人大代表建议和政协提案全部按时办结。充分发挥市长热线、市长信箱作用,受理群众来电来信 2.7 万件,办结率 99%。深化行政审批制度改革,市级行政许可事项取消 30 项、下放 78 项、调整 25 项、保留 110 项,成为目前全省行政许可事项最少的市。大力精减政府文件和议事机构,政府普发性公文同比减少 33%;清理政府议事机构 139 个,保留 71 个。扎实开展"庸懒散"专项治理、"百千百"民主评议和社情民意调查,不断强化网上电子监察和日常审计监督,从严查处涉企乱收费等行为,营商环境进一步优化。

各位代表,一年来,在省委、省政府和市委的坚强领导下,在人大、政协和社会各界的监督支持下,在全市人民的共同努力下,我们经受住复杂局面的考验,取得了来之不易的成果。在此,我代表市人民政府,向奋斗在各行各业的广大干部群众,向解放军、武警驻枣官兵和中央、省驻枣单位,向在我市创业发展的投资者、建设者,向所有关心、支持枣庄发展的港澳台同胞和海内外朋友,表示衷心的感谢和崇高的敬意!

同时,我们也应看到发展中存在的困难和问题:我市经济总量依然较小,缺乏带动作用强的大企业、大项目;产业结构偏重、质效偏低的问题仍然存在,传统产业产能过剩,新兴产业支撑不足,服务业发展水平亟待提升,结构调整任重道远;城镇化质量、农业产业化水平不高,统筹城乡发展的任务依然艰巨;资源、环境等要素制约比较突出,市场化配置机制尚未完全形成;教育、医疗等基本公共服务供给不够均等,解决就业、社保等民生难题还要付出更大努力;政府职能转变还不够到位,优化营商环境的力度仍需加大,等等。对于这些问题,我们一定高度重视,以改革创新的思路,制定切实可行的措施,尽快加以解决。

二、2014 年政府工作目标和总体要求

2014 年是全面贯彻落实党的十八届三中全会精神的开局之年,是枣庄提速转型、跨越发展的关键之年。做好今年的政府工作,任务艰巨,责任重大。我们必须更加清醒地认识到,当前全球经济进入深度调整期，国内经济企稳回升的基础尚不稳固，加速转调创面临诸多挑战。党的十八届三中全会吹响了全面深化改革的号角，省委、省政府拉开了建设西部经济隆起带的序幕，枣庄这座老工业基地踏上了奋起赶超、重塑辉煌的新征程。挑战和机遇并存，困难与希望同在。我们必须更加准确地把握面临的机遇，更加自觉地担当起历史的重任，积极进取，务实作为，用实干托起枣庄人民的振兴梦。

今年政府工作的总体要求是：深入贯彻落实党的十八大和十八届二中、三中全会精神，牢牢把握西部经济隆起带建设的重要机遇，以稳中求进为总基调，以改革创新为动力，以提高经济发展质量和效益为中心，以转方式调结构为主线，以保障和改善民生为目的，坚持项目兴市、工业强市、生态立市，坚持四化同进、四城同创，纵深推进三大战役，倾力打造转型升级和经济文化融合发展高地。

今年经济社会发展的主要预期目标是：全市GDP增长10%左右；地方财政收入增长10%左右；固定资产投资增长18%；社会消费品零售总额增长13%；外贸进出口总额增长5%；城镇居民人均可支配收入、农民人均纯收入分别增长11%和12%；城镇登记失业率控制在3.8%以内；人口自然增长率控制在9.6‰以内；居民消费价格涨幅控制在3.5%以内；全面完成省下达的节能减排任务。

实现上述目标，必须统筹把握好以下五个方面：一是必须把稳增长促转调作为首要任务。城市转型遭遇经济下行，倒逼我们要强化底线思维，注重危中寻机、难中求进，以破釜沉舟、背水一战的决心，以凤凰涅槃、浴火重生的胆识，加快转调步伐，加速转型振兴，实现有质效、可持续的稳定增长。二是必须把抓改革解难题作为关键环节。面对制约发展的深层次问题，以新的理念谋划工作，勇于担当，不回避、不犹豫、不退缩，果断决策，精准发力，持之以恒打好改革组合拳。三是必须把守底线惠民生作为最大责任。坚持从群众不满意的地方改起，从群众最期盼的事情做起，量力而行、尽力而为、统筹城乡、兼顾各方，将有限的财力更多地向民生领域倾斜，扎实办好惠民实事，不断提升群众的满意度、幸福感。四是必须把打基础利长远作为重要遵循。不贪眼前之利，不求一时之快，多上符合科学发展要求的大项目、好项目，为未来发展积蓄后劲；多筑桥修路、盖学校、建医院，为长远发展提供支撑；多植树种绿、减排治污、修复生态，为枣庄留下更多的青山绿水。五是必须把转作风促落实作为根本保障。一分部署，九分落实。思路再好、政策再优、措施再多，落不到实处都是一纸空文。全市上下必须围绕既定的目标，把更多的精力用在抓落实上，出实招、用真功，以“钉钉子”的精神，一项一项地盯紧靠牢，一件一件地抓实办成，努力把枣庄发展的美好蓝图变为生动现实。

三、全面深化经济体制改革

改革是当今时代的主旋律，也是转方式调结构稳增长的最大动力。必须紧跟中央和省里的改革步伐，正确、准确、有序、协调推进各项改革，释放新一轮发展红利。

（一）继续深化行政审批制度改革。在承接好省里下放行政审批事项的基础上，再取消、下放一批行政审批事项，用政府权力的“减法”换取市场活力的“乘法”。全面落实优化营商环境30条措施，深化“两集中、两到位”，实行投资项目并联审批、联合勘验、无偿代办，完善审批“绿色通道”，为企业和群众提供高效便捷的审批服务。建成启用市、区（市）两级政务服务信息平台，实现信息共享、上下联动。推进工商注册制度便利化，允许各类市场主体平等进入负面清单之外领域。进一步清理规范涉企收费和各类检查评比，切实减轻企业负担。推动行业协会、中介组织与行政机关脱钩，引入竞争机制建立中介机构服务平台，加大政府向社会购买服务力度。

（二）继续深化农村改革。加快国家农村改革试验区建设，纵深推进农村土地使用产权制度改革，进一步扩大产权改革范围、新型农业经营主体数量、产权抵押贷款数额、农地确权登记面积、农村产权交易范围，建立完善农村产权交易体系、新型农业经营体系和社会化服务体系，土地合作社数量、流转土地面积、农地抵押贷款分别增长15%、10%和20%以上，农村土地承包经营权确权登记发证完成80%以上。加快农村宅基地确权登记发证，赋予农民更多的财产权，探索增加农民财产性收入的有效渠道。推进农村集体资产股权化改革，完善被征地农民利益保障机制。积极争取全国农村集体经营性建设用地流转试点，有序推进农村建设用地出让、租赁和入股。

（三）继续深化企业改革。坚定不移地实施市属工业企业三年改革攻坚计划，在巩固原有45家企业改革改制成果的基础上，今年新启动21家市属工业企业改革改制。加快市南工业区建设发展，统筹推进基础设施配套、棚户区改造和产业招商，重点抓好大世界基尼斯枣庄基地等项目建设。支持山东万泰等“退城进园”，让老企业焕发新的生机。进一步理顺国有资产监管体制，引进多种所有制主体参与国有企业改革。完善公司法人治理结构，推行职业经理人制度，探索开展岗位分红权激励试点，增强国有企业发展活力。利用过桥还贷资金等形式，扶持中小微企业健康成长。

（四）继续深化财税体制改革。全面推进预算绩效管理，建立权责匹配的财政支出制度，清理规范重点支出同财政收支增幅挂钩事项，加快形成"花钱必问效、无效必问责"的管理机制。扩大财政预决算、部门预决算及"三公"经费预决算公开试点范围，2015 年实现全面公开。改进专项资金管理办法，逐步取消竞争性领域专项和基层资金配套，完善一般性转移支付增长机制。规范税收优惠政策，深入推进"营改增"试点，完善地方税征管体系。着力优化财政收入结构，进一步提高财政收入质量。积极探索国有资本投资运营新模式，提高国有资产经营效益。加强政府债务管理，规范政府举债融资行为，有效防范和化解债务风险。

（五）继续深化金融领域改革。大力引进异地金融机构，争取更多的股份制银行落户枣庄。做大做强本地金融机构，支持枣庄银行引入战略合作伙伴，实现枣庄农商行挂牌营业。探索开办涉农金融保险，鼓励创办村镇银行、土地银行，积极发展民间资本管理公司、农村资金互助社等新型金融组织，实现小额贷款公司区（市）全覆盖。支持企业跨界参与金融经营，加强与第三方融资平台的合作，有效对接互联网融资市场。推广区域集优集合票据、知识产权质押贷款、企业私募债、创投基金等金融产品，加快企业上市和"新三板"挂牌步伐，推进企业在区域资本市场挂牌托管，提高金融服务实体经济的能力。

（六）继续深化其他领域改革。健全工资正常增长机制，完善最低工资和工资支付保障制度。有序推进事业单位分类改革，完善动态考核和收入分配机制。大力实施学生体质健康提升和艺术教育普及计划，完善校长、教师交流轮岗制度，推动城区优质教育资源扩容。支持高等院校特色化办学，培养更多实用型人才。加快公立医院改革，探索建立现代医院管理制度，保障公立医院的公益性。整合城镇居民基本医疗保险和新型农村合作医疗，建立城乡医疗保险统一管理制度。探索机关事业单位社会保险制度改革，逐步建立基本养老保险和职业年金相结合的多层次养老保障体系。

四、加快调整产业结构

把枣庄打造成为转型升级和经济文化融合发展高地，关键是要调整偏重的产业结构，转变粗放的发展方式，促进传统产业优化升级，推进新兴产业加快崛起。转方式调结构促升级绝非一日之功，必须牢牢抓住项目建设这个牛鼻子，着力推动高端、高质、高效发展。

（一）加快新型工业化。坚持"工业强市"，完善产业发展规划，打好工业转型振兴攻坚战，实现工业经济的华丽转身。力争用 5 年左右的时间，培育壮大煤化工、煤电能源、机械机床 3 个千亿产业板块，新型建材、橡胶塑料、纺织服装、食品加工 4 个 500 亿产业板块，新能源、新医药、新材料、新信息和节能环保 5 个百亿产业板块；重点培育枣矿集团千亿企业集团，联想化工、盛隆、鲁化、泉兴等 10 个百亿企业集团，华电十电、华润纸业等 10 个 50 亿企业集团，形成多业支撑、竞相发展的良好局面。加大市场化重组力度，提高传统产业的集中度和竞争力。巩固水泥产业整合重组成果，发挥中联水泥集团运营总部的引领带动作用，提升行业经营管理水平。加强与山能集团的合作，加快八一丰源轮胎二期项目建设，年内形成 1000 万条子午线轮胎生产能力。引导鲁南机床、威达重工等龙头企业对外联合、对内重组，促进机床产业转型升级。加快联想烯烃、薛城能源等项目建设，大力发展烯烃、炭黑、针状焦等下游产品，提高煤化工产业发展质量和效益。促进工业化与信息化深度融合，推动传统产业技术革新、工艺升级、产品换代。抓好 50 个技改重点项目，力争全市工业技改投资增长 15%以上。继续推进锂电自行车、锂电正极材料、锂电隔膜等项目建设，不断壮大锂电产业整体实力。扶持润恒光能等企业加快发展，着力推进 500 兆瓦光伏二期等项目建设，促进光伏产品的推广应用。抓好华润三九医药、威智医药、康力医疗器械产业园等重点项目，打造国内重要的医药产业基地。加快推进鲁南装备制造、中科蓝天地源热泵等项目建设，提高产品附加值和市场份额。突出企业主体地位，鼓励企业创建重点实验室、工程实验室、院士工作站等研发机构，引导大中型企业建立高水平研发平台。加强与高等院校、科研机构的战略合作，推进煤化工、机床、锂电等重点产业技术研究院建设，加快创新成果转化和产业化步伐。采取项目外包、人才租赁等柔性方式引进专业人才，为产业转型提供智力支持。强化环保、能耗、土地和矿产开发等指标约束，推行等量置换、减量置换，严格限制新增过剩产能。落实差别电价政策和资源环境保护税费制度，引导过剩产能有序退出。年内淘汰平拉工艺平板玻璃生产线、年产 1 万吨以下废纸制浆生产线和 15 年以上染整设备等落后产能。2015 年底前全面关闭 30 万吨以下小煤矿和小石膏矿。

（二）加快服务业高端化。坚持龙头带动、品牌引领，促进服务业发展提速、比重提高、质量提升。加快台儿庄国家级文化产业园建设，丰富古城文化业态，依托非遗博览园、版权贸易基地等平台，吸引更多的文化产业项目和创意人才聚集。抓好中兴矿山公园、石榴文化博览园和聚艺谷等文化创意园建设，形成各具特色的文化产业聚集区。按照"一园三镇五点"的思路，全域化布局乡村旅游。以环中心城区绿道为纽带，将沿线景点串珠成链，科学布局休闲驿站、农家乐等要素，打造环城森林公园。以滨湖镇、榴园镇、北庄镇为重点，打造生态旅游特色镇。以台儿庄古城、微山湖古镇、冠世榴园、抱犊崮、熊耳山为节点，提升精细化管理和市场化营销水平，打造精品旅游景区。以民俗文化、观光采摘、娱乐健身、休闲养生为内容，着力培育"运河人家""榴园人家""山乡人家""湿地渔家"等品牌，打造乡村旅游目的地。加快鲁南铁水联运、贵诚物流、德合物流等项目建设，发展临港物流、仓储物流、冷链物流，努力建设区域性物流枢纽。加快国际机床市场、汽车文化贸易产业园等项目建设，培育区域性商品集散中心。抓好跨采中心枣庄分中心、泰国世博城等项目建设，打造城市核心商圈。改造提升一批传统商业街区，整治规范一批特色餐饮街区，引进一批高端百货、品牌连锁店，优化城区商业网点布局。鼓励社会力量创办老年康复保健中心、健康体检中心、老年公寓等服务机构，促进健康养生产业发展。紧跟大数据和互联网发展步伐，以云计算、物联网、4G网络为支撑，加快"智慧枣庄"建设。着力培育台儿庄软件和服务外包基地、鲁南信息产业园，做大同诚卡、鲁南之家等电子商务平台。市场化办好年博会、机床产业博览会、锂电产业博览会等节会活动，带动会展交易和社会消费。

（三）加快农业现代化。大力发展优质高效特色农业，抓好石榴、马铃薯等10大特色农业示范基地，培育一批现代农业示范镇和"一村一品"专业村。大力发展农产品精深加工，重点培育祥和乳业、春藤食品等10大龙头企业，新增省级重点龙头企业5家以上。大力发展订单农业，推广"市场+基地+农户"经营模式，提高农业生产经营效益。创新农产品流通方式，重点扶持杏花村市场、豆制品基地等10大农产品交易市场，规范提升100家农社对接直销店。抓好农业科技成果应用，加大中低产田改造、土壤改良修复、农业面源污染防治力度，积极推广现代种业、配方施肥、节水灌溉和农机化生产。大力发展有机、绿色、无公害农产品，新认证"三品一标"30个以上。推广标准化生产，抓好国家级食品安全检测中心、农产品综合质检中心项目建设，构建全过程农产品安全监管体系。认真落实"四补一保"惠农政策，加大对农业的财政和金融支持力度。加快岩马水库除险加固，继续推进庄里水库建设，进一步改善农业生产条件。稳步提升粮食、蔬菜生产能力，确保全市人均占有千斤粮、一吨菜。

（四）加快对外开放。瞄准国内外500强企业，开展产业招商、定点招商、登门招商，引进一批带动力强的大项目。发挥骨干企业的招商主体作用，通过合资合作、兼并重组等方式实现强强联合、借力发展。完善园区发展规划，引导项目向园区集中。创新园区投入方式，强化基础设施配套，为项目落地提供支撑。依托大企业、大项目，吸引上下游企业集聚，培育一批配套程度高、专业协作好、特色鲜明的高端产业集群和产业基地。清理批而未供、供而未用土地，盘活闲置土地资源，促进土地节约集约利用。健全以亩均投入、亩均产出、亩均税收、亩均就业人数为导向的项目考核、退出机制，促进园区"腾笼换鸟""二次开发"。支持枣庄高新区、滕州经济开发区创建国家级园区。加大利用外资和招商考核力度，鼓励现有外资企业增资扩股、境外融资，把引资、引智、引技有机结合，拓展利用外资领域。注重以外资促外贸，加快培育出口导向型生产加工企业，做大做强机床、机电、服装、农副产品加工等外贸出口基地。继续实施"走出去"战略，鼓励有条件的企业到境外开发资源、开拓市场。巩固深化台湾·山东经贸文化周招商成果，依托海峡两岸交流基地，加强对台文化交流和经贸合作。

五、提高城镇化发展质量

新型城镇化的核心是人的城镇化。必须以满足人的需求、促进人的发展为目的，突出规划引领、生态优先、基础先行、产业支撑、功能完善、城乡统筹，科学、有序、稳妥推进新型城镇化。

（一）统筹推进城乡规划建设管理。实施全域城镇化战略，编制好新型城镇化发展规划，切实做到"四级全覆盖、城乡一张图"。突出地域特色，创新规划理念，优化城镇化布局和形态，保护和弘扬优秀传统文化，让居民望得见山、看得见水，留住枣庄的发展印记。加强规划协同，搞好城镇规划与土地规划的衔接，提高城镇土地利用率，拓展城市发展空间。坚持市场导向，建立多元化、可持续的城乡建设资金保障机制。加强房地产市场调控和工程质量监管，促进建筑业健康有序发展。进一步理顺城市管理体制，实行市级统筹、属地负责、重心下移，建立大城管格局和长效监督考评机制，提高城市精细化管理水平。

（二）统筹推进中心城区和区（市）城区建设。围绕增强大新城的承接、辐射和带动功能，重点抓好实验小学、实验高中二期、职业中专等教育设施建设，市妇保院新院、市立医院新院等医疗设施建设，文体中心、图书大厦等文体设施建设，双子座、枣矿城等商住设施建设，东西绿轴、蟠龙河湿地等生态景观设施建设。围绕提升区（市）城区人居环境，建设一批保障性安居工程、绿色生态小区，大力推进主次干道、背街小巷、地下管网等基础设施改造，合理规划建设城市公交泊站、公共停车场、自行车道及步行道等设施，科学开发利用城市地下空间，多建为民利民的"贴心工程""良心工程"，逐步形成布局合理、功能完备、安全可靠的基础支撑体系，让枣庄变得更加宜居。

（三）统筹推进小城镇和农村新型社区建设。坚持宜工则工、宜商则商、宜游则游，明确功能定位和产业布局，引导小城镇特色化发展。对示范镇赋予更多的权限、给予更多的支持，加快示范镇建设发展。每个示范镇争取建设一处自来水厂、一座污水处理厂、一座垃圾中转站、一个集贸市场、一处公园绿地、一条特色街区、一个示范社区、一个支柱产业。建立城乡统一的户口登记制度，优先解决在城镇稳定就业的农业人口落户问题，加快实现社保、教育、医疗等基本公共服务覆盖城镇常住人口。有序开展空心村、城郊村治理，加大薄弱村、偏远村帮扶力度，抓好农村新型社区建设，新建农村社区服务中心 60 个，改造农村危房 1500 户，让枣庄变得更加美丽。

（四）统筹推进生态枣庄建设。坚持"生态立市"不动摇，大力实施中心城区环城绿道建设、城市绿化提升、荒山绿化、石榴园扩建、东沙河综合整治等创森重点工程，抓好城区裸露土地覆绿和建筑立体绿化。年内新增造林绿化面积 13 万亩，市域森林覆盖率、城市绿化覆盖率分别达到 35%和 40%以上，力争创建成为国家森林城市。启动国家园林城市创建工作，力争 2015 年创建成功。严格控制露天矿山开采，加大矿山地质环境和破损山体治理修复力度，建设绿色矿山。探索建立节能量市场化交易机制，全面推进重点领域节能减排，完成重点企业脱硫脱硝治理任务。加强工业废气、城市扬尘、机动车尾气综合治理，继续抓好秸秆禁烧和综合利用，稳步推进建成区锅炉"煤改气"，巩固治超治限成果，加快淘汰"黄标车"，努力在雾霾治理方面取得实效。健全"治、用、保"流域综合治污体系，抓好水污染防治重点项目建设，坚决打赢迎淮核查攻坚战，持续改善流域水环境，让枣庄变得更加环保。

（五）统筹推进城乡交通一体化。抓好十大交通工程，建成启用客运换乘中心，启动枣鱼高速公路东延、高铁换乘枢纽建设和北留线改建，做好沂台线南延、滕薛线改建、万年闸复线船闸工程前期工作，加快沿运港口和航道升级改造，争取枣庄机场列入国家"十三五"专项规划；抓好中心城区道路建设改造，进一步优化城市公交网络，实现城区公共自行车服务全覆盖；继续抓好农村公路新建改造和养护管理，推进城市公交向镇村延伸，努力构建城乡互通、高速绕城、公铁水联运的综合交通网络，让枣庄变得更加通畅。

（六）统筹推进城乡环境整治。持续开展城市环境综合整治提升活动，重点整治城乡结合部、老旧小区、背街小巷、农贸市场等领域，规范城区摆摊设点、车辆停放、户外广告设置。继续推进百个美丽乡村创建，实施村容村貌整治和改厨改厕，改善农村环境。完善"户收集、村集中、镇转运、区（市）处理"的运作模式，健全垃圾收集处理、组织管理、经费保障、检查考核体系，上半年实现城乡环卫一体化全覆盖。巩固省级卫生城市创建成果，争取 2015 年创建成为国家卫生城市，让枣庄变得更加整洁。

（七）统筹推进城乡文明建设。扎实开展省级文明城市创建，力争尽快通过考核验收。着力抓好文明单位、文明社区、文明家庭、文明行业创建活动，弘扬文明新风。加强"四德"教育，开设市民道德讲堂、道德模范宣传栏，提升公民道德素质。强化诚信教育，建立诚信档案，惩治失信主体，增进政务诚信、商务诚信和社会诚信。繁荣发展文化事业，开展榴花文艺奖评选，鼓励创办庄户剧团、社区艺术团。建好用好图书馆、文化馆、博物馆、展览馆、美术馆、体育馆和城乡小型文体广场，合理布局一批电子阅报亭、公益广告栏，推动机关事业单位公共绿地、文体设施向社会开放，丰富群众精神文化生活，让枣庄变得更加文明。

六、切实抓好民生保障和社会事业发展

民之所望，政之所向。市政府将把增进民生福祉放在更加突出的位置，进一步加大民生投入，大力发展各项社会事业，用心办好百件惠民实事，让群众得到更多看得见、摸得着的实惠。坚持以创业促就业。引导大学生自主创业、农民离土创业、成功人士返乡创业、民营企业二次创业，激活各类创业主体。年内新增城镇就业 4.2 万人，农村劳动力转移就业 5.6 万人。今年，全市将购买 1000 个公益性岗位和 1000 个大学生见习岗位，帮助特困家庭、双零家庭、下岗失业人员和高校毕业生就业。加大产业扶贫开发力度，鼓励创办农村特色二三产业，帮助更多的农民脱贫致富。进一步提高社会保障标准。城乡居民养老保险缴费补贴最高标准增至50元；城市低保提高到每人每月410元，农村低保提高到每人每年2455元；五保集中供养、分散供养标准分别提高到每人每年4230元和3100元；为80周岁以上享受低保的老年人增发高龄补贴。继续提高企业退休人员基本养老金、城乡居民基本医疗保险补助等标准。完善城市基础设施。新建改造供热管网46公里，新增集中供热面积300万平方米；加快建设街头游园、城市林荫道路和林荫停车场，新建城区小绿地28万平方米；下决心对19个老旧小区和92条背街小巷进行整治，实施路面整修、绿化亮化、违建拆除和管网疏通。规范提升社区放心粮油店25家，新增便民快餐示范店20家、便民快餐网点60个。提升公共服务水平。新建改建幼儿园21所、中小学校舍15万平方米、学生食堂50处；实施市特教学校迁建工程；新建40个留守儿童快乐成长活动站。选派500名优秀医生进农村、入社区开展诊疗服务；免费为1500名贫困白内障患者实施复明手术。启动市社会福利养老服务中心和市残疾人康复中心建设，新建改建社区老年人日间照料中心30处、农村幸福院60处，升级改造乡镇敬老院30处。创新社会治理。深化平安枣庄建设，有效防范和严厉打击各类违法犯罪活动。全面落实安全生产责任，强化重点行业领域安全监管、隐患排查治理和应急处置，确保安全生产形势持续稳定。抓好食品药品安全监管，确保群众饮食用药安全。完善粮食储备体系，稳定基本生活品供应价格。综合治理出生人口性别比。扎实开展双拥共建。同时，推动民族宗教、外事侨务、知识产权、档案史志、妇女儿童、残疾人、红十字、老龄、人防、地震、气象等各项事业全面发展。

七、进一步加强政府自身建设

打好改革攻坚战、实现群众新期盼，把枣庄发展得更好、建设得更美，是对各级政府的重大考验。我们将牢记全市人民的重托，按照为民、务实、高效、廉洁的要求，抓好政府自身建设。

（一）加快指导转变。各级政府要以脱胎换骨的勇气，切实在发展理念、发展定位、发展动力、发展途径、考核导向上实现新转变，坚决摒弃盲目的、不切实际的增长方式和发展观，依靠改革推动、创新驱动、开放带动，增创转型优势、增添发展活力。坚持“差异定位、特色发展、分类考核”，引导各级政府按照主体功能区的理念，发挥优势、统筹谋划、突出重点，努力实现科学发展、协调发展。改进和完善政绩评价体系，提高资源消耗、生态环境、科技创新、社会保障、安全生产等指标的权重，以考核导向的转变促进发展方式的转变。

（二）践行群众路线。讲认真、重实效，扎实开展群众路线教育实践活动，切实解决群众反映强烈的“四风”问题，进一步密切与群众的血肉联系。带着感情下基层，灶前床头访贫苦，掏心窝子办实事，把民生工作做到老百姓的心坎上。畅通依法有序的民意表达渠道，通过市长热线、市长信箱、政风行风热线等，多领域开展群众满意度测评、社情民意调查，广泛听取群众的意见和呼声。坚持领导干部定期公开接访，加快网上信访平台建设，有效解决群众关切的热点问题，确保群众合理诉求得到及时回应、合法权益得到切实维护。

（三）强化依法行政。推动政府管理与服务创新，注重运用法治思维深化改革、化解矛盾、推动发展。健全集体议事、专家咨询、公开听证、合法性审查等制度，确保政府每一项重大决策都遵循法治的轨道、经得起实践和历史检验。实行“权力清单”和“责任清单”制度，严格行政执法程序，规范行政权力运行，做好行政复议应诉工作，以政府依法行政带动全社会知法守法。完善政务公开制度，利用政府公报、门户网站、发布会等形式，推进决策公开、服务公开、结果公开。认真执行人大及其常委会的决议、决定，扎实做好人大代表建议和政协提案办理工作。拓宽民主党派、工商联和无党派人士参政议政的渠道，引导社会各界为经济社会发展建言献策。

（四）恪守廉洁奉公。认真落实“一岗双责”，严格履行党风廉政建设责任制，将防治腐败的要求贯穿深化改革全过程。突出政府采购、土地出让、工程招投标、项目审批等重点领域、关键环节，加大行政监察、审计监督、财政监管力度，确保行政权力运行到哪里、监督就延伸到哪里。持续开展“百千百”民主评议和“庸懒散”专项治理，认真解决征地拆迁、劳动争议、涉法涉诉等领域存在的突出问题，切实纠正损害群众利益的不正之风。大力倡导勤俭节约，坚决反对奢侈浪费，严格落实中央“八项规定”，带头执行公务接待、公务用车、办公用房标准，年内“三公”经费再压减5%以上，以廉政建设的新成效取信于民。

各位代表！改革发展任重道远，转型振兴催人奋进。让我们紧密团结在以习近平同志为总书记的党中央周围，在市委的坚强领导下，凝聚起攻坚克难、干事创业的强大合力，加快建设转型升级和经济文化融合发展高地，努力谱写枣庄人民幸福生活新篇章！

2013年枣庄市
国民经济和社会发展统计公报

枣庄市统计局

2014年3月18日

2013 年，面对严峻复杂的宏观经济形势和沉重的经济下行压力，全市上下在市委、市政府的正确领导下，坚定不移地实施城市转型战略，坚持“项目兴市、工业强市、生态立市”不动摇，抢抓机遇，奋力攻坚，经济社会发展实现了稳中求进、稳中向好，提速转型、跨越发展迈出了坚实步伐。

一、综合

经济在转型升级中实现稳中求进。初步核算并经省统计局核定，全市生产总值（GDP)1830.63 亿元，比上年增长 10.1%。其中，第一产业增加值 149.81 亿元，增长 3.3%；第二产业增加值 1037.55 亿元，增长 11.4%；第三产业增加值 643.27 亿元，增长 9.0%。人均生产总值 48346 元，增长 9.4%。

图 1:2012 年以来各季 GDP 总量及其增幅(亿元,%)

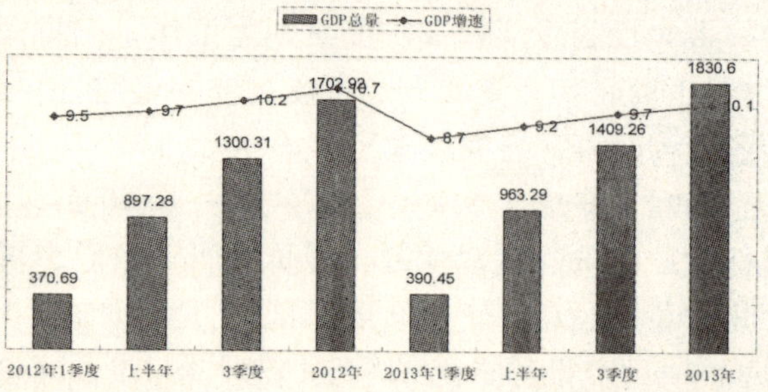

产业结构进一步优化。三次产业结构由 2012 年的 7.81：58.21：33.98 调整为 8.18：56.68：35.14。

图 2:2012 年与 2013 年三次产业结构对比图(%)

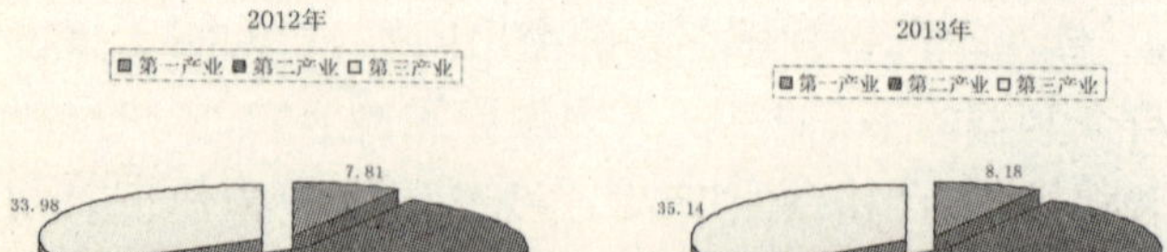

高新技术产业规模扩大。2013 年，全市高新技术企业 270 家，比上年新增 19 家。全年实现高新技术产业总产值 603.39 亿元，增长 15.3%，占规模以上工业总产值比重为 17.4%，比上年提高 1.93 个百分点。

节能降耗工作成效明显。初步核算，万元 GDP 能耗降低率超额完成年度和进度目标任务。累计淘汰落后水泥生产线 26 条、产能 260 万吨。

城市化进程提速转型。年末城市化率达 50.43%，比上年提高 1.03 个百分点。区域发展协调性增强。各区加快转型升级，滕州县域经济发展处于领先位置，经济总量、财政收入均列西部隆起带县(市、区)第 1 位。

就业形势基本稳定。城镇新增就业 5.66 万人，农村劳动力转移 6.77 万人，城镇登记失业率 2.45%。

物价水平保持平稳。居民消费价格比上年上涨 1.8%，涨幅较上年低 0.1 个百分点。工业生产者出厂价格下降 1.8%。

表 1:2013 年居民消费价格指数(以上年为 100)

指标名称	2013 年	2012 年
居民消费价格总指数	101.8	101.9
1、食品	105.0	104.7
#粮食	104.5	103.8
鲜菜	111.6	118.2
2、烟酒及用品	99.6	103.5
3、衣着	101.5	101.5
4、家庭设备用品及维修服务	96.7	101.9
5、医疗保健和个人用品	101.4	102.5
6、交通和通信	97.2	98.6
7、娱乐教育文化用品及服务	102.0	100.0
8、居住	101.1	100.1

图 3:2013 年各月居民消费价格指数(%)

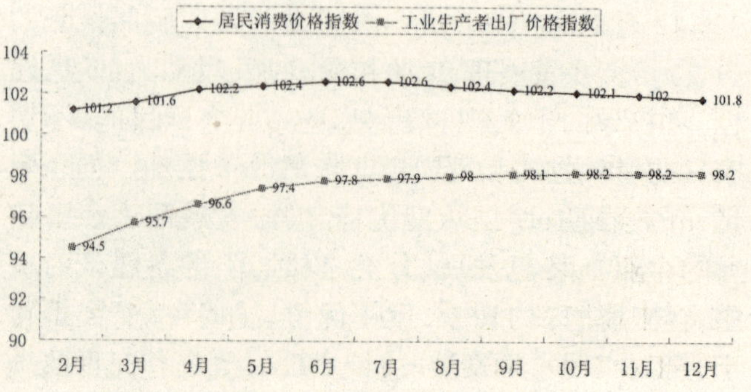

民营经济健康发展。非公有(民营)经济户数 20.97 万户,增长 13.8%;从业人数 75.71 万人,增长 6.2%;纳税额 123.56 亿元,增长 0.6%,占税收总额的 74.43%。

经济社会发展中存在的困难和问题有:经济总量依然较小,带动作用强的大企业、大项目较少;产业结构偏重、质效偏低的问题仍然存在,传统产业产能过剩,新兴产业支撑不足,服务业发展水平亟待提升,结构调整任重道远;城镇化质量、农业产业化水平还不高,统筹城乡发展的任务仍然艰巨;资源、环境等要素制约比较突出,市场化配置机制尚未完全形成;教育、医疗等基本公共服务供给不够均等,解决就业、社保等民生难题还要付出更大努力等等。

二、农林牧渔业

农林牧渔业持续增长。农业增加值 108.71 亿元,增长 3.3%;林业增加值 1.59 亿元,增长 10.6%;牧业增加值 27.13 亿元,增长 1.6%;渔业增加值 4.64 亿元,增长 4.7%。

主要农产品产量基本稳定。粮食作物种植面积 400.57 万亩,总产量 171.20 万吨,下降 5.5%。植树造林 17784 公顷,年末林木蓄积量 615 万立方米,森林覆盖率 34.1%;肉类总产量 26.24 万吨,下降 1.2%;水产品产量 9.29 万吨,增长 4.7%。

表 2:主要农产品产量

指标	单位	产量	增长(%)
粮食	万吨	171.20	-5.5
棉花	吨	4940	-8.4
油料	万吨	9.56	2.8
蔬菜	万吨	452.77	2.6
瓜类	万吨	20.52	-0.9
水果	万吨	25.20	2.6
生猪出栏	万头	174.68	1.9
家禽出栏	万只	7575.05	-5.8
肉类	万吨	26.24	-1.2
禽蛋	万吨	11.21	-2.4
奶类	万吨	4.73	0.3
水产品	万吨	9.29	4.7

农业生产条件不断改善。农用机械总动力 326.42 万千瓦,增长 5.6%。

三、工业和建筑业

工业生产增长平稳。规模以上工业企业 1492 家,比上年增加 111 家。其中,年主营业务收入过 10 亿元的企业 16 家,过 50 亿元的企业 2 家,过 100 亿元的企业 1 家。规模以上工业增加值增长 12.2%。其中,轻工业增长 11.5%;重工业增长 12.4%,重工业快于轻工业 0.9 个百分点。

企业效益稳中向好。规模以上工业企业主营业务收入 3580.70 亿元,增长 11.2%;利润 189.24 亿元,增长 1.6%;利税 356.37 亿元,增长 6.9%。

重点行业增势较好。化学原料和化学制品制造业、非金属矿物制品、纺织 3 大行业完成增加值增长 14.3%,占规模以上工业的比重为 24.0%,拉动规模以上工业增长 3.3 个百分点,拉动贡献率 27.2%。通用设备制造、电器机械制造、专用设备制造 3 个行业完成增加值增长 9.1%,占规模以上工业的比重为 16.5%,拉动规模以上工业增长 1.5 个百分点,拉动贡献率 13.8%。

主要产品产量增加。重点统计的工业产品达 113 种。服装、焦炭、甲醇、冰醋酸、数控金属切削机床等产品产量不断增加。

表 3:工业主要产品产量

产品	单位	产量	增长(%)
原煤	万吨	–	3.7
纱	万吨	18.89	14.5
服装	万件	80664.25	3.6
机制纸及机制纸板	万吨	132.16	4.0
焦炭	万吨	426.57	24.10
水泥	万吨	2319.75	2.9
甲醇	万吨	139.25	41.0
冰醋酸	万吨	28.91	38.0
金属切削机床	台	109897	39.5
数控金属切削机床	台	27003	50.5
发电量	亿千瓦时	130.84	0.5

建筑业快速发展。年末三级及以上资质建筑企业 228 家,比上年增加 6 家。新签合同额 316.83 亿元,增长 31.9%。完成产值 277.49 亿元,增长 25.0%。完成增加值 94.59 亿元,增长 10.3%。建筑业总产值超过亿元的企业有 56 家,产值过 5 亿元的企业 9 家,产值过 10 亿元的 7 家,占全部企业个数的比例分别为 24.6%、3.9%和 3.1%。

四、固定资产投资

固定资产投资较快增长。固定资产投资 1238.2 亿元,增长 20.5%。

图 4:2012 年以来固定资产投资及其增幅(亿元,%)

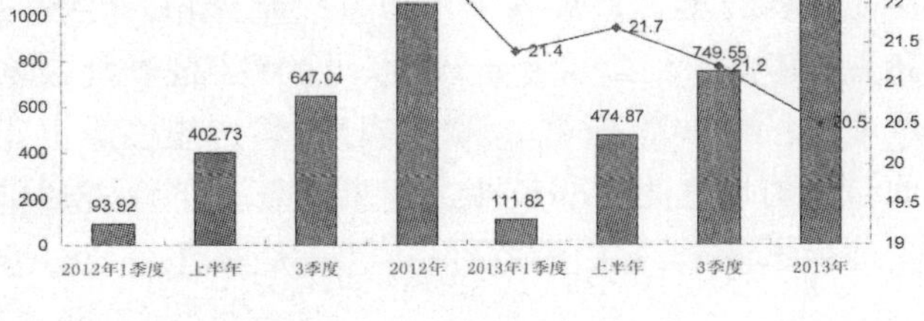

表 4:2013 年分行业固定资产投资及增长

单位(万元)

行业名称	2013 年	增长
合计	12382079	20.5
(一)农、林、牧、渔业	305687	152.7
(二)采矿业	169683	51.1
其中:煤炭开采和洗选业	49683	10.7
色金属矿采选业	–	–
非金属矿采选业	31752	–18
(三)制造业	4819691	10
其中:农副食品加工业	232780	18.7
酒、饮料和精制茶制造业	78182	89.6
纺织业	188076	22.6
纺织服装和服饰业	137969	5.4
家具制造业	25731	–35.6
文教体育用品制造业	87467	–15.6
化学原料及化学制品制造业	819731	39.4
医药制造业	118320	122.7
橡胶和塑料制品业	177528	–52.9
非金属矿制品业	571587	27.2
黑色金属冶炼和压延加工业	102662	93.7
金属制品业	161951	–29.2
通用设备制造业	535066	2.9
专用设备制造业	319925	–25.4
汽车制造业	93495	–43.4
电气机械及器材制造业	382204	–5.3
计算机、通信和其他电子设备制造业	165420	32.3
(四)电力、热力、燃气及水的生产和供应业	216907	1
(五)建筑业	598952	56.1
(六)批发和零售业	726352	37.5
(七)交通运输、仓储和邮政业	320148	–17
(八)住宿和餐饮业	297417	–32.4
(九)信息传输、软件和信息技术服务业	13250	–41.9
(十)金融业	25697	277.9
(十一)房地产业(不含房地产开发)	783225	23.6
(十二)租赁和商务服务业	343321	435
(十三)科学研究和技术服务业	102966	401.5
(十四)水利、环境和公共设施管理业	741134	–8.6
(十五)居民服务和其他服务业	86699	–16.8
(十六)教育	184367	175.4
(十七)卫生和社会工作	131244	263.5
(十八)文化、体育和娱乐业	188464	33.3
(十九)公共管理和社会组织	123318	–34.5

投资结构不断优化。第一产业投资 24.1 亿元,增长 135.1%;第二产业投资 579.3 亿元,增长 17.3%;第三产业投资 634.8 亿元,增长 21.7%,高于投资增幅 1.2 个百分点,且占全部投资比重超过 50%。

重点项目建设加快推进。累计新开工投资过亿元项目 144 个,其中投资过 10 亿元大项目 11 个。全市 100 个重点项目入库的 76 个,完成投资 212.51 亿元。一批重大产业、民生、环保项目顺利建成或加快推进。

房地产市场运行平稳。房地产开发投资 220.4 亿元,增长 23.4%。房屋施工面积 2135.8 万平方米,竣工面积 273 万平方米。销售新建商品住宅 283.3 万平方米,增长 34.9%;销售额 99.7 亿元,增长 39.3%。

保障性安居工程建设有序实施。全年已开工建设各类保障性住房 6175 套,完成目标任务的 101.9%。其中,新开工保障性住房 1890 套,新开工棚户区改造住房 4285 套,全年保障性安居工程竣工住房 23814 套。

五、国内贸易

消费品市场运行平稳。社会消费品零售总额 627 亿元,增长 13.5%。分区域看,城镇零售额 455.1 亿元,增长 15.0%;乡村 171.9 亿元,增长 9.7%。分限额看,限额以上 296.8 亿元,增长 19.5%;限额以下 330.2 亿元,增长 1.1%。

图 5:2012 年以来社会消费品零售总额及其增幅

(亿元,%)

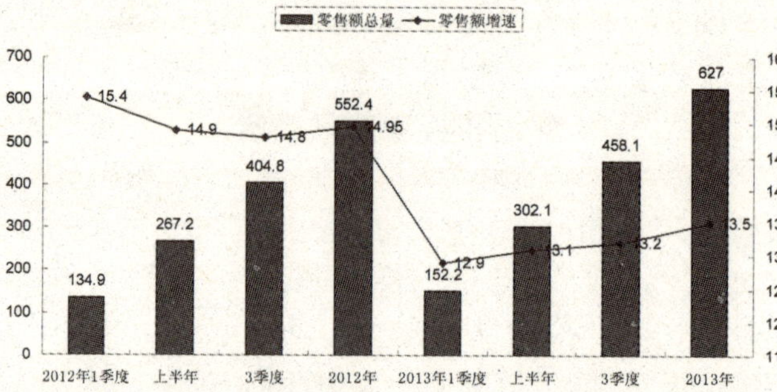

热点商品销售良好。限额以上法人企业实现汽车类零售额 43.7 亿元,增长 16.7%;服装鞋帽针纺织品类增长 3.6%;化妆品类增长 10.3%;金银珠宝类增长 39.6%;建筑及装潢材料类增长 33.8%;家用电器及音像器材类增长 13.6%;家具类增长 21.2%。

六、对外经济

招商引资成果进一步扩大。全市 189 个新建外来固定资产投资 5000 万元以上项目到位资金 150.4 亿元。新建外来固定资产投资 5000 万元以上项目中,机械制造产业集群项目 38 个,战略性新兴产业集群项目 25 个,现代服务业项目 45 个。

外贸发展质量进一步提升。进出口 125133 万美元,增长 10.7%。其中,出口 94656 万美元,增长 0.8%;进口 30477 万美元,增长 59.1%。进口天然橡胶 12329 万美元,占进口总额的 40.5%。化工、机电、高新技术产品分别出口 28108 万美元、15084 万美元、5613 万美元，合计占出口总额的 51.6%。玻璃、肥料、玩具等出口增势强劲，分别增长 122.4%、27.4%、16.0%。有进出口实绩企业 310 家，其中进出口过千万的企业达 25 家。开展进出口贸易的国家和地区达 145 个，对土耳其、俄罗斯、非洲、南美洲出口分别增长 74.1%、43.9%、27.5%、22.2%。对美国和欧洲分别增长 4.7%、8.1%。

实际到账外资稳步增长。全市实际到账外资 15850 万美元，增长 11.3%。新批外资项目 11 个，合同外资 7952 万美元。香港投资仍占主导地位。引进香港投资项目 5 个，实际到帐 10412 万美元，占实际到帐外资总量的 65.7%。离岸服务外包业务执行额 467 万美元，承接离岸服务外包来源地主要是美国和加拿大。

对外经济合作迈出新步伐。对外承包工程合同额 7748 万美元，增长 13.9%。完成对外承包劳务营业额 5013 万美元，增长 4.7%。新设立境外投资企业 5 家，是近年来设立境外企业最多的一年，实现境外投资 5393 万美元，投资分布区域是加拿大、美国、莫桑比克、巴基斯坦，涉及能源资源开发、文化贸易、批发零售业，对外承包工程和境外投资带动出口 700 万美元。

七、交通、邮电和旅游

交通运输业平稳发展。公路客运量 7736 万人，旅客周转量 508622 万人公里，分别增长 2.23%和 2.25%；公路货运量 22894 万吨，货物周转量 2662805 万吨公里，分别增长 0.88%和 5.52%。水路货物运输量 1009 万吨，水路货运周转量 454885 万吨公里，分别增长 2.96%和 2.12%。港口货物吞吐量 2465.4 万吨，增长 16.26%。

民用汽车拥有量增加。民用汽车 39.73 万辆，增加 2.71 万辆。其中当年新注册 4.26 万辆；属于个人拥有 34.70 万辆，其中轿车 21.91 万辆；载客汽车 31.92 万辆，载货汽车 6.03 万辆；营运性汽车 5.54 万辆，其中载客汽车 0.49 万辆，载货汽车 3.79 万辆。

稳步推进交通基础设施建设。交通基础设施完成固定资产投资 12.76 亿元。年末公路通车里程达到 8007 公里(包括村道)，其中，高速公路 163.7 公里。

邮政通信业稳步发展。邮政业务总量 1.42 亿元，增长 15%。电信业务总量 5.42 亿元，下降 5%；固定电话用户 65.68 万户，下降 1.9%。移动电话业务总量 50.90 亿元，增长 4.8%；移动电话用户 345.06 万户，增长 8.8%。

旅游业发展取得新突破。共接待国内游客 1540.39 万人次，增长 13.51%；国内旅游收入 111.12 亿元，增长 16.83%；入境游 3.15 万人次，其中外国人 1.21 万人，港澳台同胞 1.94 万人；旅游创汇 770 万美元。

八、财税、金融和保险业

财政收入平稳增长，财政支出向民生倾斜。公共财政预算收入 130.72 亿元，增长 6.4%。公共财政预算收入占 GDP 的比重为 7.1%，比上年提高 0.3 个百分点。公共财政预算支出 207.80 亿元，增长 11.0%。其中，文化体育与传媒、节能环保、城乡社区事务、农林水事务、社会保障和就业等民生类支出分别增长 77.2%、23.0%、27.9%、15.5%和 26.4%，增幅均高于总支出增幅。

图 6:2012 年以来地方财政一般预算收入及增幅(亿元)

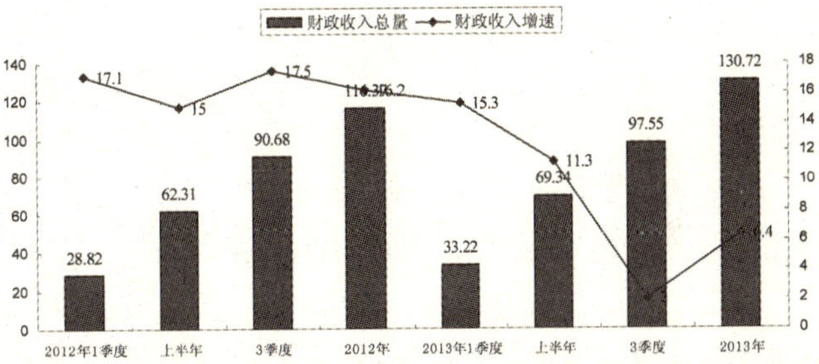

税收收入继续增加。国、地税收入 166.0 亿元，增长 2.5%。其中，国税收入 70.47 亿元，下降 2.2%；地税收入 95.53 亿元，增长 6.3%。税收占 GDP 的比重 9.1%，比上年下降 0.4 个点。

金融信贷规模扩大。年末金融机构本外币存款余额 1249.85 亿元，增加 102.88 亿元。其中，本外币储蓄存款余额 781.64 亿元，增加 86.28 亿元。年末各项本外币贷款余额 975.08 亿元，增加 53.70 亿元。

保险业稳步发展。实现保费收入 43.51 亿元，增长 33.6%。其中财产险收入 9.94 亿元，增长 9.8%；人身险收入 33.57 亿元，增长 42.7%。支付赔款给付 8.96 亿元，增长 43%。

九、科技和教育

科技事业取得新突破。获得省科技进步奖三等奖 5 项；获得省软科学优秀成果奖 7 项，其中一等奖 1 项、三等奖 6 项。取得市科技进步奖 120 项。鲁南技术市场完成技术合同登记 385 项，技术交易额突破 5 亿元，是上年的 1.67 倍。2013 年推荐认定省级工程技术研究中心 4 个，新认定市级工程技术研究中心 19 个；新增省级院士工作站 2 个，新增技术创新战略联盟 1 个。

专利申请和授权数量基本稳定。专利申请 3466 件，增长 15.6%，其中工业企业专利申请量 1594 件，增长12.2%;发明专利申请量997件,下降7.14%。专利授权量3084件,增长14.2%,其中工业企业专利授权量2084件,增长13.8%;发明专利授权量62件,增长0.5%。

教育事业全面发展。普通高等学校招生8820人,毕业7432人,在校生22605人。普通中等职业学校招生18275人,毕业14041人,在校生46565人。普通中学招生66238人,毕业70684人,在校生203087人,初中入学率100%,义务教育巩固率达98.89%。小学招生54542人,毕业41581人,在校生274379人,学龄儿童入学率100%。幼儿园在园儿童9.86万人。

十、文化、广播、卫生和体育

文化、档案、新闻出版稳定增长。艺术表演团体2个、文化馆7个、公共图书馆7个、博物馆13个、电影放映单位9个、档案馆8个,向社会开放档案卷数78650卷。

广播影视事业更加繁荣。拥有广播电台1个,电视台1个,中波转播台1座,电视转播台1座。广播综合人口覆盖率为96.6%,电视综合人口覆盖率为91.86%,有线电视传送模拟46套、数字146套电视节目,有线电视用户达46.1万户。

卫生服务水平不断提高。卫生机构2416个,床位16084张,卫生技术人员数27343人,其中执业医师6532人,执业助理医师7715人。乡镇卫生机构47个,床位2773张,卫生人员3715人。

体育事业蓬勃发展。共举办各类比赛113项,其中,国际级赛事2项、国家级赛事24项,省级赛事12项。成功举办了枣庄市第八届运动会。由我市创编的第四套健身秧歌被命名为山东省市级全民健身精品活动。投入600万资金对老城体育中心进行了大规模维修改造;农民体育健身工程覆盖到2669个村居;新城体育中心建设有序推进。

十一、城乡建设

城市服务功能明显提升。城市基础设施建设完成投资46亿元,比上年增长10.3%。新增道路面积130万平方米,新增绿地面积225公顷,新增供热面积661万平方米,新建改造城市供水管网60公里、燃气管网149公里、热力管网93公里。置换完成天然气用户13232户,城市燃气普及率达到99.5%、供水普及率达到99.5%。全市新增污水管网82公里,9座城市污水处理厂处理污水12208万吨,城市污水集中处理率达到93.5%。

新城建设成效显著。围绕增强大新城的承接、辐射和带动功能,新城各项设施建设顺利推进,总投资约118.3亿元,年度计划完成投资24.6亿元,实际完成投资约29.69亿元。围绕提升新城区人居环境,逐步形成布局合理、功能完备、安全可靠的基础支撑体系,让枣庄变得更加宜居。

农房建设与危房改造稳步推进。启动农房集中连片建设改造项目50个,启动绿色农房建设试点100户,新建农房2.08万户,改造危房2672户。

十二、环境和安全生产

水环境质量稳步改善。全市7条主要河流稳定达到南水北调调水水质标准,淮河流域"十二五"规划项目完成率达到70%。先后对142家工业企业点源实施限期治理,污水处理能力提升到56万吨/日,所有城市污水处理厂全部达到一级A排放标准,污泥日处理能力达到2000吨,再生水利用规模达到28万吨/日,建成截污导流工程7个,年拦蓄回用中水3182.9万吨。

空气环境质量趋稳向好。一些主要污染物如PM2.5、SO2、NO2浓度高于全省平均,全年改善幅度位居全省前列,蓝天白云天数达到144天,位居全省第八。先后对34家企业下达了限期治理脱硝任务,滕州新源热电有限公司等12家企业的21条生产线建成烟气脱硝设施并投入运行;华电十里泉发电厂等9家企业的18条生产线烟气脱硝工程正在建设。全市45家企业的露天物料堆场建设了14万平方米防风抑尘网(墙)或围挡。全市建成11家机动车环保检验机构,年检测机动车22.3万辆,合格20.1万辆,合格率90.9%。

生态枣庄建设稳步推进。滕州市柴胡店镇等12个乡镇被命名为国家级生态镇,全市82%以上(38个)的乡镇建成了省级以上国家级生态镇。滕州市经济开发区生态工业园创建试点稳步扎实推进。山东省滕州瑞达化工有限公司等11家企业通过了省清洁生产绩效考核。市中区逸夫小学等4所学校被评为省级绿色学校,市中区十电社区、滕州滨江花苑社区被评为省级绿色社区,滕州微山湖红荷湿地获首批全国环境教育基地称号。

全社会用电量增加。全社会用电量128.42亿千瓦时,增加8.01亿千瓦时,增长6.65%。

安全生产持续向好。共发生各类生产安全事故555起,下降10.19%;死亡130人,下降3.7%。

社会治安形势稳定。刑事案件立案件数11364件,破获各类刑事案件27146起,受理社会治安案件32327起。

十三、人口、人民生活和社会保障

人口保持低速平稳增长。年末全市公安户籍总人口396.0万人，其中，男性206.5万人，女性189.5万人。年末常住人口380.1万人。出生人口44903人，出生性别比115.9。出生率11.35‰，死亡率5.63‰，自然增长率5.72‰。

居民收入稳步增加。城市居民人均可支配收入25238元，增长9.9%；人均消费性支出16201元，增长8.6%，城市居民恩格尔系数(食品支出占消费性支出的比重)32.8%。农民人均纯收入10878元，增长13.2%；人均生活消费支出6787元，增长20.3%，农村居民恩格尔系数34.0%。

表5:每百户城乡居民主要耐用消费品拥有量

名　称	单位	城市	农村
彩电	台	126	99
摩托车	辆	30	64
家用电脑	台	93	42
洗衣机	台	115	89
照相机	架	65	7
电冰箱	台	99	75
家用汽车	辆	27	10
空调器	台	137	44
淋浴热水器	台	100	80
移动电话	部	248	206

社会保障体系日趋完善。城镇基本医疗保险覆盖率97%，参加失业保险职工人数36.5万，领取失业保险金人数10004人；参加养老保险职工人数577068人，参加养老保险的离退休人员118735人；参加基本医疗保险的职工人数56.43万人，参加基本医疗保险的离退休人员12.5万人；提供公益性岗位1823人，灵活就业人员8474人。民办非企业单位人员3157人；各类福利院床位数21511张；福利院收养人数18675人；城镇各种社区服务设施和服务中心2616个；得到最低生活保障救济人数178635人；接受社会捐赠2880.3万元；筹集社会福利资金4864万元。

注：1、GDP为初步核算数，部分数据为快报数。

2、GDP、各产业增加值绝对数按现行价格计算，增长速度按可比价格计算。

3、规模以上工业为全部年主营业务收入2000万元及以上的工业法人企业。

4、规模以上固定资产投资指计划总投资500万元以上项目在当年实际完成的固定资产投资额。

5、限额以上批发企业为年销售额在2000万元及以上的企业；限额以上零售企业为年销售额在500万元及以上的企业；限额以上住宿业为星级宾馆、饭店；限额以上餐饮业为年销售额200万元及以上的企业。

6、粮食种植面积及产量来源于国家统计局枣庄调查队。

2013年山东省国民经济和社会发展统计公报

山东省统计局
国家统计局山东调查总队

2014年2月28日

2013年，全省人民在省委、省政府的正确领导下，坚持以科学发展观为指导，积极应对复杂严峻的国内外环境，全面贯彻落实中央宏观调控各项措施，紧紧围绕主题主线，以提高经济增长质量效益为中心，积极作为、改革创新，全省经济呈现稳中有进发展态势，物价水平总体稳定，民生持续得到改善，社会事业全面进步，经济文化强省建设迈出新步伐。

一、综合

经济运行稳中有进。初步核算，全省实现生产总值(GDP)54684.3亿元，按可比价格计算，比上年增长9.6%。其中，第一产业增加值4742.6亿元，增长3.8%；第二产业增加值27422.5亿元，增长10.7%；第三产业增加值22519.2亿元，增长9.2%。产业结构调整稳步推进，三次产业比例由上年的8.6：51.4：40.0调整为8.7：50.1：41.2。人均生产总值56323元，增长9.0%，按年均汇率折算为9094美元。

图1 2008-2013年全省生产总值及增长速度

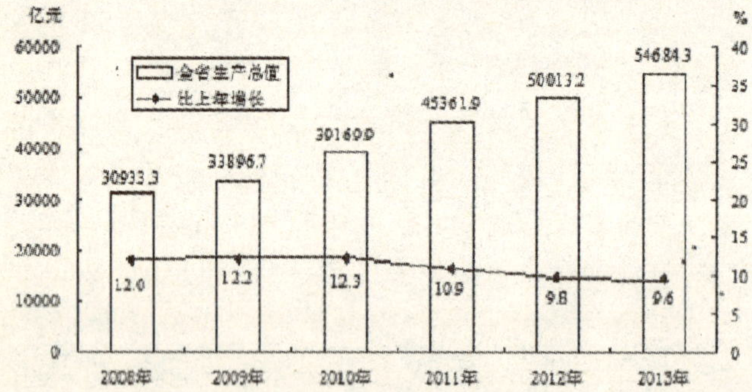

就业形势基本稳定。城镇新增就业119.98万人，新增农村劳动力转移就业133.3万人。失业人员再就业55.5万人，其中，困难群体再就业11.7万人，零就业家庭全部实现动态消零。城镇登记失业率为3.24%，低于4%的全年控制目标。

物价水平总体平稳。居民消费价格总水平上涨2.2%。其中，城市上涨2.1%，农村上涨2.5%；服务项目价格上涨1.8%，消费品价格上涨2.4%。农业生产资料价格上涨1.2%。工业生产者出厂、购进价格均下降1.6%。固定资产投资价格上涨0.4%。

图2:2013年各月居民消费价格指数
(以上年同期为100)

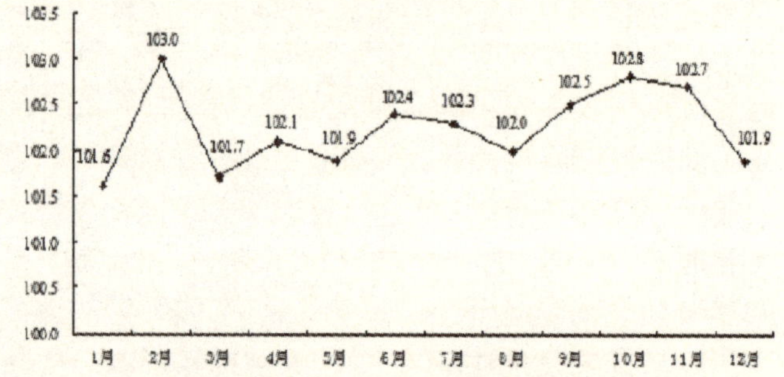

表1 2013年居民消费价格指数(以上年为100)

指　标	全省	城市	农村
居民消费价格指数(CPI)	102.2	102.1	102.5
#食品	104.8	104.3	105.8
#粮食	107.3	106.3	109.6
油脂	102.6	103.3	101.6
肉禽及其制品	103.2	103.4	102.8
蛋	102.2	101.2	103.7
鲜菜	109.3	107.6	113.6
烟酒	100.3	100.3	100.2
衣着	103.3	103.4	102.7
家庭设备用品及维修服务	100.3	100.5	99.9
医疗保健和个人用品	101.0	100.8	101.5
交通和通信	99.3	98.8	100.3
娱乐教育文化用品及服务	101.3	101.4	101.0
居住	101.4	101.5	101.0

区域经济协调发展。山东半岛蓝色经济区实现生产总值25728.8亿元，对全省经济增长的贡献率为46.4%；黄河三角洲高效生态经济区、西部经济隆起带发展加快，分别实现生产总值7985.2亿元、16173.2亿元，增速均超过全省1.3个百分点；省会城

市群经济圈实现生产总值19459.8亿元，对全省经济增长的贡献率为33.9%。县域经济实力不断壮大。公共财政预算收入过10亿元的县（市、区）达到112个，比上年增加18个。其中，过50亿元、80亿元、100亿元的县(市、区)分别达到20个、5个和2个。

市场主体增势良好。年末实有各类市场主体412.6万户，比上年增长12.1%；注册资本（金）49768.6亿元，增长20.7%；户均注册资本(金)120.6万元。其中，年末实有各类企业90.5万户，增长11.3%；注册资本(金)46338.4亿元，增长18.7%；户均注册资本(金)511.9万元。

重点领域改革稳步推进。省政府取消和下放审批事项230项，投资项目省级核准事项减少40%，行政事业性收费由87项缩减为25项。省以下财税关系进一步理顺，“营改增”试点为纳税人减负45亿元。地方金融机构改革和民间金融阳光化进程加快，启动建立了地方金融监管体系。农村土地承包经营权确权登记颁证试点顺利开展。整合城乡居民基本医疗保险意见已颁布，率先以省为单位推行新农合大病保险，30个县级公立医院综合改革试点工作稳步推进。

经济社会发展中存在的主要困难和问题：经济稳中向好发展的基础尚不够稳固，转型升级任务较为艰巨，生态环境压力依然较大，区域协调发展水平和民生保障水平有待进一步提高。

二、农林牧渔业

农林牧渔业稳定发展。农业增加值2649.0亿元，比上年增长4.3%；林业增加值84.8亿元，增长8.8%；牧业增加值975.1亿元，增长1.9%；渔业增加值857.1亿元，增长3.0%。

主要种植业产品质量提升。粮食总产量4528.2万吨，比上年增长0.4%，连续11年增产。果、菜标准化基地总面积148.4万公顷，无公害产地认定面积113.7万公顷。绿色食品原料产地环境监测面积68.3万公顷，增长9.3%。“三品一标”(无公害农产品、绿色食品、有机农产品和农产品地理标志）产品6100个，新认证登记835个。

图3　2008-2013年粮食总产量

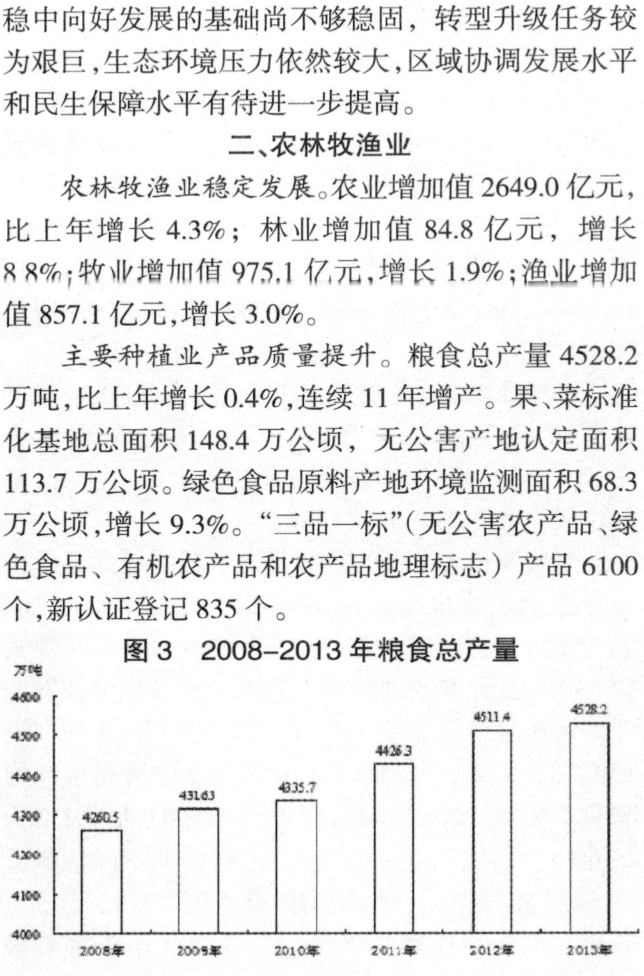

表2　2013年主要种植业产品产量及增长速度

产品名称	单位	产量	比上年增长(%)
粮食	万吨	4528.2	0.4
夏粮	万吨	2219.4	1.8
秋粮	万吨	2308.8	-1.0
棉花	万吨	62.1	-11.1
油料	万吨	349.6	-0.4
蔬菜	万吨	9658.2	2.9
园林水果	万吨	1601.5	5.1

林业生产稳固发展。林地面积331.3万公顷，林木绿化率为22.78%，活立木总蓄积12360.7万立方米。新增造林面积22.0万公顷，比上年增长11.1%。完成水系绿化12.6万公顷。木材产量464.0万立方米。

畜牧业生产基本稳定。生猪存栏2931.4万头，增长1.0%；生猪出栏4797.7万头，增长4.3%；家禽存栏62103.9万只，下降2.7%；家禽出栏183726.7万只，下降2.5%。猪牛羊禽肉产量763.3万吨，增长1.4%；禽蛋产量396.2万吨，下降1.4%；牛奶产量271.4万吨，下降4.4%。创建国家级、省级示范场分别为24个和276个。主要畜产品抽检合格率在99%以上。

渔业生产稳步增长。水产品总产量(不含远洋渔业产量)851.9万吨，比上年增长2.8%。其中，海水产品产量688.2万吨，增长2.3%；淡水产品产量163.7万吨，增长5.1%。渔业资源修复养护力度加大，投放苗种50.0亿单位，建设人工鱼礁区42处，新建国家级水产种质资源保护区5处，省级水产种质资源保护区10处。远洋渔业快速发展，拥有专业远洋渔船402艘，总功率39.0万千瓦。

农田水利建设扎实推进。完成重点小二型水库除险加固222座。综合治理水土流失面积1600.0平方公里。国家级和省级水利风景区217处，新增40处。

农村生产生活条件继续改善。农机总值795.0亿元，比上年增长6.3%；农机总动力1.27亿千瓦，增长2.5%；农作物生产综合机械化水平达到79.0%。农村自来水普及率达到93.0%；新建农村户用沼气池6.2万户。

三、工业

工业企业发展壮大。规模以上工业企业38654家，比上年末净增1796家。其中，年主营业务收入过10亿元的企业1638家，增加237家；过100亿元的企业136家，增加13家。

工业生产平稳增长。全部工业增加值24222.2亿元，比上年增长10.9%。其中，规模以上工业增加值增长11.3%。在规模以上工业中，非公有企业增长13.2%，私营企业增长14.9%；41个行业大类中，39个行业实现增长，重要行业中，石油加工、炼焦和核燃料加工业增长18.9%，橡胶和塑料制品业增长17.2%，有色金属冶炼和压延加工业增长15.1%，汽车制造业增长14.9%，通用设备制造业增长14.6%，化学原料和化学制品制造业增长14.0%，电气机械和器材制造业增长12.5%。

表3　2013年规模以上工业增加值增长速度

指标	比上年增长(%)
规模以上工业总计	11.3
#轻工业	10.2
重工业	11.8
#国有企业	5.3
集体企业	10.6
股份合作企业	22.0
股份制企业	12.3
外商及港澳台商投资企业	10.3
其他经济类型企业	10.6

*工业企业效益稳步回升。*规模以上工业企业实现主营业务收入132319.0亿元，比上年增长12.5%；实现利润8507.7亿元，增长12.4%；实现利税13690.0亿元，增长11.6%；亏损企业亏损额264.9亿元，下降21.4%。

*工业产品产销良好。*在国家重点调度的120种工业产品中，产量增长的有80种，占66.7%。规模以上工业产品销售率为98.8%。出口交货值8216.1亿元，比上年增长4.5%。

表4　2013年主要工业产品产量及增长速度

产品	单位	产量	比上年增长%
水泥	万吨	162178	53
平板玻璃	万重量箱	8279.7	7.5
粗钢	万吨	6351.0.2	3.0
钢材	万吨	8109.1	46
纱	万吨	871.5	4.5
布	亿米	128.5	-3.0
机制纸及纸板	万吨	2052.5	0.5
塑料制品	万吨	500.0	5.9
合成氨(无水氨)	万吨	783.1	2.1
啤酒	万千升	685.8	3.3
橡胶轮胎外胎	万条	42519.5	93
数控金属切削机床	万台	3.4	25.9
金属成形机床	万吨	2.0	-13.0
动车组	辆	664	-34.7
汽车	万辆	150.9	14.3
摩托车整车	万辆	54.5	-20.8
发动机	万千瓦	22691.7	23.0
手机	万台	5096.7.1	23.9
彩色电视机	万台	1580.7	5.1
家用电冰箱	万台	524.4	-8.8
家用洗衣机	万台	651.4	4.9
化学药品原药	万吨	60.8	2.7
微型计算机设备	万台	119.1	-53.1
#笔记本计算机	万台	96.7	-58.6
环境污染防治专用设备	台(套)	74779	11.9
工业锅炉	蒸发量吨	84678.5	18.3

四、固定资产投资和建筑业

*固定资产投资较快增长。*固定资产投资(不含农户)35875.9亿元，比上年增长19.6%。新开工项目28682个，增长3.7%。其中，亿元以上新开工项目5720个，增长35.2%。重点领域投资力度加大。服务业投资18027.0亿元，增长19.7%；改建和技术改造投资11223.2亿元，增长29.1%；高新技术产业投资5687.0亿元，增长24.0%；基础设施投资4340.1亿元，增长32.2%；民间固定资产投资28998.5亿元，增长20.8%，占固定资产投资的比重为80.8%。

*房地产市场运行平稳。*房地产开发投资5444.5亿元，比上年增长15.6%。从商品房建设用途看，住宅投资3976.6亿元，增长14.5%；商业营业用房投资701.7亿元，增长21.8%。房屋施工面积50549.2万平方米，增长17.7%；房屋竣工面积7508.5万平方米，增长2.5%。商品房销售面积10329.8万平方米，增长19.7%，其中，住宅销售面积9300.3万平方米，增长20.1%。

*保障性安居工程建设扎实推进。*新开工各类保障性安居工程28.3万套，开工任务完成率为120.1%，连同往年结转项目基本建成24.6万套，基本建成任务完成率为144.8%。

*建筑业稳定发展。*全省具有资质等级的总承包和专业承包建筑业企业5949家，比上年增加102家。建筑业总产值8332.7亿元，增长14.4%；实现利税639.3亿元，增长15.0%。其中，国有及国有控股企业建筑业总产值1999.0亿元，增长10.3%，实现利税130.7亿元，增长12.9%；非国有企业建筑业总产值6333.7亿元，增长15.8%，实现利税508.6亿元，增长15.6%。

五、国内贸易

*消费品市场稳步增长。*社会消费品零售总额

21744.8 亿元，比上年增长 13.4%。其中，餐饮收入 2238.2 亿元，增长 10.7%；商品零售 19506.6 亿元，增长 13.7%。城镇消费品零售额 17453.6 亿元，增长 13.3%；乡村消费品零售额 4291.2 亿元，增长 13.8%。

主要商品销售良好。在限额以上批发和零售企业中，粮油、食品、饮料、烟酒类零售额 1911.0 亿元，比上年增长 15.8%；服装、鞋帽、针纺织品类零售额 1055.9 亿元，增长 12.6%；日用品类零售额 377.9 亿元，增长 14.5%；金银珠宝类零售额 252.7 亿元，增长 32.3%；建筑及装潢材料类零售额 339.2 亿元，增长 22.5%；家用电器和音像器材类零售额 769.5 亿元，增长 17.5%；通讯器材类零售额 140.0 亿元，增长 16.9%；汽车类零售额 2478.2 亿元，增长 13.3%。

六、对外经济

对外贸易平稳增长。进出口总额 2671.6 亿美元，比上年增长 8.8%。其中，出口 1345.1 亿美元，增长 4.5%；进口 1326.5 亿美元，增长 13.5%。主要出口市场中，对美国、欧盟出口分别增长 5.8%和 3.4%，对韩国、日本出口分别下降 4.5%和 6.0%，对大洋洲、东盟、非洲出口分别增长 16.1%、14.1%和 11.1%。私营企业外贸活力增强，实现进出口总额 1158.5 亿美元，增长 22.0%，占全省进出口总额的 43.4%。

利用外资结构继续优化。新批外商投资项目 1405 个，比上年增长 5.4%；合同外资 177.1 亿美元，增长 7.0%；实际到帐外资 140.5 亿美元，增长 13.8%。其中，新批服务业投资项目 734 个，实际到帐外资 67.9 亿美元，增长 52.0%；新批制造业投资项目 570 个，实际到帐外资 61.8 亿美元。新批总投资过亿美元的项目 49 个，增长 16.7%。引进世界 500 强企业投资项目 35 个，实际到帐外资 5.5 亿美元。

对外经济合作积极推进。新核准设立境外企业(机构)443 家，比上年增长 22.7%；核准境外投资总额 55.6 亿美元，增长 25.4%，其中，核准中方投资 45.1 亿美元，增长 23.1%。对外承包工程完成营业额 84.8 亿美元，增长 4.5%；外派各类劳务人员 52591 人，增长 2.3%。

七、交通、邮电和旅游

交通运输业稳步发展。铁路、公路、水路共完成旅客运量 26.9 亿人次，比上年增长 1.7%；完成货运量 34.4 亿吨，增长 4.5%。年末高速公路通车里程 4994.0 公里。沿海港口货物吞吐量 11.8 亿吨，增长 10.8%。年末民用汽车拥有量 1277.4 万辆，增长 13.8%。其中，私人轿车 644.1 万辆，增长 21.3%，占轿车拥有量的 92.1%。

表 5　2013 年客货运输量及增长速度

	旅客				货物			
	运输量（亿人次）	比上年增长（%）	周转量（亿人公里）	比上年增长（%）	运输量（亿吨）	比上年增长（%）	周转量（亿吨公里）	比上年增长（%）
合计	29.9	1.7	1892.8	3.3	34.4	4.5	10260.9	3.7
公路	25.8	1.4	1331.4	1.6	31.2	5.1	7498.5	6.2
铁路	0.8	10.8	549.9	7.9	1.9	-3.9	1389.1	-7.0
水路	0.3	0.2	11.5	-7.7	1.4	5.4	1372.9	2.1

邮电通信业稳定增长。邮电业务总量 919.7 亿元，比上年增长 8.3%。其中，电信业务总量 863.7 亿元，增长 8.3%；邮政业务总量 56.0 亿元，增长 8.5%。光缆线路总长度 64.0 万公里，增长 9.6%；长途自动交换机容量 45.7 万路端。年末固定电话用户 1744.4 万户，下降 7.6%；移动电话用户 8333.4 万户，增长 9.8%。电话普及率为每百人 104 部。

旅游业较快发展。实现旅游总收入 5183.9 亿元，比上年增长 14.7%。其中，入境旅游收入 27.3 亿美元。共有 A 级旅游景区 667 家，新评 84 家。其中，5A 级景区 9 家，新评 2 家；4A 级景区 153 家，新评 12 家。省级旅游度假区 39 家，新评 12 家。

八、财政和金融

财政收支结构优化。公共财政预算收入 4560.0 亿元，比上年增长 12.3%。其中，税收收入 3533.3 亿元，增长 15.8%；占地方财政收入的比重为 77.5%，比上年提高 2.4 个百分点。公共财政预算支出 6692.9 亿元，增长 13.4%。民生支出 3826.8 亿元，增长 15.4%，占全省财政支出的比重为 57.2%，比上年提高 1.0 个百分点。其中，社会保障和就业支出增长 14.1%，医疗卫生支出增长 15.1%，城乡社区事务支出增长 32.9%。

图 4　2008-2013 年公共财政预算收入及增长速度

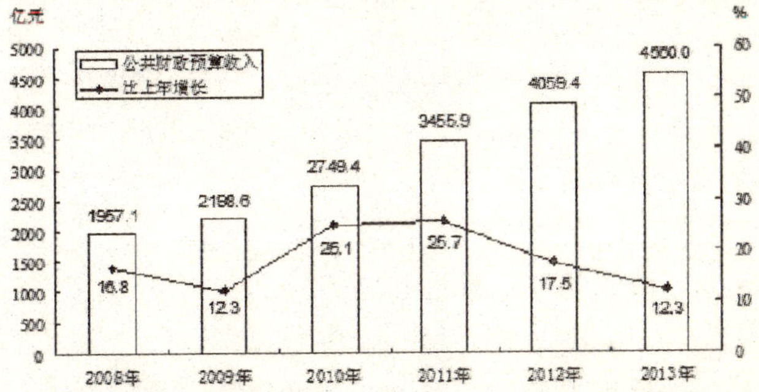

货币信贷平稳增长。年末金融机构本外币存款余额 63357.9 亿元，比年初增加 7916.8 亿元。其中，居民储蓄存款余额 29967.3 亿元，增加 3462.8 亿元。年末金融机构本外币贷款余额 47952.1 亿元，增加

5023.0亿元。涉农贷款余额19191.3亿元，占全部贷款余额的40.0%。县域贷款新增2180.0亿元，占全省新增贷款的43.4%。小微企业贷款新增1749.3亿元，占全省企业新增贷款的55.1%。

资本市场运行平稳。上市公司再融资123.8亿元。其中，境内上市公司再融资92.6亿元；境外上市公司再融资31.2亿元。证券公司总交易金额3.6万亿元，其中，股票基金交易额2.5万亿元。期货公司代理交易金额10.0万亿元。

保险业平稳较快发展。共有保险公司主体79家，法人机构2家，从业人员37.1万人，保险业总资产2905.8亿元，比上年增长14.8%。保费收入1280.4亿元，增长13.5%。其中，财产险保费收入445.6亿元，增长16.5%；人身险保费收入834.8亿元，增长12.0%。承担各类风险责任29.1万亿元，增长50.0%。支付各项赔款与给付441.7亿元，增长36.1%。农业保险承保种植面积618.8万公顷，增长11.7%；保费收入10.0亿元，增长16.9%；为1791万户次农户提供了322.8亿元的风险保障。

九、科学技术

科技产出成果丰硕。获得国家级科技成果奖励21项，其中，国家自然科学奖1项，国家技术发明奖7项，国家科学进步奖13项。取得重要科技成果2332项，其中，农业领域297项，工业领域866项，医疗、卫生领域718项，其他领域451项。各项专利申请量15.5万件，比上年增长20.6%，其中，发明专利申请量6.8万件，增长67.5%。各项专利授权量7.7万件，增长1.9%，其中，发明专利授权量8913件，增长19.6%。每万人口发明专利授权数0.92件，比上年提高0.15件。

人才队伍建设成效明显。实施各类引智项目548项。新增“两院”院士3人，“百千万人才工程”国家级人选12人，享受国务院政府特殊津贴专家115人，山东省有突出贡献中青年专家99人，“泰山学者海外特聘专家”36人。新设立博士后科研工作站66个，新招收博士后科研人员700人。新设立国家级高技能人才培训基地3家，国家级技能大师工作室4个，省高技能人才培训基地6家，省级技师工作站11个。新增高技能人才26.2万人，其中，技师、高级技师7.5万人。

创新平台建设步伐加快。新增国家火炬计划特色产业基地3家，国家级科技企业孵化器7家。拥有国家级可持续发展实验区14家，新增3家。国家农业科技园区7家，新增3家。国家级科技合作基地32个，新增12个。国家级、省级工程技术研究中心分别为34家和1091家。国家重点实验室3个，企业国家重点实验室10个，省部共建国家重点实验室培育基地5个，省重点实验室215个。院士工作站256个。国家级创新型(试点)企业45家。

信息产业发展良好。信息技术制造业实现主营业务收入8030.0亿元，比上年增长16.5%；利润506.4亿元，增长19.5%；利税708.2亿元，增长17.2%。软件业实现业务收入2263.0亿元，增长30.2%；利润86.3亿元，增长15.0%；利税172.3亿元，增长15.2%。软件业务出口7.4亿美元，增长3.3%。全国重点软件(百强)企业6家，软件产业园14个。地理信息产业加快发展，设区市全部建成数字城市地理空间框架，县级启动率达到60%，建成率达到40%。

质量强省战略深入实施。拥有国家地理标志保护产品54个，新增3个；山东名牌产品1961个，新增135个；山东省服务名牌504个，新增59个。海尔集团荣获首届中国质量奖。创建全国知名品牌创建示范区3个，山东省优质产品生产基地76个，龙头骨干企业158家。国家级、省级质检中心分别有42家和113家。建立公用计量标准3687项。获得质量管理体系认证有效证书20377张，环境管理体系认证有效证书6671张。现行有效地方标准1990项，新增205项。

气象地震服务水平提升。发布气象灾害预警信号68次，重要天气预报109期。防雹保护面积2.9万平方公里。新增24小时定量降水落区预报业务、中小河流和山洪地质灾害气象风险预警业务。地震监测预报、灾害防御、应急救援等防震减灾整体能力有效提升，共有测震台站127个，强震台站151个，新建县级地震台网中心10个。

十、教育、文化、卫生和体育

教育事业全面协调发展。共有研究生培养机构33所，招生2.6万人，在校生7.3万人；普通高等教育学校140所，普通本专科招生52.8万人，在校生169.9万人；中等职业学校(不含技工学校)525所，招生36.4万人，在校生103.2万人；技工学校207所，招生14.4万人，在校生36.9万人；普通中学3464所，招生158.5万人，在校生488.5万人；小学11151所，招生115.7万人，在校生626.0万人。特殊教育学校144所，招生3340人，在校生20946人。幼儿园1.9万所，招生116.1万人，在园幼儿262.4万人。

文化事业与文化产业欣欣向荣。共有艺术表演团体102个，艺术表演场馆93个；博物馆210个，公共图书馆151个，群众艺术馆、文化馆158个，文化站1828个，农村文化大院6.9万个。省、市、县、乡、村

五级公共文化服务体系不断健全，青岛市为首批国家公共文化服务体系示范区，烟台市进入第二批国家示范区创建行列，有5个市、17个县市区为首批省级示范区。年末广播人口综合覆盖率为98.49%，电视人口综合覆盖率为98.22%。全年城市电影票房收入7.55亿元，比上年增长30.3%；年末加入城市电影院线的影院达278家。全年出版各类图书12132种，报纸87种，杂志261种。共有国家级文化产业示范基地12个，省级文化产业示范基地104个。成功举办了第十届中国艺术节。

卫生服务水平稳步提升。拥有医疗卫生机构75480所，其中，医院1783所，基层医疗卫生机构72108所，专业公共卫生机构1392所，其他卫生机构197所。各类医疗卫生机构拥有床位49.8万张，卫生技术人员60.1万人，其中，执业医师及执业助理医师23.4万人，注册护士24.1万人。城乡居民健康档案规范化电子建档率为81.5%。

全民体育运动深入开展。新建县、乡、村公共健身工程5747个，成功举办了全民健身运动会。竞技体育实现重大突破。在第十二届全运会上获得金牌65枚、银牌47.5枚、铜牌43枚，金牌总数和奖牌总数蝉联第一。16人次获得世锦赛和世界杯冠军。青少年体育活动进展顺利，继续成功举办中小学六大联赛和高校三大球联赛。

十一、城乡建设

城镇化进程稳步推进。全省城镇化率达到53.75%，比上年提高1.32个百分点。

村镇建设进展明显。村镇建设完成投资1470亿元，比上年增长11.0%。新建农房55万户，改造危房12万户。全省农村集体土地所有权、宅基地使用权、集体建设用地使用权发证率分别为99.21%、94.01%和93.43%。

城市综合承载能力增强。城市基础设施建设完成投资1200亿元，比上年增长10.1%。新建城市生活垃圾无害化处理场4座，新增生活垃圾日无害化处理能力1850吨；新建餐厨垃圾无害化处理场2座，新增餐厨垃圾日无害化处理能力320吨。新建城市污水处理厂31座，新增日污水处理能力89万立方米。新增城市道路面积6000万平方米，新增集中供热面积6721万平方米。

十二、资源、环境和安全生产

资源勘探取得新成果。新发现矿产地14处，新增查明金金属量215.8吨，银金属量266.5吨，铁矿石量9.25亿吨，煤炭资源量4203万吨，石膏矿石量4.91亿吨。

节能降耗成效明显。初步核算，万元GDP能耗降低率超额完成年度和进度目标任务。关停小火电机组51.7万千瓦。淘汰炼铁落后产能28.0万吨、炼钢300.0万吨、焦炭270.0万吨、铁合金0.3万吨、铜冶炼1.0万吨、铅冶炼6.5万吨、水泥(熟料)681.0万吨、造纸110.9万吨、酒精2.0万吨、印染6.2亿米、铅蓄电池极板319万千伏安时。在重点调查的76种单位产品能耗指标中，比上年下降的有55种，占72.4%。风力、光伏发电加快。风电装机容量累计500.2万千瓦，比上年增长30.9%；风力发电89.0亿千瓦时，增长40.8%。光伏发电装机容量累计11.8万千瓦，增长77.8%；光伏发电1.0亿千瓦时，增长40.5%。完成既有居住建筑节能改造2329.9万平方米，公共建筑节能改造243.5万平方米，太阳能光热建筑一体化应用面积2718.0万平方米。

生态建设取得新进展。四项主要污染物化学需氧量、氨氮、二氧化硫和氮氧化物排放量分别比上年下降3.93%、4.18%、5.94%和5.04%。重点流域化学需氧量和氨氮年均浓度分别下降3.3%和6.8%。大气污染防治体系基本建立，发布实施区域大气污染物重点行业排放标准5项，在全国率先建成省级机动车环保检测监控平台，淘汰黄标车3万辆。森林和湿地保护力度加大。森林公园总面积达到40.6万公顷。国家级森林公园42处，新建3处；省级森林公园72处，市级森林公园127处。湿地类型自然保护区17处，国家级湿地公园39处，新增25处；省级以上湿地公园81处。国家级生态城市3个，国家级生态乡镇407个，国家级生态村6个，国家级生态工业示范园区5个。

安全生产事故下降。八个行业(领域)发生各类生产安全事故3386起，比上年下降7.2%；死亡1752人，增长3.4%。亿元GDP生产安全事故死亡0.078人。

十三、人口、居民生活和社会保障

人口保持低速增长。全年出生人口110.78万人，出生率11.41‰；死亡人口62.14万人，死亡率6.40‰；自然增长率5.01‰。年末常住人口9733.39万人。其中，0-14岁人口占总人口的16.11%，15-65岁人口占72.94%，65岁及以上人口占10.95%。

居民生活质量稳步提升。城镇居民人均可支配收入28264元，比上年增长9.7%，扣除价格因素，实际增长7.4%。城镇居民家庭人均总收入中，人均工资性收入21562元，增长8.6%；人均经营净收入2996元，增长14.3%；人均财产性收入781元，增长10.8%；人均转移性收入5288元，增长9.6%。城镇居民人均消费性支出 17112 元，增长 8.5%。其中，食品支出 5626 元，增长 8.2%，城镇居民恩格尔系数为 32.9%。农村居民人均纯收入 10620 元，比上年增长 12.4%，扣除价格因素，实际增长 9.7%。其中，人均工资性收入 5127 元，增长 17.0%；人均家庭经营纯收入 4525 元，增长 6.9%；人均财产性纯收入 284 元，增长 10.4%；人均转移性纯收入 684 元，增长 19.6%。农村居民人均生活消费支出 7393 元，增长 9.1%。其中，食品支出 2554 元，增长 10.0%，农村居民恩格尔系数为 34.5%。

图 5:2008-2013 年城镇居民人均可支配收入及增长速度

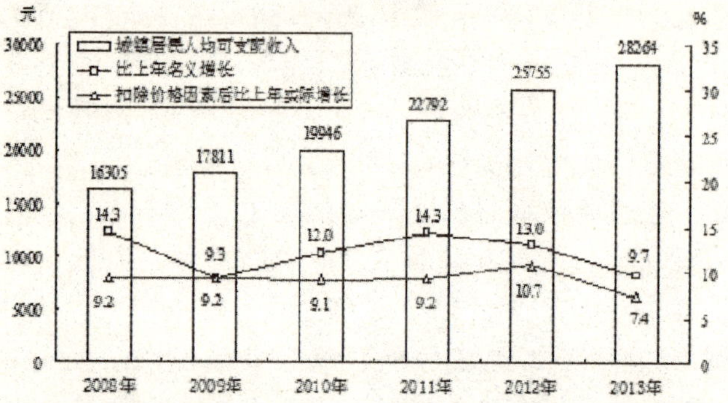

图 6:2008-2013 年农村居民人均纯收入及增长速度

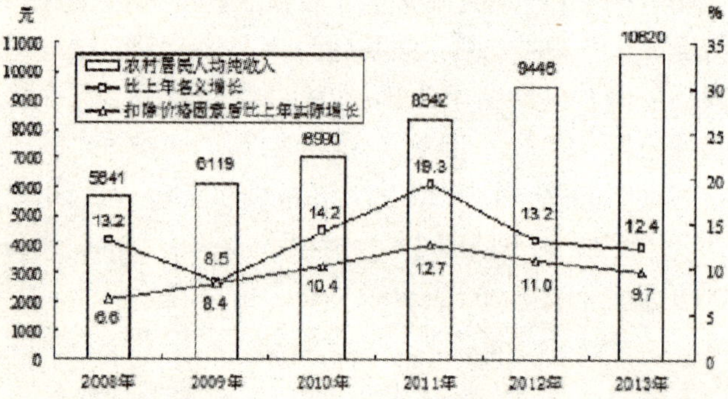

社会保障体系进一步健全。城镇职工基本养老、城镇基本医疗、失业、工伤、生育保险参保人数分别比上年末增加 196.4 万人、546.7 万人、79.8 万人、32.3 万人和 55.4 万人。居民基本养老保险参保人数 4512.8 万人。企业退休人员基本养老金月人均达到 2048 元。职工政策范围内住院报销比例达到 75%以上，城镇居民政策范围内住院报销比例达到 70%。失业保险金标准平均增长 14.7%，1 至 4 级工伤职工伤残津贴平均增长 12.0%。新型农村合作医疗覆盖面继续巩固扩大，参合人数为 6378.8 万人，参合率为 99.93%，人均筹资标准 350 元，政策范围内住院报销比例达 75%以上。

困难群众生活保障水平继续提高。城镇最低生活保障人数 48.7 万人，月人均保障标准 421 元，比上年提高 51 元。农村最低生活保障人数 259.9 万人，年人均保障标准 2510 元，比上年提高 296 元。

社会救助事业稳步发展。安排城乡医疗救助资金 7.3 亿元，比上年增长 6.0%；救助和资助居民 231.2 万人次。已建救助管理站和流浪未成年人救助保护中心共计 61 处。共有收养性社会福利单位 2473 个，床位数 38.6 万张（不含社区床位 7.6 万张），收养 25.8 万人。其中，农村养老机构 1589 个，床位数 24.6 万张，集中供养率为 75.1%。社会福利企业 1298 个，安置残疾人员就业 3.7 万人。各级慈善总会用于朝阳助学、夕阳扶老、情暖万家、康复助医、爱心助残五大工程的支出善款为 11.3 亿元。

注：

1、本公报中数据均为初步统计数。

2、全省生产总值、各产业增加值总量按现价计算，增长速度按不变价格计算。邮电业务总量按 2010 年不变价格计算。

3、各类市场主体包括在工商部门登记注册的国有集体性质企业、外商投资企业、私营企业、个体工商户和农民专业合作社；各类企业包括在工商部门登记注册的国有集体性质企业、外商投资企业和私营企业。

4、规模以上工业企业指年主营业务收入 2000 万元及以上的工业法人企业。

5、固定资产投资（不含农户）包括城镇和非农户计划总投资 500 万元及以上固定资产投资项目的投资、房地产开发项目的投资。

6、限额以上批发业企业指年主营业务收入 2000 万元及以上的批发业企业，限额以上零售业企业指年主营业务收入 500 万元及以上的零售业企业，限额以上住宿和餐饮业企业指年主营业务收入 200 万元及以上的住宿和餐饮业企业。

7、各类生产安全事故起数、死亡人数统计范围包括生产经营性道路交通、水上交通、铁路交通、民航飞行、农业机械、渔业船舶、森林火灾和工矿商贸八个行业（领域）发生的事故，不再包括火灾事故和非生产经营性道路交通。

中华人民共和国
2013年国民经济和社会发展统计公报[1]

中华人民共和国国家统计局

2014年2月24日

2013年，面对错综复杂的国内外形势，党中央、国务院团结带领全国各族人民深入贯彻落实党的十八大精神，坚持稳中求进工作总基调，坚持宏观政策要稳、微观政策要活、社会政策要托底的思路，统筹稳增长、调结构、促改革，探索创新宏观调控方式，经济社会发展稳中有进、稳中向好，实现了良好开局。

一、综合

年末全国大陆总人口为136072万人，比上年末增加668万人，其中城镇常住人口为73111万人，占总人口比重为53.73%，比上年末提高1.16个百分点。全年出生人口1640万人，出生率为12.08‰；死亡人口972万人，死亡率为7.16‰；自然增长率为4.92‰。全国人户分离的人口[2]为2.89亿人，其中流动人口[3]为2.45亿人。

表1 2013年年末人口数及其构成

单位：万人

指　标	年末数	比重%
全国总人口	136072	100.0
其中：城镇	73111	53.73
乡村	62961	46.27
其中：男性	69728	51.2
女性	66344	48.8
其中：0-15岁[4]（含不满16周岁）	23875	17.5
16-59岁（含不满60周岁）	91954	67.6
60周岁及以上	20243	14.9
其中：65周岁及以上	13161	9.7

国民经济平稳较快增长。初步核算，全年国内生产总值[5]568845亿元，比上年增长7.7%。其中，第一产业增加值56957亿元，增长4.0%；第二产业增加值249684亿元，增长7.8%；第三产业增加值262204亿元，增长8.3%。第一产业增加值占国内生产总值的比重为10.0%，第二产业增加值比重为43.9%，第三产业增加值比重为46.1%，第三产业增加值占比首次超过第二产业。

图1 2009-2013年国内生产总值及其增长速度

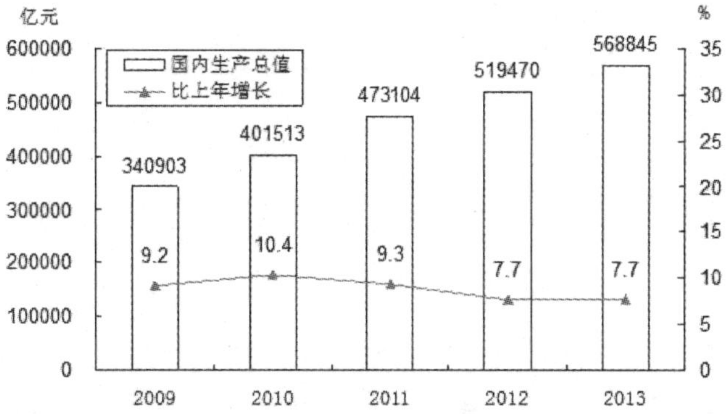

就业持续增加。年末全国就业人员76977万人，其中城镇就业人员38240万人。全年城镇新增就业1310万人。年末城镇登记失业率为4.05%，略低于上年末的4.09%。全国农民工[6]总量为26894万人，比上年增长2.4%。其中，外出农民工16610万人，增长1.7%；本地农民工10284万人，增长3.6%。

图2 2009-2013年城镇新增就业人数

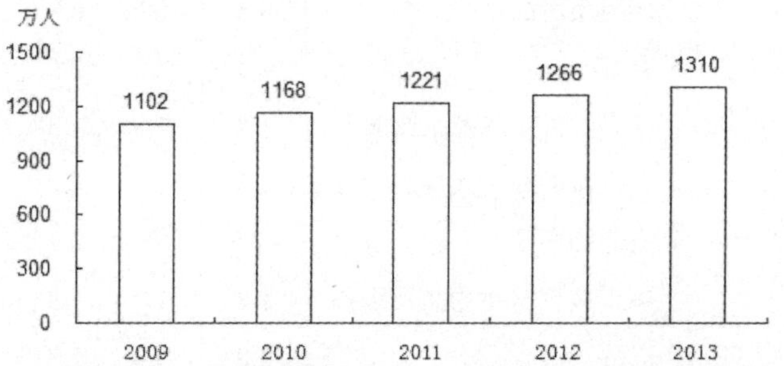

劳动生产率稳步提高。全年国内生产总值与全部就业人员的比率为66199元/人（以2010年不变价格计算），比上年提高7.3%。

图 3　2009-2013 年国内生产总值与全部就业人员比率(2010 年不变价格)

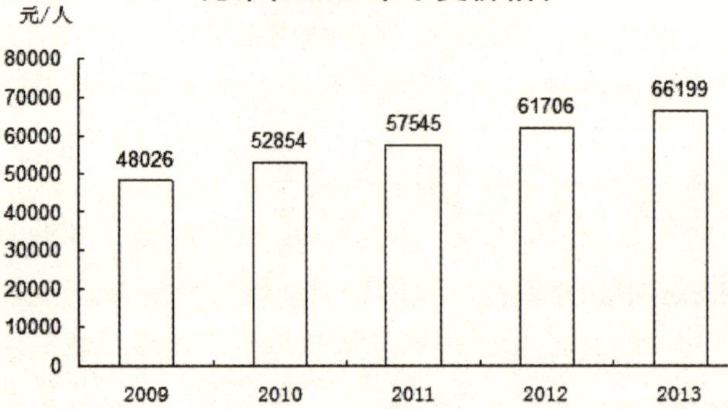

居民消费价格基本稳定。全年居民消费价格比上年上涨 2.6%,其中食品价格上涨 4.7%。固定资产投资价格上涨 0.3%。工业生产者出厂价格下降 1.9%。工业生产者购进价格下降 2.0%。农产品生产者价格[7]上涨 3.2%。

图 4　2013 年居民消费价格月度涨跌幅度

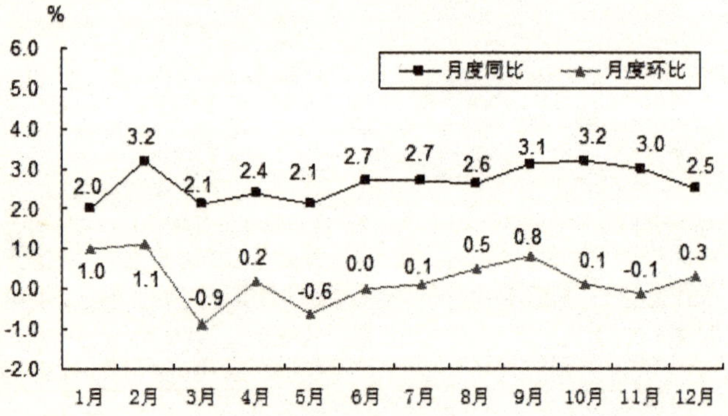

表 2　2013 年居民消费价格比上年涨跌幅度

单位:%

指　标	全国		
		城市	农村
居民消费价格	2.6	2.6	2.8
其中:食品	4.7	4.6	4.9
烟酒及用品	0.3	0.1	0.8
衣着	2.3	2.2	2.5
家庭设备用品及维修服务	1.5	1.5	1.3
医疗保健和个人用品	1.3	1.2	1.8
交通和通信	-0.4	-0.5	0.1
娱乐教育文化用品及服务	1.8	1.7	1.8
居住	2.8	3.0	2.3

70 个大中城市新建商品住宅销售价格月环比上涨的城市个数年末为 65 个。

图 5　2013 年新建商品住宅月环比价格下降、持平、上涨城市个数变化情况

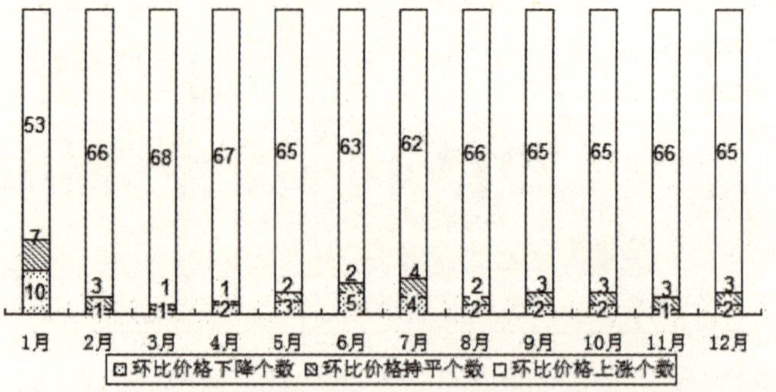

财政收入稳定增长。全年全国公共财政收入[8] 129143 亿元,比上年增加 11889 亿元,增长 10.1%;其中税收收入 110497 亿元,增加 9883 亿元,增长 9.8%。

图 6　2009-2013 年公共财政收入[9]

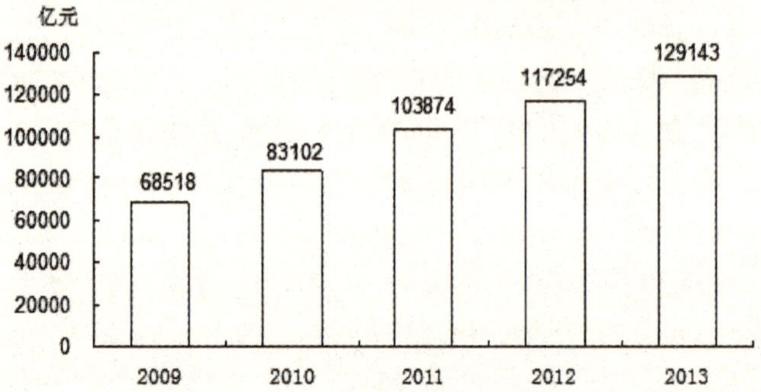

外汇储备继续增加。年末国家外汇储备 38213 亿美元,比上年末增加 5097 亿美元。年末人民币汇率为 1 美元兑 6.0969 元人民币,比上年末升值 3.1%。

图 7　2009-2013 年年末国家外汇储备

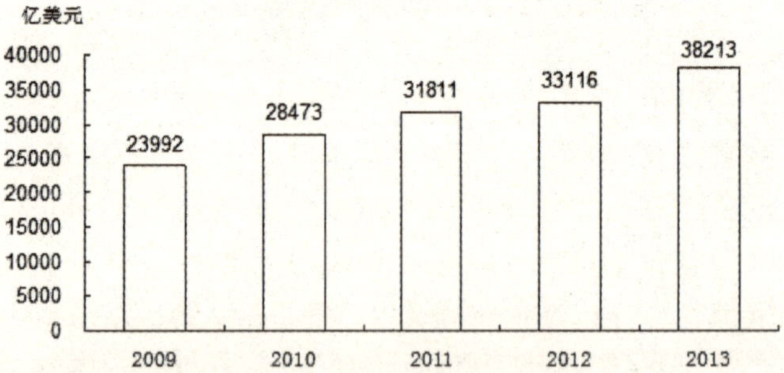

二、农业

全年粮食种植面积 11195 万公顷,比上年增加 75 万公顷;棉花种植面积 435 万公顷,减少 34 万公顷;油料种植面积 1408 万公顷,增加 15 万公顷;糖料种植面积 199 万公顷,减少 4 万公顷。

粮食再获丰收。全年粮食产量 60194 万吨,比上年增加 1236 万吨,增产 2.1%。其中,夏粮产量 13189 万吨,增产 1.5%;早稻产量 3407 万吨,增产 2.4%;秋粮产量 43597 万吨,增产 2.3%。其中,主要粮食品种中,稻谷产量 20329 万吨,减产 0.5%;小麦产量 12172

万吨，增产 0.6%；玉米产量 21773 万吨，增产 5.9%。

图 8　2009-2013 年粮食产量

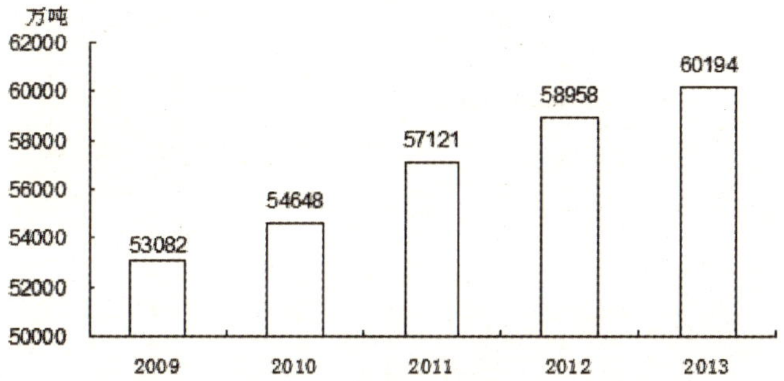

全年棉花产量 631 万吨，比上年减产 7.7%。油料产量 3531 万吨，增产 2.8%。糖料产量 13759 万吨，增产 2.0%。茶叶产量 193 万吨，增产 7.9%。

全年肉类总产量 8536 万吨，比上年增长 1.8%。其中，猪肉产量 5493 万吨，增长 2.8%；牛肉产量 673 万吨，增长 1.7%；羊肉产量 408 万吨，增长 1.8%；禽肉产量 1798 万吨，下降 1.3%。年末生猪存栏 47411 万头，下降 0.4%；生猪出栏 71557 万头，增长 2.5%。禽蛋产量 2876 万吨，增长 0.5%。牛奶产量 3531 万吨，下降 5.7%。

全年水产品产量 6172 万吨，比上年增长 4.5%。其中，养殖水产品产量 4547 万吨，增长 6.0%；捕捞水产品产量 1625 万吨，增长 3.5%。

全年木材产量 8367 万立方米，比上年增长 2.3%。

全年新增有效灌溉面积 129 万公顷，新增节水灌溉面积 211 万公顷。

三、工业和建筑业

工业生产稳定增长。全年全部工业增加值 210689 亿元，比上年增长 7.6%。规模以上工业增加值增长 9.7%。在规模以上工业中，分经济类型看，国有及国有控股企业增长 6.9%；集体企业增长 4.3%，股份制企业增长 11.0%，外商及港澳台商投资企业增长 8.3%；私营企业增长 12.4%。分门类看，采矿业[10]增长 6.4%，制造业增长 10.5%，电力、热力、燃气及水生产和供应业增长 6.8%。

图 9　2013 年规模以上工业增加值增速（月度同比）

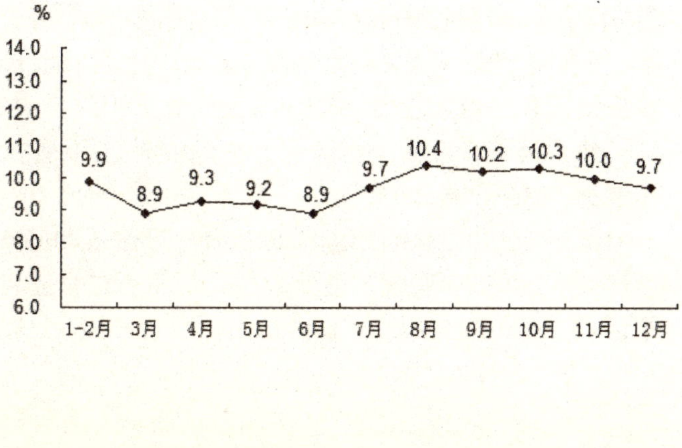

全年规模以上工业中，农副食品加工业增加值比上年增长 9.4%，纺织业增长 8.7%，通用设备制造业增长 9.2%，专用设备制造业增长 8.5%，汽车制造业增长 14.9%，计算机、通信和其他电子设备制造业增长 11.3%，电气机械和器材制造业增长 10.9%。六大高耗能行业[11]增加值比上年增长 10.1%，其中，非金属矿物制品业增长 11.5%，化学原料和化学制品制造业增长 12.1%，有色金属冶炼和压延加工业增长 14.6%，黑色金属冶炼和压延加工业增长 9.9%，电力、热力生产和供应业增长 6.2%，石油加工、炼焦和核燃料加工业增长 6.1%。高技术制造业增加值比上年增长 11.8%。

表 3　2013 年主要工业产品产量及其增长速度

产品名称	单位	产量	比上年增长%
纱	万吨	3200.0	7.2
布	亿米	882.7	4.0
化学纤维	万吨	4121.9	7.4
成品糖	万吨	1589.7	12.8
卷　烟	亿支	25604.0	1.8
彩色电视机	万台	12776.1	-0.4
其中：液晶电视机	万台	12290.3	4.5
家用电冰箱	万台	9261.0	9.9
房间空气调节器	万台	13057.2	5.3
一次能源生产总量	亿吨标准煤	34.0	2.4
原煤	亿吨	36.8	0.8
原油	亿吨	2.09	1.8
天然气[12]	亿立方米	1170.5	9.4
发电量	亿千瓦小时	53975.9	7.5
其中：火电	亿千瓦小时	42358.7	7.0
水电	亿千瓦小时	9116.4	5.6
核电	亿千瓦小时	1106.3	13.6
粗钢	万吨	77904.1	7.6
钢材[13]	万吨	106762.2	11.7
十种有色金属	万吨	4054.9	9.7
其中：精炼铜（电解铜）	万吨	649.0	12.7
原铝（电解铝）	万吨	2205.9	9.2
氧化铝	万吨	4437.2	17.7
水　泥	亿吨	24.2	9.3
硫　酸（折 100%）	万吨	8122.6	3.1
纯　碱	万吨	2434.9	1.6
烧　碱（折 100%）	万吨	2859.0	6.0
乙　烯	万吨	1622.6	9.1
化　肥（折 100%）	万吨	7037.0	3.0
发电机组（发电设备）	万千瓦	12572.8	-3.3
汽车	万辆	2211.7	14.7
其中：基本型乘用车（轿车）	万辆	1210.4	12.4
大中型拖拉机	万台	58.7	11.4
集成电路	亿块	866.5	11.2
程控交换机	万线	3115.7	10.1
移动通信手持机	万台	145561.0	23.2
微型计算机设备	万台	33661.0	5.8

年末全国发电装机容量 124738 万千瓦，比上年末增长 9.3%。其中，火电装机容量 86238 万千瓦，增长 5.7%；水电装机容量 28002 万千瓦，增长 12.3%；核电装机容量 1461 万千瓦，增长 16.2%；并网风电装机容量 7548 万千瓦，增长 24.5%；并网太阳能发电装机容量 1479 万千瓦，增长 3.4 倍。

全年规模以上工业企业实现利润 62831 亿元，比上年增长 12.2%，其中国有及国有控股企业 15194 亿元，增长 6.4%；集体企业 825 亿元，增长 2.1%，股份制企业 37285 亿元，增长 11.0%，外商及港澳台商投资企业 14599 亿元，增长 15.5%；私营企业 20876 亿元，增长 14.8%。

全年全社会建筑业增加值 38995 亿元，比上年增长 9.5%。全国具有资质等级的总承包和专业承包建筑业企业实现利润 5575 亿元，增长 16.7%，其中国有及国有控股企业 1363 亿元，增长 20.1%。

图 10　2009-2013 年建筑业增加值

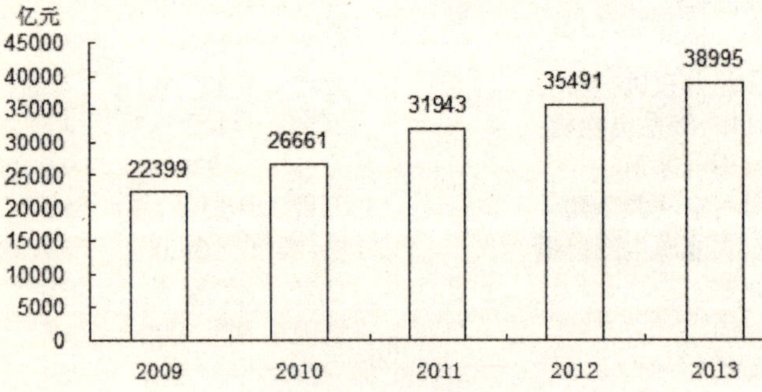

四、固定资产投资

固定资产投资较快增长。全年全社会固定资产投资 447074 亿元，比上年增长 19.3%，扣除价格因素，实际增长 18.9%。其中，固定资产投资（不含农户）436528 亿元，增长 19.6%；农户投资 10547 亿元，增长 7.2%。东部地区投资[14]179092 亿元，比上年增长 17.9%；中部地区投资 105894 亿元，增长 22.2%；西部地区投资 109228 亿元，增长 22.8%；东北地区投资 47367 亿元，增长 18.4%。

图 11　2013 年固定资产投资（不含农户）增速（累计同比）

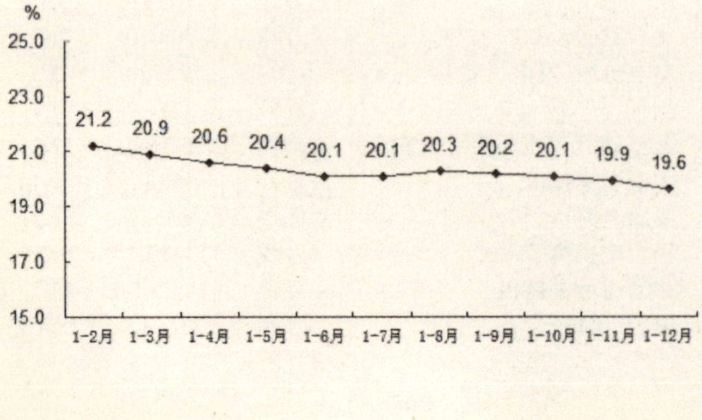

表 4　2013 年分行业固定资产投资（不含农户）及其增长速度

单位：亿元

行　业	投资额	比上年增长%
总　　计	436528	19.6
农、林、牧、渔业	11611	32.4
采矿业	14750	10.9
制造业	147370	18.5
电力、热力、燃气及水生产和供应业	19744	18.4
建筑业	3737	1.4
批发和零售业	12695	30.0
交通运输、仓储和邮政业	36194	17.2
住宿和餐饮业	6001	17.5
信息传输、软件和信息技术服务业	3216	19.5
金融业	1250	35.3
房地产业[15]	111424	20.3
租赁和商务服务业	5922	26.1
科学研究和技术服务业	3149	27.2
水利、环境和公共设施管理业	37598	26.9
居民服务、修理和其他服务业	2037	20.8
教育	5486	19.1
卫生和社会工作	3184	21.7
文化、体育和娱乐业	5251	23.0
公共管理、社会保障和社会组织	5908	-2.3

在固定资产投资（不含农户）中，第一产业[16]投资 9241 亿元，比上年增长 32.5%；第二产业投资 184804 亿元，增长 17.4%；第三产业投资 242482 亿元，增长 21.0%。

表 5　2013 年固定资产投资新增主要生产能力

指　标	单　位	绝对数
新增 220 千伏及以上变电设备	万千伏安	19631
新建铁路投产里程	公里	5586
其中：高速铁路[17]	公里	1672
增建铁路复线投产里程	公里	4180
电气化铁路投产里程	公里	4810
新建公路里程	公里	70274
其中：高速公路	公里	8260
港口万吨级码头泊位新增吞吐能力	万吨	33119
新增光缆线路长度	万公里	266

全年房地产开发投资 86013 亿元，比上年增长 19.8%。其中，住宅投资 58951 亿元，增长 19.4%；办公楼投资 4652 亿元，增长 38.2%；商业营业用房投资 11945 亿元，增长 28.3%。

全年新开工建设城镇保障性安居工程住房 666 万套（户），基本建成城镇保障性安居工程住房 544 万套。

表 6　2013 年房地产开发和销售主要指标完成情况及其增长速度

行　业	投资额	绝对数	比上年增长%
投资额	亿元	86013	19.8
其中:住宅	亿元	58951	19.4
其中:90 平方米及以下	亿元	19446	15.8
房屋施工面积	万平方米	665572	16.1
其中:住宅	万平方米	486347	13.4
房屋新开工面积	万平方米	201208	13.5
其中:住宅	万平方米	145845	11.6
房屋竣工面积	万平方米	101435	2.0
其中:住宅	万平方米	78741	-0.4
商品房销售面积	万平方米	130551	17.3
其中:住宅	万平方米	115723	17.5
本年到位资金	亿元	122122	26.5
其中:国内贷款	亿元	19673	33.1
其中:个人按揭贷款	亿元	14033	33.3

五、国内贸易

市场销售平稳较快增长。全年社会消费品零售总额 237810 亿元,比上年增长 13.1%,扣除价格因素,实际增长 11.5%。按经营地统计,城镇消费品零售额 205858 亿元,增长 12.9%;乡村消费品零售额 31952 亿元,增长 14.6%。按消费形态统计,商品零售额 212241 亿元,增长 13.6%;餐饮收入额 25569 亿元,增长 9.0%。

图 12　2013 年全社会消费品零售总额增速

(月度同比)

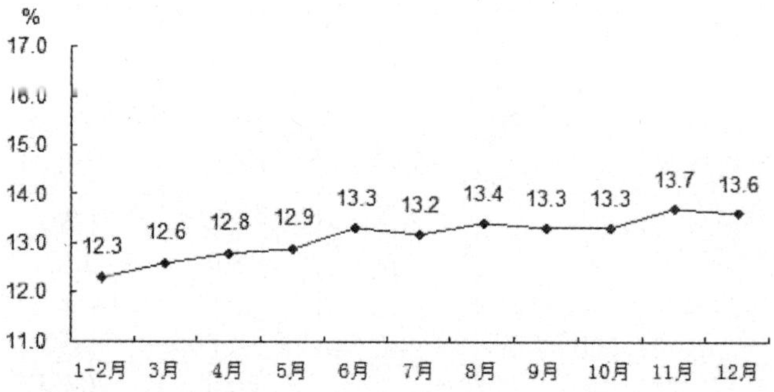

在限额以上企业商品零售额中,粮油、食品、饮料、烟酒类零售额比上年增长 13.9%,服装、鞋帽、针纺织品类增长 11.6%,化妆品类增长 13.3%,金银珠宝类增长 25.8%,日用品类增长 14.1%,家用电器和音像器材类增长 14.5%,中西药品类增长 17.7%,文化办公用品类增长 11.8%,家具类增长 21.0%,通讯器材类增长 20.4%,石油及制品类增长 9.9%,汽车类增长 10.4%,建筑及装潢材料类增长 22.1%。

六、对外经济

进出口稳中有升。全年货物进出口总额 258267 亿元人民币,以美元计价为 41600 亿美元,比上年增长 7.6%。其中,出口 137170 亿元人民币,以美元计价为 22096 亿美元,增长 7.9%;进口 121097 亿元人民币,以美元计价为 19504 亿美元,增长 7.3%。进出口差额(出口减进口)16072 亿元人民币,比上年增加 1514 亿元人民币,以美元计价为 2592 亿美元,增加 289 亿美元。

图 13　2009-2013 年货物进出口总额

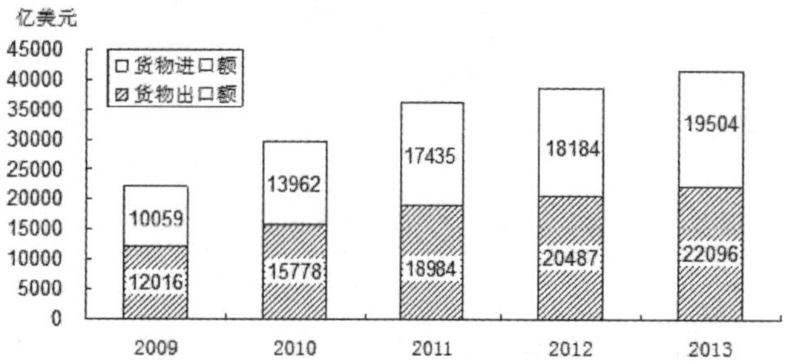

表 7　2013 年货物进出口总额及其增长速度

单位:亿美元

指　标	绝对数	比上年增长%
货物进出口总额	41600	7.6
货物出口额	22096	7.9
其中:一般贸易	10875	10.1
加工贸易	8605	-0.3
其中:机电产品	12652	7.3
高新技术产品	6603	9.8
货物进口额	19504	7.3
其中:一般贸易	11099	8.6
加工贸易	4970	3.3
其中:机电产品	8400	7.3
高新技术产品	5582	10.1
进出口差额(出口减进口)	2592	-

表 8　2013 年主要商品出口数量、金额及其增长速度

商品名称	单位	数量	比上年增长%	金额(亿美元)	比上年增长%
煤(包括褐煤)	万吨	751	-19.1	11	-33.1
钢材	万吨	6234	11.9	532	3.4
纺织纱线、织物及制品	--	-	-	1069	11.7
服装及衣着附件	--	-	-	1770	11.3
鞋类	--	-	-	508	8.4
家具及其零件	--	-	-	518	6.2
自动数据处理设备及其部件	万台	187050	2.0	1822	-1.7
手持或车载无线电话	万台	118582	16.9	951	17.3
集装箱	万个	270	8.8	79	-6.4
液晶显示板	万个	326577	3.1	359	-1.0
汽车(包括整套散件)	万辆	92	-6.7	120	-5.3

表 9　2013 年主要商品进口数量、金额及其增长速度

商品名称	数量（万吨）	比上年增长%	金额（亿美元）	比上年增长%
谷物及谷物粉	1458	4.3	51	6.6
大豆	6338	8.6	380	8.6
食用植物油	810	-4.2	81	-16.7
铁矿砂及其精矿	81931	10.2	1059	10.4
氧化铝	383	-23.7	14	-22.7
煤(包括褐煤)	32708	13.4	290	1.1
原油	28192	4.0	2196	-0.5
成品油	3959	-0.6	320	-3.2
初级形状的塑料	2462	3.9	491	6.3
纸浆	1685	2.4	114	3.7
钢材	1408	3.1	170	-4.3
未锻造的铜及铜材	453	-2.5	353	-8.5

表 10　2013 年对主要国家和地区货物进出口额及其增长速度

单位:亿美元

商品名称	数量（万吨）	比上年增长%	金额（亿美元）	比上年增长%
欧盟	3390	1.1	2200	3.7
美国	3684	4.7	1525	14.8
东盟	2441	19.5	1996	1.9
中国香港	3848	19.0	162	-9.3
日本	1503	-0.9	1623	-8.7
韩国	912	4.0	1831	8.5
中国台湾	406	10.5	1566	18.5
俄罗斯	496	12.6	396	-10.2
印度	484	1.6	170	-9.6

全年服务进出口(按国际收支口径统计，不含政府服务，下同）总额 5396 亿美元，比上年增长 14.7%。其中，服务出口 2106 亿美元，增长 10.6%；服务进口 3291 亿美元，增长 17.5%。服务进出口逆差 1185 亿美元。

全年非金融领域新批外商直接投资企业 22773 家，比上年下降 8.6%。实际使用外商直接投资金额 1176 亿美元，增长 5.3%。

表 11　2013 年非金融领域外商直接投资及其增长速度

行　业	企业数（家）	比上年增长%	实际使用金额（亿美元）	比上年增长%
总　计	22773	-8.6	1175.9	5.3
其中:农、林、牧、渔业	757	-14.2	18.0	-12.7
制造业	6504	-27.5	455.5	-6.8
电力、燃气及水的生产和供应业	200	7.0	24.3	48.2
交通运输、仓储和邮政业	401	1.0	42.2	21.4
信息传输、计算机服务和软件业	796	-14.0	28.8	-14.2
批发和零售业	7349	4.6	115.1	21.7
房地产业	530	12.3	288.0	19.4
租赁和商务服务业	3359	4.0	103.6	26.2
居民服务和其他服务业	166	-13.5	6.6	-43.6

全年非金融领域对外直接投资额 902 亿美元，比上年增长 16.8%。

全年对外承包工程业务完成营业额 1371 亿美元，比上年增长 17.6%；对外劳务合作派出各类劳务人员 52.7 万人，增长 2.9%。

七、交通、邮电和旅游

交通运输平稳较快增长。全年货物运输总量 451 亿吨，比上年增长 9.9%。货物运输周转量 186478 亿吨公里，增长 7.3%。全年规模以上港口完成货物吞吐量 106.1 亿吨，比上年增长 8.5%，其中外贸货物吞吐量 33.1 亿吨，增长 9.2%。规模以上港口集装箱吞吐量 18878 万标准箱，增长 6.7%。

表 12　2013 年各种运输方式完成货物运输量及其增长速度

指　　标	单　　位	绝对数	比上年增长%
货物运输总量	亿吨	450.6	9.9
铁路	亿吨	39.7	1.6
公路	亿吨	355.0	11.3
水运	亿吨	49.3	7.5
民航	万吨	557.6	2.3
管道[18]	亿吨	6.6	6.3
货物运输周转量	亿吨公里	186478.4	7.3
铁路	亿吨公里	29173.9	0.0
公路	亿吨公里	67114.5	12.7
水运	亿吨公里	86520.6	5.9
民航	亿吨公里	168.6	2.9
管道	亿吨公里	3500.9	9.0

全年旅客运输总量 402 亿人次，比上年增长 5.6%。旅客运输周转量 36036 亿人公里，增长 7.9%。

表 13　2013 年各种运输方式完成旅客运输量及其增长速度

指　　标	单　　位	绝对数	比上年增长%
旅客运输总量	亿人次	401.9	5.6
铁路	亿人次	21.1	10.8
公路	亿人次	374.7	5.3
水运	亿人次	2.6	1.8
民航	亿人次	3.5	10.9
旅客运输周转量	亿人公里	36036.0	7.9
铁路	亿人公里	10595.6	8.0
公路	亿人公里	19705.6	6.7
水运	亿人公里	76.3	-1.6
民航	亿人公里	5658.5	12.6

年末全国民用汽车保有量达到 13741 万辆（包括三轮汽车和低速货车 1058 万辆），比上年末增长 13.7%，其中私人汽车保有量 10892 万辆，增长 17.0%。民用轿车保有量 7126 万辆，增长 19.0%，其中私人轿车 6410 万辆，增长 20.8%。

全年完成邮电业务总量[19]16679 亿元，比上年增长 11.1%。其中，邮政业务总量 2725 亿元，增长 33.8%；电信业务总量 13954 亿元，增长 7.5%。邮政业全年完成邮政函件业务 63.20 亿件，包裹业务 0.69 亿件，快递业务量 91.9 亿件；快递业务收入 1442 亿元。电信业全年局用交换机容量减少 2697 万门，总容量 41052 万门；新增移动电话交换机容量[20]12522 万户，达到 196545 万户。年末固定电话用户26699 万户。新增移动电话用户 11696 万户，年末达到 122911 万户，其中 3G 移动电话用户[21]40161 万户。电话普及率达到 110.5 部 / 百人。互联网上网人数 6.18 亿人，其中手机上网人数[22]5.0 亿人。互联网普及率达到 45.8%。

图 14　2009-2013 年年末电话用户数

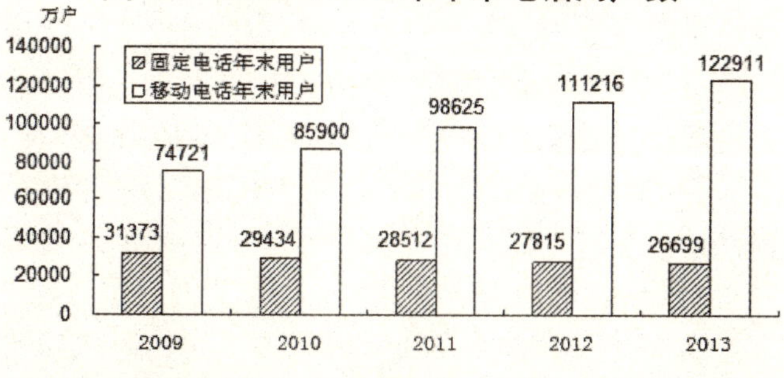

全年国内游客[23]32.6 亿人次，比上年增长 10.3%；国内旅游收入 26276 亿元，增长 15.7%。入境游客 12908 万人次，下降 2.5%。其中，外国人 2629 万人次，下降 3.3%；香港、澳门和台湾同胞 10279 万人次，下降 2.3%。在入境游客中，过夜游客 5569 万人次，下降 3.5%。国际旅游外汇收入 517 亿美元，增长 3.3%。国内居民出境 9819 万人次，增长 18.0%。其中因私出境 9197 万人次，增长 19.3%。

八、金融

金融市场运行总体平稳。年末广义货币供应量（M2）余额为 110.7 万亿元，比上年末增长 13.6%；狭义货币供应量（M1）余额为 33.7 万亿元，增长 9.3%；流通中现金（M0）余额为 5.9 万亿元，增长 7.2%。

全年社会融资规模[24]为 17.3 万亿元，按可比口径计算，比上年多 1.5 万亿元。年末全部金融机构本外币各项存款余额 107.1 万亿元，比年初增加 12.7 万亿元，其中人民币各项存款余额 104.4 万亿元，增加 12.6 万亿元。全部金融机构本外币各项贷款余额 76.6 万亿元，增加 9.3 万亿元，其中人民币各项贷款余额 71.9 万亿元，增加 8.9 万亿元。

表 14　2013 年年末全部金融机构本外币存贷款余额及其增长速度

单位：亿元

指　　标	年末数	比上年末增长%
各项存款余额	1070588	13.5
其中：住户存款	465437	13.5
其中：人民币	461370	13.6
非金融企业存款	380070	10.1
各项贷款余额	766327	13.9
其中：境内短期贷款	311772	16.3
境内中长期贷款	110316	12.8

年末主要农村金融机构（农村信用社、农村合作银行、农村商业银行）人民币贷款余额 91644 亿元，比年初增加 13324 亿元。全部金融机构人民币消费贷款余额 129721 亿元，增加 25401 亿元。其中，个人短期消费贷款余额 26558 亿元，增加 7198 亿元；个人中长期消费贷款余额 103163 亿元，增加 18203 亿元。

全年上市公司通过境内市场累计筹资[25]6885 亿元，比上年增加 1044 亿元。其中，A 股再筹资（包括配股、公开增发、非公开增发[26]、认股权证）2803 亿元，增加 710 亿元；上市公司通过发行可转债、可分离债、公司债筹资 4082 亿元，增加 1369 亿元。

全年发行公司信用类债券[27]3.67 万亿元，比上年减少 667 亿元。

全年保险公司原保险保费收入[28]17222 亿元，比上年增长 11.2%，其中寿险业务原保险保费收入 9425 亿元；健康险和意外伤害险业务原保险保费收入 1585 亿元；财产险业务原保险保费收入 6212 亿元。支付各类赔款及给付 6213 亿元，其中寿险业务给付 2253 亿元；健康险和意外伤害险赔款及给付 521 亿元；财产险业务赔款 3439 亿元。

九、人民生活和社会保障

城乡居民收入继续增加。全年农村居民人均纯收入 8896 元，比上年增长 12.4%，扣除价格因素，实际增长 9.3%；农村居民人均纯收入中位数[29]为 7907 元，增长 12.7%。城镇居民人均可支配收入 26955 元，比上年增长 9.7%，扣除价格因素，实际增长 7.0%；城镇居民人均可支配收入中位数为 24200 元，增长 10.1%。根据从 2012 年四季度起实施的城乡一体化住户调查[30]，全国居民人均可支配收入18311 元，比上年增长 10.9%，扣除价格因素，实际增长 8.1%。农村居民食品消费支出占消费总支出的比重为 37.7%，比上年下降 1.6 个百分点；城镇为 35.0%，下降 1.2 个百分点。

图 15　2009-2013 年农村居民人均纯收入

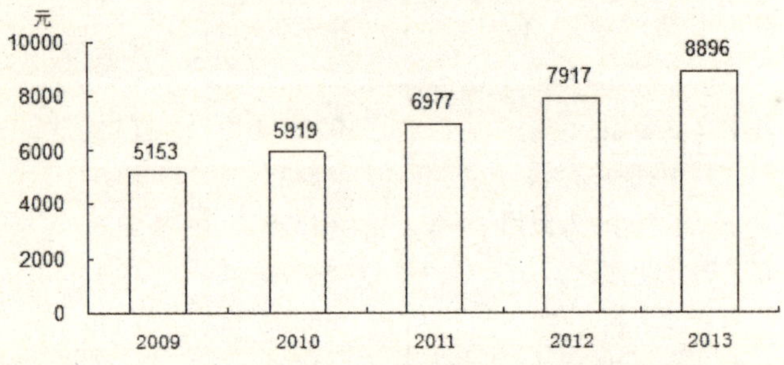

图 16　2009-2013 年城镇居民人均可支配收入

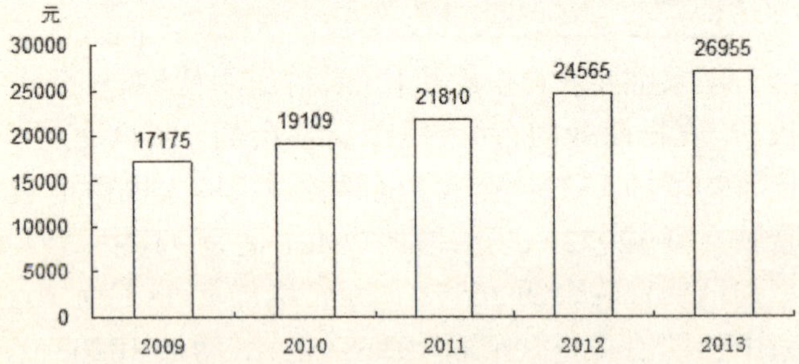

年末全国参加城镇职工基本养老保险人数 32212 万人，比上年末增加 1785 万人。参加城乡居民基本养老保险人数 49750 万人，增加 1381 万人。参加基本医疗保险人数 57322 万人，增加 3680 万人。其中，参加职工基本医疗保险人数 27416 万人，增加 930 万人；参加居民基本医疗保险人数 29906 万人，增加 2750 万人。参加失业保险人数 16417 万人，增加 1192 万人。年末全国领取失业保险金人数 197 万人。参加工伤保险人数 19897 万人，增加 887 万人，其中参加工伤保险的农民工 7266 万人，增加 86 万人。参加生育保险人数 16397 万人，增加 968 万人。年末，2489 个县（市、区）实施了新型农村合作医疗制度，新型农村合作医疗参合率 99.0%；1-9 月新型农村合作医疗基金支出总额[31]为 2067 亿元。按照年人均纯收入 2300 元（2010 年不变价）的农村扶贫标准计算，2013 年农村贫困人口为 8249 万人，比上年减少 1650 万人。

十、教育、科学技术和文化

教育科技文化事业持续发展。全年研究生招生 61.1 万人，在学研究生 179.4 万人，毕业生 51.4 万人。普通本专科招生 699.8 万人，在校生 2468.1 万人，毕业生 638.7 万人。中等职业教育[32]招生 698.3 万人，在校生 1960.2 万人，毕业生 678.1 万人。普通高中招生 822.7 万人，在校生 2435.9 万人，毕业生 799.0 万人。初中招生 1496.1 万人，在校生 4440.1 万人，毕业生 1561.5 万人。普通小学招生 1695.4 万人，在校生 9360.5 万人，毕业生 1581.1 万人。特殊教育招生 6.6 万人，在校生 36.8 万人，毕业生 5.1 万人。幼儿园在园幼儿 3894.7 万人。

图 17　2009-2013 年高等教育、中等职业教育及普通高中招生人数

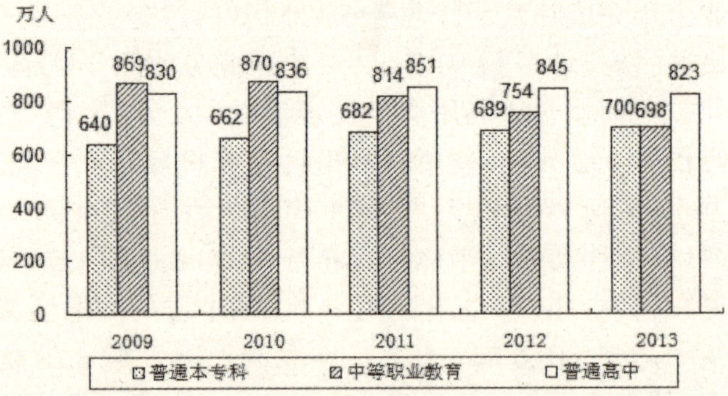

全年研究与试验发展（R&D）经费支出 11906 亿元，比上年增长 15.6%，占国内生产总值的 2.09%，其中基础研究经费 569 亿元。全年国家安排了 3543 项科技支撑计划课题，2118 项“863”计划课题。累计建设国家工程研究中心 132 个，国家工程实验室 143 个，国家认定企业技术中心达到 1002 家。全年国家新兴产业创投计划[33]累计支持设立 141 家创业投资企业，资金总规模近 390 亿元，投资了创业企业 422 家。全年受理境内外专利申请 237.7 万件，其中境内申请 221.0 万件，占 93.0%。受理境内外发明专利申请 82.5 万件，其中境内申请 69.3 万件，占 84.0%。全年授予专利权 131.3 万件，其中境内授权 121.0 万件，占 92.2%。授予发明专利权 20.8 万件，其中境内

授权 13.8 万件,占 66.6%。截至年底,有效专利 419.5 万件,其中境内有效专利 352.5 万件,占 84.0%;有效发明专利 103.4 万件,其中境内有效发明专利 54.5 万件,占 52.7%。全年共签订技术合同 29.5 万项,技术合同成交金额 7469.0 亿元,比上年增长 16.0%。

全年成功发射卫星 14 次。神舟十号载人飞船与天宫一号目标飞行器成功实施首次绕飞交会试验,嫦娥三号探测器顺利实现首次在地外天体软着陆和巡视勘查,“蛟龙号”载人潜水器实现从深潜海试到科学应用的跨越。

图 18　2009-2013 年研究与试验发展(R&D)经费支出

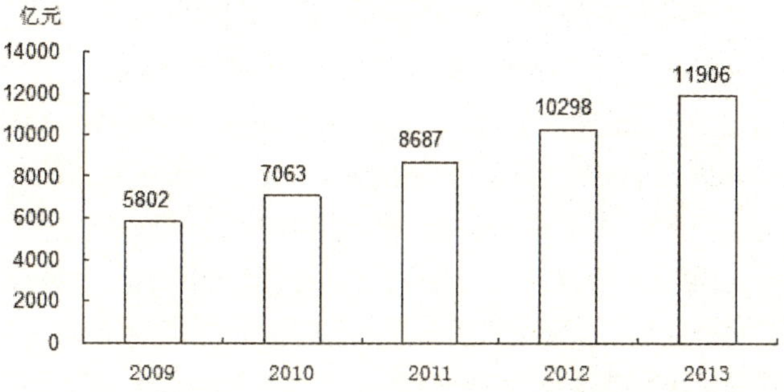

年末全国共有产品检测实验室 30098 个,其中国家检测中心 556 个。全国现有产品质量、体系认证机构 174 个,已累计完成对 110949 个企业的产品认证。全年制定、修订国家标准 1870 项,其中新制定 1161 项。全国共有地震台站 1687 个,区域地震台网 32 个。全国共有海洋观测站 79 个。测绘地理信息部门公开出版地图 1585 种。

年末全国文化系统共有艺术表演团体 2055 个,博物馆 2638 个。全国共有公共图书馆 3073 个,文化馆 3298 个。有线电视用户 2.24 亿户,有线数字电视用户 1.69 亿户。年末广播节目综合人口覆盖率为 97.8%;电视节目综合人口覆盖率为 98.4%。全年生产电视剧 441 部 15783 集,电视动画片 199132 分钟。全年生产故事影片 638 部,科教、纪录、动画和特种影片[34]186 部。出版各类报纸 478 亿份,各类期刊 34 亿册,图书 83 亿册(张)。年末全国共有档案馆 4122 个,已开放各类档案 12059 万卷(件)。

全年我国运动员在 22 个运动大项中获得 124 个世界冠军,共创 13 项世界纪录。全年我国残疾人运动员在 28 项国际赛事中获得 306 个世界冠军。

十一、卫生和社会服务

卫生和社会服务事业不断进步。年末全国共有医疗卫生机构 973597 个,其中医院 24720 个,乡镇卫生院 36978 个,社区卫生服务中心(站)33976 个,诊所(卫生所、医务室)184058 个,村卫生室 649080 个,疾病预防控制中心 3519 个,卫生监督所(中心)2994 个。卫生技术人员 718 万人,其中执业医师和执业助理医师 279 万人,注册护士 278 万人。医疗卫生机构床位 618 万张,其中医院 458 万张,乡镇卫生院 113 万张。

图 19　2009-2013 奶奶卫生技术人员人数

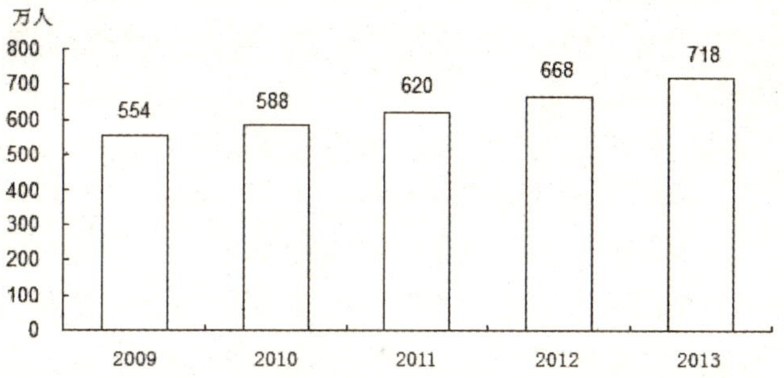

年末全国各类提供住宿的社会服务机构[35]4.7 万个,床位 509.4 万张,收养救助各类人员 310.0 万人。其中,养老服务机构 4.3 万个,床位 474.6 万张,收留抚养各类人员 294.3 万人。年末共有社区服务中心 1.9 万个,社区服务站 10.3 万个。年末全国共有 2061.3 万人享受城市居民最低生活保障,5382.1 万人享受农村居民最低生活保障,农村五保供养[36] 538.2 万人。全年资助 1229.3 万城市困难群众参加医疗保险,资助 4132.5 万农村困难群众参加新型农村合作医疗。

十二、资源、环境和安全生产

全年全国国有建设用地供应总量[37]73 万公顷,比上年增长 5.8%。其中,工矿仓储用地 21 万公顷,增长 3.2%;房地产用地[38]20 万公顷,增长 26.8%;基础设施等其他用地 32 万公顷,下降 2.9%。

全年水资源总量 27860 亿立方米。全年平均降水量 665 毫米。年末全国 613 座大型水库蓄水总量 3488 亿立方米,比上年末蓄水量减少 5%。全年总用水量 6170 亿立方米,比上年增长 0.6%。其中,生活用水增长 2.7%,工业用水增长 1.4%,农业用水下降 0.1%,生态补水增长 1.6%。万元国内生产总值用水量[39]121 立方米,比上年下降 6.5%。万元工业增加值用水量 68 立方米,下降 5.7%。人均用水量 453 立方米,与上年基本持平。

全年完成造林面积 609 万公顷,其中人工造林 418 万公顷。林业重点工程完成造林面积 249 万公顷,占全部造林面积的 40.9%。截至年底,自然保护区达到 2697 个,其中国家级自然保护区 407 个。新增水土流失治理面积 5.7 万平方公里,新增实施水土流失地区封育保护面积2.0万平方公里。

全年平均气温为10.2℃,共有9个台风登陆。

初步核算,全年能源消费总量37.5亿吨标准煤,比上年增长3.7%。煤炭消费量增长3.7%;原油消费量增长3.4%;天然气消费量增长13.0%;电力消费量增长7.5%。全国万元国内生产总值能耗下降3.7%。

十大流域[40]的704个水质监测断面中,Ⅰ~Ⅲ类水质断面比例占71.7%,劣Ⅴ类水质断面比例占8.9%。十大流域水质总体为轻度污染,水质保持基本稳定。

近岸海域301个海水水质监测点中,达到国家一、二类海水水质标准的监测点占66.4%,三类海水占8.0%,四类、劣四类海水占25.6%。

年末城市污水处理厂日处理能力达12246万立方米,比上年末增长4.4%;城市污水处理率达到87.9%,提高0.6个百分点。城市集中供热面积54.1亿平方米,增长4.5%。建成区绿地率达到36.0%,提高0.3个百分点。

全年农作物受灾面积3135万公顷,其中绝收384万公顷。全年因洪涝地质灾害造成直接经济损失1884亿元,因旱灾造成直接经济损失905亿元,因低温冷冻和雪灾造成直接经济损失260亿元,因海洋灾害造成直接经济损失165亿元。全年大陆地区共发生5级以上地震41次,成灾14次,造成直接经济损失995亿元。全年共发生森林火灾3929起,森林火灾受害森林面积1.4万公顷。

全年各类生产安全事故共死亡69434人。亿元国内生产总值生产安全事故死亡人数为0.124人,比上年下降12.7%;工矿商贸企业就业人员10万人生产安全事故死亡人数为1.52人,下降7.3%;道路交通万车死亡人数为2.3人,下降8.0%;煤矿百万吨死亡人数为0.288人,下降23.0%。

注释:

[1]本公报中数据均为初步统计数。各项统计数据均未包括香港特别行政区、澳门特别行政区和台湾省。部分数据因四舍五入的原因,存在着与分项合计不等的情况。

[2]人户分离的人口是指居住地与户口登记地所在的乡镇街道不一致且离开户口登记地半年以上的人口。

[3]流动人口是指人户分离人口中扣除市辖区内人户分离的人口。市辖区内人户分离的人口是指一个直辖市或地级市所辖区内和区与区之间,居住地和户口登记地不在同一乡镇街道的人口。

[4]考虑到我国劳动年龄下限为16周岁,从2013年开始公布16-59岁(含不满60周岁)人口数据。按照往年公报公布口径,2013年末,0-14岁(含不满15周岁)人口为22329万人,15-59岁(含不满60周岁)人口为93500万人。

[5]国内生产总值、各产业增加值绝对数按现价计算,增长速度按不变价格计算。

[6]年度农民工数量包括年内在本乡镇以外从业6个月以上的外出农民工和在本乡镇内从事非农产业6个月以上的本地农民工两部分。

[7]农产品生产者价格是指农产品生产者直接出售其产品时的价格。

[8]公共财政收入是指政府凭借国家政治权力,以社会管理者身份筹集以税收为主体的收入。

[9]图中2009年至2012年数据为公共财政收入决算数,2013年为执行数。

[10]根据《国民经济行业分类》(GB/T4754-2011),从2013年开始工业行业不再使用"轻工业"、"重工业"分类,而以采矿业、制造业、电力热力燃气及水生产和供应业的标准行业分类代替。

[11]六大高耗能行业分别为:化学原料和化学制品制造业、非金属矿物制品业、黑色金属冶炼和压延加工业、有色金属冶炼和压延加工业、石油加工炼焦和核燃料加工业、电力热力生产和供应业。

[12]天然气包括气田天然气、油田天然气(分为油田气层气、油田中伴生的溶解气)和煤田天然气(即与煤共生的瓦斯气)。

[13]钢材产量数据中含使用钢材加工成其他钢材的重复计算因素。

[14]固定资产投资按东部、中部、西部和东北地区计算的合计数据小于全国数据,是因为有部分跨地区的投资未计算在地区数据中。其中,东部地区是指北京、天津、河北、上海、江苏、浙江、福建、山东、广东和海南10省(市);中部地区是指山西、安徽、江西、河南、湖北和湖南6省;西部地区是指内蒙古、广西、重庆、四川、贵州、云南、西藏、陕西、甘肃、青海、宁夏和新疆12省(区、市);东北地区是指辽宁、吉林和黑龙江3省。

[15]房地产业投资除房地产开发投资外,还包括建设单位自建房屋以及物业管理、中介服务和其他房地产投资。

[16]根据《国民经济行业分类》(GB/T4754-2011),2013年对三次产业划分进行了修订,将"农、林、牧、

渔业”中的“农、林、牧、渔服务业”,“采矿业”中的“开采辅助活动”,“制造业”中的“金属制品、机械和设备修理业”等三个大类调入第三产业。

[17]高速铁路是指最高营运速度达到200公里/小时及以上的铁路。

[18]2013年，管道运输统计口径在原中国石油天然气集团公司、中国石油化工集团公司基础上增加中国海洋石油总公司。

[19]邮电业务总量按2010年不变价格计算。

[20]移动电话交换机容量是指移动电话交换机根据一定话务模型和交换机处理能力计算出来的最大同时服务用户的数量。

[21]3G是指第三代蜂窝移动通信系统(3rd-generation，简称3G),3G移动电话用户是指报告期末在计费系统拥有使用信息、占用3G网络资源的在网用户。

[22]手机上网人数是指过去半年通过手机接入并使用互联网的6周岁及以上中国居民数量。

[23]为规范指标名称,将往年公报中的出游人数、旅游人数、旅游者统一为游客。

[24]社会融资规模是指一定时期内实体经济从金融体系获得的资金总额,是增量概念。

[25]2013年没有首次公开发行股票。

[26]非公开增发又叫定向增发,不含资产认购部分。

[27]公司信用类债券包括非金融企业债务融资工具、企业债券以及公司债、可转债等。

[28]原保险保费收入是指保险企业确认的原保险合同保费收入。

[29]人均收入中位数是指将所有调查户按人均收入水平从低到高(或从高到低)顺序排列,处于最中间位置的调查户的人均收入。

[30]2012年四季度，国家统计局实施了城乡一体化住户调查改革,统一了城乡居民收入名称、分类和统计标准,在全国统一抽选了16万户城乡居民家庭,直接开展调查。在此基础上,计算了城乡可比的新口径全国居民人均可支配收入。同时,为保持年度可比，继续按老口径调查和计算农村居民人均纯收入、城镇居民人均可支配收入。

[31]按卫生计生委统计制度规定,新型农村合作医疗基金支出总额目前仅统计到1-9月份。

[32]中等职业教育包括普通中专、成人中专、职业高中和技工学校,其中技工学校数据为2012年数据。

[33]新兴产业创投计划是指中央财政专项资金通过与地方政府资金、社会资本共同发起设立创业投资企业，或以股权投资模式直接投资创业企业等方式,培育和促进新兴产业发展的活动。

[34]特种影片是指那些采用与常规影院放映在技术、设备、节目方面不同的电影展示方式,如巨幕电影、立体电影、立体特效(4D)电影、动感电影、球幕电影等。

[35]提供住宿的社会服务机构除收养性机构外,还包括救助类机构、社区类机构以及军休所、军供站等机构。

[36]农村五保供养是指老年、残疾和未满16周岁的村民,无劳动能力、无生活来源又无法定赡养、抚养、扶养义务人,或者其法定赡养、抚养、扶养义务人无赡养、抚养、扶养能力的村民,在吃、穿、住、医、葬方面得到的生活照顾和物质帮助。

[37]国有建设用地供应总量是指报告期内市、县人民政府根据年度土地供应计划依法以出让、划拨、租赁等方式将土地使用权提供给单位或个人使用的国有建设用地总量。

[38]房地产用地是指商服用地和住宅用地的总和。

[39]万元国内生产总值用水量、万元工业增加值用水量和万元国内生产总值能耗按2010年不变价格计算。

[40]十大流域包括原七大水系(包括长江、黄河、珠江、松花江、淮河、海河、辽河)和浙闽片河流、西北诸河和西南诸河。

[41]国家于2013年实施了新的空气质量标准。由于全年数据正在汇总分析之中，新标准下的2013年空气质量数据暂缺。国家相关部门将于2014年3月正式发布2013年汇总数据。

资料来源：本公报中城镇新增就业、登记失业率、社会保障数据来自人力资源社会保障部;财政数据来自财政部;外汇储备和汇率数据来自外汇局;水产品产量数据来自农业部;木材产量、林业、森林火灾数据来自林业局;灌溉面积、水资源数据来自水利部;发电装机容量、新增220千伏及以上变电设备数据来自中电联;新建铁路投产里程、增建铁路复线投产里程、电气化铁路投产里程、铁路运输数据来自铁路局;新建公路里程、港口万吨级码头泊位新增吞吐能力、公路运输、水运、港口货物吞吐量数据来自交通运输部;新增光缆线路长度、电话交换机容量、电话用户、上网人数等通信数据来自工业和信息化部;

保障性住房、城市污水处理、城市集中供热面积、建成区绿地率数据来自住房城乡建设部；货物进出口数据来自海关总署；服务进出口、外商直接投资、对外直接投资、对外承包工程、对外劳务合作等数据来自商务部；民航数据来自民航局；管道数据来自中石油、中石化、中海油；民用汽车、交通事故数据来自公安部；邮政业务数据来自邮政局；旅游数据来自旅游局、公安部；货币金融、公司信用类债券数据来自人民银行；上市公司数据来自证监会；保险业数据来自保监会；新农合、卫生数据来自卫生计生委；教育数据来自教育部；安排科技计划课题、技术合同等数据来自科技部；国家工程研究中心、企业技术中心、新兴产业创投等数据来自发展改革委；专利数据来自知识产权局；发射卫星数据来自国防科工局；质量检验、国家标准制定修订数据来自质检总局；地震数据来自地震局；海洋观测站、海洋灾害造成直接经济损失数据来自海洋局；测绘数据来自测绘地信局；艺术表演团体、博物馆、公共图书馆、文化馆数据来自文化部；广播电视、电影、报纸、期刊、图书数据来自新闻出版广电总局；档案数据来自档案局；体育数据来自体育总局；残疾人运动员数据来自中国残联；社会服务、低保和五保供养数据、农作物受灾面积、洪涝地质灾害造成直接经济损失、旱灾造成直接经济损失、低温冷冻和雪灾造成直接经济损失来自民政部；国有建设用地供应数据来自国土资源部；自然保护区、环境监测数据来自环境保护部；平均气温、登陆台风数据来自气象局；安全生产数据来自安全监管总局；其他数据均来自国家统计局。

2013年全市统计工作综述

2013年，全市统计系统在市委、市政府和省统计局的正确领导下，在人大、政协的监督支持下，在各级各部门的密切配合下，围绕“构建大统计、服务大发展、建设幸福新枣庄”发展战略，坚持“一三二四五五六”总体工作思路，全力以赴推进统计改革创新、夯实统计基层基础、提升统计服务水平、提高机关党建科学化水平，开创了“统计改革有举措、基层基础有成效、统计品牌有影响、队伍建设有活力”的良好局面，为推动全市科学发展做出了积极贡献。

一、完善平台，“大统计”建设取得突破。为了彻底避免“数出多门”的弊端，印发了《关于建立部门统计工作联席会议制度的通知》(枣政办发[2013]79号)，成立了由38个部门组成的统计工作联席会议，建立了月度调度、季度联席、工作协调等会议制度，部门配合意识明显增强，数据匹配性得到提升，逐步建立政府综合统计与部门统计的信息共享平台，初步形成了“政府抓统计、综合管统计、部门重统计、企业干统计”的“大统计”工作格局，这项机制的重要作用正在逐步凸显。根据市领导安排，市统计局参与了全市综合考核会，并对省考核指标作大会说明；对区(市)、有关部门科学发展综合考核进行督导，配合做好了2014年省对我市科学发展综合考核相关工作。滕州市统计局不断强化统计建设，荣获首批“国家级县级政府统计机构统计工作规范化建设优秀单位”称号。台儿庄区建立了服务业统计联席会议制度。强化对部门统计工作的管理协调和指导，积极引导部门统计规范化建设，市工商局成为省级统计工作规范化单位。联合市委宣传部加强文化产业统计工作，与发改委开展100个重点项目监测活动，与省经信委加强工业运行监测、工业技改统计工作，与市节能办开展节能减排监测统计，与市科技局开展高新技术、R&D统计，与市住建局开展城镇化、棚改、房地产等统计，与市妇联共同完成妇女儿童调查及主要数据发布工作。市编办、市民政局、市国税局、市地税局、市工商局、市质监局等部门及时向统计部门提供了有关基本单位的行政记录。

二、立足根本，统计“双基”建设取得突破。始终把加强统计基层基础建设作为推动统计工作提水平、上台阶的突破口，积极争取领导和有关部门的支持，印发了《关于进一步加强统计基层基础建设的意见》(枣政办发[2013]14号)，从机构、编制、人员、经费、场所、设备等方面提出了刚性要求。7月，召开了全市统计基层基础工作流动现场观摩会，市委常委、常务副市长王邵军同志带领各区市、乡镇政府分管同志，全市统计系统有关人员等近200人，深入先进乡镇，观摩统计站建设情况。这是市政府第一次召开统计基层基础现场会议，也是有史以来枣庄统计工作最大规模的现场观摩会，在全市引起了很大反响。通过后期督导，统计基层基础建设得到明显加强，真正成为各级领导必须完成的硬任务。市中区、峄城区、山亭区、滕州市分别下发了加强基层基础建设的文件，滕州市21个镇街全部建成了独立设置的综合统计站。

三、全力以赴，经济普查工作取得突破。一是充分做好普查前期准备工作。下发了《关于开展全市第三次经济普查的通知》(枣政字[2013]14号)，成立了领导和办事机构，确立了符合我市实际情况的普查基本框架、实施方案、基本原则和机构设置模式。在市领导和有关部门的大力支持下，全市落实普查办公用房1200多平方米，到位经费390多万元，采购台式电脑168台、笔记本74台、大型数据处理器1台、PDA1200多部，从有关部门(单位)抽调40多名人员到经普办工作，普查准备工作位居全省前列。二是着力搞好普查试点、培训工作。8至10月，在市中区文化路街道进行全区域、全过程的综合试点，全面熟悉和演练第三次经济普查方案和流程，全面使用PDA进行了试点数据采集，是全省唯一使用PDA开展综合试点的市。加强普查培训，截至目前共开展普查培训5次，培训1200人次，培训规模为历次普查最大。三是全面铺开普查宣传工作。较早开通了普查网站并顺利实现了同国家、省经普办的链接；在城区主要道路交叉口，启用LED宣传屏、出租车顶灯字幕、公交车宣传广告片。在各大媒体播发普查新闻、专题报道、工作动态 80 余期(篇)。11 月 1 日起,在枣庄日报开设普查 60 日倒计时窗口。12 月,联合市委宣传部、市中区政府举行“经济普查宣传月”启动仪式,市委常委、常务副市长王邵军同志亲自参加活动仪式,全市上下掀起了声势浩大的经济普查集中宣传活动。四是普查取得初步成果。通过清查摸底,全市单位数量达到 3.43 万家,个体户数量达到 21.78 万家。“四上”企业数量达到 3368 家,比上年增加 831 家。截至 2 月 23 日,已上传报表单位 4600 多家,完成进度的 13.6%;已上传报表个体户 10.9 万家,完成进度的 49.9%。

四、不断创新,统计服务取得突破。不断创新服务方式,丰富统计资讯,拓宽服务载体,打造“智库”式服务品牌,获得市委、市政府和省统计局一致认可。一是加强预警服务。为市领导准确把握宏观经济形势,创办了《经济运行预警与决策参考》内部刊物,每月报送宏观经济运行走势、地区经济情况等资料,获得了市委书记和市长分别批示。二是搞好监测服务。开展“双百”监测,建立 100 个市重点项目建设进度监测制度,每月以《呈阅件》形式上报党政主要领导;开展 100 项惠民工程监测,并在《统计月报》公布。开展“双五十”监测,对纳税总额前 50 名企业进行动态监测,定期上报分析报告,获得市委书记陈伟同志批示;对主营业务收入前 50 名规上工业企业进行专项监测,并按月发布。开展“十镇一城”监测,对 10 个省、市级“新型城镇化示范镇”建设情况实施监测,并按月上报;对创建“国家森林城市”进展情况实施监测,并按季上报。三是拓展服务广度深度。采用手机短信、快报、邮箱报送、折线图等多种形式,及时将最新经济社会发展情况上报。《统计月报》增加了信息量,扩大了发行量,由原来的 300 份扩大到 1200 份,社会影响力显著增强。四是实现统计产品推陈出新。将全市宏观指标和微观情况汇集成册,形成《统计月报(专报)》,每月上报。按月收集西部经济隆起带 6 市和 60 县主要指标情况,并按月上报。组织编印了《年轮 2012》、《数据见证历史》、《呈阅件(专报)》等多种统计产品,从满足于收集、上报、搞准统计数据的传统思维中解脱出来,着力开发统计分析研究成果,既确保数据准确性,又做好解读的文章,实现了服务档次的显著提升。山亭区不断创新统计服务形式,区委书记针对统计工作做了 7 次批示。薛城区加大文化产业核查和二、三产剥离工作,形成多篇分析报告被区委、区政府主要领导批示。

五、擦亮品牌,社情民意调查取得突破。全年完成各类民意调查项目 30 多个、拨打电话近 40 万次,完成调查有效样本 5 万多个,收集被访者的意见和建议超过 2 万条以上。一是硬件设施进一步优化。加大投入力度,上半年建设启用近 600 平米的访问室和旁听室,配备了 30 个访问座席、2 个监控座席、机房和旁听室等全套设施。二是调查业务范围进一步扩展。全年开展了 3 次区(市)目标管理考核、3 次全市公安系统安全感及群众满意度调查,还开展了和谐城乡公众满意度调查、平安枣庄群众安全感调查、政风行风评议电话调查、政务服务中心服务窗口满意度调查、创建国家森林城市知晓度调查、事业机构编制评估社会满意度调查、事业机构绩效考核满意度调查等电话调查,并承担了各区(市)目标考核群众满意度调查、区(市)公安部门调查、滕州市编办、综治办的调查、台儿庄区教育部门调查。三是社会关注度进一步提升。通过媒体宣传、征求意见、报送动态信息等方式,社情民意调查社会知晓率不断提高;通过组织并圆满完成各类调查,直接为各类政策制定和考核评比提供参考依据,社情民意调查社会公信力和影响力不断增强,主动要求进行调查的部门越来越多,群众配合程度不断提升。四是领导认可度进一步增强。国家统计局社情民意调查中心主任吴士辉、副主任王海峰分别到我市指导工作,充分肯定枣庄市社情民意调查中心的工作。市委书记陈伟同志、市长张术平同志分别对第一次、第二次区(市)目标考核群众满意度调查作出专门批示。市长张术平同志,市委常委、常务副市长王邵军同志,市委常委、组织部长马金栋等领导到现场旁听并作出指示。各级对社情民意调查关注度进一步提升,社情民意调查工作已成为统计部门服务发展、辅助决策的新突破口。滕州市社情民意调查中心获批成立,开展了“户户到”社情民意调查和网上问卷等统计分析工作。

六、突出重点,统计宣传取得突破。为进一步提高政府统计权威性、公信力和透明度,规范统计新闻发布,印发了《关于进一步做好统计新闻发布工作的通知》(枣政办发[2013]20 号),对统计新闻发言人、发布工作规范和管理进行明确界定。为广泛宣传我市经济、社会发展成果,每月将主要宏观经济数据采用新闻稿件形式向各大新闻媒体报送,取得较好效果。举办了庆祝“中国统计开放日”座谈会。利用《统计法》颁布 30 周年的契机,大力开展普法宣传,针对基层开展了知识竞赛、统计法制征文、统计普法宣传口号征集、书画摄影作品征集等一系列活动，使社会各界进一步了解《统计法》，自觉遵守统计法律法规，营造依法统计良好社会氛围，使广大统计人员特别是领导干部进一步增强法治思维和法治理念，提高依法统计水平。

七、立足根本，统计干部队伍建设取得突破。一是推动从量变到质变，实现统计干部队伍的显著优化。陆续考选2名公务员和4名事业人员，从区(市)统计局选调5名优秀干部到市统计局工作，在不到一年的时间内新增11人；对科室设置实行调整，同时对8个科室负责人进行了调整，科室结构得到进一步优化。市中区加大干部提拔使用力度，共有8名统计人员被提拔重用，其中2名镇街统计站长被提拔为科级干部。二是创新考核评比手段，探索实施"双百分"考核制度。为全面加强业务和队伍建设，制定出台了《"双百分"考核办法》、《"双百分"考核实施细则》，成立了"双百分"考核领导小组及办公室。按照日写实、周记录、月总结的步骤做好工作记录，每个科室制定出科室制度，每个人员都以书面形式明确岗位责任，并严格按制度、责任执行。以考核结果作为教育管理干部的重要依据，同干部提拔使用和职称评聘直接挂钩。三是着力加强作风建设，建立完善各类规章制度。修改完善了财务管理制度、公务接待制度、考勤制度、车辆管理使用制度等。印发了《中共枣庄市统计局党组关于进一步改进工作作风的若干规定》。下发了《关于建立干部联系基层调研制度的通知》。制定出台了《2013年机关党建工作要点》和《党建共建实施方案》，筹集32万元资金建设的大口井项目，极大地缓解了困难群众的吃水问题；协调争取了无偿土地整理资金近千万元，用于土地整理。四是扎实有效，全力提升机关党建工作科学化水平。积极开展以"工作有实绩、群众有口碑、示范有力量"为标准的"统计先锋岗"创建活动。7月9至11日，全省统计系统在我市召开了行风建设工作现场会，行风建设的"枣庄经验"得到了全系统的好评。

2013年，全市统计工作取得了多项突破，获得了较好成绩。在奖项大幅减少的情况下，以名列前茅的总分继续被省统计局评为"先进市统计局"；打造的"智库式"统计服务品牌入选首届全省统计工作"十大创新奖"，统计分析被评为全省一等奖，成为获得全部3项殊荣的3个市级统计局之一；12项专业获全省综合奖，居17市前列；"统计先锋"机关党建品牌，被命名为枣庄市第一批机关党建品牌；再次通过了省级文明单位复查验收；先后荣获市平安建设、品牌争创、棚改工作、党委信息工作、政府信息工作、重点项目建设等先进单位(集体)荣誉称号。市委、市政府对统计工作的满意度显著提升，全年市领导批示超过30件，其中两位市主要领导对统计局批示超过10次，创历年最好成绩。

第1篇

行政区划、人口和自然资源

ADMINISTRATIVE DIVISION, POPULATION AND NATURAL RESOURCES

简 要 说 明

简要说明：

一、本篇主要包括行政区划、人口、自然状况和矿产资源等。

二、行政区划资料由市民政局提供。

三、自然资源包括土地面积、森林、水利、气象、矿产状况，其中林木资料由市林业局提供，水利资料由市水利局提供；气象资料由市气象局提供；土地、矿产资源资料由市国土资源局提供。

四、人口资料由市公安局提供。

五、出生率、死亡率、自然增长率由市人口和计生委提供。

六、矿产资源保有量采用国家标准《固体矿产资源／储量分类（GB／T17766-1999）》。

七、本篇资料由市统计局综合科整理编辑。

编辑、校对：陈成、张磊、陈永

1-1　行政区划一览表

（2013 年）

区(市)名称	乡镇级行政区划		居委会、村委会（个）	
	个数	名称	居委会	村委会
全市总计	64	街道 18 个、镇 44 个、乡 2 个	372	2113
市中区	11	光明路街道、文化路街道、中心街街道、龙山路街道、矿区街道、塔塔埠街道、税郭镇、孟庄镇、齐村镇、永安乡、西王庄乡	51	111
薛城区	9	临城街道、兴仁街道、兴城街道、陶庄镇、邹坞镇、沙沟镇、周营镇、常庄镇、张范街道	19	232
峄城区	7	坛山街道、吴林街道、榴园镇、底阁镇、阴平镇、古邵镇、峨山镇	58	284
台儿庄区	6	运河街道、泥沟镇、张山子镇、涧头集镇、邳庄镇、马兰屯镇	15	196
山亭区	10	山城街道、店子镇、西集镇、徐庄镇、城头镇、桑村镇、北庄镇、水泉镇、冯卯镇、凫城镇	22	251
滕州市	21	龙泉街道、荆河街道、北辛街道、善南街道、界河镇、东郭镇、大坞镇、级索镇、西岗镇、木石镇、官桥镇、滨湖镇、姜屯镇、鲍沟镇、羊庄镇、张汪镇、南沙河镇、柴胡店镇、龙阳镇、洪绪镇、东沙河镇	207	1039

注：依照国务院《关于行政区划管理的规定》（国发［1985］8 号），此表将枣庄高新区管辖的兴仁街道、兴城街道和张范街道列入薛城区。

1–2 人口和自然资源

	计量单位	2013年	2012年
一、人口			
年末人口总数	万人	395.96	394.83
人口密度	人/平方公里	868	865
二、土地			
全市土地面积	万公顷(平方公里)	45.6(4563)	45.6(4563)
三、气候			
年平均降水量	毫米	873.4	581.5
平均气温	摄氏度	14.9	14.6
四、森林			
森林覆盖率	%	34.1	32
林木蓄积量	万m3	615	573
五、水文、水利			
河川年径流量	亿m3	8.7	8.1
水面养殖面积	万亩	18.0	18.02
六、矿产资源保有量			
煤	万吨	182956	171771
铁矿石	万吨	3591	4178
铜矿石	万吨	98	98
铝土石	万吨	146	164
石膏	万吨	43666	44258
水泥用灰岩	万吨	223699	224981
磷	万吨	9008	9008
耐火粘土	万吨	892	892
熔剂用灰岩	万吨	183	183
水泥用粘土	万吨	550	550
电石用灰岩	万吨	531	531
饰面用花岗岩	万m3	394	394

注:本表年末人口总数为户籍人口数。

1-3 全市人口情况

（2013 年）

	全市合计	市中区	薛城区	峄城区	台儿庄区	山亭区	滕州市	高新区
总户数（户）	1176828	158497	140430	123478	100936	125986	527501	–
总人口（人）	3959581	536457	509463	395890	314017	510787	1692967	–
# 乡村人口	2580539	227432	298212	269199	237915	382981	1164800	–
城镇人口	1379042	309025	211251	126691	76102	127806	528167	–
# 男	2064785	273963	265336	207441	160433	271545	886067	–
女	1894796	262494	244127	188449	153584	239242	806900	–
人口出生率（‰）	11.35	9.35	11.80	11.24	11.61	13.32	11.10	14.72
人口死亡率（‰）	5.63	4.01	6.00	5.23	5.04	6.74	5.80	7.94
自然增长率（‰）	5.72	5.34	5.80	6.01	6.57	6.58	5.30	6.78

注：高新区总户数、总人口包含在薛城区。

1-4 主要大中型水库基本情况

（2013 年）

水库名称	面积（平方公里）	蓄水量 （总库容亿 m^3）
岩马水库（大）	357	2.03
马河水库（大）	240	1.38
周村水库（中）	121	0.84
石咀子水库（中）	50	0.24
户主水库（中）	44	0.20

1-5 主要河流基本情况

（2013 年）

河流名	面积（平方公里）	河长（公里）
韩庄运河	1501	40
峄城大沙河	629	57.5
陶沟河	603.7	28
北沙河	502	35.5
新沟河	361.9	22
伊家河	327	34
薛城大沙河	316	46
滩河	244	36
界河	334	26
周营沙河	86.2	18

1-6 主要高山高度

（2013 年）

山名	海拔高程（米）	山名	海拔高程（米）
高山	620	红山	517
摩天岭	602	曹家寨山	511
全崮顶	596	二寨山	511
定盘山	592	胡顶	510
抱犊崮	580	巨梁山	509
熊耳山	539	大鹰台	506
柴山	530	黄山	506
石道峪北山	525	望海石山	502
折山	521	平顶山	501

1-7　城市平均气温

（2013 年）

单位：摄氏度 / 日

	1 月	2 月	3 月	4 月	5 月	6 月	7 月	8 月	9 月	10 月	11 月	12 月	全年平均
市中区	-0.7	2.8	9.0	14.3	20.8	24.5	28.3	28.7	22.4	16.8	8.8	1.4	14.8
薛城区	0.4	3.6	9.8	14.9	21.3	25.2	28.8	29.1	22.8	17.6	9.7	2.9	15.5
峄城区	0	3.3	9.2	14.4	20.8	24.7	28.4	28.7	21.9	15.9	8.1	0.9	14.7
台儿庄区	-1.0	2.6	8.8	14.3	20.5	24.5	29.1	29.2	22.6	17.1	9.2	1.6	14.9
滕州市	-1.3	2.6	9.5	14.4	21.4	25.3	28.4	28.7	22.1	15.7	7.9	1.0	14.6

1-8　城市降水量

（2013 年）

单位：毫米

	1 月	2 月	3 月	4 月	5 月	6 月	7 月	8 月	9 月	10 月	11 月	12 月	合计
市中区	4.1	12.8	10.7	18.7	172.1	19.9	409.8	149.0	49.2	1.4	42.9	0.0	890.6
薛城区	3.0	12.3	8.8	20.9	142.1	19.8	450.4	149.1	37.2	3.0	40.1	0.0	886.7
峄城区	4.0	12.9	14.0	15.1	197.5	22.1	411.9	137.9	92.3	1.7	46.7	0.0	956.1
台儿庄区	4.4	15.0	19.6	36.8	189.0	38.5	281.1	94.7	114.2	2.3	35.2	0.0	830.8
滕州市	2.9	12.3	10.9	12.4	96.7	24.7	396.7	160.8	45.8	7.1	32.6	0.0	802.9

1-9 城市日照时间

（2013 年）

单位：小时

	1 月	2 月	3 月	4 月	5 月	6 月
市中区	106.0	74.4	193.4	224.8	194.7	158.8
薛城区	132.9	104.4	196.5	237.6	207.5	199.2
峄城区	75.7	61.1	183.9	219.1	201.3	183.2
台儿庄区	140.5	95.4	210.7	248.5	201.6	167.2
滕州市	121.7	94.0	210.4	236.4	204.8	186.6

（2013 年）

单位：小时

	7 月	8 月	9 月	10 月	11 月	12 月	合计
市中区	129.1	226.2	138.0	206.9	166.5	141.8	1960.6
薛城区	154.9	277.1	166.5	234.6	189.7	172.2	2273.1
峄城区	148.5	267.1	151.2	235.6	174.3	146.0	2047
台儿庄区	173.3	278.2	156.8	227.8	193.3	170.6	2263.9
滕州市	121.0	261.9	170.3	234.5	178.2	151.4	2171.2

第2篇

综　合

GENERAL SURVEY

简 要 说 明

简要说明：

一、本篇包括国民经济综合资料和国民经济核算资料。

二、国民经济综合资料中的国民经济总量、速度、结构、比例数据均来自本年鉴各篇。

三、国民经济核算资料主要包括地区生产总值、资产负债核算年度数据。

地区生产总值(GDP)及其产业构成的资料，是由市统计局核算科根据不同产业部门的特点和资料来源情况而采用不同的方法计算的。有的部门以生产法计算的增加值为准，有的部门以收入法计算的增加值为准，最后将各产业部门增加值求和得到地区生产总值，这一结果是地区生产总值的标准数据。按支出法计算的地区生产总值等于最终消费、资本形成总额、货物和服务净出口（净流出）之和。由于资料来源等原因，它与按生产法、收入法计算的地区生产总值不一定相等，两者的差额称为统计误差。为了避免在应用时产生混乱，国家统计局国民经济核算司对生产法、收入法和支出法国内生产总值及增长指数的名称作了如下规定：按生产法和收入法计算的国内生产总值简称为国内（地区）生产总值；按生产法和收入法计算的国内（地区）生产总值的增长指数简称为国内生产总值增长指数；按支出法计算的国内生产总值称为支出法国内（地区）生产总值。2004 年，地区 GDP 称为地区生产总值。

本统计年鉴公布的国民经济核算资料，最后一年数据不是最终数，还会发生变动；如果遇到普查年，在能够获得更为详细的基础资料的情况下，地区生产总值的历史数据也会发生变动。1999 年，根据省统计局的文件精神，依据农业普查资料、三产普查资料、规模以下工业抽样调查资料，我市对地区生产总值的历史数据作了调整，年鉴中的数据是调整以后的数据。2004 年，根据第一次经济普查资料，全市生产总值的数据作了调整。2008 年，根据第二次经济普查资料，全市生产总值的数据作了调整。

编辑、校对：王文杰、侯方、陈成、张磊、陈永

2-1 各部门机构数

（2013 年）

单位:个

部门	机构数	部门	机构数
基层组织		卫生事业	
乡镇(街道)	64	医院卫生院	114
村委会	2113	社区卫生服务中心	18
居委会	372	专科疾病防治院(所、站)	4
规模以上工业企业	1507	疾病预防控制中心	8
内资企业	1434	卫生监督所(中心)	7
国有企业	15	诊所、卫生所、医务室	350
集体企业	17	妇幼保健所、站	7
股份合作企业		社会福利	
联营企业	1	社会福利事业单位	94
有限责任公司	391	教育事业	
股份有限公司	24	普通高等学校	3
私营企业	985	中等职业学校	18
港、澳、台商投资企业	32	技校	10
外商投资企业	41	普通中学	125
建筑企业	225	小学	534
# 国有	14	幼儿园	663
集体	32	特殊教育	4
股份合作	2	科研机构	189
有限责任公司	77	文化事业	
股份有限公司	16	艺术事业	3
邮电企业		群众文化事业	7
邮政支局(邮电所)	100	公共图书馆	7
电信	125	博物馆	12
移动	97	广播电视台站	
联通	66	广播电台	1
金融业	465	电视台	2

2-2 平均每天主要社会经济活动

指标	单位	2013 年	2012 年
一、全市每天创造的财富			
地区生产总值	万元	50154	46655
第一产业	万元	4104	3644
第二产业	万元	28426	27160
第三产业	万元	17624	15852
地方财政收入	万元	3581	3188
粮食	吨	5506	5448
油料	吨	262	255
肉类	吨	719	727
甲醇	吨	3815	2706
焦炭	吨	11687	9419
水泥	吨	63555	61549
发电量	万千瓦时	3585	3615
二、其他经济活动			
公路货运量	万吨	63	62
邮电业务量	万元	1582	1514
进出口总额	万美元	343	310
实际到帐外资	万美元	43	39
居民新增储蓄额	万元	2364	3365
三、全市人口变动和婚姻			
出生人口	人	123	120
死亡人口	人	76	98
结婚对数	对	113	105
离婚对数	对	24	22

2-3 国民经济主要比例关系

单位:%

项目	1978年	1980年	1985年	1990年	1995年	2000年	2005年	2006年	2007年	2008年	2009年	2010年	2011年	2012年	2013年
一、生产总值比例	100	100	100	100	100	100	100	100	100	100	100	100	100	100	100
第一产业	37.2	34.0	37.3	25.5	23.3	16.7	9.9	9.0	8.7	8.8	8.7	8.6	8.1	7.8	8.2
第二产业	51.1	54.0	47.6	54.5	47.9	49.5	63.8	63.8	64.1	63.1	62.2	60.1	58.9	58.2	56.7
第三产业	11.7	12.0	15.1	20.0	28.8	33.8	26.3	27.2	27.2	28.1	29.1	31.3	33.0	34.0	35.1
二、支出总额比例	100	100	100	100	100	100	100	100	100	100	100	100	100	100	
#总消费	58.8	61.0	59.0	47.5	54.4	62.1	40.6	41.1	41.7	38.9	37.4	37.5	37.6	37.9	
总投资	31.1	32.6	33.0	32.8	45.3	41.9	59.5	59.9	56.4	59.6	61.7	61.7	61.6	61.3	
三、人口比例															
按性别分	100	100	100	100	100	100	100	100	100	100	100	100	100	100	100
男	51.5	51.4	52.1	52.0	51.9	51.9	51.9	51.8	51.9	52.0	52.0	52.0	52.2	52.1	52.1
女	48.5	48.6	47.9	48.0	48.1	48.1	48.1	48.2	48.1	48.0	48.0	48.0	47.8	47.9	47.9
按城乡分	100	100	100	100	100	100	100	100	100	100	100	100	100	100	100
乡村人口	90.4	89.7	84.6	84.3	78.5	68.9	69.1	67.1	68.1	67.6	65.7	65.2	65.3	65.3	65.2
城镇人口	9.6	10.3	15.4	15.7	21.5	31.1	30.9	32.9	31.9	32.4	34.3	34.8	34.7	34.7	34.8
四、社会从业人员比例		100	100	100	100	100	100	100	100	100	100	100	100	100	100
第一产业		68.4	65.7	58.3	51.5	49.1	36.8	35.8	33.7	33.4	31.7	30.6	29.6	28.1	27.8
第二产业		22.4	23.9	26.7	30.4	26.2	31.8	31.9	33.0	31.6	31.4	31.4	33.3	34.3	34.4
第三产业		9.2	12.4	15.0	18.1	24.7	31.4	32.3	33.3	35.0	36.9	38.0	37.1	37.6	37.8
五、农林牧渔业总产值比例	100	100	100	100	100	100	100	100	100	100	100	100	100	100	100
农业	81.0	86.6	83.6	78.1	80.7	73.2	64.8	65.0	62.0	63.5	64.4	67.0	64.8	64.0	66.3
林业	2.5	2.1	3.6	3.9	2.6	3.1	2.6	2.6	2.5	2.0	2.2	0.8	0.9	1.0	1.0
牧业	16.1	11.1	12.3	17.0	13.5	19.8	27.3	27.2	28.0	27.5	26.1	25.2	27.0	27.3	25.2
渔业	0.4	0.2	0.5	1.0	3.2	3.6	2.6	2.4	2.2	2.0	1.9	1.8	2.4	2.7	2.6
农林牧渔服务业							2.7	2.8	4.9	5.0	5.4	5.2	4.9	5.0	4.9
六、粮食与经济作物播种面积	100	100	100	100	100	100	100	100	100	100	100	100	100	100	100
粮食作物	89.1	88.1	80.8	85.2	74.1	62.7	62.1	63.4	65.3	67.1	68.9	69.9	70.4	71.0	71.1
经济和其他作物	10.9	11.9	19.2	14.8	25.9	37.3	37.9	36.6	34.7	32.9	31.1	30.1	29.6	29.0	28.9
七、工业总产值中轻重工业比例	100	100	100	100	100	100	100	100	100	100	100	100	100	100	100
轻工业	45.2	38.4	37.4	42.2	38.2	39.7	24.1	23.9	26.3	27.2	28.4	26.3	28.2	26.4	28.6
重工业	54.8	61.6	62.6	57.8	61.8	60.3	75.9	76.1	73.7	72.8	71.6	73.7	71.8	73.6	71.4
八、地方财政收入占 GDP 的比重	15.3	13.1	8.8	6.4	3.5	4.5	4.5	4.9	4.9	4.8	5.1	5.6	6.4	6.8	7.1
九、税收占 GDP 的比重						6.9	8.0	8.8	8.4	8.5	8.4	9.0	9.5	9.5	9.1
十、出口占 GDP 比重						3.1	4.0	4.3	4.1	3.2	2.8	3.6	3.5	4.2	3.2
十一、民营经济纳税额占税收比例						45.3	52.2	56.3	69.2	74.9	74.5	76.9	76.4	75.8	74.4

注:2005 年以前为农业人口与非农业人口,从 2005 年开始改为乡村人口和城镇人口。

2-4 “八五”以来主要指标

单位:亿元、%

指标	1995年	2000年	2005年	2010年	“八五”平均增长(%)	“九五”平均增长(%)	“十五”平均增长(%)	“十一五”平均增长(%)
全市生产总值(GDP)	148.56	248.80	633.35	1362.04	19.1	10.3	14.9	14.1
地方财政收入	5.19	11.27	28.16	76.71	20.7	17.2	27.9	22.2
规模以上工业增加值	49.53	67.12	302.90	824.76	30.2	12.4	23.5	15.9
全社会固定资产投资	49.16	66.79	320.60	787.31	37.0	5.9	32.4	19.7
社会消费品零售额	50.69	85.39	176.30	409.89	21.5	11.4	13.5	18.4
税收收入	9.84	17.27	50.04	122.98		11.9	23.7	19.7
国税	6.87	10.48	30.51	62.08		8.8	23.8	15.3
地税	2.97	6.79	19.53	60.90		18.0	23.5	25.5
实际利用外资(万美元)	3445	3850	10175	23900		2.2	21.5	18.6
进出口总额(亿美元)	0.96	1.40	3.72	9.11		7.8	21.6	19.6
其中:出口总额(亿美元)	0.49	0.95	3.10	7.46		14.2	26.7	19.2
金融机构本外币存款余额	74.94	148.07	365.43	894.42	32.7	14.6	19.8	19.6
金融机构本外币储蓄余额	53.01	106.15	227.3	512.3	40.4	14.9	16.4	17.6
金融机构本外币贷款余额	94.94	151.16	258.6	728.7	26.4	9.7	11.3	23.0
城镇居民人均可支配收入(元)	3673	5266	9881	17630	22.5	7.5	13.4	12.3
农民人均纯收入(元)	1751	2799	4241	7103	19.8	9.8	8.7	10.9
在岗职工平均工资(元)	5321	6873	14831	30356	19.0	5.3	16.6	15.4

注:全社会固定资产投资平均增长按累计法计算,地方财政收入按同口径增长率算。

2–5　国民经济和社会发展主要指标占全省的比重

项目	单位	2013年			2012年		
		全市	山东	全市占全省比重(%)	全市	山东	全市占全省比重(%)
一、人口与就业							
年末总人口	万人	380.1	9733.4	3.9	377.2	9684.9	3.9
在岗职工	万人	49.9	1237.6	4.0	40.8	1029.0	4.0
二、土地面积	万平方公里	0.4563	15.71	2.9	0.4563	15.71	2.9
三、地区生产总值	亿元	1830.6	54684.3	3.3	1702.9	50013.2	3.4
第一产业	亿元	149.8	4742.6	3.2	133.0	4281.7	3.1
第二产业	亿元	1037.6	27422.5	3.8	991.3	25735.7	3.9
第三产业	亿元	643.3	22519.2	2.9	578.6	19995.8	2.9
四、人均生产总值	元	48346	56323	85.8	45262	51768	87.4
五、主要工农业产品产量							
粮食	万吨	171.2	4528.2	3.8	198.9	4511.4	4.4
油料	万吨	9.6	349.6	2.7	9.3	351.0	2.6
水产品	万吨	9.3	851.9	1.1	8.9	841.9	1.1
水果	万吨	25.2	3028.8	0.8	24.6	2924.5	0.8
发电量	亿千瓦时	130.8	3500.0	3.7	132.0	3195.2	4.1
水泥	万吨	2319.8	16217.8	14.3	2246.5	15386.0	14.6
布	亿米	3.9	128.5	3.0	5.8	143.4	4.1
啤酒	万千升	30.1	685.8	4.4	23.5	665.1	3.5
合成氨	万吨	40.0	783.1	5.1	45.2	764.4	5.9
六、固定资产投资							
固定资产投资额	亿元	1238.2	35875.9	3.5	1044.7	30319.8	3.4

注：本表年末总人口均为常住人口数。

2-5 续表

项目	单位	2013 年			2012 年		
		全市	山东	全市占全省比重(%)	全市	山东	全市占全省比重(%)
七、运输、邮电							
公路货物周转量	亿吨公里	266.3	7498.9	3.6	252.4	7059.2	3.6
邮电业务总量	亿元	57.7	919.7	6.3	55.3	849.2	6.5
八、财政金融							
地方财政收入	亿元	130.7	4560.0	2.9	116.4	4059.4	2.9
地方财政支出	亿元	207.8	3393.0	6.1	187.2	5901.7	3.2
城乡居民储蓄存款余额	亿元	781.6	29967.3	2.6	695.1	26494.1	2.6
九、外贸外经							
进口总额	亿美元	3.1	1326.5	0.2	11.3	2455.5	0.5
出口总额	亿美元	9.5	1345.1	0.7	9.4	1287.3	0.7
实际到帐外资	亿美元	1.6	140.5	1.1	1.4	123.5	1.1
十、国内贸易							
社会消费品零售额	亿元	645.1	21744.8	3.0	552.4	19175.3	2.9
十一、物价							
商品零售物价指数	%	100.1	101.4	98.7	101.5	101.6	99.9
居民消费价格指数	%	101.8	102.2	99.6	101.9	102.1	99.8
十二、人民生活							
在岗职工工资总额	亿元	208.4	5915.5	3.5	158.0	4400.9	3.6
在岗职工平均工资	元	42497	47652	89.2	38990	42572	91.6
城镇居民人均可支配收入	元	25238	28264	89.3	22960	25755	89.1
农民人均纯收入	元	10878	10620	102.4	9606	9446	101.7
十三、教育、卫生							
高等学校在校学生数	万人	2.3	169.9	1.3	2.1	164.6	1.3
中等专业学校在校学生数	万人	4.7	103.2	4.5	4.5	118.0	3.8
卫生机构床位数	万张	1.6	49.8	3.2	1.5	47.6	3.1
专业卫生技术人员数	万人	2.0	60.1	3.2	1.7	53.1	3.2
医生数	万人	0.8	23.4	3.3	0.7	20.1	3.5

2–6 历年地区生产总值

单位:亿元

年份	地区生产总值	第一产业增加值	第二产业增加值	#工业增加值	第三产业增加值
1954	1.11	0.75	0.19	0.16	0.17
1955	1.30	0.83	0.29	0.23	0.18
1956	1.54	0.95	0.38	0.29	0.21
1957	1.45	0.78	0.45	0.38	0.22
1958	1.94	0.76	0.88	0.75	0.30
1959	2.54	0.87	1.28	1.08	0.39
1960	3.13	0.90	1.80	1.59	0.43
1961	2.51	0.86	1.25	1.14	0.40
1962	2.16	0.90	0.87	0.82	0.39
1963	2.05	0.80	0.90	0.84	0.35
1964	2.33	0.99	0.96	0.90	0.37
1965	2.51	1.10	1.04	0.96	0.37
1966	2.98	1.29	1.28	1.22	0.41
1967	2.96	1.35	1.16	1.08	0.45
1968	3.26	1.45	1.35	1.24	0.46
1969	3.04	1.32	1.23	1.11	0.49
1970	4.15	1.68	1.91	1.71	0.56
1971	5.10	1.65	2.87	2.72	0.58
1972	5.72	1.95	3.15	3.03	0.62
1973	5.74	2.24	2.80	2.69	0.70
1974	4.45	2.19	1.61	1.51	0.65
1975	6.52	2.58	3.22	3.11	0.72
1976	7.30	2.83	3.77	3.61	0.70
1977	7.66	2.84	4.01	3.69	0.81
1978	8.25	3.07	4.22	3.85	0.96
1979	9.10	3.24	4.60	4.19	1.26
1980	10.85	3.68	5.86	5.48	1.31

2-6 续表

单位:亿元

年份	地区生产总值	第一产业增加值	第二产业增加值	# 工业增加值	第三产业增加值
1981	12.45	4.40	6.10	5.66	1.95
1982	15.75	5.72	7.95	7.08	2.08
1983	18.41	7.19	8.53	7.79	2.69
1984	20.97	7.86	9.73	8.66	3.38
1985	23.86	8.89	11.37	10.11	3.60
1986	26.64	9.61	12.48	10.94	4.55
1987	31.46	10.80	15.08	13.08	5.58
1988	41.57	13.14	21.21	18.45	7.22
1989	46.73	12.88	25.02	22.62	8.83
1990	47.35	12.06	25.81	22.85	9.48
1991	55.66	14.62	28.54	25.28	12.50
1992	69.76	16.54	35.37	31.49	17.85
1993	89.32	18.11	46.26	39.48	24.95
1994	114.96	26.27	54.47	45.92	34.22
1995	148.56	34.54	71.18	59.20	42.84
1996	177.46	36.04	86.19	71.67	55.23
1997	193.19	37.24	92.38	78.37	63.57
1998	210.32	38.43	101.32	88.50	70.57
1999	227.13	40.01	109.51	96.11	77.61
2000	248.81	41.68	123.12	106.76	84.01
2001	276.82	43.83	138.23	120.54	94.76
2002	313.86	45.75	162.20	141.00	105.91
2003	383.24	46.74	216.11	190.64	120.39
2004	509.89	56.80	307.37	277.15	145.72
2005	629.04	62.49	401.07	369.54	165.48
2006	756.77	68.48	482.82	445.72	205.47
2007	922.53	80.59	590.99	546.31	250.96
2008	1087.64	96.09	686.20	630.99	305.35
2009	1196.04	103.81	744.40	682.55	347.83
2010	1362.04	117.56	818.37	749.34	426.11
2011	1561.68	126.40	920.32	843.44	514.96
2012	1702.92	133.00	991.33	905.60	578.59
2013	1830.63	149.81	1037.55	942.96	643.27

注:本表 2005 年至 2009 年为按第二次经济普查结果修订后数据。

2-7 历年地区生产总值指数

（以上年为 100）

年份	地区生产总值	第一产业增加值	第二产业增加值	#工业增加值	第三产业增加值
1949	100	100	100	100	100
1957	94.6	87.3	112.2	121.3	103.7
1962	86.9	106.3	66.8	69.9	102.3
1965	107.2	105.7	115.2	113.0	93.9
1970	137.9	130.0	156.9	156.9	113.6
1975	146.9	116.7	201.4	208.2	116.6
1978	107.2	108.0	104.5	103.6	117.6
1980	112.3	114.7	110.2	113.1	112.3
1981	103	114.0	103.5	103.3	111.7
1982	139.6	125.0	140.5	134.2	127.0
1983	111.6	114.1	110.8	113.6	105.6
1984	105.8	106.5	102.9	100.5	115.2
1985	110.7	104.5	109.0	108.9	141.3
1986	109.2	102.6	111.1	109.5	122.0
1987	111.4	104.5	116.8	115.6	112.8
1988	115.7	98.9	128.7	129.1	115.5
1989	106.1	102.4	102.9	106.9	123.5
1990	105.1	104.0	105.4	102.0	105.7
1991	117.5	118.1	113.4	114.5	105.5
1992	120.6	109.8	120.4	120.3	134.1
1993	126.8	113.0	129.5	126.0	135.1
1994	115.6	111.0	118.3	119.1	114.7
1995	115.6	112.8	117.8	117.1	113.6
1996	114.2	105.1	116.2	116.3	117.5
1997	106.9	102.7	104.6	106.2	114.2
1998	109.4	103.3	109.9	112.7	111.0
1999	110.2	107.1	110.9	111.7	110.8
2000	110.8	105.3	114.0	113.4	108.4
2001	111	105.1	112.1	112.5	112.3
2002	113.1	104.0	116.4	115.6	112.5
2003	116.1	105.6	120.6	119.2	113.5
2004	117.2	106.0	122.9	122.8	112.0
2005	117.4	107.9	122.6	125.1	111.8
2006	116.4	106.0	117.4	117.5	117.9
2007	116.1	104.9	117.2	117.4	117.5
2008	113.1	101.7	113.0	113.4	116.8
2009	112.6	103.8	113.6	113.2	112.7
2010	112.6	102.9	110.4	110.3	120.0
2011	110.9	102.0	112.3	112.6	110.5
2012	110.7	104.2	111.7	111.7	110.4
2013	110.1	103.3	111.4	111.5	109.0
平均年递增(%)					
“一五”时期	7.6	2.6	25.2	24.2	12.9
“二五”时期	4.1	-1.9	12.4	15.4	9.9
“调整”时期	5.6	3.5	8.4	4.3	-0.9
“三五”时期	11.4	9.5	14.2	13.4	9.3
“四五”时期	9.2	8.0	11.3	13.4	5.9
“五五”时期	7.8	7.2	8.8	8.1	8.2
“六五”时期	13.4	12.6	12.6	11.5	19.5
“七五”时期	9.7	3.3	12.6	12.1	15.7
“八五”时期	19.7	12.9	20.9	20.9	25.4
“九五”时期	10.3	4.7	11.0	12.0	12.3
“十五”时期	14.9	5.7	18.8	19.0	12.3
“十一五”时期	14.1	3.8	14.3	14.3	17.0

2-8 地区生产总值

（2013 年）

单位:亿元、%

	当年价格	按可比价格计算比上年为 100 的增速
地区生产总值	1830.63	110.1
第一产业	149.81	103.3
第二产业	1037.55	111.4
工业	942.96	111.5
建筑业	94.59	109.8
第三产业	643.27	109.0
交通运输、仓储和邮政业	82.44	106.9
批发和零售业	196.38	113.3
住宿和餐饮业	53.44	104.9
金融业	50.61	107.3
房地产业	60.87	111.7
营利性服务业	87.42	106.3
非营利性服务业	112.11	107.3

2-9 地区生产总值构成

单位:%

年份	地区生产总值	第一产业	第二产业	第三产业
1981	100.00	35.34	49.00	15.66
1985	100.00	37.26	47.65	15.09
1986	100.00	36.07	46.85	17.08
1987	100.00	34.33	47.93	17.74
1988	100.00	31.61	51.02	17.37
1989	100.00	27.56	53.54	18.90
1990	100.00	25.47	54.51	20.02
1991	100.00	26.27	51.27	22.46
1992	100.00	23.71	50.70	25.59
1993	100.00	20.28	51.79	27.93
1994	100.00	22.85	47.38	29.77
1995	100.00	23.25	47.91	28.84
1996	100.00	20.31	48.57	31.12
1997	100.00	19.28	47.82	32.90
1998	100.00	18.27	48.18	33.55
1999	100.00	17.62	48.21	34.17
2000	100.00	16.75	49.48	33.77
2001	100.00	15.80	49.90	34.30
2002	100.00	14.60	51.70	33.70
2003	100.00	12.20	56.40	31.40
2004	100.00	10.80	61.40	27.80
2005	100.00	9.93	63.76	26.31
2006	100.00	9.05	63.80	27.15
2007	100.00	8.74	64.06	27.20
2008	100.00	8.83	63.09	28.07
2009	100.00	8.68	62.24	29.08
2010	100.00	8.63	60.09	31.28
2011	100.00	8.09	58.93	32.98
2012	100.00	7.81	58.21	33.98
2013	100.00	8.18	56.68	35.14

2-10 资产负债

（2012 年） 单位：万元

	总计		非金融企业部门	
	使用	来源	使用	来源
一、非金融资产	24533996		13068463	
1、固定资产	20954948		10105136	
# 在建工程	951084		943131	
2、存货	2416801		1845381	
# 产成品和商品库存	1166818		622592	
3、其他非金融资产	1162247		1117946	
# 无形资产	1053548		1019560	
二、金融资产与负债	30831753	28205732	8257883	12214460
(一)国内金融资产与负债	30831753	28205732	8257883	12214460
1、通货	2000650		312660	
2、存款	11467152	11467152	3228274	
长期存款	4135101	4135101	646983	
短期存款	7332051	7332051	2581291	
3、贷款	9164899	9164899		6504147
长期贷款	4615973	4615973		3227342
短期贷款	4548926	4548926		3276805
4、股票及其他股权	551726		506986	
5、证券(不含股票)	67855			
6、保险准备金	730016	730016	63582	
7、其他	6849455	6843664	4146379	5710313
(二)国外金融资产与负债				
1、直接投资				
2、证券投资				
3、其他投资				
三、资产负债差额		27160018		9111885
四、资产、负债与差额总计	55365750	55365750	21326345	21326345

2-10 续表

（2012年） 单位：万元

	金融机构部门		政府部门（行政事业单位）		住户部门（城乡居民）	
	使用	来源	使用	来源	使用	来源
一、非金融资产	145867		869307		10450359	
1、固定资产	110436		852577		9886799	
#在建工程	7953					
2、存货			14338		557083	
#产成品和商品库存			1080		543146	
3、其他非金融资产	35432		2392		6477	
#无形资产	31982		2005			
二、金融资产与负债	12727239	12422733	1421729	890604	8424903	2677934
(一)国内金融资产与负债	12727239	12422733	1421729	890604	8424903	2677934
1、通货	939788		3495		744706	
2、存款		11467152	1287991		6950887	
长期存款		4135101	345778		3172831	
短期存款		7332051	942213		3778056	
3、贷款	9164899					2660752
长期贷款	4615973					1388631
短期贷款	4548926					1272121
4、股票及其他股权	2740				42000	
5、证券(不含股票)	62232		3		5620	
6、保险准备金		730016	2119		664315	
7、其他	2557579	225565	128122	890604	17375	17182
(二)国外金融资产与负债						
1、直接投资						
2、证券投资						
3、其他投资						
三、资产负债差额		450372		1400432		16197328
四、资产、负债与差额总计	12873106	12873106	2291036	2291036	18875262	18875262

2-11 分区(市)地区生产总值

(2013 年) 单位:亿元

区(市)	地区生产总值		第一产业增加值		第二产业增加值	
	2013 年	增长(%)	2013 年	增长(%)	2013 年	增长(%)
市中区	191.38	9.8	9.07	3.0	105.67	9.1
薛城区	260.05	10.6	13.59	3.1	186.82	10.8
峄城区	147.57	10.1	17.72	3.6	80.26	12.0
台儿庄区	146.50	7.9	16.20	2.9	82.69	4.8
山亭区	114.20	10.2	19.27	3.7	54.35	13.0
滕州市	902.64	10.4	71.87	3.3	481.51	12.5
高新区	68.31	21.1	2.08	2.7	46.25	18.0

2-11 续表

(2013 年) 单位:亿元

区(市)	# 工业增加值		第三产业增加值		人均生产总值(元)	
	2013 年	增长(%)	2013 年	增长(%)	2013 年	增长(%)
市中区	96.82	7.3	76.63	11.8	51361	8.9
薛城区	178.80	11.8	59.64	11.9	52385	9.4
峄城区	71.96	12.4	49.59	8.6	39792	9.1
台儿庄区	78.44	4.6	47.61	16.7	49957	6.5
山亭区	49.96	13.0	40.57	9.1	24206	9.2
滕州市	429.63	12.6	349.26	8.5	54237	9.6
高新区	37.35	23.5	19.97	33.0		

注:本表增长均按可比价计算。

2-12 分区(市)地区生产总值构成

(2013 年) 单位:%

区(市)	生产总值	第一产业	第二产业	第三产业
市中区	100.00	4.74	55.22	40.04
薛城区	100.00	5.23	71.84	22.93
峄城区	100.00	12.01	54.39	33.60
台儿庄区	100.00	11.06	56.44	32.50
山亭区	100.00	16.87	47.60	35.53
滕州市	100.00	7.96	53.34	38.69
高新区	100.00	3.05	67.71	29.24

2-13 非公有制(民营)单位户数

(2013 年) 单位:户

	单位户数			其中:					
				1、个体			2、私营		
	2013 年	2012 年	增长(%)	2013 年	2012 年	增长(%)	2013 年	2012 年	增长(%)
全市	209659	184175	13.8	185833	164781	12.8	23186	18765	23.6
市中区	49653	42848	15.9	41410	37559	10.3	8243	5289	55.9
薛城区	21662	16844	28.6	19342	15309	26.3	2320	1535	51.1
峄城区	15211	12770	19.1	12886	11643	10.7	2325	1127	106.3
台儿庄区	10614	8648	22.7	9336	7610	22.7	1278	1038	23.1
山亭区	20068	17651	13.7	17718	16495	7.4	2350	1156	103.3
滕州市	91762	80946	13.4	82456	73141	12.7	9156	7655	19.6
高新区	4088	4200	-2.67	2685.00	3024.00	-11.21	1403	1176	19.3

2-14 非公有制(民营)经济从业人员

(2013 年) 单位:人

	从业人员			其中:					
				1、个体			2、私营		
	2013 年	2012 年	增长(%)	2013 年	2012 年	增长(%)	2013 年	2012 年	增长(%)
全市	757091	712615	6.24	435680	414304	5.16	234411	211311	10.93
市中区	161260	148710	8.44	67297	84501	-20.36	93963	64209	46.34
薛城区	62599	48455	29.19	41830	30755	36.01	20769	17700	17.34
峄城区	52537	37194	41.25	29510	22826	29.28	23027	14368	60.27
台儿庄区	32613	26855	21.44	25146	19616	28.19	7467	7239	3.15
山亭区	64578	54442	18.62	40732	42887	-5.02	23846	11555	106.37
滕州市	357711	334622	6.90	223911	206477	8.44	108800	103145	5.48
高新区	18431	17579	4.85	7254	7242	0.17	11177	10337	8.13

2–15 非公有制（民营）经济注册资金

（2013 年）　　单位：万元

	注册资金			其中：					
				1、个体			2、私营		
	2013 年	2012 年	增长（%）	2013 年	2012 年	增长（%）	2013 年	2012 年	增长（%）
全市	7140165	6060706	17.8	892673	652935	36.7	5427909	4678004	16.0
市中区	1228547	909090	35.1	82229	66179	24.3	1146318	842911	36.0
薛城区	549913	420127	30.9	96013	66971	43.4	453900	353156	28.5
峄城区	346026	205410	68.5	63715	23297	173.5	282311	182113	55.0
台儿庄区	288857	208912	38.3	72450	51119	41.7	216407	157793	37.1
山亭区	296903	199867	48.5	75708	47011	61.0	221195	152856	44.7
滕州市	2507491	2183608	14.8	484430	394951	22.7	1995061	1760657	13.3
高新区	860669	710136	21.2	18128	3408	432.0	842541	706728	19.2

2–16 非公有制（民营）经济纳税额

（2013 年）　　单位：万元

	纳税额			其中：					
				1、个体			2、私营		
	2013 年	2012 年	增长（%）	2013 年	2012 年	增长（%）	2013 年	2012 年	增长（%）
全市	1235586	1228008	0.6	164137	112832	45.5	98687	94844	4.1
市中区	167443	159106	5.2	11707	8841	32.4	29451	30055	–2.0
薛城区	135605	133364	1.7	6384	3549	79.9	4981	2826	76.2
峄城区	92548	91004	1.7	10219	9027	13.2	3353	2597	29.1
台儿庄区	81386	87576	–7.1	5712	4712	21.2	7726	6214	24.3
山亭区	50492	45421	11.2	6210	4856	27.9	10785	9581	12.6
滕州市	550719	528248	4.3	119257	79072	50.8	35243	38046	–7.4
高新区	70764	62019	14.1	4627	2771	67.0	7141	5512	29.6

第3篇

从业人员和劳动报酬

EMPLOYMENT AND PAYMENT FOR LABOUR

简 要 说 明

简要说明:

一、本篇资料反映的是劳动经济方面的基本情况,包括从业人员及在岗职工人数、工资总额及年平均工资。在岗职工人数涵盖劳务派遣人员。

二、本篇资料主要来源

(一)根据国家统计调查制度搜集汇总的资料,包括 3-1、3-3 至 3-8 表,由市统计局社会科技科整理提供。

(二)参考有关部门的资料,3-2 表参考市统计局、市工商行政管理局、市人力资源和社会保障局有关年报数据整理而成的。

三、调查范围、调查方法和使用的分类标准

(一)调查范围:劳动统计报表的调查范围为辖区内全部独立核算的各类单位。

(二)分类标准:单位隶属关系采用国家标准《单位隶属关系代码(GB12404 - 90)》,国民经济行业划分采用国家标准《国民经济行业分类与代码(GBT 4754 - 94)》,企业、事业和机关的划分是按其执行的会计制度类型划分,单位经济类型是按登记注册类型划分。

(三)调查方法:全面调查。

四、2013 年单位就业人数(工资总额)增加较多,系将原属于乡镇企业的规模以上法人单位纳入劳动工资统计范围所致。2013 年城镇非私营单位从业人员平均工资 42055 元,3-1 表数据为历史数据和当年数据其中项。

编辑、校对:潘晶

3-1 主要年份在岗职工人数与工资

年份	职工人数（万人）	# 国有经济单位	职工工资总额（亿元）	# 国有经济单位	职工平均工资（元）	# 国有经济单位
1978	18.82	15.00	1.11	0.92	564	642
1979	19.21	15.97	1.34	1.15	703	739
1980	20.99	16.69	1.57	1.34	789	825
1981	21.42	17.00	1.68	1.40	799	835
1982	22.47	17.95	1.80	1.50	828	866
1983	24.11	19.47	1.93	1.61	842	874
1984	23.95	18.23	2.42	1.92	1044	1093
1985	24.53	18.61	2.69	2.16	1126	1191
1986	25.70	19.51	3.27	2.66	1315	1412
1987	27.17	20.29	3.69	2.97	1395	1499
1988	29.50	21.98	4.93	3.98	1760	1907
1989	29.83	22.12	5.83	4.74	1989	2183
1990	31.11	22.95	6.77	5.53	2227	2460
1991	32.59	23.88	7.63	6.19	2393	2632
1992	34.39	25.52	8.98	7.33	2671	2937
1993	35.30	26.36	11.15	9.16	3218	3533
1994	37.11	27.78	16.06	13.46	4438	4933
1995	38.53	28.89	20.13	16.60	5321	5837
1996	40.19	30.09	22.94	19.02	5824	6441
1997	40.35	30.91	23.81	20.08	6004	6604
1998	36.89	28.74	22.43	19.15	6137	6718
1999	35.79	27.22	22.64	19.20	6333	7040
2000	34.56	26.53	23.72	20.25	6873	7641
2001	34.68	27.24	27.05	23.50	7811	8613
2002	33.00	26.01	30.30	26.79	9191	10304
2003	31.50	25.29	32.80	28.89	10509	11468
2004	31.58	24.98	41.18	36.28	13020	14476
2005	34.60	23.22	50.98	40.77	14831	17597
2006	34.45	23.42	57.05	45.31	16832	19826
2007	34.12	23.82	71.83	58.78	21114	24747
2008	33.15	23.32	80.93	65.21	24684	28451
2009	33.01	23.72	89.33	73.59	27002	31104
2010	34.18	23.70	104.47	83.61	30439	35132
2011	38.08	22.80	132.57	93.72	34977	41736
2012	40.60	22.98	155.30	105.02	38990	45886
2013	49.90	16.48	208.40	73.98	42497	45369

3-2 就业基本情况

项目	2013 年	2012 年
从业人员合计(万人)	273.31	272.20
第一产业	76.04	76.47
第二产业	93.98	93.26
第三产业	103.29	102.47
从业人员构成(合计 =100)		
第一产业	27.82	28.09
第二产业	34.39	34.26
第三产业	37.79	37.65
按城乡分从业人员(万人)		
城镇从业人员	87.97	78.58
# 国有单位	16.94	23.47
# 城镇集体单位	3.25	4.37
# 其他单位	30.96	13.45
# 私营企业	11.3	13.32
# 个体	25.52	23.97
乡村从业人员	185.34	190.79
# 私营企业	13.42	7.81
# 个体	18.85	17.46
女职工人数(万人)	15.2	11.91
城镇登记失业率(%)	2.45	2.41

3-3　城镇非私营单位分类型和分行业年末就业人数

单位：人

	全部		国有单位		集体单位		其他单位	
	2013 年	2012 年	2013 年	2012 年	2013 年	2012 年	2013 年	2012 年
总　计	511464	412942	169384	234683	32489	43741	309591	134518
按企业、事业、机关分组								–
企　业	378730	285900	42725	109834	26477	41580	309528	134486
事　业	90520	89562	88250	87369	2270	2161		32
机　关	37934	37000	37934	37000				
其　他	4280	480	475	480	3742		63	
按国民经济行业分组								
农、林、牧、渔业	414	673	414	381				292
采矿业	96852	108744	7210	76807	1332	7325	88310	24612
制造业	108631	62557	5945	8720	1106	2020	101580	51817
电力、热力、燃气及水生产和供应业	8388	7835	3622	4261			4766	3574
建筑业	103786	70703	6451	2991	22051	25415	75284	42297
批发和零售业	19869	10943	3432	3838	2558	3733	13879	3372
交通运输、仓储和邮政业	10687	7504	5543	4512	322	481	4822	2511
住宿和餐饮业	3341	1487	79	815	514	373	2748	299
信息传输、软件和信息技术服务业	2025	2321	863	2321			1162	
金融业	9175	6932	5781	3726	1606	1487	1788	1719
房地产业	7674	4846	1935	2141	218	265	5521	2440
租赁和商务服务业	4610	2243	1570	1648	245	402	2795	193
科学研究和技术服务业	5335	2889	2706	2596	108	57	2521	236
水利、环境和公共设施管理业	7627	6449	5991	6044	48	46	1588	359
居民服务、修理和其他服务业	1162	337	169	253			993	84
教　育	45935	44899	45041	43875	417	417	477	607
卫生和社会工作	21300	17971	18429	16177	1784	1697	1087	97
文化、体育和娱乐业	1601	1898	1323	1866	20	23	258	9
公共管理、社会保障和社会组织	53052	51711	52880	51711	160		12	

3-4 城镇非私营单位分类型和分行业就业人员工资总额

单位:万元

	全部		国有单位		集体单位		其他单位	
	2013 年	2012 年	2013 年	2012 年	2013 年	2012 年	2013 年	2012 年
总　计	2122055	1566250	748796	1058224	109752	118394	1263508	389632
按企业、事业、机关分组								
企　业	1532739	1082057	185495	580079	83871	112471	1263373	389507
事　业	404344	345442	396957	339395	7387	5923		125
机　关	163991	136719	163991	136719				
其　他	20981	2032	2352	2032	18494		135	
按国民经济行业分组								
农、林、牧、渔业	1459	1753	1459	1274				480
采矿业	519954	528639	32340	439048	3889	17051	483725	72540
制造业	354913	183830	20717	32318	3175	4701	331022	146811
电力、热力、燃气及水生产和供应业	35911	31851	14919	15603			20992	16248
建筑业	383141	194540	19550	7170	77765	72001	285826	115369
批发和零售业	66550	28211	16628	11905	5983	8175	43939	8132
交通运输、仓储和邮政业	28044	18417	15573	12492	770	1149	11702	4777
住宿和餐饮业	8658	3723	237	2447	1140	661	7281	615
信息传输、软件和信息技术服务业	19825	14956	7154	14956			12671	
金融业	66437	61006	44061	41084	7751	7229	14626	12693
房地产业	27926	13835	7015	6157	598	649	20314	7029
租赁和商务服务业	18283	6142	4677	4551	845	953	12762	639
科学研究和技术服务业	16716	11037	12857	10449	377	141	3482	448
水利、环境和公共设施管理业	22481	14627	18123	13779	108	58	4250	789
居民服务、修理和其他服务业	4207	1321	704	1055			3503	266
教　育	211245	180073	208467	176545	1313	1088	1465	2440
卫生和社会工作	98305	70662	87505	65855	5631	4467	5170	340
文化、体育和娱乐业	7072	7112	6233	7022	87	71	752	18
公共管理、社会保障和社会组织	230929	194515	230580	194515	323		27	

3-5　城镇非私营单位分类型和分行业就业人员平均工资

单位:元

	全部		国有单位		集体单位		其他单位	
	2013 年	2012 年	2013 年	2012 年	2013 年	2012 年	2013 年	2012 年
总　计	42055	38671	44709	45301	34766	27501	41354	30353
按企业、事业、机关分组								
企　业	41113	38839	44023	53032	33277	27510	41358	30351
事　业	45224	38728	45546	39012	32789	27332		39031
机　关	43483	37216	43483	37216				
其　他	45129	42325	49520	42325	44975		21710	
按国民经济行业分组								
农、林、牧、渔业	36854	26131	36854	33612				16421
采矿业	53658	48973	45243	57506	29372	22611	54702	30153
制造业	32704	29437	35007	36215	27799	23755	32625	28481
电力、热力、燃气及水生产和供应业	42443	40145	40807	36328			43689	44649
建筑业	38195	30141	31410	24596	36690	29232	39211	31182
批发和零售业	33890	26030	49679	31460	23591	21939	31947	24435
交通运输、仓储和邮政业	27067	24754	28881	27958	23677	24752	25198	19046
住宿和餐饮业	26420	25329	30013	29843	24040	18008	26729	21746
信息传输、软件和信息技术服务业	100839	64271	82231	64271			115610	
金融业	71980	89138	76151	111309	48472	50484	79273	73751
房地产业	35087	28811	37313	29057	27408	24315	34659	29092
租赁和商务服务业	41040	27894	30547	28247	35360	23887	47529	33260
科学研究和技术服务业	42382	38257	48442	40311	35234	25161	29433	18886
水利、环境和公共设施管理业	30171	22811	30155	22939	22521	13159	30506	21867
居民服务、修理和其他服务业	38346	39563	41418	41704			37783	32877
教　育	46655	40231	46955	40361	31871	26086	31241	40592
卫生和社会工作	46922	39531	48391	40973	31793	26199	47129	35072
文化、体育和娱乐业	44117	37449	46970	37613	43600	30870	29371	20222
公共管理、社会保障和社会组织	43750	37856	43826	37856	20283			

3-6 分区(市)城镇非私营单位年末就业人数

(2013 年)　　单位:人

	总计	其中:在岗职工
全市	511464	498819
市中区	86371	84161
薛城区	128549	127760
峄城区	37399	36930
台儿庄区	28615	28028
山亭区	22443	22041
滕州市	185982	177969
高新区	22105	21930

3-7 分区(市)城镇非私营单位就业人员工资总额

(2013 年)　　单位:万元

	总计	其中:在岗职工
全市	2122055	2084443
市中区	351295	346414
薛城区	684747	682718
峄城区	125801	124336
台儿庄区	94182	91989
山亭区	78692	77727
滕州市	706203	680464
高新区	81135	80795

3-8 分区(市)城镇非私营单位就业人员平均工资

(2013 年)　　单位:元

	总计	其中:在岗职工
全市	42055	42497
市中区	40479	40971
薛城区	54183	54382
峄城区	34604	34678
台儿庄区	31588	31788
山亭区	35716	35904
滕州市	38904	39461
高新区	37394	37537

第4篇

固定资产投资

INVESTMENT IN FIXED ASSETS

简 要 说 明

简要说明：

一、固定资产投资统计的范围包括：规模以上固定资产投资（计划总投资或实际需要总投资在 500 万元以上项目投资），规模以下固定资产投资（农村 500 万元以下固定资产投资）。

二、固定资产投资统计资料来源为：规模以下固定资产投资统计资料由市统计局社会经济调查队根据乡村社会经济调查资料整理提供，除此以外的固定资产投资统计资料均由市统计局投资科整理提供。

三、固定资产投资统计的调查方法：除规模以下固定资产投资统计采用抽样调查方法外，其他均为全面统计报表。

编辑、校对：林敏、刘近贤

4-1 主要年份全社会固定资产投资总额

单位:亿元

年份	全社会固定资产投资额	国有经济单位	集体经济单位
1957	0.24	0.24	
1962	0.14	0.13	0.01
1965	0.16	0.14	0.02
1970	0.51	0.39	0.12
1975	0.27	0.09	0.18
1978	1.21	1.16	0.05
1979	1.90	1.85	0.05
1980	2.08	1.44	0.14
1981	1.73	1.65	0.08
1982	2.26	1.64	0.89
1983	3.28	1.68	0.95
1984	4.10	1.52	1.23
1985	4.93	1.55	1.47
1986	3.77	2.99	0.47
1987	6.16	5.25	0.72
1988	9.64	7.43	1.52
1989	7.68	6.19	1.07
1990	11.71	7.44	1.10
1991	12.83	7.46	1.23
1992	22.39	9.96	2.45
1993	37.19	17.11	12.08
1994	44.28	20.84	15.91
1995	49.16	26.42	14.93
1996	59.81	34.43	15.85
1997	58.76	37.80	10.49
1998	52.67	29.53	9.27
1999	54.57	32.17	8.64
2000	66.79	41.57	9.37
2001	72.31	37.86	14.88
2002	88.95	45.54	17.72
2003	136.10	41.01	12.81
2004	219.99	48.52	16.91
2005	320.60	58.59	22.45
2006	341.07	74.77	27.65
2007	395.24	66.93	27.64
2008	500.00	82.68	43.49
2009	629.84	90.28	50.84
2010	787.31	120.30	74.30
2011	906.41	125.85	83.81
2012	1150.45	185.26	95.34
2013	1367.95	167.82	100.41

4–2 固定资产投资总额

指标	2013 年	2012 年	比上年增长%
投资总额(万元)	12382079	10447140	18.5
一、按经济类型分			
国有投资	1678214	1852563	–9.4
集体投资	1004147	953367	5.3
联营投资	49350	30410	62.3
股份制投资	3357410	3060901	9.7
港澳台投资	106427	36394	192.4
外商投资	87088	18359	374.4
私营个体投资	4780778	3610461	32.4
其他	1318665	884685	49.1
二、按管理渠道分			
房地产开发	2203557	1785576	23.4
三、按构成分			
建筑安装工程	8046641	6667390	20.7
设备工器具购置	3284026	2932411	12.0
其他费用	1051412	847339	24.1
房屋建筑面积(万平方米)			
施工面积	3072.0	2682.1	14.5
#住宅	1844.3	1558.2	18.4
竣工面积	531.6	478.5	11.1
#住宅	253.3	238.6	6.2
全年新增固定资产(亿元)	730.2	698.1	4.6

4-3 分类型固定资产投资额

（2013年） 单位：万元

分组指标	投资总额
总　　计	12382079
一、按经济类型分：	
1、国有投资	1678214
2、集体投资	1004147
3、联营投资	49350
4、股份制投资	3357410
5、港澳台投资	106427
（1）合资经营	
（2）合作经营	
（3）独　资	76757
（4）股份有限	
6、外商投资	87088
（1）合资经营	39300
（2）合作经营	3535
（3）独　　资	41653
（4）股份有限	
7、私营个体投资	4780778
8、其他	1318665
二、按隶属关系分	
中央	77637
省	204923
市	753132
区（市）	1774166
其他	9572221
三、按建设性质分	
新建	5254105
扩建	2366857
改建和技术改造	2291753
四、按国民经济行业门类分	
（一）农、林、牧、渔业	307887
其中：农、林、牧、渔服务业	65163
（二）采矿业	169683
煤炭开采和洗选业	49683
石油和天然气开采业	
黑色金属矿采选业	78264
有色金属矿采选业	
非金属矿采选业	31752
其他采矿业	
（三）制造业	4819691
农副食品加工业	234980
食品制造业	119456
酒、饮料和精制茶制造业	78182
烟草制品业	
纺织业	188076
纺织服装、服饰业	137969
皮革、毛皮、羽毛及其制品和制鞋业	16000
木材加工和木、竹、藤、棕、草制品业	62001
家具制造业	25731
造纸和纸制品业	149902

4-3 续表

（2013 年）　　单位:万元

分组指标	投资总额
印刷和记录媒介复制业	9070
文教、工美、体育和娱乐用品制造业	87467
石油加工、炼焦和核燃料加工业	30156
化学原料和化学制品制造业	819731
医药制造业	118320
化学纤维制造业	4600
橡胶和塑料制品业	177528
非金属矿物制品业	569387
黑色金属冶炼和压延加工业	102662
有色金属冶炼和压延加工业	34500
金属制品业	143901
通用设备制造业	535066
专用设备制造业	319925
汽车制造业	93495
铁路、船舶、航空航天和其他运输设备制造业	132065
电气机械和器材制造业	382204
计算机、通信和其他电子设备制造业	165420
仪器仪表制造业	5050
其他制造业	59774
废弃资源综合利用业	15010
金属制品、机械和设备修理业	2063
（四）电力、热力、燃气及水生产和供应业	216907
电力、热力生产和供应业	152732
燃气生产和供应业	15686
水的生产和供应业	48489
（五）建筑业	598952
（六）批发和零售业	726352
（七）交通运输、仓储和邮政业	320148
铁路运输业	47910
道路运输业	164147
水上运输业	22068
航空运输业	
管道运输业	10480
装卸搬运和运输代理业	10300
仓储业	65243
邮政业	
（八）住宿和餐饮业	297417
（九）信息传输、软件和信息技术服务业	13250
（十）金融业	25697
（十一）房地产业	2986782
（十二）租赁和商务服务业	343321
（十三）科学研究和技术服务业	100766
（十四）水利、环境和公共设施管理业	741134
水利管理业	33418
生态保护和环境治理业	66245
公共设施管理业	641471
（十五）居民服务、修理和其他服务业	86699
（十六）教育	184367
（十七）卫生和社会工作	131244
卫生	105487
（十八）文化、体育和娱乐业	188464
（十九）公共管理、社会保障和社会组织	123318
（二十）国际组织	

4-4 房地产开发

（2013年）

指标名称	单位	总计
本年完成投资	万元	2203557
按构成分		
建筑工程	万元	1551701
安装工程	万元	191168
设备工器具购置	万元	36568
其他费用	万元	424120
其中：土地购置费	万元	292483
按工程用途分		
住宅投资	万元	1703168
办公楼	万元	51176
商业营业用房	万元	296750
其他	万元	152463
本年新增固定资产	万元	1087711
本年购置土地面积	平方米	1077047
本年土地成交价款	万元	230234
竣工房屋住宅套数合计	套	16099
本年应付职工薪酬	万元	29101
待售面积	平方米	1817673
#待售一年以上至三年(含一年)	平方米	845378

4–5 固定资产投资房屋建筑面积

（2013 年） 单位：平方米

项目	总计	房地产开发
本年施工房屋面积	30720011	21357685
#住宅	18443323	16566581
本年竣工房屋面积	5316139	2730095
#住宅	2532883	2118843

4–6 商品房屋销售

（2013 年）

类别	单位	销售面积	待售面积	销售额(万元)
总　计	平方米	3138948	1817673	1213001
按工程用途分的房屋面积				
住宅	平方米	2832560	1449928	997028
#别墅、高档公寓	平方米	148	1790	60
办公楼	平方米	11000		5810
商业营业用房	平方米	257838	296812	188277
其他	平方米	37550	70933	21886

4–7 固定资产投资财务拨款

（2013 年） 单位：万元

分组指标	总计	房地产开发
本年资金来源合计	13528630	2905425
上年末结余资金	514601	330844
本年资金来源小计	13014029	2574581
(1)国家预算资金	236466	
(2)国内贷款	766630	325123
(3)利用外资	73576	
#外商直接投资	68906	
(4)自筹资金	11106995	1523393
#企事业单位自有资金	3305162	692274
(5)债券	2200	
(6)其他资金来源	828162	726065

4–8 房地产开发经营

（2013 年）　　　　　　　　　　单位：千元

类别	总计	国有	集体
一、实收资本合计	6981607	1056523	92270
二、年末资产负债情况			
资产总计	69255762	16465441	349096
固定资产累计折旧	255742	52105	8755
# 本年折旧	48837	5494	1169
负债总计	51936879	14006772	220748
所有者权益合计	17318883	2458669	128348
二、损益情况			
1、主营业务收入	13544862	3423455	71152
商品房屋销售收入	13047387	3413282	69396
房屋出租收入	15136	676	
其他收入	482234	9392	1756
2、主营业务成本	10253813	2733533	51368
3、主营业务税金及附加	991335	239783	5375
4、营业利润	1267415	306945	5957
5、其他业务利润	3373		1755
6、利润总额	1241334	308350	5927

4-9 本年新增生产能力

分组指标	计量单位	新增生产能力
原煤开采	万吨 / 年	5
改建公路	公里	48
新(扩)建港口码头	年吞吐量:万吨	1000
新(扩)建港口码头	年吞吐量:标准集装箱	500000
新(扩)建港口码头	泊位:个	1
新(扩)建公路客、货运站	个	3
新(扩)建公路客、货运站	平方米	6000
铁矿开采(原矿)	万吨 / 年	191
洗煤	万吨 / 年	220
铝加工	吨 / 年	10000
火力发电	万千瓦	2.75
太阳能发电	万千瓦	1.8
输电线路长度(110KV 及以上)	公里	165.15
水泥	万吨 / 年	190
塑料树脂及共聚物	吨 / 年	210
机制纸浆	万吨 / 年	2.5

4-10 分区(市)固定资产投资

(2013年)

	计算单位	全市	市中区	薛城区	峄城区
固定资产投资	万元	12382079	1616541	1790089	1445877
国有经济固定资产投资	万元	1678214	345750	494246	37882
集体经济固定资产投资	万元	1004147	93489	167009	242199
联营经济固定资产投资	万元	49350			
股份制经济固定资产投资	万元	3357410	212711	278275	162496
港澳台商固定资产投资	万元	106427		3000	16828
外商固定资产投资	万元	87088	2730	41500	20190
私营个体固定资产投资	万元	4780778	920902	563947	673497
其他经济固定资产投资	万元	1318665	40959	242112	292785
房地产开发投资完成额	万元	2203557	609200	279406	73043
# 商品住宅	万元	1703168	523451	168724	67498
商品房屋销售额	万元	1213001	226668	187289	52432
商品房屋销售面积	万平方米	313.9	59.5	41.0	14.0
全年新增固定资产	万元	7301998	1187011	896495	752935
本年施工住宅建筑面积(包括商品房)	万平方米	1844.3	400.2	311.3	110.5
本年竣工住宅建筑面积(包括商品房)	万平方米	253.3	16.0	44.2	35.2

4-10 续表

（2013 年）

	计算单位	台儿庄区	山亭区	滕州市	高新区
固定资产投资	万元	958448	882911	4571181	1117032
国有经济固定资产投资	万元	128945	54846	454250	162295
集体经济固定资产投资	万元	74370	102226	316454	8400
联营经济固定资产投资	万元	11900		13300	24150
股份制经济固定资产投资	万元	144093	240848	2175646	143341
港澳台商固定资产投资	万元		59929	26670	
外商固定资产投资	万元			22668	
私营个体固定资产投资	万元	473930	328563	1089913	730026
其他经济固定资产投资	万元	125210	96499	472280	48820
房地产开发投资完成额	万元	130047	37517	854496	219848
# 商品住宅	万元	107309	29480	634047	172659
商品房屋销售额	万元	82412	38553	558492	67155
商品房屋销售面积	万平方米	21.2	14.8	141.5	21.9
全年新增固定资产	万元	786851	478259	2769953	430494
本年施工住宅建筑面积(包括商品房)	万平方米	114.5	36.9	661.3	209.6
本年竣工住宅建筑面积(包括商品房)	万平方米	13.1	14.4	113.7	16.7

第5篇

能源和原材料消费

CONSUMPTION OF ENERGY AND RAW MATERIAL

简 要 说 明

简要说明：

一、本篇包括的主要内容有：行业用电量、全社会用电量、规模以上工业企业能源购进消费情况、规模以上工业企业能源加工转换。

二、本篇资料中“5-1”、“5-2”由供电公司提供，“5-3”、“5-4”由市统计局能源科提供。

编辑、校对：刘婧文、张健

5-1 行业用电量

（2013 年）

	用户个数(个)	用户用电装接容量(千瓦)	用电量(万千瓦时)
全社会用电总计	1406428	17395491	1284225
A、全行业用电合计	138966	9170498	1128451
第一产业	30019	318936	16204
第二产业	31804	5311465	973503
第三产业	77143	3540097	138744
B、城乡居民生活用电合计	1267462	8224993	155772
城镇居民	277103	1583391	68091
乡村居民	990359	6641602	87681
全行业用电分类	138966	9170498	1128451
一、农、林、牧、渔业	30019	318936	16204
农业	5605	33921	1449
林业	76	1126	47
畜牧业	7613	64089	3638
渔业	117	1145	33
农、林、牧、渔服务业	16608	218655	11037
其中:排灌	15584	211213	10842
二、工业	29069	5045115	960584
轻工业	18153	742818	127379
重工业	10916	4302297	833205
(一)采矿业	1596	613322	136730
煤炭开采和洗选业	638	336095	109658
石油和天然气开采业	30	65598	288
黑色金属矿采选业	96	75456	15067
有色金属矿采选业	52	3096	326
非金属矿采选业	730	125849	11004
其他采矿业	50	7228	387
(二)制造业	26081	3728543	625030
食品、饮料和烟草制造业(轻)	13120	249392	23522
其中:农副食品加工业	10089	142217	12223

5-1 续表 1

（2013 年）

	用户个数(个)	用户用电装接容量(千瓦)	用电量(万千瓦时)
纺织业(轻)	1191	130563	31755
服装鞋帽、皮革羽绒及其制品业	422	20076	2637
木材加工及制品和家具制品业	1740	42879	4956
其中:轻工业	478	15800	1649
造纸及纸制品业(轻)	467	133951	43820
印刷业和记录媒介的复制(轻)	144	8557	695
文体用品制造业(轻)	54	4294	734
石油加工、炼焦及核燃料加工业	73	42033	14635
化学原料及化学制品制造业	357	1441134	193849
其中:轻工业	71	39619	1271
其中:氯碱	2	262	2
电石	1	500	134
黄磷			
其中:肥料制造	59	865327	145626
医药制造业(轻)	70	15036	1628
化学纤维制造业(轻)	28	3234	548
橡胶和塑料制品业	1062	144726	22363
其中:轻工业	489	33131	3559
非金属矿物制品业	2365	934830	198175
其中:轻工业	28	27706	4004
其中:水泥制造	2074	828492	173116
黑色金属冶炼及压延加工业	80	16971	3157
其中:铁合金冶炼	62	128	1026
有色金属冶炼及压延加工业	142	50192	13371
其中:铝冶炼	36	2036	35
金属制品业	1821	224482	33920
其中:轻工业	98	4612	327
通用及专用设备制造业	1153	111765	10741
其中:轻工业	43	17	1
交通运输、电气、电子设备制造业	627	123538	18027
其中:轻工业	65	18931	2597
其中:交通运输设备制造业	116	13837	1227
工艺品及其他制造业(轻)	902	18640	4779
废弃资源和废旧材料回收加工业	263	12250	1718
(三)电力、燃气及水的生产和供应业	1392	703250	198824
电力、热力的生产和供应业	548	669594	192613

5-1 续表 2

（2013 年）

	用户个数(个)	用户用电装接容量(千瓦)	用电量(万千瓦时)
其中:电厂生产全部耗用电量	543	662989	122388
线路损失电量			68581
抽水蓄能抽水耗用电量	3	305	
燃气生产和供应业	59	2126	184
水的生产和供应业	785	31530	6027
其中:轻工业	483	19259	3853
三、建筑业	2735	266350	12919
四、交通运输、仓储和邮政业	681	2159647	42602
交通运输业	314	2132943	40296
其中:城市公共交通	30	1838	94
管道运输业	10	4136	3605
电气化铁路	35	1898653	30771
仓储业	315	24515	1910
邮政业	52	2189	396
五、信息传输、计算机服务和软件业	7580	55186	6820
电信和其他信息传输服务业	7411	52391	6599
计算机服务和软件业	169	2795	221
六、商业、住宿和餐饮业	53089	638924	43846
批发和零售业	50269	517645	35461
住宿和餐饮业	2820	121279	8385
七、金融、房地产、商务及居民服务业	7646	225630	13887
金融业	303	16780	2626
房地产业	858	92839	5000
租赁和商务服务业、居民服务和其它服务业	6485	116011	6261
八、公共事业及管理组织	8147	460710	31589
科学研究、技术服务和地质勘查业	45	4901	228
其中:地质勘查业	3	74	2
水利、环境和公共设施管理业	2764	188857	6553
其中:水利管理业	418	102443	2393
其中:公共照明	1396	41840	1577
教育、文化、体育和娱乐业	715	46652	5961
其中:教育	259	21447	4361
卫生、社会保障和社会福利业	916	58556	6927
公共管理和社会组织、国际组织	3707	161744	11920

5-2 全社会用电量

（2013 年）

项　　目	用户个数(个)	用户用电装接容量(千瓦)	用电量(万千万时)
发购电量总计			2150976
发电量			1199499
输购入电量			951477
输入电量			951477
其中:外省(系统)输入电量			
购入电量			
输出电量			
其中:向外省(系统)输出电量			
支出电量总计			
全社会用电总计	1406428	17395491	1284225
农、林、牧、渔业	30019	318936	16204
工业合计	29069	5045115	960584
建筑业	2735	266350	12919
交通运输、仓储和邮政业	681	2159647	42602
信息传输、计算机服务和软件业	7580	55186	6820
商业、住宿和餐饮业	53089	638924	43846
金融、房地产、商务及居民服务业	7646	225630	13887
公共事业及管理组织	8147	460710	31589
城乡居民生活用电合计	1267462	8224993	155772
城镇居民	277103	1583391	68091
乡村居民	990359	6641602	87681

5-3　规模以上工业企业能源购进、消费与库存情况

（2013年）

能源名称	计量单位	购进量		消费量			
		实物量	金额（千元）	合计	1.工业生产消费	用于原材料	2.非工业生产消费
原煤	吨	26270456	16314540	33797506	33728332	274639	69175
洗精煤	吨	7496894	6267418	7375013	7375013	1461459	
其他洗煤	吨	339092	69988	276563	276563		
煤制品	吨	82991	25259	83505	83499		6
焦炭	吨	84192	125560	87951	87951	85697	
焦炉煤气	万立方米	2019	15810	13797	13797	9554	
液化天然气	吨	415	2197	414	409		5
汽油	吨	8768	76022	8811	6279	383	2532
煤油	吨	12	121	12	12		
柴油	吨	14182	112919	14109	12249	520	1860
燃料油	吨	529	1403	38	38		
液化石油气	吨						
其他石油制品	吨	982	3521	966	966		
热力	百万千焦	6836041	365580	10194508	10142013		52495
电力	万千瓦时	1146445	7598505	1284442	1260083		24359
其他燃料	吨标准煤			4671	4671		
能源合计	吨标准煤			34911677	34827184		84493

5-4 规模以上工业企业能源加工转换表

（2013 年）

能源名称	计量单位	工业生产消费量						能源加工转换产出	回收利用
		合计	加工转换投入						
			合计	火力发电	供热	原煤入洗	炼焦		
原煤	吨	30352764	26693076	5140397	731136	20821543			
洗精煤	吨	6659011	5890848		471		5890377	14169209	
其他洗煤	吨	276563	267576	144194	123382			2958533	
煤制品	吨	82531	82531	44475	38056				
焦炭	吨							4265680	
其他焦化产品	吨							387756	
焦炉煤气	万立方米	11778	2224	2224				28661	
汽油	吨	795	91	91					
煤油	吨	4							
柴油	吨	6524	1391	1355	36				
燃料油	吨	38							
其他石油制品	吨	964							
热力	百万千焦	4451652						16143869	
电力	万千瓦时	465421						1306536	
煤矸石用于燃料	吨	3185202	3185202	2515798	669404			1650580	
余热余压	百万千焦	19926354	19926324	19926324					19926324
能源合计	吨标准煤	30106155	25590987	4657246	688493	14943908	5301339	21013675	679488

第6篇

财政

GOVERNMENT FINANCE

简 要 说 明

简要说明：

一、本篇反映了全市财政收支状况，资料来源于市财政局财政总决算表。全市财政总决算由市级财政决算和区(市)级财政决算汇总而成。

二、有关财政收支方面的资料，主要来源于决算收支总表、决算收入明细表、决算支出明细表和根据这些表的数据进行加工整理而成。

三、本篇资料由市统计局综合科整理编辑。

编辑、校对：陈成、张磊、陈永

6-1 历年地方财政收入

单位:万元

年份	地方财政收入合计	# 企业收入	各项税收	# 工商税收	农业税收
1953	960	0.7	956	548	408
1954	1138	2.7	1097	631	466
1955	1313	3.6	1276	791	485
1956	1985	4.5	1925	1163	762
1957	2213	2.4	2141	1498	643
1958	2752	649	2025	1501	524
1959	3429	465	2955	2237	718
1960	4758	956	3772	3212	560
1961	4190	827	3341	2741	600
1962	3809	657	3120	2619	501
1963	3465	601	2852	2457	395
1964	3754	397	3346	2843	503
1965	2981	383	2589	2090	500
1966	3433	403	3024	2466	558
1967	3313	286	3024	2485	538
1968	3812	307	3501	2945	556
1969	3385	240	3140	2609	531
1970	7682	943	6734	6167	567
1971	7919	1297	6597	6069	529
1972	8755	1189	7510	6979	531
1973	9146	1038	8104	7573	532
1974	6354	-344	6685	6192	493
1975	9718	-2.4	9706	9153	553
1976	11551	-202	11735	11197	539
1977	13775	-281	14049	13533	517
1978	12631	141	12467	11955	472
1979	12691	-917	13604	13162	442
1980	14162	-192	14348	13871	477

6-1 续表

单位:万元

年份	地方财政收入合计	# 企业收入	各项税收	# 工商税收	农业税收
1981	17701	456	17229	16716	514
1982	20213	104	20027	19523	505
1983	21309	-1254	21148	20547	601
1984	21750	369	21177	20574	586
1985	20902		21881	21127	754
1986	13787		14526	13725	801
1987	16808		17162	16039	1122
1988	22068		20870	19549	1312
1989	25771		25452	23746	1707
1990	30461		28648	26867	1761
1991	33276		31221	29583	1638
1992	39596		37804	35785	2019
1993	55551		54720	52744	1976
1994	36746		32263	28959	3304
1995	51928		40353	36670	3683
1996	70760		49567	44629	4938
1997	88557		61500	56353	5147
1998	102758		72135	67559	4576
1999	103436		80387	67713	4821
2000	112703	11324	77351	66820	5547
2001	130898	28106	101501	68383	5770
2002	135092	11706	102583	79598	13250
2003	164942	18242	117960	82342	16408
2004	207068	31003	146403	107888	11064
2005	281650		206182	163048	3392
2006	370044		273662	262336	11326
2007	452255		343338		12772
2008	527329		405439		14528
2009	608037		470141		29035
2010	767069		604943		
2011	1001197		730754		
2012	1163669		855508		
2013	1307206		983900		

注:本表中 1994 年以来的地方财政收入系新口径数。

6-2 历年财政支出

单位:万元

年份	合 计	# 农林水支出	社会文教科学支出	行政管理费支出
1953	219	2.1	99	113
1954	274	3.4	125	141
1955	290	46.0	125	146
1956	491	17.1	193	250
1957	578	17.6	310	219
1958	1263	20	484	226
1959	1220	121	550	253
1960	1827	209	892	278
1961	1810	219	666	248
1962	915	74	507	247
1963	1233	226	587	357
1964	1606	291	852	332
1965	1337	210	709	318
1966	1522	237	761	326
1967	1623	326	859	301
1968	1393	206	727	314
1969	1687	124	861	387
1970	2329	198	870	401
1971	3381	265	1087	523
1972	3827	437	1350	531
1973	2829	585	1441	574
1974	2937	680	1589	537
1975	3714	769	1941	688
1976	3906	701	1929	744
1977	5028	1259	1988	842
1978	6366	1099	2312	935
1979	6567	964	2569	1189
1980	7350	1148	3113	1488

6-2 续表

单位:万元

年份	合 计	# 农林水支出	社会文教科学支出	行政管理费支出
1981	6881	869	3112	1432
1982	8907	1037	3997	1986
1983	9102	905	4337	1917
1984	11387	1068	5137	2970
1985	15711	1238	6032	2476
1986	21163	1229	6951	3205
1987	22905	1889	78831	3415
1988	29503	2716	10182	4331
1989	33087	3126	11599	5236
1990	37495	4245	13810	5731
1991	39997	4755	14628	6328
1992	48260	5882	17307	8316
1993	60239	7459	21987	12955
1994	70564	7790	26313	15362
1995	85479	16846	28589	17547
1996	110849	10546	37265	23314
1997	129099	13369	45229	28258
1998	145097	13715	40555	28524
1999	150366	13667	46283	31514
2000	160742	13325	46979	34065
2001	218991	16115	56058	41773
2002	209200	19185	62419	50871
2003	240442	22469	70690	60633
2004	307196	31003	70744	75634
2005	482008	37579	104312	89638
2006	514969	39455	105753	110561
2007	681516	49054	150216	152961
2008	800312	65815	190046	157352
2009	1010421	93168	234375	174465
2010	1289527	113086	292252	222702
2011	1603447	135939		
2012	1871868	171176		
2013	2077978	197955		

注:本表中 2011 年社会文教科学支出、行政管理费支出未分开统计。

6-3 财政一般预算收支情况

单位:万元

科　　目	2013年	2012年
本年收入合计	1307206	1163669
一、增值税	107049	98981
二、营业税	229660	144891
三、企业所得税	70311	82367
四、个人所得税	19086	9877
五、资源税	30810	23184
六、固定资产投资方向调节税		
七、城市维护建设税	106590	96318
八、房产税	99559	99536
九、印花税	12428	9831
十、城镇土地使用税	158736	164072
十一、土地增值税	39618	26785
十二、车船使用税	10375	9547
十三、耕地占用税	36335	39283
十四、契税	63343	50836
十五、专项收入	46455	40628
十六、行政事业性收费收入	81576	75579
十七、罚没收入	64364	59914
十八、国有资本经营收入	49883	85231
十九、国有资源(资产)有偿使用收入	37423	18410
二十、其他收入(款)	43605	28399

6-3 续表

单位:万元

科　目	2013 年	2012 年
本年支出合计	2077978	1871868
一、一般公共服务	272303	245331
二、外交		
三、国防	5146	2978
四、公共安全	114381	112901
五、教育	383663	374087
六、科学技术	17793	19146
七、文化体育与传媒	64481	36388
八、社会保障和就业	224659	178544
九、医疗卫生	163793	151354
十、节能环保	51287	41684
十一、城乡社区事务	124768	96784
十二、农林水事务	197955	171176
十三、交通运输	68556	72846
十四、资源勘探电力信息等事务	253417	186180
十五、商业服务业等事务	17353	36253
十六、金融监管等事务支出	1343	1646
十七、地震灾后恢复重建支出		
十八、援助其他地区支出	2349	1452
十九、国土资源气象等事务	45862	34384
二十、住房保障支出	55680	98131
二十一、粮油物资储备事务	2901	2777
二十二、国债还本付息支出	5879	6485
二十三、其他支出(类)	4409	1341

6-4　分区(市)财政一般预算收支情况

（2013年）　　单位:万元

科　目	合计	市级	市中区	薛城区	峄城区	山亭区	台儿庄区	滕州市	高新区
本年收入合计	1307206	93533	212000	124501	76862	45450	70700	610086	74074
一、增值税	107049	763	15541	13273	9494	2846	8185	52703	4244
二、营业税	229660	12682	35254	33945	14623	10442	13476	86308	22930
三、企业所得税	70311	5139	6536	10503	3698	2060	5646	32922	3807
四、个人所得税	19086	1075	4848	1101	1648	609	561	8224	1020
五、资源税	30810		5174	1154	7149	3494	5384	8455	
六、固定资产投资方向调节税									
七、城市维护建设税	106590	1122	11028	8511	3105	1518	2606	75823	2877
八、房产税	99559	569	20132	2122	1444	2589	2180	69091	1432
九、印花税	12428	56	1384	1642	575	263	448	7271	789
十、城镇土地使用税	158736	130	41821	5997	9176	8859	5481	77887	9385
十一、土地增值税	39618		7752	3453	2911	1575	3852	15208	4867
十二、车船使用税	10375		2262	883	1267	1029	1315	2674	945
十三、耕地占用税	36335		477	3505	5686	2351	2592	18221	3503
十四、契税	63343		12838	14010	2416	1610	5220	23526	3723
十五、专项收入	46455	15949	4002	3317	1634	888	1598	17776	1291
十六、行政事业性收费收入	81576	28650	6391	4162	4914	2450	3320	19624	12065
十七、罚没收入	64364	19041	4951	4086	4146	2842	5070	23223	1005
十八、国有资本经营收入	49883		21499	11058	820		1885	14586	35
十九、国有资源(资产)有偿使用收入	37423	6357	9728	1779	2091	25	1827	15460	156
二十、其他收入(款)	43605	2000	382		65		54	41104	

6-4 续表

（2013 年）　　单位:万元

科　　目	合计	市级	市中区	薛城区	峄城区	山亭区	台儿庄区	滕州市	高新区
支出合计	2077978	354878	290156	176321	170152	133811	163216	721675	67769
一、一般公共服务	272303	36852	36262	17359	21570	19594	15489	116457	8720
二、外交									
三、国防	5146	4434	2	2	2	2		704	
四、公共安全	114381	58521	9309	4330	5883	6104	4796	24112	1326
五、教育	383663	41225	48028	43362	34695	28990	39345	146175	1843
六、科学技术	17793	4114	2891	1389	1360	920	2599	3818	702
七、文化体育与传媒	64481	46947	1079	2380	1491	3331	1290	7894	69
八、社会保障和就业	224659	30658	30266	25112	23065	17023	21029	74076	3430
九、医疗卫生	163793	30811	16618	17121	15105	13801	17792	52456	89
十、节能环保	51287	4513	7753	3940	5020	4390	5429	11279	8963
十一、城乡社区事务	124768	21351	16601	8150	10339	7195	7139	43371	10622
十二、农林水事务	197955	13246	15931	19365	26171	19523	30264	70032	3423
十三、交通运输	68556	33733	3945	3094	4534	3275	5828	14124	23
十四、资源勘探电力信息等事务	253417	4001	76310	2204	4604	1941	2036	138004	24317
十五、商业服务业等事务	17353	6361	1434	1268	1205	1160	1939	3655	331
十六、金融监管等事务支出	1343	849	15	10	10	207	150	102	
十七、地震灾后恢复重建支出									
十八、援助其他地区支出	2349	969		121	112	103	53	908	83
十九、国土资源气象等事务	45862	8898	14183	4326	8954	1600	4650	3185	66
二十、住房保障支出	55680	1300	7681	21972	5568	4051	2505	9758	2845
二十一、粮油物资储备事务	2901	753	147	596	164	186	684	371	
二十二、国债还本付息支出	5879	3835	386	220	292	250	189	597	110
二十三、其他支出	4409	1507	1315		8	165	10	597	807

6-5 国税收入

单位:万元

指标名称	2013年	2012年	比上年增长(%)
税收收入合计	704724	720328	-2.2
一、计划口径税收	698604	713760	-2.1
1、增值税	437537	439932	-0.5
2、消费税	113691	111887	1.6
3、企业所得税	104517	125812	-16.9
4、利息所得税	22	45	-52.4
5、车购税	42838	36085	18.7
二、海关代征	6120	6568	-6.8

6-6 地税收入

单位:万元

指标名称	2013年	2012年	比上年增长(%)
各项收入合计	955287	898938	6.3
一、税收合计	906414	857505	5.7
营业税	229660	181114	26.8
企业所得税	71260	131586	-45.9
个人所得税	47692	39460	20.9
资源税	30811	23185	32.9
城市维护建设税	106595	96329	10.7
房产税	99560	99535	0.0
印花税	12429	9831	26.4
土地使用税	158737	164072	-3.3
土地增值税	39617	26787	47.9
车船使用税	10376	9546	8.7
耕地占用税	36335	26396	37.7
契税	63342	49664	27.5
二、其他收入	48873	41433	18.0
教育费附加	23859	21395	11.5
地方教育费附加	15972	11728	36.2
文化事业建设费	146	276	-47.1
残疾人保障金	1092	1079	1.2
税务部门罚没收入	76	37	105.4
地方水利建设基金	7728	6918	11.7

6–7 税收占 GDP 比重

年份	国税(万元)	地税(万元)	税收收入(万元)	GDP(亿元)	税收占 GDP 比重(%)
1994	59346	21764	81110	114.96	7.1
1995	68690	29700	98390	148.56	6.6
1996	81337	45466	126803	177.46	7.1
1997	101577	56011	157588	193.19	8.2
1998	125715	65135	190850	210.32	9.1
1999	130919	62772	193691	227.13	8.5
2000	104769	67888	172657	248.81	6.9
2001	131253	83071	214324	276.82	7.7
2002	140033	86874	226907	313.90	7.2
2003	155001	96924	251925	383.24	6.6
2004	219135	135423	354558	509.89	7.0
2005	305048	195302	500350	629.04	8.0
2006	382052	282909	664961	756.77	8.8
2007	423897	349858	773755	922.53	8.4
2008	510639	417510	928149	1087.64	8.5
2009	542184	466199	1008383	1196.04	8.4
2010	620827	608974	1229801	1362.04	9.0
2011	706830	771741	1478571	1561.68	9.5
2012	720328	898938	1619266	1702.92	9.5
2013	704724	955287	1660011	1830.63	9.1

第7篇

价格指数

PRICE INDICES

简 要 说 明

简要说明：

一、本篇资料反映了全市生产、投资、流通、消费等环节价格变动状况，主要包括居民消费、商品零售、工业品出厂、固定资产投资、房地产等价格指数。

二、本篇资料由国家统计局枣庄调查队整理提供。

校对：陈成、张磊、陈永

7-1 主要年份居民消费价格指数

年份	居民消费价格指数 （以上年为 100）	年份	居民消费价格指数 （以上年为 100）
1982	102.7	1998	99.7
1983	100.4	1999	99.2
1984	104.2	2000	100.7
1985	107.2	2001	101.1
1986	106.1	2002	98.8
1987	108.5	2003	101.0
1988	119.4	2004	101.9
1989	117.2	2005	101.3
1990	103.9	2006	101.3
1991	106.3	2007	103.9
1992	108.4	2008	104.8
1993	114.3	2009	100.1
1994	121.5	2010	102.8
1995	114.7	2011	104.8
1996	109.0	2012	101.9
1997	102.3	2013	101.8

7-2 物价基本情况

（以上年为 100）

指标名称	2013 年
一、居民消费价格总指数	101.8
1、食品	105.0
2、烟酒及用品	99.6
3、衣着	101.5
4、家庭设备用品及维修服务	96.7
5、医疗保健和个人用品	101.4
6、交通和通信	97.2
7、娱乐教育文化用品及服务	102.0
8、居住	101.1
二、商品零售价格总指数	100.1
三、工业品出厂价格指数	98.2
四、原材料燃料动力购进价格指数	98.1
五、房屋销售价格指数	-
六、房屋租赁价格指数	-
七、土地交易价格指数	-
八、物业管理价格指数	-
九、固定资产投资价格指数	100.3

7-3 居民消费价格指数

（2013 年）

类别及名称	指数(以上年为 100)	类别及名称	指数(以上年为 100)
居民消费价格总指数	101.8	四、家庭设备用品及维修服务	96.7
服务项目价格指数	103.6	1. 耐用消费品	93.9
消费品价格指数	101.3	(1)家具	100.0
一、食品	105.0	(2)家庭设备	90.7
1. 粮食	104.5	2. 室内装饰品	98.8
2. 淀粉	103.1	3. 床上用品	97.1
3. 干豆类及豆制品	102.2	4. 家庭日用杂品	99.9
4. 油脂	101.0	5. 家庭服务及加工维修服务	103.2
5. 肉禽及其制品	103.7	五、医疗保健和个人用品	101.4
(1)食用畜肉及副产品	102.3	1. 医疗保健	102.4
(2)禽	88.3	(1)医疗器具及用品	95.4
(3)加工肉禽	112.9	(2)中药村及中成药	96.8
6. 蛋	99.8	(3)西药	98.4
7. 水产品	115.1	(4)保健器具及用品	98.4
(1)鱼	111.0	(5)医疗保健服务	112.2
(2)其它水产品	121.4	2. 个人用品及服务	99.8
8. 菜	108.2	(1)化妆美容用品	97.8
(1)鲜菜	111.6	(2)清洁化妆用品	100.0
(2)干菜及菜制品	92.8	(3)个人饰品	95.3
9. 调味品	99.0	(4)个人服务	112.8
10. 糖	98.9	六、交通和通信	97.2
11. 茶及饮料	107.8	1. 交通	98.0
(1)茶叶	99.0	(1)交通工具	95.4
(2)饮料	115.7	(2)车用燃料及零配件	98.0
12. 干鲜瓜果	103.3	(3)车辆使用及维修费	103.2
(1)鲜瓜果	105.5	(4)市区公共交通费	100.0
(2)干(坚)果及瓜果制品	98.2	(5)城市间交通费	99.6
13. 糕点饼干面包	97.5	2. 通信	96.0
14. 液体乳及乳制品	102.8	(1)通信工具	88.1
15. 在外用膳食品	108.0	(2)通信服务	98.2
16. 其他食品	102.1	七、娱乐教育文化用品及服务	102.0
二、烟酒及用品	99.6	1. 文娱用耐用消费品及服务	88.9
1. 烟草	99.7	2. 教育	110.5
2. 酒	99.4	(1)教材及参考书	100.7
		(2)教育服务	112.1
三、衣着	101.5	3. 文化娱乐类	99.6
1. 服装	101.7	(1)文化娱乐用品	99.3
(1)男式服装	103.4	(2)书报杂志	99.2
(2)女式服装	100.6	(3)文娱费	100.2
(3)儿童服装	101.4	4. 旅游	90.0
2. 衣着材料	100.0	八、居住	101.1
3. 鞋袜帽	100.8	1. 建房及装修材料	98.6
(1)鞋	100.6	2. 租房	113.5
(2)袜子	102.6	3. 自有住房	100.5
(3)帽子	100.3	4. 水、电、燃料	100.5
4. 衣着加工服务	106.9		

7-4 商品零售价格指数

（2013 年）

类别及名称	指数(以上年为 100)	类别及名称	指数(以上年为 100)
商品零售价格总指数	100.1	2. 床上用品	94.5
一、食品类	105.7	五、家用电器及音像器材类	90.6
1. 粮食	104.2	1. 家庭设备	90.2
2. 淀粉	103.7	2. 文娱用耐用消费品	90.2
3. 干豆类及豆制品	102.4	3. 专业音像器材	95.6
4. 油脂	101.2	六、文化办公用品类	93.2
5. 肉禽及其制品	106.1	七、日用品类	100.0
6. 蛋	100.8	1. 日用百货	100.5
7. 水产品	124.7	2. 日用杂品	99.6
8. 菜	107.5	3. 洗涤用品	101.8
# 鲜菜	110.8	4. 其它日用品	99.1
9. 调味品	100.4	八、体育娱乐用品类	99.2
10. 糖	98.9	1. 体育用品	99.1
11. 干鲜瓜果	103.6	2. 娱乐用品	99.3
12. 糕点饼干面包	97.7	九、交通、通信用品类	91.9
13. 液体乳及乳制品	101.7	1. 交通运输机械	94.1
14. 在外用膳食品	106.7	2. 通信器材	87.5
15. 其他食品	100.4	十、家具类	99.5
二、饮料、烟酒类	101.2	十一、化妆品类	99.5
1. 茶及饮料	104.4	十二、金银珠宝类	98.8
2. 烟草	99.7	十三、中西药品及医疗保健用品类	98.4
3. 酒	99.4	1. 医疗器具及用品	94.8
三、服装、鞋帽类	101.7	2. 中药材及中成药	95.1
1. 服装	102.1	3. 西药	99.2
2. 鞋袜帽	100.8	4. 保健品及器具	98.5
3. 其它	100.4	十四、书报杂志及电子出版物类	97.4
四、纺织品类	95.8	十五、燃料类	99.4
1. 衣着材料	100.0	十六、建筑材料及五金电料类	96.3

7-5 工业产品出厂价格指数

（以上年为100）

分组名称	2013年	2012年
全部工业品	98.2	98.0
# 轻工业	100.5	97.3
以农产品为原料	101.1	96.7
以非农产品为原料	99.0	98.7
重工业	97.2	98.2
采掘	89.5	92.4
原料	95.9	98.6
加工	100.3	100.0
# 生产资料	97.2	97.6
(1)采掘	89.5	92.4
(2)原料	96.0	98.5
(3)加工	99.8	98.7
生活资料	101.6	99.1
(1)食品	102.6	100.9
(2)衣着	104.6	96.3
(3)一般日用品	99.2	97.1
(4)耐用消费品	99.6	100.5
按工业部门为:		
1、冶金工业	101.3	98.1
2、电力工业	99.5	103.0
3、煤炭及炼焦工业	87.2	90.0
4、石油工业	100.4	107.9
5、化学工业	98.0	102.9
6、机械工业	101.0	99.6
7、建筑材料业	100.9	100.2
8、森林工业	100.9	100.1
9、食品工业	102.6	101.1
10、纺织工业	97.7	88.2
11、缝纫工业	104.5	96.2
12、皮革工业	104.4	97.3
13、造纸工业	97.3	96.1
14、文教艺术用品工业	98.8	96.8
15、其它工业	99.8	96.4

7-6　固定资产投资价格指数

（2013 年）

项目	指数(以上年为 100)	项目	指数(以上年为 100)
固定资产投资	100.3	机械费	101.0
建筑安装、装饰工程	100.4	(一)土石方及筑路机械	102.1
人工费	102.8	(二)打桩机械	100.5
工程管理人员	103.0	(三)起重机械	100.6
工程技术人员	102.5	(四)运输机械	100.0
普通工人	102.9	(五)混凝土及砂浆机械	99.9
材料费	99.3	(六)加工机械	101.3
钢材	97.3	(七)泵类机械	101.4
木材	105.0	(八)船舶机械	-
水泥	97.5	(九)其他机械	100.4
地方建筑材料	102.6	其他费用	102.7
化工材料	103.0	土地取得费	103.7
电料	104.0	前期工程费	103.8
其他材料	103.6	施工工作费	101.6
设备、工器具购置	99.3	建设单位其他费用	101.6

7-7 原材料、燃料、动力购进价格指数

（以上年为 100）

分组名称	2013 年	2012 年
全部原材料	98.1	98.4
（一）燃料、动力类	95.0	97.2
（二）黑色金属材料类	98.7	95.3
# 钢材	98.4	96.4
其它	99.1	93.1
（三）有色金属材料和电线类	99.7	97.7
（四）化工原料类	98.5	98.9
（五）木材及纸浆类	102.2	98.3
（六）建筑材料及非金属矿类	101.3	108.1
（七）其它工业原材料及半成品类	98.7	98.9
（八）农副产品类	98.0	98.9
（九）纺织原料类	102.1	94.9

第8篇

居民生活

PEOPLE'S LIVELIHOOD

简 要 说 明

简要说明：

一、本篇资料反映了我市城镇、农村居民的家庭收支、就业、居住、耐用消费品拥有、生产和生活等方面的情况。

二、本篇资料中城镇居民家庭相关资料由国家统计局枣庄调查队整理提供；农村居民主要指标由市统计局社会经济调查队提供；"8-1"、"8-2"由市统计局综合科编辑整理。

编辑、校对：陈成、田浩、陈永、张磊

8-1 居民物质文化生活情况

项目	单位	2013 年	2012 年	比上年增减(%)
一、工资与居民收入				
在岗职工平均工资	元	42497	38990	9.0
城市居民人均可支配收入	元	25238	22960	9.9
农民人均纯收入	元	10878	9606	13.2
二、平均每人居住面积				
城市	平方米	32	31	3.2
农村	平方米	37	41	-9.2
三、交通				
城市每百户拥有摩托车	辆	30	33	-9.1
农村每百户拥有摩托车	辆	64	63	2.0
城市万人拥有公共交通车辆	辆	14.9	13.3	12.0
四、储蓄				
年末城乡居民本外币储蓄余额	亿元	779.81	695.09	12.2
人均本外币储蓄余额	元	20516	18428	11.3
五、文化				
城市居民每百户拥有彩色电视机	台	126	120	5.0
农村居民每百户拥有彩色电视机	台	100	106	-5.7
六、教育				
学龄儿童入学率	%	100	100	
每万人口拥有大学生数(在校生)	人	59	57	3.5
七、卫生				
每万人口拥有病床数	张	42.3	39.06	8.3
每万人口拥有医生数	人	20.3	18.5	9.7
八、就业				
城市每一就业者负担人数(包括本人)	人	1.46	1.46	
农村每一就业者负担人数(包括本人)	人	1.42	1.37	3.6

8–2 主要年份城乡居民收支情况

单位:元

年份	职工平均工资	城市居民可支配收入	城市居民消费支出	农民人均纯收入	农民人均生活费支出
1978	564	347		131	
1979	703	354		145	
1980	789	361	379	186	
1981	799	405	400	231	
1982	828	446	425	304	228
1983	842	483	458	350	269
1984	1044	535	475	400	272
1985	1126	604	553	425	329
1986	1315	725	661	493	369
1987	1394	809	734	519	384
1988	1760	980	892	586	464
1989	1989	1182	1026	663	505
1990	2227	1334	1036	709	545
1991	2393	1408	1118	776	575
1992	2671	1604	1189	886	629
1993	3218	2225	1793	1011	677
1994	4438	3006	2409	1389	1147
1995	5321	3673	2891	1751	1476
1996	5824	4530	2954	2182	1728
1997	6004	4625	3366	2403	1814
1998	6137	4793	3087	2520	1598
1999	6333	5009	3363	2653	1666
2000	6873	5266	3761	2799	1781
2001	7811	5956	3990	2947	1886
2002	9191	6493	4167	3097	1966
2003	10509	7425	4420	3281	2047
2004	13020	8473	5279	3759	2245
2005	14831	9881	5834	4241	2598
2006	16832	11020	6304	4687	2908
2007	21114	12585	7632	5161	3228
2008	24684	14320	8842	5723	3491
2009	27002	15651	9608	6255	3753
2010	30439	17630	11409	7103	4209
2011	34977	20193	13463	8397	5051
2012	38990	22960	14917	9606	5640
2013	42497	25238	16201	10878	6787

注:从 1996 年起城市居民生活费收入改为可支配收入、城镇居民生活费支出改为消费支出。

8-3 城市居民家庭年人均现金收支情况

单位:元

指标名称	2013 年	2012 年	比上年增减(%)
家庭总收入	28570	26104	9.4
一、工资性收入	21950	20299	8.1
二、经营性收入	1977	1757	12.5
三、财产性收入	637	605	5.3
四、转移性收入	4006	3443	16.4
可支配收入	25238	22960	9.9
消费性支出	16201	14917	8.6
一、食品	5314	4914	8.1
二、衣着支出	2196	2034	8.0
三、家庭设备用品及服务	1338	1215	10.1
四、医疗保健	862	813	6.0
五、交通和通信	2877	2498	15.2
六、教育文化娱乐服务	1835	1709	7.4
七、居住	1170	1188	-1.5
八、其他商品和服务	609	545	11.7

8–4 城市居民家庭主要消费品百户拥有量

指标名称	单位	2013 年	2012 年	比上年增减量
摩托车	辆	30	33	–3
助力车	辆	101	92	9
家用汽车	辆	27	21	6
洗衣机	台	115	111	4
电冰箱	台	99	97	2
彩色电视机	台	126	120	6
家用电脑	台	93	87	6
组合音响	套	27	27	
摄像机	架	12	11	1
照相机	架	65	64	1
钢琴	架	5	4	1
其它中高档乐器	件	15	13	2
微波炉	台	51	51	
空调器	台	151	134	17
淋浴热水器	台	100	100	
消毒碗柜	台	7	7	
健身器材	套	8	7	1
固定电话	部	64	65	–1
移动电话	部	248	239	9

8–5 农村住户调查基本情况

项目	单位	2013 年	2012 年	比上年增减（%）
调查户数	户	548	601	–8.8
常住人口	人	1805	2136	–15.5
一、户均常住人口	人	3	4	–7.3
# 整半劳动力	人	2	3	–10.8
# 整劳动力	人	2	2	–9.0
二、每百个劳动力中				
常住人口外出劳动人数	人	18	22	–17.0
三、每百个劳动力中				
1. 文盲或半文盲人数	人	2	3	–12.0
2. 小学程度人数	人	18	20	–8.4
3. 初中程度人数	人	66	62	5.5
4. 高中程度人数	人	11	9	17.6
5. 中专程度人数	人	2	4	–50.0
6. 大专以上人数	人	1	2	–56.5
四、平均每户年末生产用固定资产原值	元	11459	13207	–13.2
1. 农业	元	3987	4897	–18.6
2. 林业	元	1	10	–90.0
3. 牧业	元	684	1065	–35.8
4. 渔业	元			
5. 采矿业	元			
6. 制造业	元	227	1099	–79.3
7. 电力煤气与水的生产及供应	元	1	1	0.0
8. 建筑业	元	115	508	–77.4
9. 交通运输、仓储和邮政业	元	3627	3354	8.1
10. 批发和零售贸易业	元	2341	1942	20.5
11. 住宿和餐饮业	元	68	44	54.5
12. 居民服务与其他服务业	元	205	172	19.2
13. 教育	元	10	9	11.1
14. 卫生、社会保障和福利业	元	9	15	–40.0
15. 文化、体育和娱乐业	元	33	0	
16. 其他	元	148	89	66.3
五、平均每户年末拥有主要固定资产				
1. 房屋及建筑物	平方米	17	38	–55.3
2. 汽车	辆	0.03	0.04	–25.0
3. 大中型拖拉机	台	0.02	0.03	–33.3
4. 小型和手扶拖拉机	台	0.13	0.11	18.2
5. 动力三轮车	辆	0.14	0.39	–64.1
6. 机动脱粒机	台	0.03	0.03	0.0
7. 胶轮大车	架	0.01	0.17	–94.1
8. 水泵	台	0.07	0.21	–66.7
9. 役畜	头	0.01	0.01	0.0
10. 产品畜	头	0.72	0.53	35.8

8-5 续表

项目	单位	2013 年	2012 年	比上年增减(%)
六、平均每人经营耕地、山地、水面情况				
经营耕地面积	亩	1.03	1.09	-5.5
经营山地面积	亩	0.03	0.03	
经营水面面积	亩			
七、年内建房情况				
年内人均新建房屋面积	平方米	0.91	0.68	33.8
# 砖木结构面积	平方米		0.06	
钢筋混凝土结构面积	平方米	0.55	0.63	-12.7
人均新建生活用房面积	平方米	0.91	0.68	33.8
八、年末住房情况				
年末人均住房面积	平方米	37.02	40.75	-9.2
# 砖木结构面积	平方米	29.16	13.93	109.3
钢筋混凝土结构面积	平方米	8.03	26.77	-70.0
年末平均每人住房价值	元	24381	23472	3.9
九、分区(市)农民人均纯收入				
全市	元	10878	9606	13.2
市中区	元	11527	10185	13.2
薛城区	元	10861	9588	13.3
峄城区	元	10600	9376	13.1
台儿庄区	元	9148	8099	13.0
山亭区	元	8600	7580	13.5
滕州市	元	12053	10633	13.4

8-6 农民人均总收入和纯收入

单位:元

指标名称	2013 年	2012 年	比上年增减(%)
一、全年人均总收入	13358	11746	13.7
(一)工资性收入	5659	5032	12.5
1、在非企业组织中得到收入	325	323	0.6
2、在本乡地域内劳动得到收入	3713	3059	21.4
3、常住人口外出从业得到收入	1621	1650	-1.8
(二)家庭经营收入	7015	5976	17.4
1、第一产业收入	5036	4209	19.6
(1)农业收入	3747	3302	13.5
(2)林业收入	158	138	14.5
(3)牧业收入	1131	764	48.0
(4)渔业收入		5	-100.0
2、第二产业收入	421	332	26.8
(1)工业收入	191	85	124.7
(2)建筑业收入	230	247	-6.9
3、第三产业收入	1558	1435	8.6
(1)交通、运输、邮电业收入	593	475	24.8
(2)批零贸易业、餐饮业收入	498	727	-31.5
(3)社会服务业收入	393	184	113.6
(4)文教卫生业收入	48	39	23.1
(5)其他行业收入	26	11	136.4
(三)财产性收入	83	75	10.7
(四)转移性收入	601	663	-9.4
二、全年人均纯收入	10878	9606	13.2

8-7　农民人均总支出

单位:元

指标名称	2013 年	2012 年	比上年增减(%)
总支出	10503	8609	22.0
一、家庭经营费用支出	2224	1660	34.0
1、第一产业生产费用支出	2007	1485	35.2
(1)农业生产费用支出	1078	955	12.9
(2)林业生产费用支出	27	28	-3.6
(3)牧业生产费用支出	903	501	80.2
(4)渔业生产费用支出			
2、第二产业生产费用支出	48	42	14.3
(1)工业生产费用支出	5	2	150.0
(2)建筑业生产费用支出	43	40	7.5
3、第三产业生产费用支出	169	133	27.1
(1)交通运输邮电业生产费用支出	44	56	-21.4
(2)批零贸易餐饮业生产费用支出	45	43	4.7
(3)社会服务业生产费用支出	36	13	176.9
(4)文教卫生行业生产费用支出	11	6	83.3
(5)其他行业生产费用支出	33	15	120.0
二、购置生产用固定资产支出	265	188	41.0
三、建、造生产性固定资产雇工支出	3		
四、税费支出		8	-100.0
五、生活消费支出	6787	5640	20.3
六、财产性支出	21	34	-38.2
七、转移性支出	1203	1079	11.5

8-8 农民人均生活消费支出

单位:元

指标名称	2013 年	2012 年	比上年增减(%)
农民人均生活消费支出	6787	5640	20.3
#服务性支出	1813	1420	27.7
1、食品消费支出	2307	2021	14.2
(1)食品消费品支出	1990	1727	15.2
(2)食品消费服务性支出	317	294	7.8
2、衣着消费支出	552	424	30.2
3、居住消费支出	1257	1065	18.0
4、家庭设备、用品消费支出	586	425	37.9
5、交通和通信消费支出	832	745	11.7
6、文化教育、娱乐消费支出	500	390	28.2
7、医疗保健消费支出	480	375	28.0
8、其他商品和服务消费支出	273	195	40.0

8-9 农民人均现金收支情况

单位:元

指标名称	2013 年	2012 年	比上年增减(%)
一、期内现金收入合计	12582	10731	17.2
(一)工资性收入	5383	5009	7.5
1、在非企业组织中得到的收入	286	319	-10.3
2、在本乡地域内劳动得到的收入	3485	3041	14.6
3、外出从业得到的收入	1612	1650	-2.3
(二)家庭经营现金收入	6543	5150	27.0
1、第一产业现金收入	4564	3383	34.9
(1)农业现金收入	3274	2479	32.1
(2)林业现金收入	158	134	17.9
(3)牧业现金收入	1133	763	48.5
(4)渔业现金收入		7	-100.0
2、第二产业现金收入	421	332	26.8
(1)工业现金收入	191	85	124.7
(2)建筑业现金收入	230	247	-6.9
3、第三产业现金收入	1558	1435	8.6
(1)交通、运输、邮电业收入	593	475	24.8
(2)批零贸易、餐饮业收入	498	727	-31.5
(3)社会服务业收入	393	184	113.6
(4)文教卫生行业收入	48	39	23.1
(5)其他行业收入	26	11	136.4
(三)财产性收入	73	70	4.3
(四)转移性收入	583	501	16.4
二、非收入现金所得	1954	389	402.3
(一)非借贷性现金所得	539	201	168.2
(二)借贷性现金所得	1415	188	652.7

8-9 续表

单位:元

指标名称	2013 年	2012 年	比上年增减(%)
三、期内现金支出	10254	8377	22.4
(一)生产费用支出	2462	1817	35.5
1、家庭经营费用支出	2195	1629	34.7
(1)第一产业生产费用支出	1978	1454	36.0
①农业生产费用支出	1074	946	13.5
②林业生产费用支出	27	28	-3.6
③牧业生产费用支出	877	480	82.7
④渔业生产费用支出			
(2)第二产业生产费用支出	48	42	14.3
①工业生产费用支出	5	2	150.0
②建筑业生产费用支出	43	40	7.5
(3)第三产业生产费用支出	169	133	27.1
①交通运输邮电业生产费用支出	44	56	-21.4
②批零贸易餐饮业生产费用支出	45	43	4.7
③社会服务业生产费用支出	36	13	176.9
④文教卫生业生产费用支出	11	6	83.3
⑤其他行业生产费用支出	33	15	120.0
2、购置生产性固定资产支出	265	188	41.0
3、建、造生产性固定资产雇工支出	3		
(二)税费支出		8	-100.0
(三)生活消费支出	6569	5492	19.6
(四)财产性支出	21	34	-38.2
(五)转移性支出	1202	1026	17.2
四、非消费性支出	3453	1081	219.4
(一)非借贷性支出	1141	694	64.4
(二)储蓄、借贷性支出	2312	387	497.4
五、期末金融资产余额	3843	6656	-42.3
(一)手存现金	211	706	-70.1
(二)存款余额	3632	5951	-39.0

8-10　农民人均购买商品情况

指标名称	单位	2013 年	2012 年	比上年增减(%)
购买商品情况				
一、购买生活消费品情况				
(一)食品类	元	1772	1579	12.2
(1)购买谷物数量	公斤	75	62	21.0
(2)购买薯类	公斤	1	1	
(3)购买豆类	公斤	6	3	100.0
(4)购买食用油	公斤	9	8	12.5
(5)购买蔬菜及制品	元	107	142	-24.6
(6)购买猪肉	公斤	9	7	28.6
(7)购买牛肉	公斤			
(8)购买羊肉	公斤			
(9)购买鸡	公斤	3	3	
(10)购买鲜鸡蛋	公斤	5	9	-44.4
(11)购买鲜奶	公斤	6	2	200.0
(12)购买海水鱼类	公斤	2		
(13)购买淡水鱼类	公斤	1	3	-66.7
(14)购买卷烟	盒	25	29	-13.8
(15)购买啤酒	公斤	7	5	40.0
(16)购买白酒	公斤	4	4	
(17)购买茶叶	公斤			
(二)衣着类	元	551	424	30.0
(三)居住类	元	787	730	7.8
(1)购买建筑生产用房材料支出	元	104	511	-79.6
(2)购买生活用房支出	元	78	13	500.0
(3)购买生活用燃料	元	216	122	77.0
(4)购买生活用水	吨	8	7	14.3
(5)购买生活用电	度	327	238	37.4
(四)家用设备和日用品	元	566	414	36.7
(五)交通、通信工具和用品	元	579	527	9.9
(六)文化、教育、体育、娱乐用品	元	199	196	1.5
(七)医疗卫生、保健用品	元	130	102	27.5
(八)其他杂项商品	元	172	101	70.3
二、购买生产资料情况		1849	1342	37.8
(一)购买农业用种籽	公斤	23	24	-4.2
(二)购买农业用饲料	公斤	3	4	-25.0
(三)购买农业用其他生产资料	元	729	612	19.1
三、购买生产用电	度	23	15	53.3

8-11 农民人均农业、动物饲养业生产情况

单位：千克

指标名称	2013 年	2012 年	比上年增减(%)
一、农业			
(1)谷物产量	869	797	9.0
(2)薯类产量	9	26	-65.4
(3)豆类产量	3	3	0.0
(4)棉花产量	3	5	-40.0
(5)油料产量	16	17	-5.9
(6)蔬菜产量	805	612	31.5
(7)园林水果产量	43	65	-33.8
二、牧业			
(1)畜禽肉产量	61	39	56.4
其中：肉猪肉产量	47	26	80.8
菜羊肉产量	3	2	50.0
肉牛肉产量	2	1	100.0
家禽肉产量	8	9	-11.1
(2)蛋类产量			
(3)毛、绒产量			
三、渔业			
鱼类产量		1	-100.0

8-12 平均每百户农村居民年末耐用消费品拥有量

指标名称	单位	2013 年	2012 年	比上年增减量
1、自行车	辆	124	163	-39
2、洗衣机	台	89	92	-3
3、电冰箱	台	75	64	11
4、摩托车	辆	64	63	1
5、黑白电视机	台	1	2	-1
6、彩色电视机	台	100	106	-6
7、摄像机	台	2	1	1
8、照相机	架	7	4	3
9、抽油烟机	台	19	17	2
10、固定电话	部	49	38	11
11、移动电话	部	206	211	-5
12、空调机	台	44	28	16

8-13　农民人均粮食收支情况

单位:公斤

指标名称	2013 年	2012 年	比上年增减(%)
一、年初粮食结存	213	320	-33.4
二、年内粮食收入合计	1134	977	16.1
1、家庭经营生产	881	825	6.8
2、购入	252	151	66.9
三、年内粮食支出合计	850	668	27.2
1、主食用粮	137	122	12.3
2、其他生活用粮			
3、出售	534	449	18.9
4、种籽	16	12	33.3
5、饲料	163	83	96.4
四、年末粮食结存实际调查数	229	331	-30.8

8-14　农民人均出售产品情况

指标名称	单位	2013 年	2012 年	比上年增减(%)
粮食	公斤	534	444	20.3
棉花	公斤	4	5	-20.0
油料	公斤	9	6	50.0
蔬菜	公斤	961	589	63.2
水果	公斤	37	63	-41.3
木材	立方米	0.1	0.13	-23.1
猪肉	公斤	47	26	80.8
羊肉	公斤	3	2	50.0
家禽	公斤	8	9	-11.1
蛋类	公斤			
兔毛、绒	公斤			

第9篇

城市建设

CITY CONSTRUCTION

简 要 说 明

简要说明：

一、本篇从城市设施、城市供水、公用事业、园林绿化、城市规模、住房面积等方面反映了城市建设的规模、速度、效益及综合水平等基本情况。

二、本篇资料均来自市住建局、市交通局城市建设统计年报。

三、本篇资料由市统计局综合科整理。

编辑、校对：陈成、张磊、陈永

9-1 城市设施水平

（2013年）

	单位	枣庄	市辖区	滕州市
人均日生活用水量	升	127.63	120.33	146.89
用水普及率	%	99.46	99.26	99.97
每万人拥有公共交通车辆	标台	14.9	13.2	19.2
燃气普及率	%	99.50	99.40	99.77
人均拥有道路面积	平方米	24.4	25.5	21.48
建成区绿化覆盖率	%	40.02	40.19	39.51
人均公园绿地面积	平方米	14.30	14.58	13.54
污水处理率	%	93.25	93.14	93.42

9–2 城市公用事业

（2013 年）

	单位	枣庄	市辖区	滕州市
一、供水				
综合生产能力	万立方米 / 日	90.2	69.2	21
# 地下水	万立方米 / 日	80.35	60.35	20
供水总量	万立方米	15402.03	9516.03	5886
# 生产用水	万立方米	6199.28	3462.88	2736.4
公共服务用水	万立方米	1322.66	1068.66	254
家庭用水	万立方米	4578.38	2948.38	1630
消防及其它用水	万立方米	1126.54	852.94	273.6
用水人口	万人	127.8	92.66	35.14
二、公共交通				
运营车辆	辆	1843	1197	646
营运线路网长度	公里	2486.2	1572.2	914
客运总量	万人次	11606.5	5090.2	6516.3
出租汽车数量	辆	1540	834	706
三、人工煤气				
供气总量	万立方米	2771.8	2771.8	
# 家庭用量	万立方米	1861.2	1861.2	
用气人口	万人	19.69	19.69	
四、集中供热				
蒸气供热能力	吨 / 小时	287	77	210
蒸气供热总量	万吉焦	136.47	30	106.47
供热面积	万平方米	2072.3	1382.3	690

9-3 城市市政设施和园林绿化

（2013 年）

	单位	枣庄	市辖区	滕州市
道路长度	公里	1668.02	1115.42	552.6
道路面积	万平方米	3135.66	2380.81	754.85
路灯	盏	73186	51333	21853
下水道长度（排水管道）	公里	1660.5	1226.8	433.7
园林绿地面积	公顷	7502.4	5497.4	2005
绿化覆盖面积	公顷	8250	6140	2110
建成区园林绿地面积	公顷	7032	5072	1960
公园个数	个	43	36	7
公园面积	公顷	960	747	213
游人量（风景名胜区）	万人次	211.7	211.7	

9-4 城市规模和建设用地

（2013 年）

	单位	枣庄	市辖区	滕州市
一、城区人口	万人	123.67	90.08	33.59
二、城区面积	平方公里	443.97	349.02	94.95
#建成区面积	平方公里	197.24	146.04	51.2
三、城市建设用地	平方公里	192.72	141.97	50.75
#工业用地	平方公里	31.98	21.71	10.27
物流仓储用地	平方公里	4.91	4.91	
道路与交通设施用地	平方公里	14.4	13.14	1.26
居住用地	平方公里	71.53	46.5	25.03

注：城市不包括镇驻地（除常庄镇）。

9-5 城市（县城）市政公用设施建设维护管理财政性资金支出

（2013 年）

单位：万元

	合计	城乡社区规划与管理	市政公用行业市场监管	市政公用设施建设维护与管理	风景名胜区规划与保护	其他
全市	289845	24200	7060	242230	607	15748
市辖区	231462	22209	7060	185838	607	15748
市中区	75955	10390		50887		14678
薛城区	85993	7946	2136	75504	407	
峄城区	21175	523	724	19728	200	
台儿庄区	10900	3000	4200	2800		900
山亭区	27021	350		26501		170
高新技术开发区	10418			10418		
滕州市	58383	1991		56392		

9-6 分区(市)城市公用事业情况

（2013 年）

	单位	枣庄	市辖区	市中区	薛城区	峄城区	台儿庄区	山亭区	高新区	滕州市
一、供水										
综合生产能力	万 m^3/ 日	90.2	69.2	34.5	11.2	6.6	8.4	5.5	3	21
# 地下水	万 m^3/ 日	80.35	60.35	29.5	11.2	6.1	6.55	4	3	20
供水总量	万 m^3/ 日	15402.03	9516.03	4367	1962.55	1275.5	1130.38	455	325.6	5886
# 生产运营用水	万 m^3/ 日	6199.28	3462.88	1695	481.4	679	395.58	159.3	52.6	2736.4
居民家庭用水	万 m^3/ 日	4578.38	2948.38	1355	536.98	257	434	170	195.4	1630
用水人口	万人	127.8	92.66	32.88	20.37	11.81	9.3	10.7	7.6	35.14
二、公共交通										
道路长度	公里	1668.02	1115.42	426.75	255.78	88.22	95.5	110.93	138.24	552.6
道路面积	万平方米	3135.66	2380.81	1045.4	512.16	180.2	173.08	191.61	278.36	754.85
路灯	盏	73186	51333	18665	18660	4300	2206	4967	2535	21853
运客车辆	辆	1843	1197	1083		51	20	43		646
运营线路长度	公里	2486.2	1572.2	1182.2		212	24	154		914
客运总量	万人次	11606.5	5090.2	4388.2		426	89	187		6516.3
出租汽车数量	辆	1540	834	434	250	40	60	50		706
三、园林绿化										
绿化覆盖面积	公顷	8250	6140	2131	1477	585	450	565	932	2110
# 建成区	公顷	7893	5870	2076	1421	505	430	510	928	2023
园林绿地面积	公顷	7502.4	5497.4	1924	1321	491	415	529.4	817	2005
# 建成区	公顷	7032	5072	1812	1172	448	369	474	797	1960
公园绿地面积	公顷	1837.4	1361.4	500	288	169	185	156.4	63	476
四、燃气、供热										
燃气供气总量	万 m^3	34472.58	16320.78	3416	4604	2387	4230	2445.58	2010	15380
# 煤气供气总量	万 m^3	2771.8			761.8				2010	
蒸汽总量	万吉焦	136.47	30			5.00		25		106.47

注：目前建设部城市建设统计报表已没有公共绿地面积指标，现在的公园绿地面积包括公园及城市游园等绿地。

第10篇

农林牧渔业

FARMING, FORESTRY, ANIMAL, HUSBANDRY AND FISHERY

简 要 说 明

简要说明:

一、本篇资料反映农业生产和农村经济的基本情况,主要包括农林牧渔业产值、农村劳动力、耕地、主要农产品产量、农业机械年末拥有量、农村电气化和农业化学化情况以及农田水利建设等方面的统计资料。

二、本篇资料来源于市统计局社会经济调查队的农林牧渔业综合统计报表。农林牧渔业综合统计报表制度的统计范围包括各区(市)辖区内所属的各种经济类型、各个系统的全部农林牧渔业生产单位以及各非农行业附属的农林牧渔业生产活动单位。本年鉴中的统计资料是按照报表制度的统一要求,由各区(市)统计局收集、汇总后报送的。目前多数指标仍沿用逐级上报制度。如林业生产情况、渔业生产情况、农业机械年末拥有情况和农田水利建设情况等指标均取自同级业务部门的统计资料。畜牧业数据则根据市统计局社会经济调查队抽样调查数填报。

三、1979－1996 年农业总产值、畜牧业数据均按农业普查数据作了调整。

编辑、校对:纪惠、田浩

10-1 历年农业生产主要指标

单位：万元

年份	农林牧渔业总产值（当年价格）	农业	# 种植业	林业	牧业	渔业
1979	51846	45546	45614	1016	5190	94
1980	57831	50101	49264	1220	6389	121
1981	66146	57115	53205	1464	7416	151
1982	77112	66254	57993	1815	8848	195
1983	89455	76854	65792	2287	10051	263
1984	105983	90680	77448	3073	11862	368
1985	116465	97328	90493	4196	14378	563
1986	130577	109532	101063	3917	16385	743
1987	140086	116454	106927	4904	17611	1117
1988	169877	136420	124335	7554	24398	1505
1989	171026	137880	124796	5833	25976	1337
1990	195328	152473	139749	7668	33146	2041
1991	227693	178948	165228	9892	35632	3221
1992	260427	201626	186345	11183	42400	5218
1993	307872	234873	219132	12528	53018	7453
1994	453684	359169	342232	13869	67488	13158
1995	579546	467759	449701	15197	78109	18481
1996	640320	508079	489646	17519	92331	22391
1997	660441	499979	483304	18550	118051	23861
1998	653257	496424	473169	19224	114570	23039
1999	671126	498664	471426	19742	129649	23071
2000	697985	510752	479280	23702	138342	25099
2001	753496	540741	505277	24463	160930	27362
2002	809823	584061	545645	26130	172521	27111
2003	874700	578850	578850	28290	212605	27746
2004	1037843	685736	685736	28845	264901	29470
2005	1167475	756612	756612	29920	318775	30095
2006	1278410	831435	831435	32985	347404	30842
2007	1490069	923586	923586	36934	416720	32417
2008	1833839	1164462	1164462	37268	503644	36624
2009	1932142	1243878	1243878	41851	504108	36949
2010	2207428	1477970	1477970	18361	555974	39846
2011	2387766	1547176	1547176	20472	645387	58347
2012	2519413	1612938	1612938	24738	687889	68353
2013	2820500	1869531	1869531	27795	709614	74934

10-1 续表 1

年份	农林牧渔业总产值指数（以上年为 100）	农业	# 种植业	林业	牧业	渔业
1979						
1980	111.2	110.0	107.0	115.0	118.6	112.7
1981	108.6	108.0	107.0	117.0	109.9	115.0
1982	110.3	109.0	107.2	117.2	116.4	115.4
1983	109.3	110.0	107.5	118.0	102.2	116.0
1984	111.8	111.0	108.0	118.5	114.0	116.1
1985	114.1	113.3	118.3	122.7	115.9	115.5
1986	104.8	104.4	102.6	98.5	107.7	139.3
1987	102.4	101.5	100.8	123.5	99.4	115.1
1988	99.0	96.7	94.5	99.7	112.8	97.5
1989	103.2	102.8	102.2	93.2	109.4	102.1
1990	106.9	106.4	107.4	95.7	111.1	137.9
1991	111.5	112.1	112.5	111.0	106.6	139.2
1992	110.6	109.8	109.7	104.3	113.9	139.2
1993	112.9	112.9	113.8	102.4	114.2	129.6
1994	111.3	109.4	109.6	100.5	115.6	169.2
1995	110.3	108.8	108.9	111.7	111.2	139.6
1996	104.2	103.4	103.5	103.9	106.6	109.0
1997	104.9	100.6	101.4	108.7	123.3	98.5
1998	104.7	102.8	100.3	107.0	110.4	107.7
1999	112.2	110.5	109.9	103.8	119.3	109.0
2000	105.5	102.7	101.3	124.2	111.3	101.8
2001	105.1	103.6	102.6	89.1	111.6	108.0
2002	104.3	104.6	104.1	101.2	105.3	96.0
2003	106.6	102.3	102.3	106.2	116.5	103.2
2004	115.1	110.1	110.1	99.8	119.1	104.4
2005	108.1	104.3	104.3	109.8	114.3	106.2
2006	109.5	109.9	109.9	110.2	109.0	102.5
2007	116.6	111.1	111.1	112.0	120.0	105.1
2008	112.8	110.3	110.3	118.3	116.7	136.3
2009	105.4	106.8	106.8	112.3	100.1	100.9
2010	114.2	117.0	117.0	81.6	110.3	107.8
2011	108.2	104.7	104.7	111.5	116.1	146.4
2012	104.3	103.3	103.3	113.9	105.8	109.5
2013	108.3	112.0	112.0	101.5	101.1	103.9

10-1 续表 2

年份	乡村劳动力（万人）	农用机械总动力（万千瓦）	耕地面积（千公顷）	# 有效灌溉面积（千公顷）	农作物总播种面积（千公顷）	农作物复种指数（%）
1949	60.68		247.99	2.48	328.09	132.3
1952	61.31		267.96	4.87	404.53	151.0
1957	61.64	0.01	269.37	17.58	403.99	150.0
1962	70.16	0.94	240.31	24.11	350.05	145.7
1965	75.78	1.70	238.49	35.32	355.31	149.0
1970	83.49	6.56	231.65	79.40	340.39	146.9
1975	92.35	20.86	224.61	112.28	337.27	150.2
1978	93.46	38.12	213.74	132.73	324.26	151.7
1980	100.54	46.90	211.31	135.51	326.16	154.4
1985	114.83	62.73	200.57	131.35	343.29	171.2
1986	118.24	64.98	196.85	130.79	341.32	171.8
1987	123.11	70.62	194.77	131.03	341.97	174.6
1988	125.51	74.97	193.15	111.35	339.19	174.9
1989	127.08	77.30	192.79	115.79	340.37	176.4
1990	131.33	77.08	192.24	121.70	334.81	173.9
1991	134.12	86.52	191.95	126.93	341.40	177.7
1992	136.88	85.95	190.82	133.98	343.58	179.5
1993	137.39	92.21	189.61	135.56	344.76	181.2
1994	139.67	101.55	188.76	136.64	350.26	185.1
1995	141.99	106.39	187.86	137.99	358.29	190.3
1996	141.8	114.39	187.31	139.23	361.96	193.0
1997	142.82	124.37	187.42	141.52	364.97	194.8
1998	142.34	127.26	186.53	142.01	368.22	196.9
1999	145.41	133.34	185.84	143.47	361.02	193.9
2000	145.23	140.40	184.17	144.09	358.19	193.8
2001	146.49	152.87	182.99	145.33	355.25	193.5
2002	152.11	166.20	179.40	147.00	361.63	197.4
2003	155.14	183.89	178.06	148.30	362.30	198.6
2004	156.12	191.77	179.24	146.24	365.70	200.5
2005	160.37	199.12	181.04	146.90	404.18	220.1
2006	159.48	208.96	182.98	148.91	414.79	223.4
2007	160.56	218.97	184.09	150.48	412.66	221.1
2008	162.46	229.66	–	152.04	406.58	–
2009	162.84	254.11	–	153.85	404.47	–
2010	164.83	273.95	–	153.78	406.70	–
2011	164.73	291.51	–	150.90	409.14	–
2012	165.52	309.19	–	156.11	409.13	–
2013	166.49	326.42	–	–	410.28	–

10-1 续表 3

年份	粮食作物播种面积（千公顷）	粮食单位面积产量（公斤/公顷）	粮食总产量（万吨）	棉花播种面积（千公顷）	棉花总产量（吨）	油料播种面积（千公顷）	油料总产量（万吨）	蔬菜播种面积（千公顷）	蔬菜总产量（万吨）
1949	318.66	563	17.93	4.21	320	2.85	0.18	0.73	1.53
1952	387.94	950	36.85	3.37	470	9.17	1.00	0.73	1.83
1957	365.51	874	31.94	4.08	505	12.29	0.98	8.49	21.20
1962	327.07	977	31.97	2.07	180	7.66	0.62	6.85	17.13
1965	328.52	1309	43.02	2.39	360	9.54	0.97	6.41	16.03
1970	307.82	1615	49.72	7.01	2485	8.30	1.07	7.23	22.08
1975	299.38	2457	73.55	7.49	2715	9.20	0.89	9.51	29.04
1978	288.86	2782	80.36	0.99	230	7.28	1.02	11.55	35.27
1980	287.69	3200	92.07	0.92	435	16.15	2.58	11.31	38.84
1985	277.51	4347	120.63	13.91	12170	24.72	6.12	14.55	71.95
1986	284.69	4584	130.51	9.51	9075	21.83	5.76	16.71	75.39
1987	287.08	4579	131.47	10.75	11275	18.85	5.52	18.51	72.04
1988	283.38	4276	121.19	13.15	12903	18.51	4.87	17.51	71.86
1989	284.58	4483	127.58	12.73	11127	18.45	5.26	18.89	74.39
1990	285.17	4891	139.48	11.33	10030	18.23	6.04	16.37	65.57
1991	280.42	5333	150.11	20.00	18000	17.55	6.36	19.69	79.16
1992	274.92	5900	162.21	22.82	18369	17.91	6.15	23.97	102.51
1993	275.75	6099	168.18	10.84	8520	19.51	7.08	33.67	166.72
1994	266.19	6413	170.71	9.58	8210	23.55	8.94	46.59	208.00
1995	265.66	6664	177.04	12.56	11414	25.15	9.53	50.53	244.77
1996	271.03	6815	184.71	9.43	8377	22.66	8.60	54.66	254.74
1997	275.05	6548	180.10	4.61	4357	23.26	8.73	58.33	274.01
1998	271.60	5799	157.49	3.54	3430	23.76	8.90	64.18	309.79
1999	254.72	6708	170.87	3.31	3030	25.99	9.99	71.87	339.59
2000	224.95	5799	130.44	2.06	2065	32.60	12.90	91.57	381.33
2001	199.15	6111	121.69	2.63	2933	36.73	13.92	107.42	447.51
2002	193.03	5719	110.40	2.32	2518	36.49	12.78	117.75	505.35
2003	182.60	5470	99.89	2.50	2497	37.22	12.70	128.17	538.31
2004	191.93	6337	121.62	2.92	3389	34.78	13.76	125.21	567.64
2005	250.96	6362	159.65	2.49	2928	31.61	12.88	110.71	525.49
2006	263.10	6832	179.76	2.85	3439	31.05	13.18	109.80	546.09
2007	269.41	3557	167.84	2.79	3521	29.16	12.30	104.17	505.23
2008	272.87	6600	180.03	2.85	3658	28.23	11.68	96.15	443.17
2009	278.91	6551	182.71	3.75	5412	24.84	10.07	91.34	437.51
2010	284.38	6786	192.99	4.11	6206	23.86	10.21	89.43	436.11
2011	288.12	6603	190.26	4.16	6547	23.26	9.77	89.01	438.65
2012	290.38	6849	198.87	3.96	5394	22.13	9.30	88.23	441.47
2013	291.82	6886	200.96	3.58	4940	22.26	9.56	88.23	452.77

10-1 续表 4

年份	水果产量（万吨）	肉类总产量（万吨）	水产品产量（万吨）	猪出栏数（万头）	猪存栏数（万头）	牛出栏数（万头）	牛存栏数（万头）	羊出栏数（万只）	羊存栏数（万只）
1949	2.51		0.03		3.39		5.50		4.82
1952	2.41		0.05		12.49		9.91		10.42
1957	2.44		0.04		15.78		10.62		21.53
1962	1.14		0.02		18.07		8.31		35.99
1965	1.86		0.03		27.41		9.36		13.72
1970	2.93		0.05		39.08		12.30		26.97
1975	4.09		0.17		60.69		10.91		29.64
1978	4.34		0.16		73.16		9.96		47.23
1979	3.77	3.05	0.14	31.85	52.86	0.32	7.91	35.46	38.47
1980	3.60	3.26	0.15	35.33	54.75	0.46	7.26	32.80	46.77
1981	4.02	3.39	0.19	35.16	55.37	1.25	6.78	34.55	39.05
1982	4.34	3.56	0.15	36.19	54.63	2.12	4.67	38.10	50.42
1983	4.83	3.46	0.15	34.50	42.26	0.76	3.85	37.30	46.84
1984	4.76	3.49	0.18	35.10	51.35	0.70	2.90	34.67	45.48
1985	4.54	4.53	0.25	41.94	52.20	0.42	2.48	36.32	45.97
1986	5.26	4.39	0.34	44.73	39.97	0.45	2.17	37.14	50.18
1987	5.66	3.83	0.40	35.40	36.24	0.40	2.04	40.16	54.94
1988	6.72	4.00	0.39	38.38	37.58	0.46	2.12	42.95	55.59
1989	5.88	4.53	0.41	38.75	37.54	0.53	2.29	43.77	58.71
1990	7.24	4.63	0.51	40.04	37.42	0.67	2.25	45.72	60.06
1991	8.98	5.50	0.73	45.61	41.75	1.25	3.16	50.96	67.09
1992	10.44	5.80	1.02	45.65	41.50	1.34	3.66	51.63	68.40
1993	12.57	4.70	1.31	40.22	36.95	1.40	4.13	46.72	63.51
1994	14.01	5.81	2.08	41.46	37.75	1.38	5.68	48.28	66.87
1995	15.00	6.10	2.91	41.09	37.60	2.53	6.59	50.62	68.77
1996	15.13	6.59	3.13	35.05	37.42	2.47	6.62	52.98	70.22
1997	16.16	7.71	3.28	45.67	46.10	2.17	7.66	66.97	69.58
1998	15.40	8.63	3.44	53.75	57.55	2.51	6.91	87.29	80.82
1999	16.08	9.63	3.71	72.45	71.59	2.97	7.08	109.13	104.34
2000	16.58	10.70	3.71	82.17	77.96	3.23	7.44	119.37	113.10
2001	15.92	12.37	4.03	90.28	78.97	3.38	7.74	118.59	111.19
2002	15.26	14.29	3.91	99.83	82.25	3.70	8.50	135.79	115.49
2003	18.56	16.69	3.93	109.31	86.93	3.97	9.11	150.91	118.95
2004	21.15	19.45	4.11	115.79	90.75	4.38	9.79	163.36	122.53
2005	21.83	22.70	4.24	122.28	94.22	4.76	9.98	178.01	132.34
2006	21.92	23.95	4.35	130.07	88.24	4.95	9.69	184.56	128.07
2007	22.14	19.80	4.61	107.68	89.84	5.11	8.11	159.87	119.18
2008	22.00	21.03	4.17	107.68	104.53	6.24	8.99	159.71	96.64
2009	22.25	22.95	4.29	143.40	110.73	7.10	9.46	175.87	95.80
2010	22.45	24.03	4.52	159.03	112.76	7.43	9.96	171.10	96.54
2011	23.69	25.28	8.24	160.35	113.00	7.50	11.14	175.40	110.54
2012	24.56	26.55	8.86	171.42	116.34	7.69	11.08	193.30	117.10
2013	25.20	26.24	9.29	174.68	119.09	7.54	11.00	202.17	116.93

10-2 农作物播种面积和产量

	2013年			2012年			总产量比上年增长(%)
	播种面积(亩)	总产量(吨)	单产(公斤/亩)	播种面积(亩)	总产量(吨)	单产(公斤/亩)	
农作物总播种面积	6154193			6136960			
一、粮食总计	4377249	2009624	459	4355694	1988672	457	1.1
(一)夏收粮食	2237076	995753	445	2226694	985865	443	1.0
# 小麦	2237039	995744	445	2226694	985865	443	1.0
(二)秋收粮食	2140173	1013871	474	2129000	1002807	471	1.1
1、谷物	1893795	908114	480	1878679	897890	478	1.1
稻谷	37156	19307	520	37497	19508	520	-1.0
玉米	1847429	886268	480	1831789	875803	478	1.2
谷子	7089	1915	270	7073	1907	270	0.4
高粱	2063	598	290	2262	646	286	-7.5
其他谷物	58	26	454	58	26	454	
2、豆类	126993	31018	244	131797	31628	240	-1.9
3、薯类	119385	74739	626	118524	73289	618	2.0
二、油料	333912	95587	286	331953	92953	280	2.8
1、花生果	315500	91681	291	317606	90289	284	1.5
2、油菜籽	15735	2717	173	11939	2315	194	17.4
3、芝麻	1743	228	131	1857	241	130	-5.7
三、棉花	53734	4940	92	59353	5394	91	-8.4
四、甜菜							
五、烟叶							
六、蔬菜	1323443	4527702	3421	1323467	4414689	3336	2.6
八、瓜类	61545	205153	3333	63052	206995	3283	-0.9
七、药材	3164			2995			
八、其它农作物	1146			446			

10–3 分区(市)农村基层情况及农业生产条件

(2013 年)

	全市合计	市中区	薛城区	峄城区	台儿庄区	山亭区	滕州市
一、农村基层组织情况							
乡(镇)个数(个)(含街道办事处)	64	11	9	7	6	10	21
# 镇个数(个)	44	3	5	5	5	9	17
村委会个数(个)(含农村的居委会)	2113	111	232	284	196	251	1039
二、农村社会基础设施							
自来水受益村数(个)	2105	111	228	280	196	251	1039
通汽车村数(个)	2113	111	232	284	196	251	1039
通电话村数(个)	2113	111	232	284	196	251	1039
三、乡村人口、劳动力资源及行业分布							
乡村户数(万户)	80.39	6.38	9.11	9.51	7.77	12.45	35.16
乡村人口(万人)	286.90	21.17	31.62	32.34	26.52	47.74	127.52
乡村实有劳动力(万人)	166.49	11.04	18.67	19.40	16.24	26.32	74.82
# 男劳动力	88.97	5.78	10.23	10.04	9.06	14.16	39.70
女劳动力	77.52	5.26	8.44	9.36	7.18	12.17	35.12
1、农林牧渔业劳动力	75.08	3.22	7.45	6.40	7.47	13.37	37.17
# 农业劳动力	64.86	2.61	5.56	5.42	6.94	11.62	32.71
2、工业劳动力	29.44	3.54	3.48	4.11	2.98	4.04	11.27
3、建筑业劳动力	22.28	1.52	3.70	2.61	1.44	2.52	10.49
4、交通运输、仓储及邮电业劳动力	10.44	0.88	1.25	1.93	0.65	1.36	4.37
5、信息传输计算机服务业劳动力	1.78	0.17	0.13	0.16	0.18	0.23	0.91
6、批发与零售业劳动力	10.97	0.85	1.18	1.69	0.92	1.48	4.86
7、住宿和餐饮业劳动力	5.88	0.40	0.67	0.74	0.54	0.75	2.77
8、其他非农业劳动力	10.64	0.47	0.80	1.76	2.05	2.58	2.98
在本乡镇以外的乡村劳动力	19.45	1.27	2.35	2.03	2.93	3.59	7.27

10-4 分区(市)农业主要产品生产情况

(2013 年)

	全市合计	市中区	薛城区	峄城区	台儿庄区	山亭区	滕州市
农作物总播种面积(亩)	6154193	343325	712368	1003345	924434	594692	2576029
一、粮食作物合计							
播种面积(亩)	4377249	239476	587575	692729	748308	418742	1690419
总产量(吨)	2009624	95920	240745	296913	316205	177284	882558
单产(公斤/亩)	459	401	410	429	423	423	522
(一)夏收粮食							
播种面积(亩)	2237076	140081	302540	354770	393631	202603	843451
总产量(吨)	995753	57153	124410	150281	167085	73950	422875
单产(公斤/亩)	445	408	411	424	425	365	501
#小麦							
播种面积(亩)	2237039	140081	302540	354733	393631	202603	843451
总产量(吨)	995744	57153	124410	150271	167085	73950	422875
单产(公斤/亩)	445	408	411	424	425	365	501
(二)秋收粮食							
播种面积(亩)	2140173	99395	285035	337959	354677	216139	846968
总产量(吨)	1013871	38767	116335	146632	149120	103334	459683
单产(公斤/亩)	474	390	408	434	420	478	543
1、谷物							
播种面积(亩)	1893795	90909	261620	292022	324895	138354	785995
总产量(吨)	908114	35595	110391	131734	143167	55504	431724
单产(公斤/亩)	480	392	422	451	441	401	549
#稻谷							
播种面积(亩)	37156				37156		
总产量(吨)	19307				19307		
单产(公斤/亩)	520				520		
玉米							
播种面积(亩)	1847429	90909	261270	291964	287739	130246	785301
总产量(吨)	886268	35595	110326	131707	123860	53269	431511
单产(公斤/亩)	480	392	422	451	431	409	550

10-4 续表 1

（2013 年）

	全市合计	市中区	薛城区	峄城区	台儿庄区	山亭区	滕州市
谷子							
播种面积(亩)	7089					6864	225
总产量(吨)	1915					1858	57
单产(公斤／亩)	270					271	251
高粱							
播种面积(亩)	2063		350			1244	469
总产量(吨)	598		65			376	157
单产(公斤／亩)	290		185			303	334
2、豆类							
播种面积(亩)	126993	4920	17612	29424	26755	13599	34683
总产量(吨)	31018	1120	3309	5845	4292	3375	13075
单产(公斤／亩)	244	228	188	199	160	248	377
#大豆							
播种面积(亩)	119967	4760	15900	27451	26184	33729	33729
总产量(吨)	29431	1101	2941	5462	4292	12897	12897
单产(公斤／亩)	245	231	185	199	164	382	382
3、薯类(按折粮计算)							
播种面积(亩)	119385	3566	5803	16513	3027	64186	26290
总产量(吨)	74739	2052	2635	9053	1661	44455	14883
单产(公斤／亩)	626	575	454	548	549	693	566
二、油料作物							
播种面积(亩)	333912	42664	28516	66217	7082	84931	104502
总产量(吨)	95587	10619	6298	17153	1422	23316	36779
单产(公斤／亩)	286	249	221	259	201	275	352
1、花生							
播种面积(亩)	315500	42544	23798	56065	6269	83592	103232
总产量(吨)	91681	10588	5626	14512	1293	23101	36562
单产(公斤／亩)	291	249	236	259	206	276	354
2、油菜籽							
播种面积(亩)	15735	120	4682	9762	811		360
总产量(吨)	2717	31	610	1884	129		63
单产(公斤／亩)	173	256	130	193	159		175

10–4 续表 2

（2013 年）

	全市合计	市中区	薛城区	峄城区	台儿庄区	山亭区	滕州市
3、芝麻							
播种面积(亩)	1743		36	331		801	575
总产量(吨)	228		2	37		86	102
单产(公斤/亩)	131		67	113		108	177
三、棉花							
播种面积(亩)	53734	961	4594	9955	4902	19760	13562
总产量(吨)	4940	89	577	838	376	1715	1345
单产(公斤/亩)	92	93	126	84	77	87	99
四、中草药材							
播种面积(亩)	3164	100		1200		1816	48
五、蔬菜及食用菌							
播种面积(亩)	1323443	58739	80902	223002	143386	65209	752205
总产量(吨)	4527702	147361	235700	729443	523721	153620	2737857
单产(公斤/亩)	3421	2509	2913	3271	3653	2356	3640
六、瓜类(果用瓜)							
播种面积(亩)	61545	855	10781	10242	20756	4234	14677
总产量(吨)	205153	2040	26769	22949	73897	14151	65348
单产(公斤/亩)	3333	2386	2483	2241	3560	3342	4452
# 西瓜							
播种面积(亩)	46663	503	8156	6027	16965	1559	13453
总产量(吨)	167891	1121	21827	17194	61713	5359	60676
七、其它农作物播种							
面积(亩)	1146	530					616

10-5　分区（市）水果生产情况和桑园面积

（2013年）

	全市合计	市中区	薛城区	峄城区	台儿庄区	山亭区	滕州市
1、水果产量（吨）	252005	9934	12713	33743	11833	126359	57424
# 苹果	73250	1848	2576	217		38720	29889
梨	14685	186	490	25	34	4239	9711
葡萄	6695	1042	467	506	195	3880	604
桃	63339	5485	6411	3647	10562	28654	8579
杏	2873	175	35	188	53	1682	740
红枣	10865	223	620	1617	136	6489	1780
柿子	11449	492	148	157	16	7253	3384
山楂	2663	159	39	44	1	1615	805
樱桃	34380	63	107	14		32871	1325
其他	31805	260	1819	27327	836	955	608
2、年末实有果园面积（亩）	232294	24153	14382	40640	12063	99052	42004
# 苹果园	58576	5510	2442	302		33174	17148
梨园	8689	311	282	27	34	4078	3957
葡萄园	6910	1077	606	552	532	3528	615
桃园	54573	11133	4965	3993	8214	21080	5188

10-6 分区(市)林业生产情况

(2013 年)

	全市合计	市中区	薛城区	峄城区	台儿庄区	山亭区	滕州市
造林面积(公顷)	17784	1898	2829	3370	2210	3593	3884
# 用材林(公顷)	784	152	299			214	119
经济林(公顷)	6616	364	575	1846	679	1857	1295
防护林(公顷)	10154	1382	1830	1524	1531	1522	2365
更新造林面积(公顷)	92	12					80
封山育林面积(公顷)	5501	2033		667		2801	
# 本年新封							
零星(四旁)植树(万株)	744	87	123	40	156	108	230
林木种子采集量(吨)	2181	620	16	12	950	573	10
育苗面积(公顷)	4131	240	400	118	1039	57	2247
# 本年新育	1891	80	245	48	613	35	866
中、幼林抚育面积(公顷)	30186	2167	7260	2000	7800	3375	7584
成林抚育面积(公顷)							
低产林改造面积(公顷)	4360	1900			1410		1050
核桃产量(吨)	1870	73	17	135		670	975
板栗产量(吨)	7950	1034	5	10		5821	1080
花椒产量(吨)	8956	362	22	10	650	5042	2870
木材产量(立方米)	37008	3096	4246	3580	10660	4726	10700

10-7 分区(市)农业机械年末拥有量

(2013 年)

	全市合计	市中区	薛城区	峄城区	台儿庄区	山亭区	滕州市
农业机械总动力(千瓦)	3264167	245826	277635	331508	360040	365044	1684114
# 农产品初加工动力机械(千瓦)	302968	22850	22551	3300	13756	57176	183335
排灌机械(台)	54236	2690	5681	4100	3681	3732	34352
(千瓦)	431763	23498	39949	51200	35683	35160	246273
农用拖拉机(混合台)	35223	5100	3840	3440	6587	4462	11794
(千瓦)	873717	91262	80023	80895	130661	73423	417453
低速载货汽车(辆)	8262	1070	462	700	1521	2234	2275
(千瓦)	453830	42400	22140	24000	70435	107230	187625
联合收获机(台)	9639	957	1367	2025	1140	378	3772
(千瓦)	490385	41921	64150	102333	67884	23978	190119
其中:玉米联合收获机(台)	3573	364	447	783	540	239	1200
(千瓦)	203817	18481	23214	40585	32790	15602	73145
农用三轮汽车(辆)	41156	1200	2508	3610	1536	2572	29730
(千瓦)	423113	13800	30985	34160	19998	26130	298040
脱粒机(台)	16100	1007	1276	410	5300	1790	6317
农用水泵(台)	41208	1620	2891	4830	2000	3036	26831

10–8　分区（市）农村电气化和农业化学化情况

（2013 年）

	全市合计	市中区	薛城区	峄城区	台儿庄区	山亭区	滕州市
一、农村用电量（万千瓦时）	306856	81002	22927	35751	19013	28263	119901
二、农用化肥施用实物量（吨）	643316	21930	41730	86571	77063	41984	374038
氮肥	243448	12272	18342	40727	37374	17969	116762
磷肥	52458	3239	7428	8052	14011	2659	17069
钾肥	39956	1961	4699	8340	6260	3049	15648
复合肥	307454	4459	11260	29451	19418	18307	224558
三、农用化肥施用折纯量（吨）	212815	6951	13597	36600	21030	11581	123054
氮肥	72782	3024	5602	18634	9361	3843	32319
磷肥	12115	837	1714	1271	3770	419	4104
钾肥	14058	955	1490	3748	2369	387	5109
复合肥	113860	2135	4792	12947	5531	6932	81522
四、农用塑料薄膜使用量（吨）	8403	276	267	2992	958	870	3039
# 地膜使用量	3585	84	119	815	556	436	1575
五、地膜覆盖面积（亩）	450400	17428	22287	57681	38868	76100	238036
六、农用柴油使用量（吨）	15333	786	1981	3021	3808	1444	4293
七、农药使用量（吨）	4699	130	277	722	390	1463	1717

10–9　分区（市）渔业生产情况

（2013 年）　　单位：吨、公顷

	全市合计	市中区	薛城区	峄城区	台儿庄区	山亭区	滕州市
一、淡水产品总产量	92905	5500	1200	7500	9107	11530	58068
1、鱼类产量	92016	5450	1200	7465	8449	11530	57922
2、甲壳类产量	639	50		17	431		141
3、贝类产量	228			1	227		
4、藻类产量							
5、其他产量	22			17			5
二、淡水捕捞产量	5212	460	55	143	1739	2180	635
三、淡水养殖产量	87693	5040	1145	7357	7368	9350	57433
四、水产养殖面积	12182	980	460	754	1274	1980	6734

10-10 分区(市)牧业生产情况

(2013年)

	全市合计	市中区	薛城区	峄城区	台儿庄区	山亭区	滕州市
一、大牲畜年末存栏头数(头)	117103	4114	6748	25824	53974	8776	17667
1、牛	109962	4114	6682	23321	49586	8606	17653
2、马	944		19	532	373	20	
3、驴	5447		33	1533	3808	59	14
4、骡	750		14	438	207	91	
二、猪年末存栏头数(头)	1190888	114135	154843	146921	189079	133256	452654
三、羊年末存栏只数(只)	1169251	23100	105821	88273	102614	440113	409330
四、当年出栏肉猪(头)	1746753	160220	319749	192007	198265	273399	603113
五、当年出售和自宰肉用牛(头)	75383	6997	7884	17583	13905	6115	22899
六、当年出售和自宰肉有羊(只)	2021683	31231	134519	105941	98048	1009593	642351
七、肉类总产量(吨)	262393	27939	32839	21687	23272	38116	118540
# 猪肉	127324	11471	23595	14006	14704	19055	44491
牛肉	10049	949	1022	2262	1895	799	3121
羊肉	16454	300	1189	1014	855	7561	5535
禽肉	101618	15175	6099	3879	5088	10601	60777
八、奶类产量(吨)	47250	3953	308	1013	32102	8779	1096
# 牛奶	47020	3953	264	1013	32100	8673	1017
九、蜂蜜产量(公斤)	231	3		36		179	13
十、禽蛋产量(吨)	112061	16723	8549	8688	11015	26337	40749
十一、家禽年末存栏只数(万只)	2658	352	189	190	211	487	1229
# 鸡	2119	184	171	162	184	418	999
十二、家禽年末出栏只数(万只)	7575	1173	458	323	414	837	4369
# 鸡	5582	326	399	258	369	729	3500
十三、蚕茧产量(吨)	3			3			
# 桑蚕茧	3			3			

10-11 农林牧渔业总产值(当年价格)

(2013 年)

单位:万元

	全市合计	市中区	薛城区	峄城区	台儿庄区	山亭区	滕州市
农林牧渔业总产值	2820500	176577	308914	359257	309845	338910	1326997
一、农业产值	1869531	95311	175453	281146	212177	177438	928007
(一)谷物及其他作物	623256	34226	75542	93633	92688	76653	250515
1、谷物	438207	19852	53317	66164	75675	33429	189770
2、薯类	11277	148	351	1738	148	7642	1250
3、油料	64438	8902	4303	10703	934	18180	21416
4、豆类	15510	571	1712	3211	1425	1577	7014
5、棉花	10960	172	758	1611	723	4998	2698
6、生麻							
7、糖料							
8、烟草							
9、其他农作物	82864	4581	15101	10206	13783	10827	28367
(二)蔬菜、食用菌及花卉盆景园艺产品	1074000	55147	86800	165495	96970	35532	634056
1、蔬菜(含菜用瓜)	1033409	39398	84461	161435	82535	34668	630913
2、食用菌	26205	2957	2230	3745	14435	720	2118
3、花卉	557	428	109	20			
4、盆景园艺	13829	12364		295		144	1025
(三)水果、坚果、茶、饮料和香料	172126	5938	13111	22018	22519	65104	43436
1、水果	149371	4271	12920	21892	21022	55107	34159
2、坚果	9471	560	175	105	115	7212	1304
3、茶及饮料原料							
4、香料原料	13284	1107	16	21	1382	2785	7973
(四)中草药材	149					149	
二、林业产值	27795	4165	5021	1407	8545	2792	5865
(一)林木的培育和种植	20284	2186	4586	1088	5962	1393	5069
(二)林木采运	2742	233	407	249	721	358	774
(三)林产品	4769	1746	28	70	1862	1041	22
三、牧业产值	709614	63994	116136	65211	65021	135557	263693
(一)牲畜饲养	146885	6164	12217	16447	15587	57051	39419
1、牛的饲养	36486	3211	4654	10029	3760	3488	11344
2、羊的饲养	93631	1449	6731	5107	4738	49840	25766
3、其他牲畜饲养	809		94	582	96	37	
4、奶产品	12574	1482	128	404	6981	3158	421
5、毛绒产品	3385	22	610	325	12	528	1888
6、其他畜牧副产品							
(二)猪的饲养	268212	21229	57611	30414	31405	39670	87883
(三)家禽饲养	242195	36254	18026	15983	15819	38293	117820
(四)狩猎和捕捉动物							
(五)其他畜牧业	52322	347	28282	2367	2210	543	18571
四、渔业产值	74934	4871	1244	7533	10212	11424	39652
其中:养殖	69194	4476	1187	7289	8262	8981	39000
五、农林牧渔服务业	138626	8236	11060	3960	13890	11700	89780

10-12 农林牧渔业增加值

（2013 年）　　单位：万元

	全市合计	市中区	薛城区	峄城区	台儿庄区	山亭区	滕州市
农、林、牧、渔业	1498134	90743	156783	177244	162002	192697	718665
（一）农业	1087051	53918	105660	146925	123953	133111	523484
（二）林业	15948	2396	2921	408	5131	1939	3153
（三）牧业	271276	27481	42541	22895	17883	44151	116323
（四）渔业	46448	1773	702	4789	6998	6909	25279
（五）农林牧渔服务业	77411	5175	4959	2227	8037	6587	50426

10-13 农林牧渔业中间消耗

（2013 年）　　单位：万元

	全市合计	市中区	薛城区	峄城区	台儿庄区	山亭区	滕州市
农、林、牧、渔业	1322366	85834	152131	182012	147843	146214	608332
（一）农业	782480	41393	69793	134220	88224	44327	404523
（二）林业	11847	1769	2100	999	3414	853	2712
（三）牧业	438338	36513	73595	42316	47138	91406	147370
（四）渔业	28486	3098	542	2744	3214	4515	14373
（五）农林牧渔服务业	61215	3061	6101	1733	5853	5113	39354

第11篇

工业

INDUSTRY

简 要 说 明

简要说明：

一、本篇主要包括以下内容：

历年工业主要指标及产品产量，2013 年月报口径利润、利税、主要产品产量，2013 年工业企业主要经济指标（年主营业务收入 2000 万元以上）以及规模以下工业主要指标。

二、资料来源：规模以上工业资料由市统计局工交科负责提供。规模以下工业数据及个体工业数据由国家统计局枣庄调查队负责提供。

编辑、校对：吕晶、杜庆山

11-1 历年工业主要指标及产品产量

年份	工业总产值（当年价格）（亿元）	# 规模以上工业	国有工业	规模以上工业利润总额（万元）	# 国有工业（万元）	规模以上工业利税总额（万元）	# 国有工业（万元）
1949	0.18	0.18	0.05				
1952	0.40	0.40	0.18				
1957	0.97	0.97	0.78				
1962	2.41	2.41	2.22				
1965	2.69	2.69	2.46				
1970	3.29	3.29	3.29	7206	7206	9106	9106
1975	4.16	4.16	4.16	2398	1325	10446	7820
1978	9.27	8.77	6.29	8229	5740	17386	14241
1979	9.74	9.21	7.30	10118	7482	20491	17253
1980	10.18	10.13	8.18	14258	10634	20105	15771
1981	11.87	11.81	8.56	12421	9559	21326	17361
1982	13.73	13.67	9.77	5733	2831	20564	16374
1983	15.23	15.13	11.31	7542	4147	22923	17706
1984	18.58	17.94	12.14	8534	5138	23356	18398
1985	22.21	20.08	14.58	10813	6786	28299	22088
1986	30.25	26.50	15.28	9189	4694	29233	21806
1987	37.47	31.32	17.51	11537	6367	31907	23011
1988	54.11	38.89	23.04	23712	14825	49801	35845
1989	68.17	51.39	28.93	26040	15185	50614	33195
1990	78.27	56.24	29.28	9916	486	39115	21859
1991	92.32	63.21	30.56	7273	-5292	37413	14378
1992	127.71	84.67	41.60	21898	1635	61304	25215
1993	166.46	116.72	49.53	17560	-9717	71555	22497
1994	244.82	178.15	67.72	40823	1511	135341	47555
1995	267.68	193.34	73.70	55702	3482	168414	67489
1996	336.38	241.46	86.24	64021	214	197400	74036
1997	354.90	253.13	92.71	27287	-27774	169462	55029
1998	358.48	235.69	67.81	-190	-50060	130753	10248
1999	356.52	217.54	59.88	26419	-16791	153604	31297
2000	381.50	228.68	53.36	56538	8486	203662	57498
2001	432.14	260.14	34.72	91404	7168	261395	46861
2002	511.14	320.14	31.24	126240	13517	343359	60485
2003	630.72	447.69	37.48	252694	24614	551981	79512
2004	908.00	707.23	46.08	480512	74044	901398	130337
2005	1243.87	1014.78	84.66	689244	73335	1291926	122894
2006	1474.79	1334.68	81.13	936753	66330	1721466	116719
2007	1871.17	1730.17	95.00	1196132	79335	2132964	141644
2008	2332.96	2203.75	114.33	1536968	119100	2676691	180600
2009	2672.64	2538.64	103.70	1787249	8360	3030055	40638
2010	2922.36	2791.30	123.31	1966457	27685	3255600	76579
2011	3405.54	3287.06	146.58	2304400	13500	3849500	80200
2012	3641.71	3132.94	153.41	1872300	40600	3322000	117400
2013	3716.55	3384.12	113.48	1858800	-7200	3493900	22100

注：规模以上工业 1997 年前为乡及乡以上工业。

11-1 续表

年份	主要工业产品产量							
	原煤（万吨）	焦炭（万吨）	发电量（万千瓦小时）	水泥（万吨）	化肥（折100%）（万吨）	机制纸及纸板（万吨）	卷烟（万箱）	饮料酒（万千升）
1949	14.30	1.50					0.56	0.01
1952	44.70	3.17	157				0.94	0.05
1957	117.58	12.37	5410				1.45	0.09
1962	409.36	23.83	10557	0.40		0.02	2.22	0.15
1965	494.83	2.67	11013	2.07	0.38	0.07	3.81	0.16
1970	638.00	24.74	31584	5.14	4.24	0.25	11.36	0.29
1975	669.89	64.38	36811	11.91	17.90	0.73	15.28	0.44
1978	997.26	123.33	51716	25.32	34.30	1.27	17.08	0.50
1979	1043.83	122.35	62232	30.46	34.94	1.40	21.49	0.65
1980	1002.48	110.63	151452	39.03	34.01	1.48	23.82	0.69
1981	958.21	93.95	209826	44.64	29.04	1.55	27.14	0.76
1982	904.26	77.73	300551	54.12	30.48	1.78	30.06	0.76
1983	967.83	77.42	358910	64.84	34.43	1.76	31.87	1.18
1984	962.07	78.76	444548	79.96	29.38	2.04	30.95	1.43
1985	1002.60	87.11	480600	104.90	7.10	3.02	32.13	2.43
1986	1015.48	86.48	500600	135.74	6.73	3.70	33.61	4.20
1987	1022.12	91.99	480400	164.20	7.53	4.16	30.08	5.87
1988	1008.85	91.47	504300	193.70	7.48	4.77	28.40	5.29
1989	1044.59	95.34	469400	197.21	7.92	6.61	20.33	5.29
1990	1104.56	96.42	430500	211.76	8.53	6.21	20.72	5.66
1991	1202.98	90.64	431000	265.79	8.68	8.75	19.00	6.60
1992	1271.97	87.74	439500	415.13	9.27	10.73	22.52	6.63
1993	1351.73	91.05	437100	639.30	10.22	9.59	20.64	6.92
1994	1586.00	105.83	461962	868.00	14.57	13.47	19.02	7.29
1995	1800.56	168.62	514083	1071.74	16.16	20.62	20.72	9.32
1996	1823.81	74.83	509453	1301.06	20.72	19.96	23.00	9.87
1997	1868.96	54.15	614580	1296.43	20.94	19.47	23.00	9.23
1998	1800.38	42.16	768000	1295.18	21.77	18.25	20.00	8.32
1999	1583.77	39.30	758360	1361.11	23.23	27.61	21.70	8.35
2000	1808.00	39.04	810327	1519.43	22.60	34.99	20.00	9.89
2001	2110.06	37.74	822690	1648.64	20.70	39.89	20.00	11.75
2002	2349.67	40.88	852859	1908.08	23.19	45.63	18.90	11.41
2003	2654.89	79.95	886003	2521.88	24.17	54.60	20.00	10.63
2004	2932.84	144.55	997895	3272.03	24.81	64.67	20.00	12.17
2005	3045.38	296.65	1233691	3438.08	26.21	75.71	20.00	14.55
2006	3074.90	348.20	1329944	3696.50	28.30	91.70	20.00	20.37
2007	3281.57	329.18	1539688	3099.66	27.60	101.37	20.00	25.77
2008	2868.12	286.15	1423400	2887.17	36.82	103.78	20.00	23.00
2009	2985.85	288.52	1319252	3020.54	39.01	123.54	20.00	26.06
2010	3152.22	270.58	1409262	2697.90	32.50	141.69	20.50	29.05
2011	2999.98	288.29	1352800	2475.56	33.00	148.56	21.50	26.68
2012		343.79	1319500	2246.53	33.74	126.44	22.00	25.92
2013		426.57	1308400	2319.75	31.74	132.16	23.00	32.40

11-2 规模以上工业利润、利税

（2013年） 单位：万元

地区	工业增加值比上年同期增长(%)	工业利润		工业利税	
		总额	比上年增长(%)	总额	比上年增长(%)
全市	12.2	1892353	1.6	3563696	6.9
市中区	6.3	274538	1.6	457955	5.4
薛城区	11.7	307700	-38.7	644159	-25.7
峄城区	12.2	186791	19.8	385720	24.4
台儿庄区	3.2	167509	-6.7	284859	-2.7
山亭区	12.2	102444	30.2	198410	39.0
滕州市	12.4	786683	21.3	1460135	16.9
高新区	24.1	66688	29.2	132458	33.0

注：本表数字为月报口径。

11-3 主要工业产品产量汇总表

产品名称	计量单位	2013 年	比上年增长(%)
铁矿石原矿	万吨	226.79	8.1
小麦粉	万吨	55.9	15.8
饲料	万吨	23.55	-15.5
其中:配合饲料	万吨	14.16	-7.2
混合饲料	万吨	9.39	-25.5
精制食用植物油	万吨	1.34	-1.5
鲜、冷藏肉	万吨	8.02	-18.0
冷冻水产品	万吨	0.31	93.8
乳制品	万吨	2.01	12.3
其中:液体乳	万吨	1.39	19.8
罐头	万吨	4.31	25.3
冷冻饮品	万吨	1.65	13.0
食品添加剂	万吨	1.11	42.3
饮料酒	万千升	32.4	24.7
其中:白酒(折 65 度,商品量)	万千升	2.33	-6.1
啤酒	万千升	30.07	27.9
软饮料	万吨	77.58	-13.1
其中:包装饮用水类	万吨	66.38	3.3
果汁和蔬菜汁饮料类	万吨	0.72	0.0
卷烟	亿支	115	4.6
纱	万吨	18.89	14.5
其中:棉纱	万吨	11.43	-1.1
棉混纺纱	万吨	4.4	46.2
化学纤维纱	万吨	3.07	59.1
布	万米	38503.33	-34.3
其中:色织布(含牛仔布)	万米	3448.92	15.3
其中:棉布	万米	27305.87	-2.6
棉混纺布	万米	11116.46	-63.4
化学纤维布	万米	81	-67.1
印染布	万米	1581	-31.2
蚕丝	吨	1693.21	1.2
无纺布(无纺织物)	万吨	0.21	0.0
服装	万件	80664.25	3.6
其中:梭织服装	万件	9086.12	-22.5
其中:衬衫	万件	683.13	12.7
针织服装	万件	71578.13	8.2
皮革鞋靴	万双	298.77	-7.2
人造板	万立方米	75.86	26.7
其中:胶合板	万立方米	56.13	6.4
纤维板	万立方米	5.82	204.7
刨花板	万立方米	13.9	167.8
人造板表面装饰板	万平方米	20.51	-54.9
家具	万件	58.34	-6.8
其中:木质家具	万件	51.75	-10.8
软体家具	万件	0.32	0.0

11-3 续表 1

产品名称	计量单位	2013 年	比上年增长(%)
纸浆(原生浆及废纸浆)	万吨	46.49	-1.4
机制纸及纸板(外购原纸加工除外)	万吨	132.16	4.0
其中:未涂布印刷书写用纸	万吨	10.48	-19.6
其中:新闻纸	万吨	5.09	2.2
涂布类印刷用纸	万吨	28.46	-17.2
箱纸板	万吨	29.32	6.0
纸制品	万吨	83.34	21.3
其中:瓦楞纸箱	万吨	78.22	22.3
单色印刷品	万令	0.09	28.6
多色印刷品	万对开色令	0.07	16.7
焦炭	万吨	426.57	24.1
其中:机焦	万吨	426.57	24.1
浓硝酸(折 100%)	万吨	9.68	-17.5
烧碱(折 100%)	万吨	9.9	-15.2
其中:离子膜法烧碱(折 100%)	万吨	9.9	0.0
纯苯	万吨	12.32	3.4
精甲醇	万吨	139.25	41.0
冰乙酸(冰醋酸)	万吨	28.91	38.0
合成氨(无水氨)	万吨	39.99	-11.6
农用氮、磷、钾化学肥料总计(折纯)	万吨	31.74	-5.9
其中:氮肥(折含 N100%)	万吨	31.74	-5.9
其中:尿素(折含 N100%)	万吨	31.74	-5.7
涂料	万吨	1.01	12.2
合成橡胶	万吨	4.49	-2.4
化学试剂	万吨	10.21	-62.0
合成洗涤剂	万吨	4.8	16.8
其中:合成洗衣粉	万吨	2.16	26.3
化学药品原药	万吨	0.06	-75.0
中成药	万吨	1.68	4.4
橡胶轮胎外胎	万条	527.41	17.7
其中:子午线轮胎外胎	万条	167.1	61.5
塑料制品	万吨	38.25	22.2
其中:塑料薄膜	万吨	4.54	86.8
硅酸盐水泥熟料	万吨	2143.92	-3.7
其中:窑外分解窑水泥熟料	万吨	2097.5	14.6
水泥	万吨	2319.75	2.9
其中:强度等级 42.5 水泥(含 R 型)	万吨	1194.29	11.2
强度等级 52.5 水泥(含 R 型)	万吨	6.33	-37.8
商品混凝土	万立方米	737.73	7.7
水泥混凝土排水管	千米	3148	9.5
水泥混凝土压力管	千米	86	48.3
水泥混凝土电杆	万根	0.12	0.0
石膏板	万平方米	13762.38	45.9
砖	亿块	75.75	4.7
天然大理石建筑板材	万平方米	27.98	-19.1
天然花岗石建筑板材	万平方米	1.43	-47.4

11-3 续表 2

产品名称	计量单位	2013 年	比上年增长(%)
沥青和改性沥青防水卷材	万平方米	2.72	26.5
平板玻璃	万重量箱	1619.98	21.3
钢化玻璃	万平方米	285.1	2.5
中空玻璃	万平方米	161.39	-12.1
日用玻璃制品	万吨	1.38	20.0
玻璃包装容器	万吨	25.89	7.8
耐火材料制品	万吨	12.2	21.5
石墨及炭素制品	万吨	11.4	6.7
铸钢件	万吨	7.29	-3.2
钢材	万吨	10.59	8.7
其中:中小型型钢	万吨	10.49	8.8
焊接钢管	万吨	0.1	0.0
铝合金	万吨	0.94	28.8
铜材	万吨	0.31	24.0
铝材	万吨	1.4	32.1
金属切削工具	万件	16.35	64.2
钢丝	万吨	8.42	22.9
钢丝绳	万吨	0.04	0.0
锻件	万吨	1.35	7.1
粉末冶金零件	万吨	1.25	31.6
工业锅炉	蒸发量吨	142	-4.1
金属切削机床	万台	109897	39.5
其中:数控金属切削机床	万台	27003	50.5
金属成形机床	台	7954	-10.7
机床数控装置	万套	0.01	0.0
泵	万台	6.67	-8.8
气动元件	万件	32.2	6.8
风机	万台	0.8	-8.1
衡器(秤)	万台	1.43	-6.5
金属紧固件	万吨	3.35	24.5
矿山专用设备	万吨	13.12	15.1
挖掘、铲土运输机械	台	1357	24.8
其中:挖掘机	台	1357	24.8
炼油、化工生产专用设备	万吨	0.46	21.1
塑料加工专用设备	台	4267	41.8
模具	万套	0.21	23.5
农产品初加工机械	万台	0.09	12.5
环境污染防治专用设备	台(套)	7196	6.5
其中:大气污染防治设备	台	1048	24.6
水质污染防治设备	台(套)	659	-11.7
民用钢质船舶	万载重吨	20.25	-5.4
电动自行车	万辆	8.45	32.7
交流电动机	万千瓦	5.04	-29.5
变压器	万千伏安	246.57	44.1

11-3 续表 3

产品名称	计量单位	2013 年	比上年增长(%)
高压开关板	面	18055	-12.3
高压开关设备(11 万伏以上)	万台	0.36	28.6
通信及电子网络用电缆	万对千米	6.03	0.2
电力电缆	万千米	3.43	-8.0
光缆	万芯千米	10.16	13.8
锂离子电池	万只(自然只)	4067.72	53.7
铅酸蓄电池	万千伏安时	40.32	-78.0
太阳能电池	万千瓦	0.49	-9.3
太阳能热水器	万平方米	4.38	30.4
电光源	万只	452.77	29.4
其中:荧光灯	万只	452.77	29.4
光电子器件	亿只(片、套)	6.66	27.8
其中:发光二极管(LED)	亿只	4.04	48.5
电子元件	亿只	9.97	18.1
工业自动调节仪表与控制系统	万台(套)	1.13	11200.0
电工仪器仪表	万台	0.18	-25.0
分析仪器及装置	万台(套)	0.2	5.3
发电量	亿千瓦小时	130.84	0.5
其中:火力发电量	亿千瓦小时	130.65	0.5
煤气生产量	亿立方米	2.6	49.4
自来水生产量	亿立方米	0.54	8.0

11-4 工业企业主要经济指标

（2013 年）

单位:亿元

甲栏分栏	企业单位数（个）	亏损企业	工业总产值（当年价格）	工业销售产值（当年价格）	出口交货值
总　计	1507	58	3384.12	3363.13	58.31
一、按登记注册类型分组:					
内资企业	1434	48	3164.17	3145.72	41.01
国有企业	15	7	113.48	112.31	
集体企业	17	1	24.68	24.56	0.34
股份合作企业					
联营企业	1		1.14	1.14	
有限责任公司	391	25	1093.44	1088.45	17.64
股份有限公司	24	6	48.01	47.77	2.11
私营企业	985	9	1879.93	1868.28	18.37
港、澳、台商投资企业	32	4	92.29	91.25	8.55
外商投资企业	41	6	127.66	126.16	8.75
二、按经济组织类型分组					
独资企业	113	15	303.90	300.48	12.05
合作、合伙企业	6		8.33	8.05	2.55
股份有限公司	50	8	94.14	93.74	4.41
有限责任公司	1338	35	2977.76	2960.86	39.29
三、在总计中:亏损企业	58	58	136.30	135.04	8.27
在总计中:国有控股企业	64	20	611.29	608.87	7.15
在总计中:轻工业	570	19	1022.54	1014.69	35.69
重工业	937	39	2361.58	2348.44	22.62
在总计中:大型企业	18	3	459.79	456.94	13.26
中型企业	301	27	822.57	816.43	25.53
小型企业	1188	28	2101.76	2089.76	19.52

注:本表统计口径为年主营业务收入 2000 万元以上企业。

11-4 续表 1

（2013 年）　　　　单位:亿元

甲栏分栏	资产总计	流动资产合计	应收账款	产成品	固定资合计
总　计	1946.71	810.09	119.70	64.43	924.81
一、按登记注册类型分组:					
内资企业	1775.30	736.70	108.05	57.76	838.63
国有企业	158.30	59.77	5.48	1.55	84.56
集体企业	5.80	2.78	0.22	0.20	2.53
股份合作企业					
联营企业	0.15	0.04	0.01		0.11
有限责任公司	1091.34	499.61	58.28	37.43	458.30
股份有限公司	67.89	28.31	6.29	1.27	28.36
私营企业	448.07	144.25	36.90	17.26	263.16
港、澳、台商投资企业	90.12	34.53	6.85	3.66	46.74
外商投资企业	81.30	38.85	4.80	3.00	39.44
二、按经济组织类型分组					
独资企业	260.95	100.13	12.09	5.66	136.62
合作、合伙企业	5.34	2.53	0.91	0.08	2.15
股份有限公司	82.51	33.30	6.88	1.70	36.36
有限责任公司	1597.91	674.14	99.82	56.99	749.67
三、在总计中:亏损企业	252.42	91.86	11.75	5.06	133.11
在总计中:国有控股企业	1003.18	472.36	47.80	28.44	396.75
在总计中:轻工业	315.36	108.17	29.97	12.15	172.29
重工业	1631.35	701.92	89.73	52.28	752.51
在总计中:大型企业	805.05	396.08	37.36	29.15	301.67
中型企业	548.78	226.64	50.37	14.25	257.02
小型企业	592.89	187.38	31.97	21.03	366.12

11-4 续表 2

（2013 年）　　　　单位：亿元

甲栏分组	固定资产原价	负债合计	流动负责合计	所有者权益合计
总　计	1261.59	1043.24	824.03	894.84
一、按登记注册类型分组:				
内资企业	1142.07	934.94	742.07	832.92
国有企业	104.15	121.81	89.58	36.49
集体企业	3.82	3.20	2.90	2.60
股份合作企业				
联营企业	0.18	0.04	0.04	0.11
有限责任公司	647.76	606.75	498.08	483.21
股份有限公司	32.97	39.23	30.61	28.58
私营企业	350.71	161.11	118.07	280.97
港、澳、台商投资企业	58.23	57.84	44.08	31.69
外商投资企业	61.29	50.47	37.88	30.23
二、按经济组织类型分组				
独资企业	171.39	183.35	133.51	76.48
合作、合伙企业	4.44	3.03	3.01	1.87
股份有限公司	48.06	46.39	37.23	35.56
有限责任公司	1037.71	810.47	650.27	780.93
三、在总计中:亏损企业	186.38	210.72	166.81	41.60
在总计中:国有控股企业	570.56	613.48	491.95	389.49
在总计中:轻工业	236.42	143.71	116.40	168.55
重工业	1025.17	899.53	707.64	726.28
在总计中:大型企业	441.04	475.57	400.47	329.19
中型企业	345.92	350.11	251.14	197.38
小型企业	474.63	217.56	172.42	368.27

11-4 续表 3

（2013 年）　　　　单位:亿元

甲栏分组	营业务收入			管理费用
		主营业务收入	主营业务税金及附加	
总　计	3496.67	3437.55	27.77	141.60
一、按登记注册类型分组:				
内资企业	3274.99	3228.93	26.42	134.81
国有企业	54.49	48.64	0.45	4.37
集体企业	25.13	25.12	0.30	1.84
股份合作企业				
联营企业	1.14	1.14	0.01	0.08
有限责任公司	1235.15	1197.11	10.65	68.46
股份有限公司	47.84	47.35	0.55	3.06
私营企业	1907.96	1906.32	14.43	56.88
港、澳、台商投资企业	80.19	79.33	0.41	2.11
外商投资企业	141.50	129.28	0.94	4.69
二、按经济组织类型分组				
独资企业	248.19	242.18	2.73	11.32
合作、合伙企业	8.12	8.09	0.10	0.37
股份有限公司	95.23	94.74	0.88	4.50
有限责任公司	3145.13	3092.54	24.05	125.41
三、在总计中:亏损企业	149.05	128.60	0.78	11.06
在总计中:国有控股企业	677.37	624.73	7.61	55.99
在总计中:轻工业	1019.31	1017.39	8.68	31.45
重工业	2477.36	2420.16	19.09	110.15
在总计中:大型企业	616.86	579.18	5.68	49.48
中型企业	834.24	814.86	7.05	34.07
小型企业	2045.57	2043.50	15.05	58.06

11-4 续表 4

（2013 年） 单位：亿元

甲栏分组	财务费用	利息支出	营业利润	利润总额	亏损企业亏损总额
总　计	32.99	31.44	182.96	185.88	12.12
一、按登记注册类型分组：					
内资企业	29.26	27.82	175.87	178.17	9.40
国有企业	4.20	4.23	-2.23	-0.72	4.13
集体企业	0.14	0.14	1.29	1.28	0.08
股份合作企业					
联营企业	0.01	0.01	0.07	0.07	
有限责任公司	12.97	13.22	63.65	65.55	3.28
股份有限公司	0.94	0.57	1.71	2.03	0.66
私营企业	10.92	9.60	111.39	109.94	1.25
港、澳、台商投资企业	1.75	1.73	3.73	3.86	1.12
外商投资企业	1.98	1.89	3.36	3.85	1.60
二、按经济组织类型分组					
独资企业	6.80	6.74	4.24	5.76	7.61
合作、合伙企业	0.18	0.10	0.27	0.29	
股份有限公司	1.07	0.69	4.20	4.47	0.67
有限责任公司	24.94	23.92	174.25	175.36	3.84
三、在总计中:亏损企业	7.49	7.07	-13.68	-12.12	12.12
在总计中:国有控股企业	11.99	12.75	25.22	29.50	6.30
在总计中:轻工业	6.71	5.88	58.57	58.09	1.30
重工业	26.29	25.56	124.39	127.79	10.81
在总计中:大型企业	6.63	7.86	26.52	28.56	3.39
中型企业	11.34	10.70	40.03	42.12	5.87
小型企业	15.02	12.88	116.40	115.20	2.85

11-4 续表 5

（2013 年）　　　　单位:亿元

甲栏分组	利税总额	本年应付职工薪酬	本年应交增值税	全部从业人员年平均人数(万人)
总　计	349.39	218.67	135.41	48.03
一、按登记注册类型分组:				
内资企业	334.18	206.28	129.26	44.49
国有企业	2.21	5.20	2.46	1.49
集体企业	2.49	2.31	0.91	0.77
股份合作企业				
联营企业	0.13	0.04	0.05	0.02
有限责任公司	129.96	108.85	53.50	17.82
股份有限公司	5.21	4.68	2.63	1.23
私营企业	194.13	84.79	69.71	23.06
港、澳、台商投资企业	6.18	4.47	1.91	1.42
外商投资企业	9.03	7.91	4.25	2.12
二、按经济组织类型分组				
独资企业	16.87	17.64	8.37	5.16
合作、合伙企业	0.58	0.64	0.19	0.16
股份有限公司	9.65	7.67	4.30	2.03
有限责任公司	322.28	192.71	122.56	40.68
三、在总计中:亏损企业	-7.34	14.86	3.85	4.10
在总计中:国有控股企业	69.21	88.75	31.91	12.44
在总计中:轻工业	103.17	57.44	36.28	16.01
重工业	246.21	161.23	99.14	32.02
在总计中:大型企业	60.19	78.96	25.78	10.14
中型企业	81.13	59.64	31.87	16.26
小型企业	208.07	80.06	77.76	21.63

11-4 续表 6

（2013 年）　　单位：亿元

甲栏分组	企业单位数（个）	亏损企业	工业总产值（当年价格）	工业销售产值（当年价格）	出口交货值
总计	1507	58	3384.12	3363.13	58.31
煤炭开采和洗选业	90	5	502.33	501.23	0.39
黑色金属矿采选业	6		17.43	17.43	
非金属矿采选业	26		42.12	41.84	
农副食品加工业	99	4	162.21	161.84	5.92
食品制造业	45		70.12	69.69	3.80
酒、饮料和精制茶制造业	29	1	47.10	46.57	
烟草制品业	1		15.23	14.40	
纺织业	68	4	121.05	119.94	6.84
纺织服装、服饰业	95	4	164.20	162.91	10.04
皮革、毛皮、羽毛及其制品和制鞋业	8	1	9.72	9.64	
木材加工和木、竹、藤、棕、草制品业	37		62.84	62.55	
家具制造业	12		17.05	16.95	
造纸和纸制品业	50	1	108.67	108.11	2.18
印刷和记录媒介复制业	14		25.53	25.21	
文教、工美、体育和娱乐用品制造业	48		93.19	92.12	4.31
石油加工、炼焦和核燃料加工业	8	1	69.67	68.87	
化学原料和化学制品制造业	136	12	362.89	359.22	3.07
医药制造业	15	1	28.55	28.49	
橡胶和塑料制品业	66	5	130.05	129.97	8.33
非金属矿物制品业	199	5	377.35	374.35	2.31
黑色金属冶炼和压延加工业	13		33.38	33.21	
有色金属冶炼和压延加工业	10		22.04	21.98	0.23
金属制品业	43	1	88.06	87.00	4.05
通用设备制造业	114	2	217.24	215.91	2.50
专用设备制造业	89	3	161.15	161.11	0.03
汽车制造业	12		20.87	20.58	
铁路、船舶、航空航天和其他运输设备制造业	6		12.99	13.07	
电气机械和器材制造业	95	1	191.94	190.89	0.33
计算机、通信和其他电子设备制造业	24	1	42.97	42.84	1.69
仪器仪表制造业	13		24.76	24.61	
其他制造业	14		31.98	31.52	2.31
废弃资源综合利用业	4		2.55	2.50	
电力、热力生产和供应业	12	2	102.66	102.40	
燃气生产和供应业	3	1	3.37	3.37	
水的生产和供应业	3	3	0.85	0.85	

11-4 续表 7

（2013 年）　　单位:亿元

甲栏分组	资产总计	流动资产合计	应收账款	产成品	固定资产合计
总计	1946.71	810.09	119.70	64.43	924.81
煤炭开采和洗选业	722.40	380.03	33.54	21.23	235.42
黑色金属矿采选业	6.29	1.53	0.63	0.31	2.34
非金属矿采选业	9.57	4.11	0.70	0.26	4.64
农副食品加工业	39.43	14.23	3.09	1.98	21.44
食品制造业	17.30	4.77	0.81	0.50	9.64
酒、饮料和精制茶制造业	19.17	4.71	0.73	0.38	12.62
烟草制品业					
纺织业	38.88	11.22	2.83	1.80	21.07
纺织服装、服饰业	32.23	11.63	2.23	1.22	15.98
皮革、毛皮、羽毛及其制品和制鞋业	2.29	0.78	0.14	0.10	1.50
木材加工和木、竹、藤、棕、草制品业	13.94	4.14	0.45	1.02	9.14
家具制造业	5.55	1.84	0.23	0.09	3.38
造纸和纸制品业	71.43	23.02	3.92	2.75	39.92
印刷和记录媒介复制业	4.01	1.17	0.23	0.12	2.59
文教、工美、体育和娱乐用品制造业	15.00	5.30	0.84	0.77	8.43
石油加工、炼焦和核燃料加工业	60.99	28.22	3.80	4.48	26.97
化学原料和化学制品制造业	214.05	59.79	9.04	4.43	143.85
医药制造业	10.79	4.20	0.79	0.27	5.34
橡胶和塑料制品业	80.32	27.71	5.82	5.20	39.68
非金属矿物制品业	231.42	84.99	9.77	4.43	127.88
黑色金属冶炼和压延加工业	9.87	2.92	0.59	0.35	6.85
有色金属冶炼和压延加工业	6.20	2.21	0.12	0.24	3.43
金属制品业	36.77	13.20	3.68	1.96	20.01
通用设备制造业	68.85	28.81	4.64	4.12	35.48
专用设备制造业	50.04	19.87	2.79	1.78	27.50
汽车制造业	6.61	1.90	0.16	0.27	4.37
铁路、船舶、航空航天和其他运输设备制造业	1.57	0.26	0.02	0.01	1.11
电气机械和器材制造业	79.55	43.63	21.95	2.73	30.99
计算机、通信和其他电子设备制造业	10.62	5.44	0.88	0.83	4.23
仪器仪表制造业	4.36	1.15	0.21	0.10	2.59
其他制造业	5.86	2.48	0.45	0.22	3.06
废弃资源综合利用业	1.46	0.57	0.02	0.02	0.79
电力、热力生产和供应业	58.68	9.22	3.89	0.09	47.37
燃气生产和供应业	6.25	3.15	0.24	0.37	3.10
水的生产和供应业	4.97	1.91	0.45	0.01	2.07

11-4 续表 8

（2013 年）　　单位:亿元

甲栏分组	固定资产原价	负债合计	流动负责合计	所有者权益合计
总计	1261.59	1043.24	824.03	894.84
煤炭开采和洗选业	349.08	387.36	318.95	334.42
黑色金属矿采选业	3.60	2.37	1.11	3.54
非金属矿采选业	6.06	3.05	2.88	5.91
农副食品加工业	34.65	17.58	16.36	21.38
食品制造业	13.44	6.29	4.46	10.65
酒、饮料和精制茶制造业	15.40	8.89	5.62	9.79
烟草制品业				
纺织业	29.42	18.43	16.26	20.14
纺织服装、服饰业	23.13	14.42	10.41	17.35
皮革、毛皮、羽毛及其制品和制鞋业	1.13	0.80	0.53	1.48
木材加工和木、竹、藤、棕、草制品业	12.05	3.51	2.58	10.05
家具制造业	4.07	0.97	0.87	4.49
造纸和纸制品业	52.02	39.52	31.59	31.76
印刷和记录媒介复制业	3.31	1.02	0.53	2.83
文教、工美、体育和娱乐用品制造业	10.34	4.03	3.16	10.69
石油加工、炼焦和核燃料加工业	36.89	44.29	37.24	16.70
化学原料和化学制品制造业	193.18	154.28	113.09	58.97
医药制造业	6.43	3.72	3.32	7.05
橡胶和塑料制品业	49.70	40.93	35.65	39.12
非金属矿物制品业	171.95	113.76	94.95	116.59
黑色金属冶炼和压延加工业	9.53	2.14	1.84	7.70
有色金属冶炼和压延加工业	3.54	2.72	2.20	3.16
金属制品业	25.52	20.97	13.72	15.86
通用设备制造业	46.65	27.43	17.15	41.11
专用设备制造业	33.90	18.41	17.33	31.37
汽车制造业	5.14	2.48	0.72	4.08
铁路、船舶、航空航天和其他运输设备制造业	1.64	0.25	0.05	1.32
电气机械和器材制造业	39.15	41.41	29.54	37.62
计算机、通信和其他电子设备制造业	6.17	5.01	2.82	5.61
仪器仪表制造业	3.70	1.70	1.23	2.67
其他制造业	4.22	1.68	1.18	4.08
废弃资源综合利用业	0.64	0.36	0.27	1.08
电力、热力生产和供应业	59.23	46.39	30.36	12.28
燃气生产和供应业	2.87	3.15	2.61	2.98
水的生产和供应业	3.84	3.95	3.44	1.02

11-4 续表 9

（2013 年）　　　　　　　　　　　　　　　　　单位：亿元

甲栏分组	营业收入			管理费用
		主营业务收入	主营业务税金及附加	
总计	3496.67	3437.55	27.77	141.60
煤炭开采和洗选业	653.11	620.24	7.41	52.82
黑色金属矿采选业	18.02	18.02	0.17	0.26
非金属矿采选业	42.54	42.54	0.42	2.81
农副食品加工业	163.94	163.89	1.20	4.96
食品制造业	72.37	72.18	0.48	2.00
酒、饮料和精制茶制造业	46.61	46.49	1.22	1.53
烟草制品业				
纺织业	123.49	123.13	0.89	4.42
纺织服装、服饰业	163.32	163.32	1.35	3.59
皮革、毛皮、羽毛及其制品和制鞋业	9.58	9.58	0.31	0.27
木材加工和木、竹、藤、棕、草制品业	63.51	63.45	0.52	2.62
家具制造业	17.24	17.16	0.17	0.67
造纸和纸制品业	110.55	110.04	0.87	3.56
印刷和记录媒介复制业	25.71	25.62	0.20	0.82
文教、工美、体育和娱乐用品制造业	94.56	94.56	0.69	3.36
石油加工、炼焦和核燃料加工业	75.28	74.06	0.20	1.78
化学原料和化学制品制造业	373.51	357.06	1.75	12.46
医药制造业	29.01	29.01	0.16	0.90
橡胶和塑料制品业	135.25	134.74	0.76	3.28
非金属矿物制品业	384.75	383.69	3.28	12.39
黑色金属冶炼和压延加工业	34.02	34.02	0.19	1.18
有色金属冶炼和压延加工业	21.93	21.93	0.32	0.99
金属制品业	87.37	87.24	0.51	2.19
通用设备制造业	220.24	219.65	1.21	6.54
专用设备制造业	163.23	160.08	1.05	5.86
汽车制造业	20.36	20.36	0.27	0.24
铁路、船舶、航空航天和其他运输设备制造业	12.82	12.82	0.11	0.24
电气机械和器材制造业	195.26	195.11	1.03	5.69
计算机、通信和其他电子设备制造业	43.63	43.61	0.23	1.02
仪器仪表制造业	25.40	25.35	0.12	0.94
其他制造业	32.49	32.49	0.36	0.63
废弃资源综合利用业	2.86	2.85	0.05	0.07
电力、热力生产和供应业	28.96	28.11	0.25	0.58
燃气生产和供应业	4.46	4.32	0.04	0.43
水的生产和供应业	1.28	0.83	0.01	0.49

11-4 续表 10

（2013 年）　　　　单位：亿元

甲栏分组	财务费用	利息支出	营业利润	利润总额	亏损企业亏损总额
总计	32.99	31.44	182.96	185.88	12.12
煤炭开采和洗选业	4.36	5.47	35.12	35.77	1.21
黑色金属矿采选业	0.03	0.02	1.24	1.24	
非金属矿采选业	0.21	0.16	2.35	2.35	
农副食品加工业	1.52	1.33	8.38	8.28	0.15
食品制造业	0.49	0.47	4.43	4.42	
酒、饮料和精制茶制造业	0.32	0.29	2.60	2.60	0.02
烟草制品业					
纺织业	0.68	0.54	6.27	6.32	0.52
纺织服装、服饰业	0.63	0.49	9.93	9.77	0.40
皮革、毛皮、羽毛及其制品和制鞋业	0.04	0.04	0.49	0.50	
木材加工和木、竹、藤、棕、草制品业	0.34	0.30	3.77	3.68	
家具制造业	0.09	0.08	1.36	1.32	
造纸和纸制品业	1.55	1.37	6.69	6.71	0.02
印刷和记录媒介复制业	0.07	0.07	1.55	1.50	
文教、工美、体育和娱乐用品制造业	0.21	0.21	5.51	5.42	
石油加工、炼焦和核燃料加工业	0.97	0.77	1.74	1.75	0.18
化学原料和化学制品制造业	8.76	8.19	11.08	12.30	5.88
医药制造业	0.15	0.11	2.46	2.43	
橡胶和塑料制品业	1.17	0.97	6.10	6.08	0.31
非金属矿物制品业	3.99	3.70	22.59	23.73	2.08
黑色金属冶炼和压延加工业	0.37	0.30	2.12	2.12	
有色金属冶炼和压延加工业	0.12	0.13	1.27	1.27	
金属制品业	0.76	0.86	4.06	3.99	0.28
通用设备制造业	1.28	1.12	13.10	13.02	
专用设备制造业	1.09	0.94	9.12	8.96	0.09
汽车制造业	0.09	0.08	1.11	1.11	
铁路、船舶、航空航天和其他运输设备制造业	0.07	0.07	0.55	0.50	
电气机械和器材制造业	1.31	1.24	10.33	10.26	0.16
计算机、通信和其他电子设备制造业	0.19	0.18	2.82	2.84	0.08
仪器仪表制造业	0.09	0.08	1.52	1.49	
其他制造业	0.10	0.08	1.67	1.67	
废弃资源综合利用业	0.07	0.01	0.14	0.14	
电力、热力生产和供应业	1.86	1.76	1.23	2.01	0.48
燃气生产和供应业			0.51	0.54	0.06
水的生产和供应业	0.02	0.01	-0.23	-0.19	0.19

11-4 续表 11

（2013 年）　　　　单位：亿元

甲栏分组	利税总额	本年应付职工薪酬	本年应交增值税	全部从业人员年平均人数(万人)
总计	349.39	218.67	135.41	48.03
煤炭开采和洗选业	75.44	85.82	32.12	11.34
黑色金属矿采选业	1.96	0.91	0.55	0.24
非金属矿采选业	4.28	2.86	1.52	0.91
农副食品加工业	15.16	6.35	5.68	1.94
食品制造业	8.02	2.68	3.10	0.80
酒、饮料和精制茶制造业	5.41	3.32	1.59	0.75
烟草制品业		0.60		0.06
纺织业	11.44	7.10	4.15	2.22
纺织服装、服饰业	16.50	11.56	5.38	3.28
皮革、毛皮、羽毛及其制品和制鞋业	1.19	1.49	0.38	0.48
木材加工和木、竹、藤、棕、草制品业	6.54	4.04	2.34	0.84
家具制造业	2.23	0.86	0.73	0.25
造纸和纸制品业	11.40	5.40	3.83	1.56
印刷和记录媒介复制业	2.68	1.49	0.97	0.39
文教、工美、体育和娱乐用品制造业	9.47	6.54	3.36	1.69
石油加工、炼焦和核燃料加工业	3.91	2.74	1.96	0.56
化学原料和化学制品制造业	29.28	12.34	15.23	3.23
医药制造业	3.61	1.73	1.02	0.35
橡胶和塑料制品业	11.07	5.35	4.22	1.64
非金属矿物制品业	41.85	19.02	14.83	5.15
黑色金属冶炼和压延加工业	3.62	0.82	1.32	0.30
有色金属冶炼和压延加工业	2.31	0.97	0.72	0.28
金属制品业	7.13	3.43	2.62	0.93
通用设备制造业	22.60	7.50	8.34	2.35
专用设备制造业	15.72	7.31	5.70	1.83
汽车制造业	1.98	0.80	0.60	0.22
铁路、船舶、航空航天和其他运输设备制造业	0.99	0.59	0.39	0.15
电气机械和器材制造业	18.05	8.00	6.76	2.02
计算机、通信和其他电子设备制造业	4.53	2.15	1.46	0.59
仪器仪表制造业	2.53	1.30	0.91	0.28
其他制造业	3.12	1.53	1.10	0.51
废弃资源综合利用业	0.25	0.19	0.06	0.05
电力、热力生产和供应业	4.59	0.81	2.31	0.56
燃气生产和供应业	0.67	0.59	0.09	0.11
水的生产和供应业	–0.13	0.47	0.04	0.18

11–5 规模以下工业企业主要经济指标

（2013 年）

	单位数(个)	工业总产值(万元)	从业人数(人)
枣庄市	6039	1817200	186522
市中区	471	154800	11467
薛城区	328	107700	9772
峄城区	743	230300	47261
台儿庄区	463	147100	20787
山亭区	536	167600	12276
滕州市	3390	977200	80273
高新区	108	32500	4686

11–6 个体工业主要经济指标

（2013 年）

	单位数(个)	营业收入(万元)	从业人数(人)
枣庄市	28702	1507100	124036
市中区	2878	161400	13174
薛城区	1624	84300	6821
峄城区	6511	327100	34523
台儿庄区	2409	128800	9475
山亭区	3391	191500	15837
滕州市	10779	555800	38850
高新区	1110	58200	5356

第12篇

建筑业

CONSTRUCTION

简 要 说 明

简要说明:

一、本篇收集了 2013 年全市建筑业资质企业生产经营情况。

二、主要内容:全市建筑业企业主要生产情况、主要财务情况;各区(市)建筑业企业主要生产情况、主要财务情况。

三、资料来源:枣庄市辖区内所有具有建筑业资质等级企业的 2013 年年报资料,由市统计局投资科提供。

编辑、校对:林敏、孟祥焱

12-1 建筑业企业生产情况

（2013年）

指标名称	企业数(个)	建筑业总产值(千元)	竣工产值(千元)	房屋建筑施工面积(平方米)	房屋建筑竣工面积(平方米)
总计	225	28119673	17555402	26077577	11516137
其中:国有及国有控股企业	27	4106366	1862650	3912298	1088929
一、按登记注册类型分组					
内资企业	224	28106756	17555402	26077577	11516137
国有企业	14	1296508	720207	1885198	437269
集体企业	32	4003983	2241758	4735686	1815986
股份合作企业	2	29700	26700	23000	23000
有限责任公司	77	14354543	9022398	12338574	5349455
国有独资公司	4	645001	422951	467740	84000
其他有限责任公司	73	13709542	8599447	11870834	5265455
股份有限公司	16	2603918	1807384	1956414	755760
私营企业	83	5818104	3736955	5138705	3134667
私营独资企业	2	41500		230	
私营合伙企业					
私营有限责任公司	74	5218378	3415508	4775696	3001789
私营股份有限公司	7	558226	321447	362779	132878
其他企业					
港、澳、台商投资企业	1	12917			
合资经营企业(港或澳、台资)	1	12917			
外商投资企业					
中外合资经营企业					
外资企业					
二、按国民经济行业分组					
房屋建筑业	139	20085058	13733926	23521562	10433780
土木工程建筑业	26	3900343	1608782	1440360	455500
建筑安装业	30	1607972	1452214	1115655	626857
建筑装饰和其他建筑业	30	2526300	760480		
三、按隶属关系分组					
中央	1	47007	47007		
省(自治区、直辖市)	3	2247712	862412	1232360	463300
地区(州、盟、省辖市)	19	2645232	1775164	2224500	918250
县(区、市、旗)	65	12093996	7640760	12534569	4631496
街道	10	1345121	653766	1888466	474841
镇	14	1913181	1351812	1374886	750244
乡					
(社区)居委会	2	189981	147160	261925	188875
村委会					
其他	111	7637443	5077321	6560871	4089131
四、按企业资质等级分组					
施工总承包	148	23301907	15477466	24821286	10837788
一级	10	8717175	5718977	7997907	3038613
二级	61	10536436	6485187	10625413	4668965
三级及以下	77	4048296	3273302	6197966	3130210
专业承包	77	4817766	2077936	1256291	678349
一级	4	2177348	521787	235680	235680
二级	27	1400031	765329	334212	102812
三级及以下	46	1240387	790820	686399	339857

12-2 建筑业主要财务指标

（2013 年）　　单位：千元

指标名称	流动资产合计	固定资产原价	在建工程	资产合计	流动负债合计
总计	20479362	4894593	356694	25009349	16650864
其中：国有及国有控股企业	8297877	813027	110098	9087758	7549862
一、按登记注册类型分组					
内资企业	4814686	4885730	356694	25000147	16648595
国有企业	87400	438708	5997	1423921	931902
集体企业	561392	763173	39700	2318020	1329783
股份合作企业	194	913		36247	35006
有限责任公司	3525575	1906030	232942	14829982	10985039
国有独资公司	122727	100811	26435	958868	630059
其他有限责任公司	3402848	1805219	206507	13871114	10354980
股份有限公司	122103	392026		1817710	1017457
私营企业	518022	1384880	78055	4574267	2349408
私营独资企业	5170	3026		36396	924
私营合伙企业					
私营有限责任公司	465799	1253228	68772	4238145	2263002
私营股份有限公司	47053	128626	9283	299726	85482
其他企业					
港、澳、台商投资企业	468	8863		9202	2269
合资经营企业(港或澳、台资)	468	8863		9202	2269
外商投资企业					
中外合资经营企业					
外资企业					
二、按国民经济行业分组					
房屋建筑业	1740658	3380211	217912	15016348	9203957
土木工程建筑业	2675339	693320	105266	7754653	6464103
建筑安装业	173479	339441	19477	1122105	533135
建筑装饰和其他建筑业	225678	481621	14039	1116243	449669
三、按隶属关系分组					
中央	312	4438		28163	17085
省(自治区、直辖市)	2521826	172442	1453	6401185	5644513
地区(州、盟、省辖市)	329884	263047	104758	3540669	2978366
县(区、市、旗)	1146834	2207365	147302	7684424	4292657
街道	103285	166567	16722	755431	373163
镇	127147	303793	327	1042198	601661
乡					
(社区)居委会	45578	51179	482	175272	113746
村委会					
其他	540288	1725762	85650	5382007	2629673
四、按企业资质等级分组					
施工总承包	4353796	3828690	315571	22200954	15520850
一级	2830609	953436	120084	10359456	8541167
二级	1218445	2023499	142443	7500690	4459280
三级以下	304742	851755	53044	4340808	2520403
专业承包	461358	1065903	41123	2808395	1130014
一级	151055	396318	5628	735237	244016
二级	141216	318841	16111	974914	382620
三级以下	169087	350744	19384	1098244	503378

12-2 续表 1

（2013 年）　　　　　　　　　　　　　　　　　　　　　　　单位：千元

指标名称	非流动负债合计	负债合计	所有者权益合计	主营业务收入
总计	169667	17265600	7743749	26187180
其中：国有及国有控股企业	7401	7586176	1501582	4008359
一、按登记注册类型分组				
内资企业	169667	17263331	7736816	26174812
国有企业	4500	937768	486153	1217010
集体企业	38900	1455478	862542	3441213
股份合作企业		35007	1240	7922
有限责任公司	74161	11334232	3495750	13731107
国有独资公司	1304	789196	169672	646421
其他有限责任公司	72857	10545036	3326078	13084686
股份有限公司	21551	1046364	771346	2441544
私营企业	30555	2454482	2119785	5336016
私营独资企业		14374	22022	36840
私营合伙企业				
私营有限责任公司	30555	2349733	1888412	4744238
私营股份有限公司		90375	209351	554938
其他企业				
港、澳、台商投资企业		2269	6933	12368
合资经营企业(港或澳、台资)		2269	6933	12368
外商投资企业				
中外合资经营企业				
外资企业				
二、按国民经济行业分组				
房屋建筑业	125968	9715747	5300601	18351351
土木工程建筑业	33942	6514005	1240648	3919544
建筑安装业	4655	569111	552994	1537673
建筑装饰和其他建筑业	5102	466737	649506	2378612
三、按隶属关系分组				
中央		17085	11078	47007
省(自治区、直辖市)	22977	5667490	733695	2329387
地区(州、盟、省辖市)	7594	3016086	524583	2148192
县(区、市、旗)	79757	4652810	3031614	11376492
街道	3116	384382	371049	1223390
镇	22337	629238	412960	1853730
乡				
(社区)居委会		113746	61526	154962
村委会				
其他	33886	2784763	2597244	7054020
四、按企业资质等级分组				
施工总承包	158000	16021528	6179426	21739039
一级	70097	8611264	1748192	8273651
二级	50863	4527943	2972747	9664150
三级以下	37040	2882321	1458487	3801238
专业承包	11667	1244072	1564323	4448141
一级		244016	491221	2058094
二级	4518	450487	524427	1313997
三级以下	7149	549569	548675	1076050

12-2 续表 2

(2013 年)　　　　单位:千元

指标名称	主营业务税金及附加	管理费用	营业利润	利润总额
总计	983032	1209154	1520624	1524289
其中:国有及国有控股企业	123479	293331	138602	140007
一、按登记注册类型分组				
内资企业	982554	1207537	1519146	1522811
国有企业	50043	47238	58400	58410
集体企业	135717	138512	159969	159887
股份合作企业	294	179	98	98
有限责任公司	476465	742031	804450	809082
国有独资公司	27425	24449	23720	23734
其他有限责任公司	449040	717582	780730	785348
股份有限公司	120781	38212	91071	90448
私营企业	199254	241365	405158	404886
私营独资企业	1613	321	6471	6471
私营合伙企业				
私营有限责任公司	178051	210491	357427	357055
私营股份有限公司	19590	30553	41260	41360
其他企业				
港、澳、台商投资企业	478	1617	1478	1478
合资经营企业(港或澳、台资)	478	1617	1478	1478
外商投资企业				
中外合资经营企业				
外资企业				
二、按国民经济行业分组				
房屋建筑业	737711	734683	1123361	1122394
土木工程建筑业	109185	276124	137948	140896
建筑安装业	53525	69537	95799	95875
建筑装饰和其他建筑业	82611	128810	163516	165124
三、按隶属关系分组				
中央	1665	3720	3720	3720
省(自治区、直辖市)	51200	188925	49081	50656
地区(州、盟、省辖市)	75134	133315	27162	26651
县(区、市、旗)	425643	487962	747556	750737
街道	56381	29558	76464	76319
镇	103970	37055	81325	81325
乡				
(社区)居委会	7247	5080	11395	11395
村委会				
其他	261792	323539	523921	523486
四、按企业资质等级分组				
施工总承包	827070	986713	1210049	1210647
一级	267956	464896	232004	233629
二级	408472	316144	657685	656718
三级以下	150642	205673	320360	320300
专业承包	155962	222441	310575	313642
一级	69478	95919	139405	141305
二级	49252	56295	77196	77129
三级以下	37232	70227	93974	95208

12-3　分区(市)建筑业企业生产情况

(2013年)

	企业单位数(个)	建筑业总产值(千元)	竣工产值(千元)	房屋建筑施工面积(平方米)	房屋建筑竣工面积(平方米)
市中区	50	4007162	2970150	3493309	1722699
薛城区	25	2798335	1480614	2340327	1264157
峄城区	17	912510	537726	1096722	670335
台儿庄区	10	691062	626576	1195323	625590
山亭区	11	261423	105241	573715	154970
滕州市	93	17762500	10611342	15244644	5565089
高新区	19	1686681	1223753	2133537	1513297

12-4　分区(市)建筑业主要财务指标

(2013年)　　单位:千元

	流动资产合计	固定资产原价	#在建工程	资产合计	流动负债合计
市中区	4586031	122744	620464	5373043	4174113
薛城区	6815826	3507	280594	7018319	5945689
峄城区	886907	1500	255293	1171467	707382
台儿庄区	905201	30000	329071	1220538	827294
山亭区	439417	1709	106164	525756	377796
滕州市	6024508	177375	2813334	8488449	3948348
高新区	821472	19859	489673	1211777	670242

12-4 续表 1

（2013 年） 单位:千元

	非流动负债	负债合计	所有者权益	主营业务收入
市中区	38859	4297679	1075364	3538396
薛城区	26659	5988833	1029486	2627244
峄城区	2000	711297	460170	772239
台儿庄区	15000	843660	376878	641155
山亭区		383036	142720	220222
滕州市	87149	4333378	4155071	16885392
高新区		707717	504060	1502532

12-4 续表 2

（2013 年） 单位:千元

	主营业务税金及附加	管理费用	营业利润	利润总额
市中区	119351	199301	63247	62513
薛城区	64354	228646	77592	78739
峄城区	32017	14356	127236	127236
台儿庄区	21319	20139	30251	30231
山亭区	6881	15378	7046	7046
滕州市	664269	670395	1062537	1065809
高新区	74841	60939	152715	152715

第
13
篇

交通运输邮电通信业

TRANSPORT, POST AND
TELECOMMUNICATION SERVICES

简 要 说 明

简要说明：

一、本篇资料反映交通运输业和邮电通信业发展的基本状况。

二、交通运输业资料包括铁路、公路及水运三种运输方式，主要统计资料有铁路客、货运量、民用汽车拥有量、地方交通货物运输量和旅客运输量、交通运输营业性运输工具、主要港口货物吞吐量、通车里程等。邮电通信业资料主要包括全市邮电通信主要电路及设备拥有量、邮电业务量完成情况、邮电通信发展水平等资料。

三、本篇资料由市统计局综合科负责整理编辑。有关交通运输资料分别来源于济南铁路局、市交通局、市公安局交警支队。邮电通信业资料来源于市电信公司、移动公司、邮政局、联通公司等单位。

编辑、校对：陈成、张磊、陈永

13-1 历年交通邮电情况

	公路货运量(万吨)	公路通车里程(公里)	邮电业务总量(万元)
1949			7
1952	65	98	17
1957	159	178	43
1962	76	354	105
1965	108	625	110
1970	191	798	99
1975	522	874	143
1978	1197	960	199
1979	1185	1070	222
1980	1203	1076	229
1981	1036	1070	335
1982	1105	1092	362
1983	1422	1087	384
1984	1431	1087	431
1985	1759	1111	501
1986	1901	1114	552
1987	2227	1130	615
1988	2289	1240	788
1989	2665	1270	954
1990	2054	1281	2093
1991	2052	1307	2901
1992	2162	1332	4720
1993	2459	1360	7524
1994	2812	1511	11962
1995	3021	1549	13658
1996	2803	1605	18672
1997	3217	1607	27565
1998	3487	1629	38456
1999	3392	1634	53205
2000	3475	1734	71029
2001	3773	1740	105021
2002	4097	1925	140921
2003	4193	1935	165772
2004	4786	2086	236713
2005	5173	2211	307547
2006	5268	5641	416260
2007	7365	6066	531896
2008	21224	6540	471300
2009	22286	6779	534743
2010	22464	6960	504094
2011	22488	7003	532078
2012	22695	7534	552758
2013	22894	8007	577307

注：1、2008 年以来公路货运量系新口径。

2、2006 年以来公路通车里程将村道通车里程纳入了统计范围。

13–2 民用车辆拥有量

（2013 年）　　单位：辆

指标名称	总计	营运	非营运	总计中	
				进口	个人
总计	809244	66207	743037	5935	749080
一、汽车	397299	55397	341902	5934	347006
1、载客汽车	319187	4900	314287	5908	292684
大型	2974	1891	1083	20	321
中型	3101	497	2604	54	1876
小型	283762	2491	281271	5792	261810
微型	29350	21	29329	42	28677
2、载货汽车	60290	37915	22375	16	40549
重型	20965	20621	344	1	6825
中型	3172	2984	188	1	2417
轻型	36055	14274	21781	14	31213
微型	98	36	62		94
3、其他	17822	12582	5240	10	13773
三轮汽车	6219	3376	2843		6212
低速货车	9614	8980	634		6866
二、摩托车	401017		401017	1	400662
三、挂车	10928	10810	118		1412

13–3 地方交通运输生产情况

单位	2013 年		2012 年		比上年增长(%)	
	运量（万人、万吨）	周转量（万人公里、万吨公里）	运量（万人、万吨）	周转量（万人公里、万吨公里）	运量	周转量
一、客运						
公路	7736	508622	7567.4	497439	2.23	2.25
水运	23.25	107.25	9.55	47.75	143.46	124.61
二、货运						
公路	22894	2662805	22695	2523581	0.88	5.52
水运	1009	454885	980	445442.88	2.96	2.12
三、港口吞吐量	3465.4	–	2120.6	–	16.26	–

注：本表数据为省交通厅反馈数据。

13-4 公路运输营业性运输工具拥有数

（2013 年）

	货车		客车		拖拉机		其他机动车	
	辆	吨位	辆	客位	台	吨位	辆	吨位
一、汽车								
1、载客汽车			2760	43400				
大型			381	15536				
中型			783	19540				
小型			56	624				
出租车			1540	7700				
2、载货汽车	34292	374943						
大型	18782	360218						
其中:重型	15270	339774						
中型	788	2840						
小型	7925	11885						
专用载货	863	14267						
二、挂车	6835	220285						
三、拖拉机								
四、其它机动车							1053	1066

13-5 水上运输营业性运输工具实有数

（2013 年）

	船舶		
	艘数（艘）	吨位（吨）	功率（千瓦）
货运船舶合计	2143	1733601	197815
1、机动船	888	655127	197815
货船	787	655126	177576
2、驳船	1246	1078474	-

13-6　港口概况

（2013 年）

	码头长度（米）	泊位个数（个）	仓储能力（万立方米）	装卸机械（台）	设计能力（万吨）	本年吞吐量（万吨）
合计	9017	111	195	85	1070	2465.40
台儿庄港区	3880	43	66	33	350	812.77
峄城港区	2723	29	64	24	348	1305.27
滕州港区	2180	36	45	25	239	323.26
薛城港区	234	3	20	3	133	24.10

13-7　内河航道

单位：公里

指标	内河航道里程					航闸（座）
		# 三级	四级	五级	六级	
2012 年	93.9	45.8	7.4	6.5	34.2	4
2013 年	93.9	45.8	7.4	6.5	34.2	4

13-8　公路情况

单位：公里

公路等级	2013 年	2012 年
合计	8007.0	7533.7
高速公路	163.7	163.7
一级公路	355.6	355.6
二级公路	833.7	838.5
三级公路	548.7	531.8
四级公路	5987.6	5512.2
等外公路	117.7	131.9

13-8 续表

单位:公里

道路类别	通车里程	
	2013 年	2012 年
通车总里程	8007.0	7533.7
国道	197.2	197.2
省道	731.9	731.9
县道	600.1	600.1
乡道	644.6	644.6
专用公路	64.0	64.0
村道	5769.2	5295.9

注:公路通车里程将村道通车里程纳入了统计范围。

13-9 邮电业务情况

	单位	2013 年	2012 年	比上年增长(%)
邮电业务总量	万元	577307	552758	4.4
# 邮政局	万元	14160	12398	14.0
移动公司	万元	439167	428372	2.5
联通公司	万元	99070	92837	6.7
中国电信	万元	24910	19151	30.1
函件	万件	503	516	-2.6
包裹	万件	3.91	2.82	38.8
报纸	万份	3705.7	3449.5	7.4
报刊杂志	万份	120.5	116.6	3.3
汇票	万张	9.8	12.9	-24.2
固定电话	万户	65.7	59.0	11.3
交换机容量	万门	507.7	481.8	5.4
移动电话	万户	345.1	339.5	1.6
电话普及率	部 / 百人	107.8	105.6	2.1
互联网	万户	56.0	38.0	47.4

第14篇

批发和零售、住宿和餐饮业

RETAIL SALES,WHOLESALE AND CATERING SERVICE

简 要 说 明

简要说明:

一、本篇资料反映国内市场发展情况和批发零售贸易业、餐饮业商品经营情况。主要内容有批发零售贸易业商品流转、社会消费品零售总额、亿元市场等,由市统计局贸易科根据批发零售贸易、住宿餐饮业统计报表制度进行搜集和加工整理而得。

二、本篇资料中个体、私营企业由市工商局提供,由市统计局综合科整理。

三、调查范围:社会消费品零售总额报表为有零售业务的各种经济类型的企业、个体户以及集贸市场。主要采取全面调查方法,辅之以抽样调查推断。

四、限额以上批发企业的标准为年销售额在2000万元以上,年末从业人员在20人及以上;限额以上零售企业的标准为年销售额在500万元以上,年末从业人员在60人及以上;限额以上住宿餐饮企业的标准为年销售额在200万元以上,年末从业人员在40人及以上。

编辑、校对:于亚波、马兆民

14-1 历年社会消费品零售总额

单位:万元

年份	社会消费品零售总额	按所在地分	
		市零售额	县以下零售额
1949	1870	—	—
1950	2920	—	—
1951	3656	—	—
1952	3800	—	—
1953	4033	—	—
1954	4892	—	—
1955	5360	—	—
1956	6350	—	—
1957	6789	—	—
1958	9092	—	—
1959	10256	—	—
1960	11359	—	—
1961	9413	—	—
1962	9050	—	—
1963	9360	—	—
1964	9897	—	—
1965	9919	—	—
1966	10916	—	—
1967	12387	—	—
1968	12401	—	—
1969	13430	—	—
1970	14146	—	—
1971	15001	—	—
1972	16809	—	—
1973	18216	—	—
1974	18290	—	—
1975	20540	—	—
1976	24672	—	—
1977	27864	—	—
1978	29720	—	—
1979	35496	—	—

14-1 续表

单位:万元

年份	社会消费品零售总额	按所在地分	
		市零售额	县以下零售额
1980	41035	—	—
1981	46404	—	—
1982	52815	39184	13631
1983	61235	46384	14851
1984	71963	63050	8913
1985	90881	78125	12756
1986	108331	91287	17044
1987	123182	105150	18032
1988	153064	108805	44259
1989	173274	122732	50542
1990	188153	127136	61017
1991	213975	142628	71347
1992	251749	173409	78340
1993	313863	228136	85727
1994	396625	276803	119822
1995	496764	337208	159556
1996	600946	406511	194435
1997	675672	438624	237048
1998	732568	485210	247358
1999	784829	520096	264733
2000	853894	565954	287940
2001	945734	630086	315648
2002	1061437	711172	350265
2003	1211162	816823	394339
2004	1403390（1522156）	952991 （954376）	450399 （567780）
2005	1762961	1114054	648907
2006	2044219	1294643	749576
2007	2420698	1542293	878405
2008	2978881	1718516	1260365
2009	3442603	1986382	1456221
2010	4228513	2775245	1453268
2011	4960046		
2012	5682365		
2013	6450797	4822021	1628776

注:1、2004 年括号内数据系根据抽样数据调整后所得,按省局要求,计算 2005 年增长速度时需使用 2004 年数据作为对比基数。
2、2006 年以后,年鉴绝对额数据使用年报数据,增幅使用月报数据。

14-2 社会消费品零售额

单位:万元

	2013年	比上年增长(%)
社会消费品零售总额	6450797	13.5
一、按经营地分		
城镇	4822021	13.3
其中:城区	4133676	14.4
乡村	1628776	14.0
二、按行业分		
批发零售	5545176	14.4
住宿餐饮	905621	15.4
三、按消费形态分		
商品零售	893212	12.5
餐饮收入	5557585	14.8
四、按区市分		
市中区	958461	13.5
薛城区	755556	13.6
峄城区	514615	13.3
台儿庄区	532457	13.1
山亭区	571521	13.4
滕州市	2910510	13.7
高新区	207677	13.2

14-3 亿元以上商品交易市场成交情况

(2013 年)

项目	摊位数(个)	总成交额(万元)
总　计	20335	2868103
1、粮食、食品、饮料、烟酒类	8709	2370502
(1)粮、油食品类	7922	2341924
其中:粮油类	1274	136132
肉禽蛋类	1029	46591
水产品类	573	93077
蔬菜类	2838	155726
干鲜果品类	1969	1887326
(2)饮料类	199	5611
(3)烟酒类	588	22967
2、服装、鞋帽、针纺织品类	6722	133260
(1)服装类	5440	88957
(2)鞋帽类	550	15070
(3)针、纺织品类	732	29233
3、化妆品类	239	3377
4、金银珠宝类	5	720
5、日用品类	1171	49458
其中:洗涤用品类	400	15406
儿童玩具类	263	13152
6、五金、电料类	1350	49692
7、体育、娱乐用品类	40	1718

14-3 续表

（2013 年）

项目	摊位数(个)	总成交额(万元)
8、书报杂志类	32	153
9、电子出版物及音像制品类	11	486
10、家用电器和音像器材类	105	15640
11、中西药品类	9	431
其中:西药类	7	363
中草药及中成药类	2	68
12、文化办公用品类	115	2864
13、家具类	397	7004
14、通讯器材类	42	2041
15、煤炭及制品类		
16、木材及制品类		
17、石油及制品类		
18、化工材料及制品类		
其中:化肥类		
19、金属材料类	82	78680
20、建筑及装潢材料类	1113	127784
21、机电产品及设备类	9	176
其中:农机类	9	176
22、汽车类	89	22056
23、种子饲料类		
24、棉麻类		
25、其他类	95	2061

14-4 私营企业基本情况

（2013 年）

项目	合计				#城镇			
	户数（户）	投资者人数（人）	雇工人数（人）	注册资本金（万元）	户数（户）	投资者人数（人）	雇工人数（人）	注册资本金（万元）
合计	23186	40695	193716	5427909	13316	26066	81083	3769371
农、林、牧、渔业	391	668	3332	71409	98	192	688	10499
采矿业	145	231	1432	50173	10	18	125	3875
制造业	5446	10895	53998	1476926	2456	6977	18970	918350
电力、热力、燃气及水生产和供应业	44	86	1085	36756	19	40	128	12326
建筑业	1133	2165	10062	463250	793	1537	5785	337137
批发和零售业	10905	17389	84004	1777250	6394	10807	32938	1250749
交通运输、仓储和邮政业	487	873	3941	59745	249	436	1567	35785
住宿和餐饮业	363	584	2737	45396	267	420	1896	32780
信息传输、软件和信息技术服务业	756	1104	5044	25597	512	797	3632	19372
金融业	38	181	279	73481	30	130	218	58207
房地产业	688	1539	6095	827443	544	1236	4169	684435
租赁和商务服务业	1903	3397	15567	393842	1419	2504	7532	315968
科学研究和技术服务业	190	409	1433	52932	125	267	903	41308
水利、环境和公共设施管理业	80	148	605	17649	44	84	308	7360
居民服务、修理和其他服务业	530	872	3459	44813	293	514	1821	32514
教育	13	25	90	1502	7	11	46	751
卫生和社会工作	14	23	113	3805	12	21	85	3155
文化、体育和娱乐业	60	106	440	5939	44	75	272	4801
其他								

14-4 续表 1

（2013 年）

项目	# 本期开业				独资企业			
	户数（户）	投资者人数（人）	雇工人数（人）	注册资本金（万元）	户数（户）	投资者人数（人）	雇工人数（人）	出资额（万元）
合计	5222	6714	30754	485795	5437	5382	38140	159088
农、林、牧、渔业	122	164	836	23297	156	156	1303	18381
采矿业	1	2	6	5000	69	69	633	4022
制造业	776	1055	5271	88318	1557	1546	12653	48464
电力、热力、燃气及水生产和供应业	5	8	32	3660	4	4	29	190
建筑业	242	293	1780	36404	57	57	868	1815
批发和零售业	3023	3657	16715	179942	2698	2667	17132	65521
交通运输、仓储和邮政业	109	168	638	7924	33	32	221	878
住宿和餐饮业	110	134	580	3884	93	92	515	2140
信息传输、软件和信息技术服务业	88	143	441	2424	423	422	2647	5164
金融业	4	15	32	12410				
房地产业	104	176	648	75015	2	2	9	58
租赁和商务服务业	404	600	2454	32088	94	90	631	6523
科学研究和技术服务业	36	45	203	7111	8	8	89	101
水利、环境和公共设施管理业	10	17	57	962	1	1	6	10
居民服务、修理和其他服务业	173	211	986	3189	221	215	1264	4185
教育	1	1	10		2	2	10	50
卫生和社会工作	2	3	16	2003	7	7	59	1335
文化、体育和娱乐业	12	22	49	2164	12	12	71	251
其他								

14-4 续表 2

(2013 年)

项目	合伙企业				有限责任公司			
	户数(户)	投资者人数(人)	雇工人数(人)	实缴出资金额(万元)	户数(户)	投资者人数(人)	雇工人数(人)	注册资本金(万元)
合计	184	490	2017	6858	17528	34498	153321	5151592
农、林、牧、渔业	11	30	125	47	224	482	1904	52981
采矿业	4	10	42	353	72	152	757	45798
制造业	99	277	884	4261	3776	8831	40350	1374509
电力、热力、燃气及水生产和供应业	1	4	8	10	39	78	1048	36555
建筑业					1072	2105	9186	460254
批发和零售业	26	62	201	1094	8176	14652	66639	1710634
交通运输、仓储和邮政业	5	11	36	33	449	830	3684	58834
住宿和餐饮业	1	2	6	10	268	490	2209	43246
信息传输、软件和信息技术服务业	13	26	51	58	319	652	2338	19375
金融业					32	121	239	32481
房地产业	2	10	502	297	681	1523	5568	816588
租赁和商务服务业	12	34	78	328	1795	3271	14850	380992
科学研究和技术服务业	2	5	24	36	179	393	1312	51795
水利、环境和公共设施管理业	1	3	8	30	78	144	591	17609
居民服务、修理和其他服务业	2	4	14	5	307	653	2181	40623
教育					11	23	80	1452
卫生和社会工作	4	10	32	265	3	6	22	2205
文化、体育和娱乐业	1	2	6	30	47	92	363	5658
其他								

14–5 个体工商业基本情况

（2013 年）

项目	期末实有			#城镇			#本期开业		
	户数（户）	从业人员（人）	注册数额（万元）	户数（户）	从业人员（人）	注册资金（万元）	户数（户）	从业人员（人）	注册数额（万元）
合计	185833	435680	892673	107181	253132	466712	21623	51067	206502
农、林、牧、渔业	2181	7903	34067	708	1939	3611	414	2530	15597
采矿业	253	1231	2737	23	136	267			
制造业	22434	67840	138131	12762	33222	69591	2300	6388	23151
电力、热力、燃气及水生产和供应业	7	31	88	3	7	21	1	3	6
建筑业	272	998	1959	94	327	445	33	115	434
批发和零售业	107147	237392	483454	62799	146452	272731	14919	30912	129671
交通运输、仓储和邮政业	13316	29373	74950	5112	12735	26790	334	528	2029
住宿和餐饮业	12875	34393	47288	8280	23059	28627	1316	4735	15429
信息传输、软件和信息技术服务业	3763	6869	13733	2952	5164	10904	18	60	108
金融业									
房地产业	1865	4298	7061	1246	3158	5037	6	38	28
租赁和商务服务业	1497	3817	8901	1124	2517	4916	220	751	3324
科学研究和技术服务业	111	273	451	70	177	288	5	15	83
水利、环境和公共设施管理业	3	6	10	2	5	9			
居民服务、修理和其他服务业	19728	40153	77398	11695	23299	41238	2037	4938	16496
教育	13	20	33	6	12	20	1	2	3
卫生和社会工作	264	740	941	230	658	841	18	49	81
文化、体育和娱乐业	104	343	1472	75	265	1376	1	3	62
其他									

14-6 限额以上批发和零售业法人经营状况

（2013 年） 单位：万元

指标名称	法人企业数（个）	从业人员期末人数（人）	商品购金额	商品销售额	批发额	出口	零售额
总计	772	36793	6895393.7	7396998.5	5374108.5	11391.9	2022890
一、批发业	423	22506	5432191.9	5836424.6	5218890.1	11391.9	617534.5
1.按批发行业小类分							
农、林、牧产品批发	29	1325	176113.2	181968.4	178996.6		2971.8
谷物、豆及薯类批发	14	808	103089.5	108331.7	107183.2		1148.5
种子批发	2	34	13373.5	13319.9	13319.9		
牲畜批发	3	157	17341.6	17902.7	16910.9		991.8
食品、饮料及烟草制品批发	73	4354	1797814.1	1883932.6	1631809.1		252123.5
糕点、糖果及糖批发	3	103	10580.4	11103.7	9956.3		1147.4
果品、蔬菜批发	47	1881	196886.2	202209.4	197441.6		4767.8
肉、禽、蛋、奶及水产品批发	7	238	430066.1	422333.7	292634.8		129698.9
盐及调味品批发	7	630	821968.1	817345	704119		113226
酒、饮料及茶叶批发	5	317	21645.1	21599.9	19312		2287.9
烟草制品批发	1	969	299199.8	392003.6	392003.6		
纺织、服装及家庭用品批发	11	559	40423.2	42481.7	42481.7	2906.3	
纺织品、针织品及原料批发	5	217	17163.6	18084.2	18084.2	1304.7	
厨房、卫生间用具及日用杂货批发	1	32	11099.2	11279.6	11279.6		
文化、体育用品及器材批发	2	47	9929.3	9996.2	9004.2		992
其他文化用品批发	1	26	4929.3	4888.3	3896.3		992
医药及医疗器材批发	5	400	141758.6	131180.5	131180.5		
西药批发	3	346	139589.1	128142	128142		
中药批发	1	42	2.2	963.5	963.5		
矿产品、建材及化工产品批发	250	13152	3012677.9	3325354.7	2966133	8485.6	359221.7
煤炭及制品批发	123	6957	1927875.4	2075236.7	2005893.3		69343.4
石油及制品批发	6	1215	388938.7	523572.9	245121.4		278451.5
非金属矿及制品批发	5	565	27584.8	27886.5	27646.5		240
金属及金属矿批发	20	600	89026.7	93324.8	93324.8		
建材批发	57	2597	308323.8	328547.4	324174.9		4372.5
化肥批发	23	672	93078.4	104976.8	98342.5	8485.6	6634.3
其他化工产品批发	15	533	177150.1	169609.6	169609.6		
机械设备、五金产品及电子产品批发	37	1734	167104	168328.7	166103.2		2225.5
农业机械批发	11	551	45019.8	45784.8	44438.3		1346.5
汽车零配件批发	4	154	24251.6	24238.1	24238.1		
五金产品批发	6	382	43773	42391.2	41676.5		714.7
电气设备批发	1	149	3735.1	3688.1	3688.1		
其他机械设备及电子产品批发	14	469	47264.4	49324.9	49160.6		164.3
再生物资回收与批发	6	635	30987	32425.2	32425.2		
2.按登记注册类型分							
内资企业	421	22343	5424086.3	5827912.8	5210378.3	9790.3	617534.5
国有企业	5	1955	972935.5	1067435.7	1025319.8		42115.9
集体企业	12	665	37382.9	35663.1	29345.4		6317.7
有限责任公司	121	7412	1925953.6	2162719.4	1911014.2	9790.3	251705.2
股份有限公司	7	986	453916.1	457392.6	295585.4		161807.2
私营企业	217	9237	1804103.2	1857741.1	1706153.5		151587.6
私营独资企业	5	128	22078	25716.7	25562.2		154.5
私营有限责任公司	205	8698	1741869.4	1788692.4	1642369.3		146323.1
私营股份有限公司	7	411	40155.8	43332	38222		5110
其他企业	59	2088	229795	246960.9	242960		4000.9
港、澳、台商投资企业	2	163	8105.6	8511.8	8511.8	1601.6	
外商投资企业							
3.按控股情况分							
国有控股	9	3158	1412267.6	1643747.2	1323179.8		320567.4
集体控股	18	1441	290049.7	400012.2	388657.1		11355.1
私人控股	309	13871	3276814.1	3323130.1	3046889.1	9790.3	276241
其他	85	3873	444954.9	461023.3	451652.3		9371
4.按经营形式分							
独立门店	362	19514	4794503.2	5116144.2	4505539.7	2906.3	610604.5
连锁总店（总部）							
连锁门店							
其他	61	2992	637688.7	720280.4	713350.4	8485.6	6930

14-6 续表

（2013 年） 单位：万元

指标名称	法人企业数（人）	从业人员期末人数（人）	商品购进额	商品销售额			
					批发额	出口	零售额
二、零售业	349	14287	1463201.8	1560573.9	155218.4		1405355.5
1.按零售行业小类分							
综合零售	34	4696	354649.3	433222.4	12682.6		420539.8
百货零售	18	3152	314960.8	391212	6538.3		384673.7
超级市场零售	10	1359	31713	33518.6	4512.6		29006
其他综合零售	6	185	7975.5	8491.8	1631.7		6860.1
食品、饮料及烟草制品专门零售	60	1274	111145.8	109280.3	21495.5		87784.8
粮油零售	6	324	11708.7	11515.3	5058.5		6456.8
果品、蔬菜零售	4	62	7167.3	7145.3	2651.6		4493.7
肉、禽、蛋、奶及水产品零售	9	252	21016.3	20787.4	765.3		20022.1
酒、饮料及茶叶零售	32	403	50900.3	50073.6	965.6		49108
其他食品零售	9	233	20353.2	19758.7	12054.5		7704.2
纺织、服装及日用品专门零售	14	406	23231.8	23483.6	585		22898.6
服装零售	6	174	15178.5	15045.5			15045.5
化妆品及卫生用品零售	2	124	2526.9	2390.1			2390.1
自行车零售	1	13	925.7	1130.8			1130.8
其他日用品零售	3	56	3234.9	3117.3			3117.3
文化、体育用品及器材专门零售	10	247	11193.5	11108.1	693.4		10414.7
文具用品零售	4	63	3604.5	3617.8	363.4		3254.4
照相器材零售	1	10	1161.3	1125			1125
医药及医疗器材专门零售	15	927	48088.7	50972.2	34612.8		16359.4
药品零售	13	884	46431.4	49425.4	34612.8		14812.6
汽车、摩托车、燃料及零配件专门零售	92	3270	525503.8	548584.8	9535.4		539049.4
汽车零售	59	2433	433150.7	438965.2	7709.8		431255.4
汽车零配件零售	6	448	39185.8	53934.4			53934.4
摩托车及零配件零售	7	140	14869.6	15100.4	10		15090.4
机动车燃料零售	20	249	38297.7	40584.8	1815.6		38769.2
家用电器及电子产品专门零售	62	1465	119269.8	119306.7	260		119046.7
家用视听设备零售	9	429	34517.1	33841.8			33841.8
日用家电设备零售	19	420	35558.4	36282.9			36282.9
计算机、软件及辅助设备零售	27	494	38963.2	38848	260		38588
通信设备零售	7	122	10231.1	10334			10334
五金、家具及室内装饰材料专门零售	53	1723	231239.5	225817.6	60936.6		164881
五金零售	28	392	32831.8	32618.5	2754.2		29864.3
灯具零售	1	13	1026	1043.1			1043.1
家具零售	11	991	125287.3	120450.3			120450.3
陶瓷、石材装饰材料零售	3	30	4704.7	4509.4			4509.4
其他室内装饰材料零售	8	276	65764.5	65642.6	58182.4		7460.2
货摊、无店铺及其他零售业	9	279	38879.6	38798.2	14417.1		24381.1
生活用燃料零售	4	84	17836.3	17919.3	11554.8		6364.5
其他未列明零售业	5	195	21043.3	20878.9	2862.3		18016.6
2.按登记注册类型分							
内资企业	347	13768	1440940.2	1536804.5	155218.4		1381586.1
国有企业							
集体企业	7	290	7959.4	8679.6	1348.9		7330.7
有限责任公司	94	5883	643351	729575.6	91231.3		638344.3
其他有限责任公司	94	5883	643351	729575.6	91231.3		638344.3
股份有限公司	7	657	69413.1	72017.5	24584.3		47433.2
私营企业	230	6687	689591.6	697558.5	35402.3		662156.2
私营独资企业	22	572	43696	45379.3	391.3		44988
私营有限责任公司	202	5823	599833	604999.6	29811.2		575188.4
私营股份有限公司	6	292	46062.6	47179.6	5199.8		41979.8
其他企业	9	251	30625.1	28973.3	2651.6		26321.7
外商投资企业	1	79	11748.8	12356.4			12356.4
外资企业	1	79	11748.8	12356.4			12356.4
3.按控股情况分							
国有控股	6	964	58587.2	62320.3	311		62009.3
集体控股	12	1761	249687.4	325002.3	7887.2		317115.1
私人控股	298	9205	930726.3	951033.3	74795.5		876237.8
外商控股	1	79	11748.8	12356.4			12356.4
其他	31	1838	201939.3	198448.6	72224.7		126223.9
4.按经营形式分							
独立门店	345	13983	1439724.5	1536532.2	155218.4		1381313.8
连锁总店（总部）	1	120	9356.2	11162.3			11162.3
连锁门店	1	112	2201.2	1664.1			1664.1
其他	2	72	11919.9	11215.3			11215.3
5.按单位规模分							
大型	3	1483	261679.2	329901.4	6538.3		323363.1
中型	70	7921	653902.5	683652.1	77184.1		606468
小型	228	4537	479945.1	478363.3	70774.9		407588.4
微型	48	346	67675	68657.1	721.1		67936
6.按零售业态分							
有店铺零售	349	14287	1463201.8	1560573.9	155218.4		1405355.5
食杂店	5	92	4107.6	4444.7			4444.7
便利店	4	55	4343.9	4451.7			4451.7
超市	20	1358	38143.8	38974.7	1630		37344.7
大型超市	10	2991	293832.9	365094.4	6849.3		358245.1
百货店	8	455	32412.9	38580.1	4203.3		34376.8
专业店	230	7201	827127.4	826744.1	134142.5		692601.6
专卖店	59	1510	174353.7	180101.3	7907.1		172194.2
家居建材商店	9	170	10029.2	9837.8	486.2		9351.6
购物中心	3	330	66287.3	66947.5			66947.5
厂家直销中心	1	125	12563.1	25397.6			25397.6

14-7 限额以上批发和零售业企业主要财务状况

（2013 年） 单位:万元

指标名称	法人企业数（个）	固定资产原价	所有者权益	主营业务收入	主营业务成本
总计	772	681753.2	1003924.8	6974626.3	5922359.6
一、批发业	423	454475.1	780397.1	5490310.9	4644922.1
1.按批发行业小类分					
农、林、牧产品批发	29	30774.5	38016.2	175466	150147.8
谷物、豆及薯类批发	14	20960.1	23461.2	105924.4	94826.3
种子批发	2	585.9	1032.9	13279.9	10258.2
饲料批发	2	739.6	779.5	8831.7	6880.6
林业产品批发	4	3164.8	2827	14906.1	12287.7
牲畜批发	3	3977.4	7218.4	16902.7	13124.1
其他农牧产品批发	4	1346.7	2697.2	15621.2	12770.9
食品、饮料及烟草制品批发	73	116631.4	224860.1	1779700.8	1435182
米、面制品及食用油批发	2	3355	4431	11984.6	8484.8
糕点、糖果及糖批发	3	1315.9	1774	10488.6	8901.4
果品、蔬菜批发	47	42142.3	58617.9	197179.3	157685.7
肉、禽、蛋、奶及水产品批发	7	15352.1	12999.5	418909.8	339105
盐及调味品批发	7	25971.6	42048.9	780687.7	650490.6
酒、饮料及茶叶批发	5	4618.2	6312.2	20331.9	16795.3
烟草制品批发	1	22522.6	97311.5	335335.4	249892.4
其他食品批发	1	1353.7	1365.1	4783.5	3826.8
纺织、服装及家庭用品批发	11	3979.4	5358.2	40167.6	33658.4
纺织品、针织品及原料批发	5	1478	2812.1	17005.6	14497
服装批发	2	1302.8	1270.6	5465.2	4246.6
化妆品及卫生用品批发	1	435	328	2166	1736.5
厨房、卫生间用具及日用杂货批发	1	349.1	803.7	10738.2	8910.3
其他家庭用品批发	2	414.5	143.8	4792.6	4268
文化、体育用品及器材批发	2	1402.8	1846.1	8543.7	8049.2
文具用品批发	1	252.8	500.3	4365.7	4222.4
其他文化用品批发	1	1150	1345.8	4178	3826.8
医药及医疗器材批发	5	4027.3	10094.7	112796.6	102051.3
西药批发	3	3782.8	9055	109813.2	100193.6
中药批发	1	67.1	155.6	951.9	811.2
医疗用品及器材批发	1	177.4	884.1	2031.5	1046.5

14-7 续表 1

（2013 年）　　单位：万元

指标名称	法人企业数（个）	固定资产原价	所有者权益	主营业务收入	主营业务成本
矿产品、建材及化工产品批发	250	263722.3	445828	3124781.3	2706771.7
煤炭及制品批发	123	137643.8	191236.5	1975513	1685558.6
石油及制品批发	6	31808.9	114952.1	448082.3	422609.8
非金属矿及制品批发	5	4200.6	5714.2	27037.8	18983.1
金属及金属矿批发	20	8284.2	26189.7	86950.2	69534.6
建材批发	57	55864.6	82554.9	314334.6	271498.2
化肥批发	23	11465.7	10621.5	104437.1	91255
农药批发	1	380	350	2100	2015
其他化工产品批发	15	14074.5	14209.1	166326.3	145317.4
机械设备、五金产品及电子产品批发	37	25459.7	41648.9	160888	133664.7
农业机械批发	11	10695.9	14783.8	43613.2	34066.7
汽车零配件批发	4	2059	4063.5	23705.4	17722.2
五金产品批发	6	2990.5	9532.9	41426.4	37702
电气设备批发	1	965.3	2451.7	3554.4	2922.8
计算机、软件及辅助设备批发	1		100	2281.1	1201.1
其他机械设备及电子产品批发	14	8749	10717	46307.5	40049.9
贸易经纪与代理	1	1079.7	1154.1	26307	24653.7
贸易代理	1	1079.7	1154.1	26307	24653.7
其他批发业	15	7398	11590.8	61659.9	50743.3
再生物资回收与批发	6	1826.7	3224.6	29477.4	25108.6
其他未列明批发业	9	5571.3	8366.2	32182.5	25634.7
2.按登记注册类型分					
内资企业	421	452951.4	777534.2	5481994.6	4638082.9
国有企业	5	34026.2	121778	954552.6	760384.6
集体企业	12	5299.8	2604.4	34829.9	28304.4
有限责任公司	121	140145.8	205948.6	2046418.4	1752484.3
其他有限责任公司	121	140145.8	205948.6	2046418.4	1752484.3
股份有限公司	7	28320.2	114677.2	403274.4	383945.1
私营企业	217	208240.9	282167.8	1802849.2	1516651
私营独资企业	5	2849.4	3176.9	24834.9	19546.7
私营有限责任公司	205	196111.1	264174.9	1736756.6	1465037.4
私营股份有限公司	7	9280.4	14816	41257.7	32066.9
其他企业	59	36918.5	50358.2	240070.1	196313.5
港、澳、台商投资企业	2	1523.7	2862.9	8316.3	6839.2
港澳台商独资企业	2	1523.7	2862.9	8316.3	6839.2

14–7 续表 2

（2013 年）　　　　单位:万元

指标名称	法人企业数（个）	固定资产原价	所有者权益	主营业务收入	主营业务成本
3.按控股情况分					
国有控股	9	74068.4	247031.6	1455546	1235617
集体控股	18	19344.6	26717.8	394753.3	329830.9
私人控股	309	306746.8	428256.5	3187363.2	2698503.1
港澳台商控股	2	1523.7	2862.9	8316.3	6839.2
其他	85	52791.6	75528.3	444332.1	374131.9
4.按经营形式分					
独立门店	362	391099.8	689265.9	4788175.7	4042471.1
其他	61	63375.3	91131.2	702135.2	602451
5.按单位规模分					
大型	5	64015.2	238600.5	1480235.9	1255738.5
中型	76	167773.6	213816.9	2615249.2	2231833.9
小型	336	222205.7	323787.1	1378207.3	1142226.2
微型	6	480.6	4192.6	16618.5	15123.5
二、零售业	349	227278.1	223527.7	1484315.4	1277437.5
1.按零售行业小类分					
综合零售	34	52838.7	28858.6	412909.8	377395.3
百货零售	18	39406.2	19503.1	375350.7	346894.8
超级市场零售	10	7942.1	5217.7	29401.7	24258
其他综合零售	6	5490.4	4137.8	8157.4	6242.5
食品、饮料及烟草制品专门零售	60	17292.8	19309.8	105801.3	81251.3
粮油零售	6	2040.9	2033	11242.8	7596.2
果品、蔬菜零售	4	995.9	1915	7095.3	4536.4
肉、禽、蛋、奶及水产品零售	9	2274.7	2555.3	19630.8	14973
酒、饮料及茶叶零售	32	10265.9	10457.5	48760	39203.9
其他食品零售	9	1715.4	2349	19072.4	14941.8
纺织、服装及日用品专门零售	14	5443.5	5965.5	22381.7	17892.3
服装零售	6	906.9	2236	14381.4	11651.6
鞋帽零售	1	230	265	595	360
化妆品及卫生用品零售	2	464.5	671.8	2311.7	1868.3
厨房用具及日用杂品零售	1	210	355.1	1151	863.3
自行车零售	1	2109.7	1021.7	1074.3	881.8
其他日用品零售	3	1522.4	1415.9	2868.3	2267.3
文化、体育用品及器材专门零售	10	2677.2	2325.6	10594.4	9041.5
文具用品零售	4	475	274.5	3480.2	3047.8

14-7 续表 3

（2013 年）　　单位：万元

指标名称	法人企业数（个）	固定资产原价	所有者权益	主营业务收入	主营业务成本
珠宝首饰零售	2	707.3	837.9	3203.7	2757.2
工艺美术品及收藏品零售	2	502.5	354.6	1116.9	893.8
照相器材零售	1	717.4	301.6	961.5	701.1
其他文化用品零售	1	275	557	1832.1	1641.6
医药及医疗器材专门零售	15	3699.4	4461.7	46118.7	40360
药品零售	13	3536.7	4174.3	44611.4	39159.5
医疗用品及器材零售	2	162.7	287.4	1507.3	1200.5
汽车、摩托车、燃料及零配件专门零售	92	77988.6	85847	515564.2	457054.2
汽车零售	59	64265.4	71040.4	410612.1	364728.5
汽车零配件零售	6	7131.6	7152.4	51595.3	45360.3
摩托车及零配件零售	7	2415	2329.2	14225.5	11796.7
机动车燃料零售	20	4176.6	5325	39131.3	35168.7
家用电器及电子产品专门零售	62	14978.1	24330.3	114315.3	87304.5
家用视听设备零售	9	2188.8	6265.7	32147.6	27396.6
日用家电设备零售	19	7751.7	8101.6	34585	23766.7
计算机、软件及辅助设备零售	27	3871.5	8545.5	37603.9	28158.8
通信设备零售	7	1166.1	1417.5	9978.8	7982.4
五金、家具及室内装饰材料专门零售	53	47228.9	46215.1	219006.8	175375.1
五金零售	28	4482.3	5987.2	31246.2	25738.7
灯具零售	1	83	73.9	1017	733.8
家具零售	11	39704.5	34827.6	117430.3	98624.9
涂料零售	1	117	335.1	794.5	703.7
卫生洁具零售	1	62.5	71.2	678.4	559.2
陶瓷、石材装饰材料零售	3	750	1953	4471.7	3381.5
其他室内装饰材料零售	8	2029.6	2967.1	63368.7	45633.3
货摊、无店铺及其他零售业	9	5130.9	6214.1	37623.2	31763.3
生活用燃料零售	4	2969.8	3836.8	17162.4	14662.7
其他未列明零售业	5	2161.1	2377.3	20460.8	17100.6
2.按登记注册类型分					
内资企业	347	220465.6	218345.9	1463874.8	1258932.6
集体企业	7	1422	1350.1	8147.8	6954.6
有限责任公司	94	102970.4	81741.8	703029.1	619595.2
其他有限责任公司	94	102970.4	81741.8	703029.1	619595.2
股份有限公司	7	5674.5	7876.4	62256.2	56080.7
私营企业	230	108049.6	124044	662759.1	554453.8
私营独资企业	22	13119.8	14337	42125.7	33035.1

14-7 续表4

（2013年） 单位：万元

指标名称	法人企业数（个）	固定资产原价	所有者权益	主营业务收入	主营业务成本
私营有限责任公司	202	87903.6	106881.9	578664.9	484609.2
私营股份有限公司	6	7026.2	2825.1	41968.5	36809.5
其他企业	9	2349.1	3333.6	27682.6	21848.3
港、澳、台商投资企业	1	4641.7	1374.2	9879.6	8158.2
其他港澳台投资企业	1	4641.7	1374.2	9879.6	8158.2
外商投资企业	1	2170.8	3807.6	10561	10346.7
外资企业	1	2170.8	3807.6	10561	10346.7
3.按控股情况分					
国有控股	6	10963.2	2421.2	57827	52726.5
集体控股	12	20932	11293.5	318195.1	299321
私人控股	298	170971.2	183222.1	900345.4	756268.9
港澳台商控股	1	4641.7	1374.2	9879.6	8158.2
外商控股	1	2170.8	3807.6	10561	10346.7
其他	31	17599.2	21409.1	187507.3	150616.2
4.按经营形式分					
独立门店	345	222771	218983.3	1461577.5	1257739.2
连锁总店	1	2678.6	3421.8	10096.7	8021.3
连锁门店	1	146.6	411.9	1636.1	1257.9
其他	2	1681.9	710.7	11005.1	10419.1
5.按单位规模分					
大型	3	37387.6	21099	321970.8	301482.2
中型	70	103417.3	95839.9	640608.1	549447.9
小型	228	75157.6	93656.9	455705	372536.3
微型	48	11315.6	12931.9	66031.5	53971.1
6.按零售业态分					
有店铺零售	349	227278.1	223527.7	1484315.4	1277437.5
食杂店	5	389.1	423	3884.8	3229.5
便利店	4	774.9	1005	4227.5	3396
超市	20	8420.8	9478	33364.3	24428.6
大型超市	10	39802.6	15565	353294	328640.1
百货店	8	6271.9	5060.5	35224.8	30678.6
专业店	230	133720.5	155409.7	788199.8	656791.5
专卖店	59	26545.6	28876.2	164045	139796.7
家居建材商店	9	2844.3	3499.2	9429.7	7348.2
购物中心	3	4088.9	2999	66619.1	59646.5
厂家直销中心	1	4419.5	1212.1	26026.4	23481.8

14-7 续表 5

（2013 年） 单位：万元

指标名称	销售费用	管理费用	财务费用	营业利润	利润总额	应交所得税	应付职工薪酬(本年贷方累计发生额)	应交增值税
总计	163300.5	123791.6	35335.5	659459.3	592583.1	86294.1	123996.1	277698.6
一、批发业	102399.3	90855.9	25462.7	566555.1	502931.2	72600.8	84691.9	243743.6
1.按批发行业小类分								
农、林、牧产品批发	3925.6	4366.2	1775.1	12729.5	13175.5	1603.2	4177.9	6340.1
谷物、豆及薯类批发	1517	2451	1404.9	4345.1	3817.8	289.6	2691.6	2597.7
种子批发	253.5	167.4	35.8	1835	2242.3	451.7	75.8	456
饲料批发	223.9	130.3	52.7	1494.6	1494.6	205.3	73.4	381.5
林业产品批发	559.7	673.9	152.9	900.3	900.3	225.1	648.5	2669.9
牲畜批发	784.6	479	54.1	2460.9	3026.9	268.4	344.6	
其他农牧产品批发	586.9	464.6	74.7	1693.6	1693.6	163.1	344	235
食品、饮料及烟草制品批发	31357.1	28715.2	1284.2	253552.1	254427.6	47432.2	16801.5	77143.8
米、面制品及食用油批发	234.6	493	6.9	2644.1	3752.2	863.1	501.2	425.6
糕点、糖果及糖批发	208.8	366	38.1	914.8	914.8	145.6	282.8	614.8
果品、蔬菜批发	5270.4	5308.1	1268.9	25314.9	26063.2	4322.8	5753.4	5055.4
肉、禽、蛋、奶及水产品批发	6024.4	451.1	277.6	71019.6	70869.9	8545	793.3	14497.5
盐及调味品批发	13333.4	1673.7	243.5	110525.5	110457.9	21614.4	2829.2	38492.5
酒、饮料及茶叶批发	802.4	561	26.5	1831.2	1831.2	394.8	1071.5	2877.4
烟草制品批发	5362.5	19782.2	-588.9	40588.7	39825.1	11368.2	5457.5	14941.4
其他食品批发	120.6	80.1	11.6	713.3	713.3	178.3	112.6	239.2
纺织、服装及家庭用品批发	1914.4	946.3	356.2	3091.8	2510.5	574.6	1570.4	2320.2
纺织品、针织品及原料批发	559.5	534.4	145.8	1171.4	1171.5	242.7	755	1101.7
服装批发	267.2	214.5	36.8	641.4	641.4	157.7	443.8	383.3
化妆品及卫生用品批发	45.8	52	32.6	290.6	290.6	72.6	158.3	53
厨房、卫生间用具及日用杂货批发	921.6	72.5	2.9	816.3	234.9	58.7	129.8	541.4
其他家庭用品批发	120.3	72.9	138.1	172.1	172.1	42.9	83.5	240.8
文化、体育用品及器材批发	32.9	130.2	37.8	244.6	244.6	55.3	148.7	728.4
文具用品批发	14.7	106.7	20.3	23.6	23.6		47.7	18.2
其他文化用品批发	18.2	23.5	17.5	221	221	55.3	101	710.2
医药及医疗器材批发	3207.7	2228.3	1155.4	3947	4442.1	725.7	1505	1220.1
西药批发	3035.4	2104.1	1109.7	3215	3570.1	681.4	1283.4	1165
中药批发	85.8	42.4		11	11	3.4	161.2	11.6
医疗用品及器材批发	86.5	81.8	45.7	721	861	40.9	60.4	43.5

14-7 续表 6

（2013 年）　　　　单位：万元

指标名称	销售费用	管理费用	财务费用	营业利润	利润总额	应交所得税	应付职工薪酬（本年贷方累计发生额）	应交增值税
矿产品、建材及化工产品批发	57108.3	49339.9	18980.4	267432.7	208740.4	18630	51804.3	145367.1
煤炭及制品批发	26143.1	30379.4	13858.5	198818	144161.9	10995.4	26752.5	98537.6
石油及制品批发	13474.2	2571.6	475	8064.1	7389.7	188.4	7547.4	24006.4
非金属矿及制品批发	152.5	223.2	39.7	7357.3	7357.3	465.8	2397.8	444.3
金属及金属矿批发	3308	3826.7	677	8999.3	8158.8	1212.3	1917.5	7081.8
建材批发	7721.9	8489.2	2410.9	22557.1	20313.6	3833.7	9385.6	11427.5
化肥批发	2204.5	1496.7	372.2	8572.4	7497.1	1147.1	1810.2	1564.5
农药批发	8	8	12	28	28	0.8	29	1
其他化工产品批发	4096.1	2345.1	1135.1	13036.5	13834	786.5	1964.3	2304
机械设备、五金产品及电子产品批发	3590.8	3378.3	1285.9	17577.4	12680.3	2497.2	5551.3	5619
农业机械批发	1660.8	815	216.9	6506.7	6506.7	1001.8	1895.4	1537.7
汽车零配件批发	122	181.2	84	5482.2	1655.2	548.1	511.5	209.2
五金产品批发	824.3	1012.3	630.5	756.9	755.6	235.6	1050.8	777.7
电气设备批发	115.9	86.2	18.2	342.1	342.1		642.8	133.6
计算机、软件及辅助设备批发		5.6		1068.8			130.3	12
其他机械设备及电子产品批发	867.8	1278	336.3	3420.7	3420.7	711.7	1320.5	2948.8
贸易经纪与代理	215.4	189.7	101	1131.2	1131.2	65.4	62.5	66.6
贸易代理	215.4	189.7	101	1131.2	1131.2	65.4	62.5	66.6
其他批发业	1047.1	1561.8	486.7	6848.8	5579	1017.2	3070.3	4938.3
再生物资回收与批发	556.5	849.6	313.5	2320.6	2320.6	472.7	2177	3098.1
其他未列明批发业	490.6	712.2	173.2	4528.2	3258.4	544.5	893.3	1840.2
2.按登记注册类型分								
内资企业	102141.8	90620.3	25408.5	565666.4	502042.5	72495.4	84258.7	243335.9
国有企业	8667.7	33005.2	705.8	126797.8	126658.5	11370.4	11350.4	71013.3
集体企业	1502.9	1137.8	161.6	3528.7	2751.9	252.7	1677	701.1
有限责任公司	38864.3	21029.3	10698.6	213355.6	159559	25893.6	29486.6	93994.3
其他有限责任公司	38864.3	21029.3	10698.6	213355.6	159559	25893.6	29486.6	93994.3
股份有限公司	7326.4	2644.5	810.9	7767.1	6973.1	101.3	5106.3	3142
私营企业	39282.4	27160.8	11419	186767.8	177289.3	29831.2	30675.7	66889.1
私营独资企业	363	578.9	237	3579.8	1276.8	152.1	436.5	1048.6
私营有限责任公司	37855.6	25651.1	11018.2	175223.6	167593.7	28317	28802.3	64697.2
私营股份有限公司	1063.8	930.8	163.8	7964.4	8418.8	1362.1	1436.9	1143.3
其他企业	6498.1	5642.7	1612.6	27449.4	28810.7	5046.2	5962.7	7596.1
港、澳、台商投资企业	257.5	235.6	54.2	888.7	888.7	105.4	433.2	407.7
港澳台商独资企业	257.5	235.6	54.2	888.7	888.7	105.4	433.2	407.7

14-7 续表 7

（2013 年）　　单位：万元

指标名称	销售费用	管理费用	财务费用	营业利润	利润总额	应交所得税	应付职工薪酬（本年贷方累计发生额）	应交增值税
3.按控股情况分								
国有控股	21969.5	36073.2	1544.1	134631.8	133833.9	11564.7	18656.3	94492.6
集体控股	3170.8	2648.1	1233.3	56238.1	4086.1	574.1	5112.7	2102.8
私人控股	66776.4	42242.3	18627.5	332262.6	321756.3	54187	47175.8	129164.2
港澳台商控股	257.5	235.6	54.2	888.7	888.7	105.4	433.2	407.7
其他	10225.1	9656.7	4003.6	42533.9	42366.2	6169.6	13313.9	17576.3
4.按经营形式分								
独立门店	91716	82802.8	20337.5	495647.6	482787.8	69052.4	72939.5	224564.8
其他	10683.3	8053.1	5125.2	70907.5	20143.4	3548.4	11752.4	19178.8
5.按单位规模分								
大型	24183.9	36184.8	1897.3	136499.3	135598.6	11903	18711.1	94782.2
中型	37162.5	19138.6	11701.2	296560.5	239214.7	37746.7	24619.1	79482.8
小型	40834.6	35204.6	11615.8	132873.4	127496.1	22830.9	41021.6	68817.4
微型	218.3	327.9	248.4	621.9	621.8	120.2	340.1	661.2
二、零售业	60901.2	32935.7	9872.8	92904.2	89651.9	13693.3	39304.2	33955
1.按零售行业小类分								
综合零售	20359.4	10167.9	1312.3	6392.1	6927.2	1001.4	11393.8	4730
百货零售	16257.6	8363.1	1059	4311.9	6125.9	854.5	8956.6	3989.9
超级市场零售	3598.7	1402.1	122	1278.7	169.8	38.3	2019.3	421
其他综合零售	503.1	402.7	131.3	801.5	631.5	108.6	417.9	319.1
食品、饮料及烟草制品专门零售	4434.1	2790.8	448.1	15332.5	15114.8	2407.6	3822.6	3732.2
粮油零售	86.8	169.2	54	3120.3	2890.7	26.6	1255.2	205
果品、蔬菜零售	1052.8	381.2	18.5	1099.6	1099.6	283.1	175.3	47.8
肉、禽、蛋、奶及水产品零售	1365.2	596.4	60.8	2513.1	2513.2	470.5	590.1	812.3
酒、饮料及茶叶零售	1289.7	958.6	275.8	6081.4	6093.2	1209.3	1115.3	2048.3
其他食品零售	639.6	685.4	39	2518.1	2518.1	418.1	686.7	618.8
纺织、服装及日用品专门零售	915.7	757.6	164.8	2669.2	2669.2	386.1	1085.2	858.1
服装零售	475	407.6	119.6	1879.7	1879.7	239.7	466.5	499.2
鞋帽零售	35	20		150	150		81	5
化妆品及卫生用品零售	259.7	43.1	2.7	118.7	118.7	23.8	305.9	78.4
厨房用具及日用杂品零售	13.8	95.8	0.7	161.4	161.4	40.4	41.1	48.9
自行车零售	21.2	35.2	19.5	110.2	110.2	27.6	40.9	56.5
其他日用品零售	111	155.9	22.3	249.2	249.2	54.6	149.8	170.1
文化、体育用品及器材专门零售	357.4	248.7	117.2	679.3	688.3	119.4	740.2	484.6
文具用品零售	188.6	79.4	16.1	133.8	142.8	26.4	138.3	137.6

14-7 续表 8

（2013 年）　　　　单位：万元

指标名称	销售费用	管理费用	财务费用	营业利润	利润总额	应交所得税	应付职工薪酬(本年贷方累计发生额)	应交增值税
珠宝首饰零售	68	46.6	21.4	272.2	272.2	24.6	41.1	94.3
工艺美术品及收藏品零售	28.1	36.9	45.3	79.2	79.2	16.1	102.6	25.1
照相器材零售	44.1	63.4	22.3	75.1	75.1	16.9	29.4	163.5
其他文化用品零售	28.6	22.4	12.1	119	119	35.4	428.8	64.1
医药及医疗器材专门零售	1331.7	1003.9	506.8	2727.6	1326.2	767.8	2642.7	1285.5
药品零售	1271.4	931.3	505.7	2567	1165.6	727.6	2517.2	1231.8
医疗用品及器材零售	60.3	72.6	1.1	160.6	160.6	40.2	125.5	53.7
汽车、摩托车、燃料及零配件专门零售	12717.9	9567.1	4437.1	25677.9	24680.5	4423	9895.6	12540.4
汽车零售	8961.8	7894.9	3531	20106.9	19641.3	3629.3	7086.2	7555.1
汽车零配件零售	1856.7	607.6	592.8	3022.9	2475.3	226.6	1553.9	225.9
摩托车及零配件零售	747	468.6	188	886.7	805.4	147.8	420.2	550.7
机动车燃料零售	1152.4	596	125.3	1661.4	1758.5	419.3	835.3	4208.7
家用电器及电子产品专门零售	3819.1	3786.5	1163.3	16277.1	14628.8	1581.4	4359.1	4290.7
家用视听设备零售	1256.5	863.4	157.9	2269.4	2288	348.5	1429.4	1134.9
日用家电设备零售	1251.2	1335.2	624.5	6696.7	6042.7	450	1327.9	1540.7
计算机、软件及辅助设备零售	1036.3	1134	292.8	6272.5	5259.6	642.3	1269.6	1268.6
通信设备零售	275.1	453.9	88.1	1038.5	1038.5	140.6	332.2	346.5
五金、家具及室内装饰材料专门零售	15134.2	4046.6	1586	20355.3	20355.2	2323.6	4450.3	4634.9
五金零售	1059.8	779	161.5	3245.4	3245.2	624.3	1022.2	1435.2
灯具零售	31.8	72	8.6	141.3	141.3		30.2	26.1
家具零售	1916.2	2145	1281.7	11870.6	11870.7	1218.7	2500	753.5
涂料零售	18.6	37.7	0.3	23.2	23.2	5.1	33	15.4
卫生洁具零售	43.7	22.3	1.1	44.5	44.5	11.1	23.8	55.1
陶瓷、石材装饰材料零售	51.7	18.4	2.5	737.4	737.4	144.2	87.8	165.7
其他室内装饰材料零售	12012.4	972.2	130.3	4292.9	4292.9	320.2	753.3	2183.9
货摊、无店铺及其他零售业	1831.7	566.6	137.2	2793.2	3261.7	683	914.7	1398.6
生活用燃料零售	545.8	233.6	33.8	1259	1259	304.1	233.2	843.6
其他未列明零售业	1285.9	333	103.4	1534.2	2002.7	378.9	681.5	555
2.按登记注册类型分								
内资企业	58348.8	32372.8	9729.6	93608.4	90347.2	13682.8	38565.5	33831.2
集体企业	209.6	195.2	24.2	737.9	488.5	168.7	859.4	596.3
有限责任公司	33758	13800.7	3771.5	29850.4	30845	3009.5	17227.1	17065.1
其他有限责任公司	33758	13800.7	3771.5	29850.4	30845	3009.5	17227.1	17065.1
股份有限公司	3551	1865.5	218.2	2103.4	1370	354.4	1519	584.1
私营企业	18674.8	15415.9	5628.3	58489.2	55216.2	9489.5	18406.4	15057
私营独资企业	1819.1	1561	516.8	4908.3	4590.9	442.4	1538.3	1755.1

14-7 续表 9

（2013 年）　　　　单位:万元

指标名称	销售费用	管理费用	财务费用	营业利润	利润总额	应交所得税	应付职工薪酬(本年贷方累计发生额)	应交增值税
私营有限责任公司	16201.5	13031	4691.1	50612.2	47692.1	8913.5	15650.4	13068.6
私营股份有限公司	654.2	823.9	420.4	2968.7	2933.2	133.6	1217.7	233.3
其他企业	2155.4	1095.5	87.4	2427.5	2427.5	660.7	553.6	528.7
港、澳、台商投资企业	2013.5	157	25.3	66.7	65.6	10.5	392.2	120.8
其他港澳台投资企业	2013.5	157	25.3	66.7	65.6	10.5	392.2	120.8
外商投资企业	538.9	405.9	117.9	–770.9	–760.9		346.5	3
外资企业	538.9	405.9	117.9	–770.9	–760.9		346.5	3
3.按控股情况分								
国有控股	4456.4	1344.7	170.1	–92.3	820.9	163.7	2006	3222
集体控股	10539.9	5593.6	760.6	2947.2	3749.7	472.6	5526.6	2574.3
私人控股	25852	21544.2	7546.2	77744.4	74395.9	11542.1	25757.9	22246.5
港澳台商控股	2013.5	157	25.3	66.7	65.6	10.5	392.2	120.8
外商控股	538.9	405.9	117.9	–770.9	–760.9		346.5	3
其他	17500.5	3890.3	1252.7	13009.1	11380.7	1504.4	5275	5788.4
4.按经营形式分								
独立门店	60065.5	32221.5	9744.8	91630.7	88695.6	13670.2	38526.3	33692.5
连锁总店	390.4	369.3	30.2	1145.4	833.9	1.2	332.9	124.1
连锁门店	307.7	4.6	33.3	27.3	27.3	7.4	185.3	28
其他	137.6	340.3	64.5	100.8	95.1	14.5	259.7	110.4
5.按单位规模分								
大型	9543.6	5265.8	940.3	5505.6	6654.4	300.3	4935	1690.1
中型	34705.1	13802.6	5115.2	33569.2	31918.3	4104.6	20835.8	15562.3
小型	14946.5	12583.9	3459.8	46705.4	43957.1	8011.9	12466.1	13825.1
微型	1706	1283.4	357.5	7124	7122.1	1276.5	1067.3	2877.5
6.按零售业态分								
有店铺零售	60901.2	32935.7	9872.8	92904.2	89651.9	13693.3	39304.2	33955
食杂店	60.6	59.9	33.9	411.8	182.2	44.9	236.8	182.4
便利店	120.3	202	54.3	431.7	168.4	22.1	142.5	72.2
超市	2148	2003.9	305.6	4821.5	3437.8	620.5	3122.2	1092.2
大型超市	15386.7	7817.8	924.9	2159.3	4262.4	427.8	7557.9	3288
百货店	3101	634.8	182.4	1395.2	1380.9	425	994.4	854.4
专业店	31191.2	16410	5681.6	68607.5	65825.3	9455.3	21268.4	20788.3
专卖店	6619.1	4291.7	1350.3	10279.8	10143.7	1895.1	4123.5	6899.5
家居建材商店	194.5	158.3	68.5	1331.7	1331.7	236.9	456.4	568.8
购物中心	999.2	1043.9	686.2	2919.5	2919.5	565.7	929.8	209.2
厂家直销中心	1080.6	313.4	585.1	546.2			472.3	

14-8 限额以上住宿和餐饮业法人企业经营状况

（2013 年） 单位：万元

指标名称	法人企业（人）	从业人数（个）	营业额				
				客房收入	餐费收入	商品销售收入	其他收入
总计	115	7042	190908.5	68333.9	106748.5	12859.7	2966.4
一、住宿业	42	2931	29841.1	14841.1	13058.9	1274.3	666.8
1.按住宿业行业小类分							
旅游饭店	31	2596	25988.6	12063.1	12412.3	955.6	557.6
一般旅馆	11	335	3852.5	2778	646.6	318.7	109.2
2.按登记注册类型分							
内资企业	42	2931	29841.1	14841.1	13058.9	1274.3	666.8
国有企业	1	47	536.1	99.5	321.5	115.1	
集体企业	3	330	2203.3	1159.6	807.9	32.6	203.2
有限责任公司	20	1175	12052	7233.8	3769.7	605.4	443.1
私营企业	1	282	2480.2	1280	1200.2		
私营独资企业	17	1097	12569.5	5068.2	6959.6	521.2	20.5
私营合伙企业	1	31	388.7	203.1	137.9	47.7	
私营有限责任公司	1	9	382.5	210	89	83.5	
其他企业	15	1057	11798.3	4655.1	6732.7	390	20.5
3.按控股情况分							
国有控股	5	524	5356.8	2655.4	2545	115.1	41.3
集体控股	4	411	2777	1261	1030.7	187.2	298.1
私人控股	30	1671	19211.5	10194	7891.2	850.3	276
其他	3	325	2495.8	730.7	1592	121.7	51.4
4.按经营形式分							
独立门店	39	2627	27830.4	13867.1	12258	1241.7	463.6
连锁门店	3	304	2010.7	974	800.9	32.6	203.2
5.按星级分							
五星	1	102	477	192	282	3	
四星	3	361	2398.7	948.3	1083.3	240.6	126.5
三星	10	1216	9480.3	4254.7	4611.1	364.1	250.4
其他	28	1252	17485.1	9446.1	7082.5	666.6	289.9
二、餐饮业	73	4111	161067.4	53492.8	93689.6	11585.4	2299.6
1.按餐饮业行业小类分							
正餐服务	69	3905	158738.7	53492.8	92576.4	10369.9	2299.6
快餐服务	1	19	560.8		81	479.8	
其他餐饮业	3	187	1767.9		1032.2	735.7	
2.按登记注册类型分							
内资企业	73	4111	161067.4	53492.8	93689.6	11585.4	2299.6
国有企业	2	82	1095.8	240.8	821.5	33.5	
集体企业	21	1142	15785.1	2202.6	8893.3	2662.2	2027
有限责任公司	1	60	536.1	99.5	321.5	115.1	
股份有限公司	20	1082	15249	2103.1	8571.8	2547.1	2027
私营企业	1	56	246.6	157.3	89.3		
私营独资企业	48	2755	143559	50892.1	83504.6	8889.7	272.6
私营有限责任公司	3	97	2872.3	171.2	1814.7	886.4	
私营股份有限公司	40	2354	137134.2	50358.7	78742.3	7760.6	272.6
其他企业	5	304	3552.5	362.2	2947.6	242.7	
港、澳、台商投资企业	1	76	380.9		380.9		
3.按控股情况分							
国有控股	4	379	3494.1	526.3	1678.5	320.4	968.9
集体控股	63	3485	152663.8	52700.6	89225.7	10391.2	346.3
私人控股	6	247	4909.5	265.9	2785.4	873.8	984.4

14-9 限额以上住宿和餐饮业法人财务状况综合表

（2013 年）

单位：万元

指标名称	法人企业数（个）	固定资产原价	资产总计	主营业务收入	主营业务成本	主营业务税金及附加	营业利润	利润总额	应付职工薪酬（本年贷方累计发生额）
总计	115	120572.3	281290.7	190105.7	110277	10614.6	38418.5	35178.6	18123.2
一、住宿业	42	35027.7	98229.6	29635.8	19185.9	1176.2	1320.4	1267.6	7107.7
1.按住宿业行业小类分									
旅游饭店	31	31100.9	89452.8	25774.2	17000.6	1001.8	607.7	640.7	6091.1
一般旅馆	11	3926.8	8776.8	3861.6	2185.3	174.4	712.7	626.9	1016.6
2.按登记注册类型分									
内资企业	42	35027.7	98229.6	29635.8	19185.9	1176.2	1320.4	1267.6	7107.7
国有企业	1	641.4	1129	536.1	296.3	27.7	155.9	155.9	160.3
集体企业	3	8537.5	11388.4	1972.5	968.9	90.9	256.2	118.5	752.3
有限责任公司	20	8188.7	24832.3	12024.2	7594.6	590.9	481.6	419	2787.5
股份有限公司	1	11255	12036.5	2480.2	2069	60	175.2	175.2	752.6
私营企业	17	6405.1	48843.4	12622.8	8257.1	406.7	251.5	399	2655
私营独资企业	1	115.5	267.5	388.7	198.3	21.7	10	10	84
私营合伙企业	1	371	471	382.5	195	31.6	28.5	48.5	24
私营有限责任公司	15	5918.6	48104.9	11851.6	7863.8	353.4	213	340.5	2547
3.按控股情况分									
国有控股	5	13362.5	19922.8	5297.9	4399.5	216.6	3.5	30	1389.6
集体控股	4	8546.9	11509.1	2546.2	1219.5	123.3	221.6	88.8	928.7
私人控股	30	10965	61250.6	19295.9	12419	671.3	1261	1322.6	4223.9
其他	3	2153.3	5547.1	2495.8	1147.9	165	-165.7	-173.8	565.5
4.按经营形式分									
独立门店	39	32464.1	93370.3	27855.9	18279.2	1090.5	1026.2	1109.9	6436
连锁门店	3	2563.6	4859.3	1779.9	906.7	85.7	294.2	157.7	671.7
5.按星级分									
五星	1	213.9	459.8	679.5	351.1	4.6	-140	139.5	226
四星	3	1113.2	6987.9	2461.6	965.1	142.9	-504	-507.2	686.2
三星	10	16706.2	29653.9	9248.3	5976.8	405.7	163.2	23.8	2832.6
其他	28	16994.4	61128	17246.4	11892.9	623	1801.2	1611.5	3362.9
二、餐饮业	73	85544.6	183061.1	160469.9	91091.1	9438.4	37098.1	33911	11015.5
1.按餐饮业行业小类分									
正餐服务	69	85176.8	182081	158141.2	89730	9331.5	36523.8	33346.8	10561.5
快餐服务	1	118	200	560.8	336.5	28	159.9	157	34.7
其他餐饮业	3	249.8	780.1	1767.9	1024.6	78.9	414.4	407.2	419.3
2.按登记注册类型分									
内资企业	73	85544.6	183061.1	160469.9	91091.1	9438.4	37098.1	33911	11015.5
国有企业	2	248.2	647.7	1095.8	554.8	63.2	45.3	45.2	194.7
有限责任公司	21	16640	23194.9	15598.9	8422.6	773.9	3734	1787.6	3167.5
国有独资公司	1	641.4	1129	536.1	300.1	27.7	152.1	152.1	180.4
其他有限责任公司	20	15998.6	22065.9	15062.8	8122.5	746.2	3581.9	1635.5	2987.1
股份有限公司	1	288	3625.5	246.6	161.5	12.3	54.9	54.8	187.2
私营企业	48	68239.5	155312.9	143147.7	81759.8	8579.4	33244.9	32004.4	7282
私营独资企业	3	650.8	1090.7	2872.3	1541.1	395.5	513.7	513.7	296
私营有限责任公司	40	65197	149494.8	136725.4	78122.7	8049.8	32367.6	31127	6325.5
私营股份有限公司	5	2391.7	4727.4	3550	2096	134.1	363.6	363.7	660.5
其他企业	1	128.9	280.1	380.9	192.4	9.6	19	19	184.1
3.按控股情况分									
国有控股	4	9730.4	11504.9	3494.2	1392.1	196.1	759.9	-631.1	1240.9
私人控股	63	74573.9	168732.1	152121.2	86980.9	9020.3	35091.6	33235.1	9192.3
其他	6	1240.3	2824.1	4854.5	2718.1	222	1246.6	1307	582.3

第15篇

对外经济贸易

FOREIGN TRADE

简 要 说 明

简要说明：

一、本篇资料综合反映对外贸易、利用外资情况及招商引资情况。

二、进出口贸易数据为海关统计。

三、本篇资料由市商务局提供，市统计局综合科整理编辑。

编辑、校对：陈成、张磊、陈永

15-1 主要年份进出口总额

单位:万美元

年份	进出口总额	进口总额	出口总额
1995	9565	5477	4088
1996	9357	4572	4785
1997	14518	6768	7750
1998	10045	2878	7167
1999	9262	2759	6503
2000	13722	4234	9488
2001	16703	4990	11713
2002	18429	4367	14062
2003	24454	6232	18222
2004	35371	9836	25535
2005	37200	5843	31357
2006	47405	5838	41570
2007	64261	10134	54127
2008	66881	15052	51829
2009	59492	10567	48925
2010	91126	16506	74620
2011	106788	22313	84475
2012	113185	19168	94017
2013	125133	30477	94656

15-2 主要年份外商直接投资

单位:万美元

年份	项目个数(个)	合同利用外资	实际利用外资
87-90	18	675	300
1993	180	8908	1600
1994	60	3462	2518
1995	38	4044	3445
1996	17	2496	5000
1997	18	1960	4041
1998	21	2065	4362
1999	18	3016	3536
2000	48	6500	3850
2001	33	3344	4009
2002	38	10524	4661
2003	32	15316	1681
2004	46	15470	7801
2005	61	22866	10175
2006	47	26359	10328
2007	28	14510	12005
2008	28	28710	17652
2009	26	24173	21626
2010	36	38308	23900
2011	24	9100	11970
2012	24	22484	14241
2013	11	7952	15850

15-3 进出口总额

（2013 年）

单位：万美元

年份	进出口总额	进口总额	出口总额
进出口总额	125133	30477	94656
一、按企业性质分			
国有	23003	9542	13461
民营	66136	14787	51349
三资	35994	6148	29846
二、按对贸易国制（地区）分			
沙特	5625	69	5556
日本	9040	1242	7798
美国	15439	3255	12184
韩国	7503	1403	6100
香港	4226	198	4028
巴西	2636	42	2594
德国	3550	1425	2125
台湾	1110	186	924
英国	1547	241	1306
马来西亚	4895	3831	1064
泰国	9477	8030	1447

15-4 分区（市）利用外资情况

单位：万美元

区（市）	批准利用外资				实际利用外资	
	项目个数（个）		合同外资金额			
	2013 年	2012 年	2013 年	2012 年	2013 年	2012 年
全市	11	24	7952	22484	15850	14241
滕州市	2	2	662	910	5262	5528
薛城区	1	3	1754	5161	2012	2537
峄城区	3	5	269	3027	1384	1282
台儿庄区	2	4	1467	2434	2003	587
市中区	1	5	-383	5971	2006	2502
高新区		3	-1023	4060	2042	1187
山亭区	2	2	5206	921	366	618

15–5 分区(市)对外贸易出口情况

单位:万美元

区(市)	2013 年	2012 年	比上年增长(%)
全市	94656	94017	0.8
市中区	28463	27097	5.0
滕州市	33719	34158	–1.3
山亭区	8662	6819	27.0
台儿庄区	6988	5699	22.6
峄城区	6089	8628	–29.4
高新区	6202	5799	6.9
薛城区	4533	5817	–22.1

15–6 外商直接投资情况

单位:万美元

地区	批准利用外资				实际利用外资	
	项目个数(个)		合同外资金额			
	2013 年	2012 年	2013 年	2012 年	2013 年	2012 年
总计	11	24	7952	22484	15850	14241
亚洲	9	19	3733	16923	12303	11252
港澳	5	13	–952	14097	10412	9809
香港	5	12	–952	13497	10412	9748
韩国	1	3	–2190	650	82	2
北美洲		2	–507	102		19
美国		2	–247	102		
英属维尔京群岛			1332	–609	500	
东南亚国家	1	1	4816	984	1209	300
台湾省	1	2	939	151		100
澳门		1		600		61
欧洲		1		3		45
日本	1		797		600	

15–7 招商引资情况

（2013 年）

	新建外来固定资产投资 5000 万元以上项目(个)	竣工投资外来固定资产投资 5000 万元以上项目(个)
全市合计	189	98
滕州市	61	38
薛城区	20	10
山亭区	19	8
市中区	27	11
峄城区	21	11
台儿庄区	18	6
高新区	23	14

第16篇

金融

BANKING

简 要 说 明

简要说明：

一、金融资料均来自市人民银行的统计报表资料。

二、保险数据由市保险协会统一提供。

三、本篇资料由市统计局综合科整理编辑。

编辑、校对：陈成、张磊、陈永

16-1 历年存款余额

单位:万元

年份	存款余额	# 企业存款	财政存款	储蓄存款
1949	62		62	
1950	159	28	131	
1951	179	84	84	11
1952	596	389	156	51
1953	415	129	219	62
1954	543	233	191	108
1955	837	229	419	156
1956	795	318	216	152
1957	859	261	296	195
1958	2047	1164	507	263
1959	2025	697	592	443
1960	2979	464	935	594
1961	2851	1002	945	260
1962	2621	1010	926	185
1963	1967	670	645	239
1964	1996	780	680	328
1965	2348	939	805	368
1966	2589	772	926	410
1967	3059	1063	1095	414
1968	3864	1635	1182	443
1969	3153	1144	1107	470
1970	4325	1414	1889	486
1971	5235	1976	2018	574
1972	6148	1983	2471	692
1973	5829	2323	1558	782
1974	6457	2614	1729	885
1975	8218	3597	1806	958
1976	9634	4206	2214	1069
1977	8854	3117	2289	1260
1978	9049	3298	2080	1538
1979	12152	4469	2779	2171

16-1 续表

单位:万元

年份	存款余额	# 企业存款	财政存款	储蓄存款
1980	17918	5564	3498	3249
1981	30579	6958	4828	4319
1982	39364	8638	3626	5675
1983	46216	10397	4307	7528
1984	58621	12403	7355	10135
1985	54292	18936	5258	14732
1986	73478	24686	5960	21842
1987	100245	26489	8998	32670
1988	123773	28931	6720	52625
1989	141122	33183	3801	70101
1990	182426	39006	3760	97158
1991	281027	56824	-3611	183833
1992	353155	73711	-4019	232365
1993	435210	84463	3054	299399
1994	539379	136056	11143	393262
1995	749413	186379	9940	513282
1996	972036	248425	10928	674567
1997	1186996	299265	15177	830128
1998	1264322	323049	18194	940624
1999	1349004	321000	20812	1005472
2000	1480688	348172	10917	1061457
2001	1737960	365774	25234	1203350
2002	2006856	419751	30906	1401520
2003	2578329	614484	39772	1656213
2004	3077239	705023	46193	1942611
2005	3637894	604364	87088	2262240
2006	4196999	684685	96001	2605740
2007	4846294	974998	101583	2881735
2008	6179412	1397789	93532	3738280
2009	8076973	2103817	166929	4425853
2010	8944238	2063926	151304	5123174
2011	9742367	1889895	140113	5722776
2012	11467152	2490076	104225	6950887
2013	12498548	2353292	108549	7816364

16-2 金融机构人民币信贷收支情况

单位:万元

项目	2013年	比年初增加数
各项存款	12456757	1030559
一、单位存款	4299020	-15417
1、活期存款	2709311	30407
2、定期存款	802921	-204281
3、通知存款	31041	-5942
4、保证金存款	535609	240259
二、个人存款	8001547	1020367
1、储蓄存款	7798074	860643
2、保证金存款	13631	-752
3、结构性存款	189841	160476
三、财政性存款	108549	4324
四、临时性存款	31823	11383
五、委托存款	12	-1
六、其他存款	15807	9902
各项贷款	9710644	513387
一、境内贷款	9710622	513395
1、短期贷款	4388093	263059
(1)个人贷款及透支	1282238	-38624
其中:个人消费贷款	205025	29526
(2)单位普通贷款及透支	2874813	362099
其中:经营贷款	2837160	346346
固定资产贷款	37653	15753
(3)普通并购贷款		
(4)银团贷款	2240	-560
(5)贸易融资	228802	-59856
(6)境外筹资转贷款		
2、中长期贷款	4811231	197081
(1)个人贷款	1595041	206410
其中:个人消费贷款	1317744	184736
(2)单位普通贷款	3109790	-11229
其中:经营贷款	355382	6787
固定资产贷款	2754408	-18016
(3)普通并购贷款	16700	6700
(4)银团贷款	36700	-2800
(5)贸易融资	53000	-2000
(6)境外筹资转贷款		
3、融资租赁		
4、票据融资	503629	48832
其中:贴现	503629	48832
5、各项垫款	7669	4424
二、境外贷款	22	-9

16-3 金融机构本外币合并信贷收支情况

单位:万元

项目	2013 年	比上年增加
各项存款	12498548	1028760
一、单位存款	4322178	-19528
1、活期存款	2726643	20568
2、定期存款	802921	-204281
3、通知存款	31041	-5942
4、保证金存款	541436	245986
二、个人存款	8019948	1022651
1、储蓄存款	7816364	862842
2、保证金存款	13743	-667
3、结构性存款	189841	160476
三、临时性存款	32054	11412
四、其他存款	15808	9902
各项贷款	9750771	537035
一、境内贷款	9750749	537043
1、短期贷款	4416737	277045
(1)个人贷款及透支	1282366	-38592
其中:个人消费贷款	205152	29558
(2)单位普通贷款及透支	2875984	362062
其中:经营贷款	2838331	346309
固定资产贷款	37653	15753
(3)普通并购贷款		
(4)银团贷款	2240	-560
(5)贸易融资	256147	-45865
(6)境外筹资转贷款		
2、中长期贷款	4821809	205836
(1)个人贷款	1595041	206410
其中:个人消费贷款	1317744	184736
(2)单位普通贷款	3111009	-11833
其中:经营贷款	355382	6787
固定资产贷款	2755628	-18619
(3)普通并购贷款	16700	6700
(4)银团贷款	46059	6559
(5)贸易融资	53000	-2000
(6)境外筹资转贷款		
3、融资租赁		
4、票据融资	503629	48832
其中:贴现	503629	48832
5、各项垫款	8574	5329
二、境外贷款		

16-4 分区(市)金融机构存贷款

(2013 年)

单位:万元

	存款余额	储蓄余额	贷款数额
市中区	3286867	1947392	2667568
薛城区	2057964	1237851	1143147
峄城区	673830	436112	664232
台儿庄区	638846	447626	517309
山亭区	650743	482985	379235
滕州市	4190360	2990392	4017169
高新区	197683	121334	106196
新城区	651906	134383	215788

16–5 全市保险业保费收入及赔(给)付情况

（2013 年）　　　　单位:万元

	人保财产	太保产险	天安保险	平安产险	中华联合	大地保险	安邦保险	永安财险	安华保险	阳光财产	国寿财险	天平汽车	华安财险	泰山财险	合计
保费收入															
本年累计	21256	20866	4438	10538	5496	3776	1853	5086	1966	9417	11349	1989	811	598	99439
市场份额(%)	21.4	21.0	4.5	10.6	5.5	3.8	1.9	5.1	2.0	9.5	11.4	2.0	0.8	0.6	100.0
上年同期	20507	18657	4774	8765	5542	3982	3255	5120	1844	8763	9188	187			90584
同比增长(%)	3.7	11.8	–7.0	20.2	–0.8	–5.2	–43.1	–0.7	6.6	7.5	23.5	963.6	–	–	9.8
机动车险															
本年累计	16341	16361	4329	10123	4794	3049	1834	4529	1956	9287	10885	1989	802	364	86643
上年同期	15423	14983	4708	8419	4896	3308	3232	4397	1839	8621	8788	187			78801
企财险															
本年累计	350	603	4	162	75	222	4	99	5	22	139		2	6	1693
上年同期	240	643	3	192	92	170	4	151	2	55	81				1633
货运险															
本年累计	29	71	2	24	2	1		1		6	19				155
上年同期	16	93	4	20	2	3				3	21				162
责任险															
本年累计	912	648	20	73	200	223		23		20	250		1	31	2401
上年同期	458	374	18	18	127	242	12	6		35	213				1503
意外险															
本年累计	163	710	30	154	137	137	15	383	5	82	53		4	62	1935
上年同期	153	477	39	105	126	131	7	474		45	78				1635
健康险															
本年累计	55	882	53		48										1038
上年同期	55	362	2		46										465
其它															
本年累计	3406	1591		2	240	144		51			3		2	135	5574
上年同期	4162	1725		11	253	128		92	3	4	7				6385
理　赔															
笔数	19704	15125	4792	15432	4487	4565	1442	8042	1188	12080	7210	1837	326	77	96307
金额	11992	9251	1841	4174	2686	1677	1055	3099	716	4683	4279	992	78	14	46537

16-6 全市人身保险保费收入及赔(给)付情况

(2013 年) 单位:万元

	中国人寿	太平洋寿险	泰康人寿	平安寿险	新华人寿	民生人寿	太平人寿	合众人寿	人保寿险	生命人寿	阳光人寿	华泰人寿	信泰人寿	天安人寿	华夏人寿	恒安标准	百年人寿	合 计
保费收入																		
本年累计	66255	39245	43249	7997	23903	14752	23346	3493	25379	9770	6123	1642	6213	28843	33200	239	2060	335709
市场份额(%)	19.7	11.7	12.9	2.4	7.1	4.4	7.0	1.0	7.6	2.9	1.8	0.5	1.9	8.6	10	0.1	0.6	100
上年同期	61830	42167	36280	6528	19864	12834	17176	2797	16135	9417	3972	1292	253	4531	162			235238
同比增长(%)	7.2	-6.9	19.2	22.5	20.3	14.9	35.9	24.9	57.3	3.7	54.2	27.1	2355.7	536.6	20393.8	–	–	42.7
个险新单																		
本年累计	5974	4674	5349	1905	2478	2140	4973	481	10277	1733	2797	384	432	1072	120	239	121	45149
上年同期	6887	4771	4233	1633	2864	2048	3395	401	2387	3522	2441	624	249	580	162			36197
中介新单																		
本年累计	14508	3591	8477	985	6015		3602	1239	12226	737		291	5707	27489	33056		1939	119862
上年同期	12496	4966	11542	1604	4255		2291	823	8739	1258		599	4	3951				52528
团寿新单																		
本年累计	134	607	4		7		1		526									1279
上年同期		1388			9				2273									3670
意外险																		
本年累计	1915	894	510		259		1		107	61		7			14			3768
上年同期	1769	961	515		297				104	145		10						3801
短期健康																		
本年累计	5301	127	69		109		1		557						10			6174
上年同期	1384	152	78		89				821									2524
续期保费																		
本年累计	38423	29352	28840	5107	15035	12612	14768	1773	1686	7239	3326	960	74	282				159477
上年同期	39294	29929	19912	3291	12350	10786	11490	1573	1811	4492	1531	59						136518
寿险给付	26289	2404	1311	275	848	1529	1509	21	806	1232	118	4		51	162			36559
寿险退保	16118	9868	4115	1703	3055	475	1486	24	6171	1067	92	19		493	2621		4	47311
短险理赔																		
笔数	10000	4755	3817	534	136	2850		10	749	627		43	46	81		3		23651
金额	3672	501	503	102	222	927	279	2	99	181		5	10	37		1		6541

16–7 全市保险系统机构、人员数

（2013 年）

公司名称	市级分(支)公司(个)	县级支公司(个)	县级营业(销)部(个)	职工人数(人)	# 女职工(人)
全市合计	31	91	105	2128	1076
人保财险枣庄市分公司	1	6	13	260	106
太保产险枣庄中心支公司	1	9		176	83
天安保险枣庄中心支公司	1	6		60	40
平安财险枣庄中心支公司	1	5		60	19
中华联合枣庄中心支公司	1	3	4	40	28
永安财险枣庄中心支公司	1	2	1	35	17
大地财险枣庄中心支公司	1	2	2	34	18
安邦财险枣庄中心支公司	1	1	3	48	23
安华农险枣庄中心支公司	1		3	28	15
阳光财险枣庄中心支公司	1	4	1	49	30
人寿财险枣庄中心支公司	1	4		52	33
天平汽车枣庄中心支公司	1	1		17	4
华安财险枣庄中心支公司	1			9	2
泰山财险枣庄中心支公司	1			11	4
中国人寿枣庄分公司	1	6	38	212	108
太保寿险枣庄中心支公司	1	6	13	116	50
泰康人寿枣庄中心支公司	1	7	21	180	106
平安人寿枣庄中心支公司	1	1	2	57	31
新华人寿枣庄中心支公司	1	3	1	215	154
民生人寿枣庄中心支公司	1	4	1	24	14
太平人寿枣庄中心支公司	1	5		77	34
合众人寿枣庄中心支公司	1		2	26	8
人民人寿枣庄中心支公司	1	6		79	30
生命人寿枣庄中心支公司	1	3		79	35
阳光寿险枣庄中心支公司	1	4		33	15
华泰人寿枣庄中心支公司	1	1		27	14
信泰人寿枣庄中心支公司	1			23	16
天安人寿枣庄中心支公司	1	2		65	24
华夏人寿枣庄中心支公司	1			18	6
百年人寿枣庄中心支公司	1			12	6
恒安标准人寿枣庄中心支公司	1			6	3

注：职工人数不含营销员。

第17篇

教育、科技、文化、卫生、体育、民政、司法

EDUCATION, SCIENCE, CULTURE, HEALTH CARE, SPORTS, CIVIL ADMINISTRATION AND JUDICATURE

简 要 说 明

简要说明:

本篇主要反映教育、科技、文化、卫生、体育、民政及司法事业发展情况。

一、教育部分包括高等教育(大专院校)、中等教育(中等专业学校、技工学校、普通中学和职业中学)、初等教育(小学)、幼儿教育、特殊教育(盲聋哑和弱智儿童学校等)和各种类型的各级成人教育(成人高校、成人中等学校和初等学校)等,主要指标有各级各类学校数、在校学生数、招生数、毕业生数、教职工数和专任教师数等。教育统计资料主要由市教育局、市劳动和社会保障局提供。

二、科学技术部分主要反映了科技活动的规模、构成和发展情况。主要内容包括:主要年份重要科技成果情况;县以上政府部门属自然科学研究与技术开发机构情况;技术贸易机构情况;各类技术合同签订及执行情况;各级计划项目进入技术市场情况资料由市科技局提供。枣庄高新技术开发区数据由统计局综合科整理。17-8 表由市统计局社会科技科整理。

三、文化部分主要包括艺术、图书馆、群众文化、广播电视、新闻出版等文化事业的机构、人员及业务活动情况。艺术事业、图书馆事业、群众文化事业的资料主要来自市文化局;广播电视资料主要来源于市广播电视局。

四、司法事业统计资料由市司法局提供,主要包括律师工作和公证工作情况。

五、体育事业统计资料由市体育局提供,主要包括运动员、教练员、裁判员发展人数,体育锻炼达标人数及各区(市)举办运动会情况。

六、卫生事业统计资料由市卫生局提供,主要内容为卫生机构、人员、床位数,县及县以上医院诊疗人次数、入院人数、治愈率、死亡率及好转率等基本情况。

七、民政事业统计资料由市民政局提供,主要包括社会福利事业的机构、人员,社会福利救济、社会保障及婚烟登记情况。其中,法院调解、判决数由市法院提供。

八、本篇资料由市统计局综合科整理。

编辑、校对:陈成、刘小川、张磊、陈永

17-1 教育基本情况

（2013 年）

项目	学校数(所)	毕业生数（人）	招生数（人）	在校学生数（人）	教职工数（人）	# 专任教师数（人）
一、普通高等教育						
本科院校	1	4524	4490	13470	1125	730
专科院校	2	2908	4330	9135	1038	590
二、中等职业教育						
中等职业教育	18	14041	18275	46565	2223	1744
技工学校	10	4811	5250	10556	1090	934
三、基础教育						
普通高中	27	25763	25937	78014	6666	4495
普通初中	98	44921	40301	125073	11200	9790
普通小学	534	41581	54542	274379	18346	18207
特殊教育学校	4	120	139	593	149	128
学前教育	663	45071	56094	98647	6106	3645

注：1、普通高中、普通初中和普通小学教职工人数按学校类型统计，专任教师按学段统计。

2、中等职业学校教职工及专任教师中不包含聘请校外教师。

17-2 主要年份科技成果

单位:项

年份	成果数	工业	农业	医药卫生	软科学	国际水平	国内领先空白	国内先进	省内领先先进	其它
1979	21									
1980	19									
1981	9									
1982	13									
1983	30									
1984	24									
1985	54									
1986	80									
1987	90									
1988	124									
1989	181									
1990	194	94	58	23	19	3	18	32		95
1991	203	128	51	12	12	6	28	53		53
1992	262	151	66	20	25	6	34	83	46	24
1993	207	124	59	12	12	5	51	51	63	15
1994	224	97	91	24	12	7	37	69	115	14
1995	206	102	66	23	15	8	45	66	85	2
1996	203	94	66	29	14	3	45	68	97	2
1997	156	55	29	60	12	9	56	63	85	
1998	166	53	30	74	9	6	65	63	85	
1999	158	46	24	70	18	3	70	57	28	
2000	164	38	35	79	12	12	68	61	32	
2001	250	58	56	115	21	5	80	142	28	
2002	109	17	9	73	10	7	64	22	33	
2003	157	15	36	100	6	7	98	51	23	
2004	166	33	42	88	3	10	124	32	6	
2005	166	27	30	108	1	6	122	37	1	
2006	171	21	36	114		5	146	20		
2007	170	30	35	105		13	131	26	1	
2008	225	36	58	129	2	17	174	34		
2009	165	22	25	115	3	9	151	5		
2010	166	29	27	99	11	9	156	1		
2011	167	26	34	92	2	15	139	13		13
2012	132	28	30	72	2	12	98	10		
2013	134	48	26	57	3	20	103	11		

17-3 各类技术合同签定及执行情况

单位：万元

年份	合同数(项)	合同成交额	
			#技术交易额
2000	38	219	123
2001	93	35019	21621
2002	81	26000	17000
2003	246	2339	2239
2004	499	50943	48522
2005	492	73132	48467
2006	839	87600	53000
2007	368	72563	43276
2008	88	1526	1495
2009	124	15244	14058
2010	112	24200	15600
2011	157	22248	21095
2012	319	34644	30252
2013	386	53100	46800

17-4 专利申请情况

单位：件

年份	全市	市中区	薛城区	峄城区	台儿庄区	山亭区	滕州市
2000	129	44	7	4	2	2	55
2001	115	50	12	4	1	2	45
2002	135	40	15	14	1	1	62
2003	182	53	28	21	12	12	55
2004	362	79	54	93	17	23	96
2005	567	136	84	132	7	30	178
2006	604	178	88	120	21	29	168
2007	972	214	94	141	41	71	411
2008	1426	288	145	192	65	357	379
2009	1429	260	312	158	30	112	557
2010	1354	260	335	156	39	113	451
2011	2319	417	447	277	60	216	902
2012	2759	797	450	249	87	221	955
2013	3467	737	838	221	106	298	1267

17–5 枣庄高新技术开发区主要经济指标

项　　目	计量单位	2013 年
一、基本情况		
批准入区项目	个	98
1、内资项目	个	87
2、港、澳、台商投资项目	个	2
3、外商投资项目	个	9
批准入区项目合同总额	万元	2600000
期末实有注册企业数	个	1901
其中：高新技术企业	个	56
港、澳、台商投资企业	个	2
外商投资企业	个	38
二、主要经济指标		
公共财政预算收入	万元	152811
税收收入	万元	122249
全社会规模以上固定资产投资	万元	2618625
规模以上工业总产值	万元	6568115
其中：高新技术企业	万元	1864092
规模以上工业增加值	万元	1605258
其中：高新技术企业	万元	466035
进出口总额	万美元	32645
其中：出口额	万美元	20452
三、专利与研发指标		
专利申请量	件	212
其中：发明专利	件	83
专利授权量	件	70
其中：发明专利	件	41
科技活动经费支出总额	万元	1381452
其中：R&D 经费支出	万元	202845

17-6 科技综合情况

单位:万元

指标名称	2013 年	2012 年
一、R&D 人员情况		
1、单位数(个)	1817	1462
其中:工业企业	1776	1421
2、参加 R&D 活动人员(人)	8648	8916
二、R&D 经费内部支出来源构成情况		
1、政府资金	14599	6779
2、企业资金	218390.7	158936
3、事业单位资金		
4、金融机构资金		
5、国外资金		
6、其他资金	810.3	1326
三、工业企业政府相关政策落实情况		
1、使用来自政府部门的科技活动资金	9002	12822
2、研究开发费用加计扣除减免税	409	
3、高新技术企业减免税	1188	
四、研究与试验发展(R&D)情况		
有 R&D 活动的单位数(个)	133	113
R&D 人员折合全时人员(人年)	6987.8	7071
其中:研究人员(人年)	3044.7	2574
其中:基础研究(人年)	131.4	125
应用研究(人年)	667	672
实验发展(人年)	6189.4	6280

17-6 续表

单位:万元

指标名称	2013 年	2012 年
1、R&D 经费内部支出	233800	182846
(1)经常性支出	203483	159408
其中:人员劳务费	60704	56336
其中:基础研究	1018	861
应用研究	8086	8881
实验发展	224697	173104
(2)资产性支出	30317	23438
2、R&D 经费外部支出	5723	6938
五、科技项目(课题)情况		
项目(课题)数(项)	812	862
项目(课题)实际经费支出	209252	164895
其中:医药科学		
工程与技术科学	191291	153681
人文与社会科学		
六、科技活动机构数(个)	189	139
其中:农业科学		
医药科学		
工程与技术科学		
七、科技成果情况		
专利申请数(件)	1214	800
其中:发明专利申请数	509	252
拥有发明专利数(件)	309	202
发表科技论文(篇)	1186	1278
出版科技著作(种)	99	98

17-7 工业企业科技活动情况

（2013年） 单位：万元

指标名称	企业数（个）	有R&D活动（个）	其中R&D人员（人）	R&D经费内部支出	其中：新产品开发经费	企业办科技机构（个）	R&D项目（项）	新产品项目（项）
总计	1507	116	7431	218104.7	192731.9	172	589	565
一、按登记注册类型分组								
内资企业	1434	107	6737	202039.5	184968.9	165	548	541
港、澳、台商投资企业	32	5	482	8514.3	6549.0	4	23	20
外商投资企业	41	4	212	7550.9	1214.0	3	18	4
二、按工业行业大类分组								
采矿业	122	3	1548	96778.8	91162.0	9	88	74
煤炭开采和洗选业	90	3	1548	96778.8	91162.0	9	88	74
制造业	1367	112	5817	120815.9	101209.9	163	498	489
农副食品加工业	99	1	22	225.9	559.9	1	2	3
食品制造业	47	3	90	1529.6	1529.6	3	13	13
饮料制造业	29	2	42	1290.5	1223.6	2	6	5
烟草制品业	1							
纺织业	68	2	202	2768.0	2768.0	2	85	85
纺织服装、鞋、帽制造业	95							
造纸及造纸制品业	50	1	142	1534.8	1334.8	1	9	9
石油加工、炼焦及核燃料加工业	8	1	44	376.3		1	2	
化学原料及化学制品制造业	136	17	1555	23814.1	15212.5	29	89	78
医药制造业	13	5	384	6734.3	6000.0	5	35	26
橡胶制品业	66	5	117	4668.2	9820.8	6	13	32
非金属矿物制品业	199	9	199	5587.2	3990.2	8	15	12
通用设备制造业	114	23	1327	23016.4	19712.8	35	83	75
专用设备制造业	89	7	258	6241.1	5928.8	13	22	22
交通运输设备制造业	6				20842.0		80	79
电气机械及器材制造业	95	19	833	28338.9	3464.6	41	21	22
通信设备、计算机及电子设备制造业	24	6	214	3426.4	1633.6	5	11	20
仪器仪表及文化、办公用机械制造业	13	4	89	2167.2	360.0	5	3	2
电力、燃气及水的生产和供应业	18	1	66	510.0	360.0		3	2
三、按地区分组								
枣庄市	1507	116	7431	218104.7	192731.9	172	589	565
市中区	222	16	725	16215.0	10045.9	13	135	128
薛城区	148	10	1848	98052.2	92012.1	15	97	95
峄城区	236	6	212	8744.9	8744.9	6	9	9
台儿庄区	147	4	121	4777.1	5083.1	6	4	4
山亭区	162	6	138	2654.5	2141.0	6	9	7
滕州市	484	59	3851	73924.0	56007.6	67	276	242
枣庄高新区	108	15	536	13737.0	18697.3	59	59	80

17-7 续表

（2013 年）　　单位：万元

指标名称	专利申请数（件）	发明专利（件）	技术改造经费支出	技术引进经费支出	消化吸收经费支出	购买国内技术经费支出
总计	1112	492	37106.3	5206.4	799.5	1280.5
一、按登记注册类型分组						
内资企业	1090	473	33315.0	5206.4	776.5	1274.5
港、澳、台商投资企业	18	16	3258.7		23.0	6.0
外商投资企业	4	3	532.6			
二、按工业行业大类分组						
采矿业	104	58	1000.0			
煤炭开采和洗选业	104	58	1000.0			
制造业	647	308	36106.3	5206.4	799.5	1280.5
农副食品加工业	2	1				200.0
食品制造业						
饮料制造业	1	1				
烟草制品业						
纺织业	15	12	20.0	30.0	20.0	5.0
纺织服装、鞋、帽制造业						
造纸及造纸制品业						
石油加工、炼焦及核燃料加工业			32.6			
化学原料及化学制品制造业	81	55	2272.3	4644.4	31.5	35.0
医药制造业	40	25	2100.0			
橡胶制品业	25	6	606.6			
非金属矿物制品业	28	8				
通用设备制造业	138	60	16680.0	240.0	577.0	240.0
专用设备制造业	63	25	3720.0			
交通运输设备制造业						
电气机械及器材制造业	177	75	8269.1	250.0	120.0	745.5
通信设备、计算机及电子设备制造业	36	18	987.0	42.0	28.0	7.0
仪器仪表及文化、办公用机械制造业	27	17	260.0			
电力、燃气及水的生产和供应业	361	126				
三、按地区分组						
枣庄市	1112	492	37106.3	5206.4	799.5	1280.5
市中区	90	46	1244.9	42.0	28.0	237.0
薛城区	494	198	64.0			
峄城区	4	4				
台儿庄区	15	7	5440.0			
山亭区	11	3				
滕州市	326	173	22002.5	5164.4	771.5	826.0
枣庄高新区	172	61	8354.9			217.5

17-8 科技项目(课题)情况

(2013年)

	项目(课题)数(项)	项目(课题)人员折合全时当量(人年)	项目(课题)经费内部支出(万元)	其中:R&D项目	
				项目(课题)数(项)	项目(课题)经费内部支出(万元)
总　计	431	4528.0	191291.2	367	177707.5
一、按项目(课题)来源分组					
国家科技项目	9	57.5	3856.7	6	3483.5
地方科技项目	54	782.1	21732.4	44	18707.7
企业委托科技项目	5	95.9	1877.5	4	1300.8
自选科技项目	357	3450.0	162310.9	311	153112.0
其它科技项					
二、按项目(课题)合作形式分组	6	142.5	1513.7	2	1103.5
与境外机构合作					
与国内高校合作	6	66.3	745.0	6	745.0
与国内独立研究机构合作	30	335.5	13802.5	28	12107.5
与境内注册外商独资企业合作	13	93.1	1877.9	12	1842.9
与境内注册其他企业合作	4	43.9	4501.1	2	1138.3
独立完成	20	278.6	3874.6	17	3730.5
其他	346	3444.1	158899.8	293	150764.4
三、按项目(课题)活动类型分组	12	266.6	7590.3	9	7378.9
基础研究					
应用研究					
试验发展	2	15.2	88.0	2	88.0
R&D成果应用	365	4189.8	177619.5	365	177619.5
四、按学科分类分组	64	323.0	13583.7		
自然科学					
农业科学					
医药科学					
工程与技术科学					
人文与社会科学					
五、按项目(课题)服务的国民经济行业分组	431	4528.0	191291.2	367	177707.5
农、林、牧、渔业					
采矿业	88	1011.7	92432.9	88	92432.9

17-8 续表

（2013 年）

	项目(课题)数(项)	项目(课题)人员折合全时当量(人年)	项目(课题)经费内部支出(万元)	其中:R&D 项目	
				项目(课题)数(项)	项目(课题)经费内部支出(万元)
制造业	340	3501.7	98348.3	276	84764.6
电力、燃气及水的生产和供应业	3	14.6	510.0	3	510.0
建筑业					
交通运输、仓储和邮政业					
科学研究、技术服务和地质勘查业					
教育					
卫生、社会保障和社会福利业					
公共管理和社会组织					
六、按项目(课题)社会经济目标分组					
环境保护及污染防治	12	120.8	9928.2	6	9110.2
促进能源的生产、分配和合理利用	35	620.6	18039.3	26	14741.0
促进卫生事业的发展					
促进教育事业的发展					
基础设施以及城市和农村规划					
社会发展和社会服务					
促进工商业发展	384	3786.7	163323.7	335	153856.3
其他民用目标					
七、按登记注册类型分组					
国有	22	249.3	3030.1	22	3030.1
有限责任公司	194	2042.4	118141.0	158	111294.3
股份有限公司	20	304.3	6624.5	18	5951.9
私营	165	1458.0	50385.6	141	45421.2
其他内资					
港澳台商投资	22	318.0	6586.2	20	5486.2
外商投资	8	156.0	6523.8	8	6523.8
八、按隶属关系分组					
中央	3	14.6	510.0	3	510.0
地方	428	4513	190781	4513	190781

17-9 广播电视事业情况

项目	单位	2013年	2012年
一、广播			
电台	座	1	1
节目套数	套	4	4
覆盖率	%	96.6	96.6
中波发射台及转播台	座	1	1
发射机功率	千瓦	40	40
调频发射台	座	1	1
发射机功率	千瓦	7	7
二、电视			
电视台	座	1	1
节目套数	套	4	4
电视发射及转播台	座	2	2
发射功率	千瓦	20	20
卫星地面接收站	座	8	8
覆盖率	%	91.86	91.86
有线电视用户	万户	51.89	45.85

注：从1998年县级广播电台、电视台、有线电视台座数不作统计，仅统计节目套数。

17-10 文化事业情况

项目	单位	2013年	2012年
一、艺术事业			
1、表演团体	个	3	3
2、表演场所	个	4	4
3、团体表演场次	场	480	417
4、观众人次	人次	956000	607500
二、群众文化事业			
1、文化馆	个	7	7
2、艺术馆	个		
3、举办展览数	次	36	105
4、组织文化活动数	次	178	143
三、图书事业			
1、图书馆	个	7	7
2、藏书	册	1269689	1230781
3、书籍借阅册数	册次	995223	927951
四、文化事业			
1、博物馆	个	12	13
2、文物藏品	件	59000	59094
3、参观人次	人次	4263400	5369369

17-11 婚姻登记情况

项目	单位	2013 年	2012 年
一、国内登记婚姻			
准予登记结婚数	对	41402	38895
# 恢复结婚	对	143	2040
初婚人数	人	73109	69200
再婚人数	人	9695	8590
# 男性	人	4562	4242
女性	人	5133	4348
二、涉外登记结婚	对	28	21
三、离婚登记			
法院受理离婚案件	件	3665	3844
准予登记离婚总数	件	8907	8239
# 民政部门办理离婚	件	7264	6397
法院调解离婚	件	873	1225
法院判决离婚	件	770	617

17-12 民政事业基本情况

项目	单位	2013 年	2012 年
一、社会福利事业情况			
单位数	个	94	120
床位数	张	19760	21299
在院人数	人	17282	18563
二、社会福利企业情况			
单位数	个	18	23
职工数	人	838	1071
# 残疾职工	人	339	449

17-13 体育事业情况

单位:人

项目	2013 年	2012 年
一、等级运动员发展数		
运动健将		
一级	2	
二级	157	130
三级		
二、等级裁判员发展数		
国家级	1	
一级	5	60
二级	225	126
三级		
三、举办乡镇以上运动会(次)	30	28
参加人数	100000	42000

17-14 律师、公证工作基本情况

单位:个、人

项目	2013 年	2012 年
一、律师工作		
律师所	25	25
其中:国资所	4	5
个人所	4	3
合伙所	17	17
执业律师	387	362
其中:兼职律师	8	6
二、公证工作		
公证处	7	7
公证员	38	42
公证员助理	34	22
办理各类公证事项	13222	11845

17-15 卫生事业基本情况

（2013 年）

项目	机构（个）	床位（张）	在岗职工（人）									
			总计	卫生技术人员						其他技术人员	管理人员	工勤人员
				合计	职业医师(含助理	注册护士	药剂人员	技师（士）	其他			
全市医疗卫生单位	2412	16086	27328	19537	7710	8376	1107	880	1464	1034	969	1093
1、医院	67	11922	14298	12276	4427	5946	706	578	619	655	568	799
2、社区卫生服务中心	18	283	836	749	327	280	39	20	83	47	32	8
3、乡镇卫生院及街道卫生院	47	3002	3807	3362	1539	1057	280	155	331	168	162	115
4、诊所、卫生所、医务室	350		787	763	420	310	10	2	21			24
5、妇幼保健院（所、站）	7	858	1149	991	349	512	46	37	47	44	79	35
6、疾病预防中心（防疫站）	8		365	305	155	28	4	50	68	29	12	19
7、卫生监督所	7		206	196					196		8	2
8、专科疾病防治院	4	2	55	49	30	8	4	5	2	2	3	1
9、其他卫生事业机构	5		78	19	10	2	1		6	15	27	17
全市村卫生室	1793		5114	419	280	139						

17-16　医疗机构运营情况

（2013 年）

项目	单位	医院	卫生院	妇幼机构	专科疾病
诊疗人次数	人	6412847	4709923	956052	9957
门诊人次数	人	6322159	4697663	841959	9957
死亡人数	人	696	5		
观察室收容病人数	人	18149	248352		
死亡人数	人				
健康检查人数	人	281048	236587	132208	
本年入院人数	人	335791	96602	49668	63
本年出院人数	人	341191	96068	49298	62
年末实有病床数	张	11922	3002	858	2
实际开放总床日数	天	4280748	1077874	313170	730
平均开放病床数	张	11696	2945	856	2
实际占用总床日数	天	4196914	816667	293000	322
出院者占用总床日数	天	4033823	714285	295128	289
病床周转次数	次	29.2	32.6	59.0	31.1
病床工作日	天	358.8	277.3	342.4	161.4
病床使用率	%	98.04	75.77	93.56	44.11
出院者平均住院日数	天	11.8	7.4	5.9	4.7

第18篇

测绘、档案、标准计量、旅游、环保

MAPPING, FILES, STANDARD MEASUREMENT
TOURISM AND ENVIRONMENT PROTECTION

简 要 说 明

简要说明:

一、本篇主要反映了测绘、档案、标准计量、旅游和环保事业以及社会治安的情况。

二、测绘资料由市测绘队提供,主要包括测绘工作情况、测绘生产完成情况和测绘成果提供情况。

三、档案事业统计资料由市档案局提供,主要包括档案馆数、专职人数、档案馆面积、馆藏档案及馆藏资料利用情况。

四、标准化工作情况资料由市质量技术监督局提供。

五、旅游资料由市旅服委提供。

六、在社会治安情况资料中,火灾统计由市消防局提供,交通事故统计由市公安局交警支队提供,刑事案件、犯罪人数由市法院提供。

七、环保资料由市环境保护局提供,主要包括环境状况、工业废水、废气、固体废物排放处理情况,工业污染治理情况及区(市)工业"三废"排放及处理情况。

八、本篇资料由市统计局综合科整理。

编辑、校对:陈成、张磊、陈永

18－1　基础测绘基本情况

项目	单位	2013 年	2012 年
测绘产值	万元	4646	1600
大地测量	点/公里		
水准测量	公里		600
地形图测制	幅/平方公里	4051/455	
1:5 百－1:2 千比例尺	幅/平方公里	4051/455	1:500—1056/66
1:5 千－1:1 万比例尺	幅/平方公里		
数字地图(1:500－1:1 万比例尺)	幅/兆比特	4051/455	1:500—1056/1583

18－2　档案馆基本情况

年份	档案馆（个）	专职人数（人）	档案馆面积（平方米）	馆藏档案				档案利用情况			
				全宗(个)	案卷(卷)	# 建国前档案(卷)	馆藏资料（册）	利用档案资料（卷册）	利用人次（人次）	开放档案（宗券）	开放档案目录（条）
2000	7	81	9343	550	163000	5201	61400	5419	2358	7843	103000
2001	7	81	9343	557	213000	5201	66300	10192	4345	11385	91758
2002	9	107	12743	609	251842	5201	59930	10192	3855	12314	108145
2003	9	104	12706	863	306523	5201	97768	9633	2910	19411	4400
2004	9	93	12706	863	307888	5201	98033	11235	2946	21758	117300
2005	9	140	16895	704	398361	5201	74427	24205	12757	8041	101173
2006	8	164	15756	723	422932	5201	76951	13037	12056	36361	138100
2007	8	164	15756	723	431001	5201	80437	14456	5730	36361	138101
2008	9	141	22650	607	437954	9555	88865	14456	10730	46872	150473
2009	9	106	19411	616	325368	5141	73154	9795	3725	18259	189458
2010	9	112	19411	606	324596	5141	74613	11059	3801	29394	230107
2011	9	104	19411	623	352286	5141	75904	14526	3666	67978	235113
2012	9	110	19411	656	365291	5141	76980	10108	3610	72977	246400
2013	9	104	19411	670	368573	5141	78887	43906	5400	78650	246400

18－3　标准化工作情况

	单位	2000 年	2001 年	2002 年	2003 年	2004 年	2005 年	2006 年	2007 年	2008 年	2009 年	20010 年	20011 年	2012 年	2013 年
采用国际标准	项	5	5	7	9	13	9	8	3	20	15	11	11	5	5
# 先进水平	项	2			9	9	8		2						2
企业产品标准备案	个	85	101	171	200	365	260	221	308	288	226	116	98	113	99
标准宣贯情况															
宣贯标准	个	13	5	3	34	16	12	13	8	6	12	46	58	68	65
培训期次	期	5	1	2	2	3	10	6	5	3	4	8	8	9	11
参加人次	人	210	40	204	607	680	586	432	526	279	306	586	605	698	720
地方标准修订	项			4	1	10	13	12	7	6	8	6	6	10	5

18－4　旅游事业发展情况

（2013 年）

	单位	全市	市中区	薛城区	峄城区	台儿庄区	山亭区	滕州市
旅游人数	万人	1543.54	215.47	235.32	167.85	275.72	131.64	517.54
＃国际旅游人数	人	31501	7420	9859	1025	4766	421	8010
＃外国人	人	15437	3217	5213	415	3010	158	3424
华侨、港澳台同胞	人	16064	4203	4646	610	1756	263	4586
旅游收入	亿元	111.59	15.68	17.29	12.18	19.79	9.37	37.28
＃国际旅游收入	万美元	769.58	182.88	240.27	26.13	112.28	11.74	196.3

18－5　社会治安情况

（2013 年）

	单位	全市	市中区	薛城区	峄城区	台儿庄区	山亭区	滕州市
火灾起数	起	291	93	20	46	18	16	98
火灾损失折款	万元	476	262	27	15	10	14	147
火灾死亡人数	人							
火灾伤人数	人							
交通事故起数	起	301	59	29	49	38	40	68
交通事故受伤人数	人	212	53	23	39	33	11	31
交通事故死亡人数	人	116	24	9	10	10	22	35
交通事故损失	万元	123	27	14	35	8	16	16
刑事案件收案数	件	2319	558	303	211	194	190	815
犯罪人数	人	3006	603	432	224	194	280	1197

注：区（市）刑事案件收案数、犯罪人数不包括中院受理。

18－6 环境状况

指标	单位	2013 年	2012 年
一、环境质量			
空气可吸入颗粒物年均值	毫克/立方米	0.175	0.099
空气 PM2.5 年均值	毫克/立方米	0.113	—
空气二氧化硫平均值	毫克/立方米	0.084	0.055
空气二氧化氮平均值	毫克/立方米	0.050	0.035
城市区域环境噪声平均值	分贝	54.1	58.8
城市饮用水源水质达标率	%	100（除总硬度、硫酸盐外）	100（除总硬度、硫酸盐外）
二、主要污染物总量控制情况			
化学需氧量排放总量	万吨	5.42	5.56
氨氮排放总量	万吨	0.58	0.59
二氧化硫排放总量	万吨	7.36	8.72
氮氧化物排放总量	万吨	8.62	8.80
烟(粉)尘排放总量	万吨	2.85	3.11

18－7 城镇生活污染排放情况

指标名称	计量单位	2013 年
城镇生活污水排放量	万吨	10328
城镇生活污水中 COD 产生量	吨	45480
城镇生活污水中 COD 排放量	吨	18149
城镇生活污水中氨氮产生量	吨	6087
城镇生活污水中氨氮排放量	吨	3606
总氮产生量	吨	7487
总磷产生量	吨	539
油类(含动植物油)产生量	吨	1050
生活二氧化硫排放量	吨	13218
生活氮氧化物排放量	吨	1595
生活烟尘排放量	吨	5305

18-8 工业污染排放及处理利用情况

指标名称	计量单位	2013 年
一、企业基本情况	--	
工业企业数	个	206
工业总产值(当年价格)	亿元	513.16
工业用水量	万吨	157717.26
其中:取水量	万吨	14037.86
重复用水量	万吨	143679.40
煤炭消耗量	万吨	1915.52
其中:燃料煤消耗量	万吨	917.37
燃料煤平均含硫量	%	1.21
燃料煤平均灰分	%	29.46
燃料煤平均干燥无灰基挥发分	%	30.98
燃料油消耗量(不含车船用)	万吨	0.23
燃料油平均含硫量	%	
焦炭消耗量	万吨	7.83
焦炭平均含硫量	%	0.50
焦炭平均灰分	%	20.20
天然气消耗量	亿立方米	0.48
其他燃料消耗量	万吨标准煤	19.67
用电量	亿千瓦时	62.68
工业锅炉数	台/蒸吨	224
其中:35 蒸吨及以上的	台/蒸吨	73
20(含)-35 蒸吨之间的	台/蒸吨	6
10(含)-20 蒸吨之间的	台/蒸吨	22
10 蒸吨以下的	台/蒸吨	123
工业窑炉数	座	87
二、工业废水	--	
废水治理设施数	套	146
废水治理设施处理能力	万吨/日	56.68
废水治理设施运行费用	万元	13914.80
工业废水处理量	万吨	11954.47
工业废水排放量	万吨	10187.86
其中:直接排入环境的	万吨	8461.61
排入污水处理厂的	万吨	1726.25
化学需氧量产生量	吨	123921.78
化学需氧量排放量	吨	6092.20
氨氮产生量	吨	7670.29
氨氮排放量	吨	314.70
石油类产生量	吨	252.12
石油类排放量	吨	34.48
挥发酚产生量	千克	604165.31
挥发酚排放量	千克	175.34
氰化物产生量	千克	9821.00
氰化物排放量	千克	198.00
废水砷产生量	千克	37.00
废水砷排放量	千克	37.00
废水铅产生量	千克	1.30
废水铅排放量	千克	1.30
废水镉产生量	千克	
废水镉排放量	千克	
废水汞产生量	千克	0.92
废水汞排放量	千克	0.92
废水总铬产生量	千克	63.50
废水总铬排放量	千克	63.50
废水六价铬产生量	千克	49.00
废水六价铬排放量	千克	49.00

18-8 续表

指标名称	计量单位	2013 年
三、工业废气	--	
工业废气排放量	亿立方米	2189.48
废气治理设施数	套	864
废气治理设施处理能力	万立方米/时	4678.19
废气治理设施运行费用	万元	41583.00
脱硫设施数	套	50
脱硫设施处理能力	千克/时	35232.57
脱硫设施运行费用	万元	22375.30
脱硝设施数	套	3
脱硝设施处理能力	千克/时	908.00
脱硝设施运行费用	万元	1250.00
除尘设施数	套	798
除尘设施处理能力	千克/时	1111478.79
除尘设施运行费用	万元	14919.20
二氧化硫产生量	吨	228465.22
二氧化硫排放量	吨	60371.61
氮氧化物产生量	吨	70080.66
氮氧化物排放量	吨	67329.98
烟(粉)尘产生量	吨	5694585.12
烟(粉)尘排放量	吨	21650.87
废气砷产生量	千克	
废气砷排放量	千克	
废气铅产生量	千克	
废气铅排放量	千克	
废气镉产生量	千克	
废气镉排放量	千克	
废气汞产生量	千克	
废气汞排放量	千克	
废气总铬产生量	千克	
废气总铬排放量	千克	
废气六价铬产生量	千克	
废气六价铬排放量	千克	
四、工业固体废物		
一般工业固体废物产生量	万吨	766.51
一般工业固体废物综合利用量	万吨	774.59
其中:综合利用往年贮存量	万吨	8.18
一般工业固体废物处置量	万吨	0.10
其中:处置往年贮存量	万吨	
一般工业固体废物贮存量	万吨	
一般工业固体废物倾倒丢弃量	万吨	
危险废物产生量	万吨	1.43
危险废物综合利用量	万吨	1.32
其中:综合利用往年贮存量	万吨	
送外单位综合利用量	万吨	0.04
其中:送持证单位综合利用量	万吨	0.04
危险废物处置量	万吨	0.11
其中:处置往年贮存量	万吨	
送外单位处置量	万吨	0.11
其中:送持证单位处置量	万吨	0.11
危险废物贮存量	万吨	
危险废物累计贮存量	万吨	
危险废物倾倒丢弃量	万吨	
危险废物内部年综合利用/处置能力	万吨	0.40

18－9　重点工业分行业污染排放及处理利用情况

2013 年

	工业企业数（个）	工业用水量（万吨）	其中：取水量（万吨）	其中：重复用水量（万吨）	工业锅炉数（台）	工业窑炉数（座）	工业废水排放量（万吨）	化学需氧量排放量（吨）
煤炭开采和洗选业	40	3523.72	1314.97	2208.75	61		3606.04	1971.05
黑色金属矿采选业	2	527.20	527.20				148.00	146.12
农副食品加工业	11	1142.91	840.66	302.25	10		552.01	272.97
食品制造业	2	16.20	16.20		2		13.00	6.75
酒、饮料和精制茶制造业	6	299.15	277.06	22.09	5		206.78	80.18
纺织业	19	1079.61	936.45	143.16	14		772.60	397.72
纺织服装、服饰业	2	22.01	16.01	6.00	2			
皮革、毛皮、羽毛及其制品和制鞋业	1	24.50	18.20	6.30	1		12.00	8.80
木材加工和木、竹、藤、棕、草制品业	1	0.12	0.10	0.02	1			
造纸和纸制品业	16	7701.92	2111.74	5590.18	23		1714.50	1017.67
石油加工、炼焦和核燃料加工业	6	3535.01	304.89	3230.12	12	13	156.95	86.30
化学原料和化学制品制造业	22	68818.22	3070.48	65747.74	30	4	1939.62	889.45
医药制造业	2	36.26	33.36	2.90	2	6	29.38	10.79
橡胶和塑料制品业	2	15.68	11.08	4.61	2		4.93	3.53
非金属矿物制品业	42	8667.89	609.47	8058.42	3	52	12.84	9.43
有色金属冶炼和压延加工业	2	41.40	38.20	3.20	1	1	33.16	22.82
金属制品业	2	4.80	1.90	2.90		4	0.68	0.29
通用设备制造业	4	1.82	1.06	0.76		2	0.18	0.06
专用设备制造业	2	30.32	28.32	2.00	5	1	17.07	8.53
电气机械和器材制造业	3	0.27	0.17	0.10			0.06	0.05
仪器仪表制造业	1	18.49	11.99	6.50		4	7.00	1.35
其他制造业	1	2.00	2.00		1			
电力、热力生产和供应业	17	59862.94	2336.64	57526.30	49		218.08	83.94

18－9续表

2013年

	氨氮排放量(吨)	工业废气排放量(亿立方米)	废气治理设施数(套)	二氧化硫排放量(吨)	氮氧化物排放量(吨)	烟(粉)尘排放量(吨)	一般工业固体废物产生量(万吨)	一般工业固体废物综合利用量(万吨)
煤炭开采和洗选业	15.43	7.72	60	1451.68	214.34	362.15	326.78	334.86
黑色金属矿采选业		14.75		0.90	3.42	203.22	49.31	49.31
农副食品加工业	19.28	9.21	12	1665.42	369.10	442.31	0.85	0.85
食品制造业	0.38	0.30	2	46.00	14.00	9.00	0.07	0.07
酒、饮料和精制茶制造业	4.36	1.00	5	111.01	41.04	37.43	0.50	0.50
纺织业	30.71	3.03	14	418.69	82.09	104.07	0.87	0.87
纺织服装、服饰业		0.07	1	10.00	1.80	2.45	0.01	0.01
皮革、毛皮、羽毛及其制品和制鞋业	0.60	0.03	1	2.50	0.90	0.11	0.02	0.02
木材加工和木、竹、藤、棕、草制品业		0.35	2	41.65	13.10	105.00	0.13	0.13
造纸和纸制品业	73.75	35.07	22	2302.82	1297.89	300.30	16.06	16.06
石油加工、炼焦和核燃料加工业	2.70	62.69	16	2905.01	1330.80	745.27	1.63	1.63
化学原料和化学制品制造业	113.98	174.08	50	6580.17	3572.77	1181.86	47.02	47.02
医药制造业	0.72	0.84	11	70.65	16.05	19.53	0.14	0.14
橡胶和塑料制品业	0.29	1.29	2	0.19	0.88	0.40	0.01	0.01
非金属矿物制品业	0.50	1161.01	576	6054.26	36299.18	10120.50	0.55	0.55
有色金属冶炼和压延加工业	0.90	1.14	3	10.63	3.74	8.88	0.70	0.70
金属制品业	0.01	0.14	1	6.22	1.16	0.50	0.13	0.13
通用设备制造业		0.14	1	21.42	3.70	4.40	1.31	1.31
专用设备制造业	1.30	0.47	12	73.11	14.73	12.08	0.12	0.12
电气机械和器材制造业								
仪器仪表制造业		0.55		21.95	0.91	16.04		
其他制造业		2.17	1	326.47	65.00	18.00		
电力、热力生产和供应业	4.26	651.14	72	34907.54	22552.75	5676.82	303.75	303.75

第19篇

乡镇主要经济指标

MAJOR ECONOMIC INDICATORS OF RURAL AREAS

简要说明

简要说明：

一、本篇资料反映全市各乡镇 2013 年主要经济指标完成情况。

二、本篇资料由市统计局综合科负责整理编辑。

编辑、校对：陈成、张磊、陈永

19-1　乡镇主要指标

（2013 年）

乡镇名称	行政村居委会（个）	总户数（户）	人口数（人）	乡村人口（人）	地区生产总值（万元）	粮食面积（公顷）	粮食产量（吨）	油料产量（吨）	地方财政收入（万元）
市中区									
税郭镇	21	12225	45709	43927	241575	3610	16305	3868	16967
孟庄镇	15	8353	31859	28252	246030	1965	10446	1451	5661
齐村镇	25	20612	73585	64365	190154	3545	15965	1531	4606
永安乡	20	12395	46307	46307	223689	2167	9200	2899	13973
西王庄乡	18	10616	44581	44581	206143	2568	14392	812	13914
光明路街道	19	18217	54399		231264	976	4851	59	14841
文化路街道	12	25449	85445		44195				2820
中心街街道	8	12584	40084		39210				1962
龙山路街道	8	12547	37731		42662				1949
垎塔埠街道	9	17101	50119		30069				2446
矿区街道	7	8398	26638		28700				2154
薛城区									
临城街道	16	27513	96458	5806	194390	523	3427		5062
沙沟镇	35	14874	54552	51554	67994	7768	48460	899	2389
周营镇	38	13378	54515	50917	65787	9197	520903	2288	1927
邹坞镇	33	11515	46394	35725	203111	4614	29617	999	4006
陶庄镇	32	22579	77936	44401	400941	4812	16360	508	10522
张范街道	16	9058	30273	29763	166543	4588	27233	444	3185
常庄镇	47	21635	77333	43958	224371	4789	17171	524	7758
兴仁街道	19	17026	64248	41281	352681	705	3064	308	18306
兴城街道	15	9724	30100	28642	293252	2173	9372	602	8190
峄城区									
坛山街道	22	34793	81874		138815	454	3133		5262
吴林街道	36	10556	34980		145373	6393	39840	794	5590
榴园镇	54	17155	56849	56078	223365	12500	41760	7061	4136
古邵镇	65	18038	67122	66342	288583	7108	84583	541	10374
阴平镇	58	14486	51890	48797	164398	5126	46872	5249	4796
底阁镇	46	11039	43602	39778	222797	6970	31648	1928	3704
峨山镇	61	17411	59573	58204	166696	7631	49076	1580	4390
台儿庄区									
运河街道	13	22742	57262		149088	861	4717		2333
张山子镇	46	14420	45549	43956	197937	9991	66493	71	1925
涧头集镇	32	19118	61934	54044	399017	10725	70210	303	5199
马兰屯镇	39	17452	57310	55225	246409	11126	70262	40	2127
邳庄镇	26	8380	29232	25775	149088	5361	37505	20	1763
泥沟镇	55	18824	62730	58915	222052	11822	77068	38	1890

19-1 续表

（2013 年）

乡镇名称	行政村居委会(个)	总户数（户）	人口数（人）	乡村人口（人）	地区生产总值（万元）	粮食面积（公顷）	粮食产量（吨）	油料产量（吨）	地方财政收入（万元）
山亭区									
山城街道	49	25259	105101	95496	142050	4700	32846	3392	3195
店子镇	17	8261	34092	33588	77233	1036	5590	3163	1916
西集镇	15	7681	34209	30564	103970	3100	15711	550	2383
桑村镇	22	16319	59933	59086	160811	4318	32998	1588	5614
北庄镇	21	10436	42623	38727	74706	2199	12809	3256	3076
城头镇	21	12015	46283	37334	123562	2992	21215	1761	2031
徐庄镇	42	13367	57341	53359	90334	2990	19352	4005	2232
水泉镇	36	11254	44439	44306	75979	1754	8898	2113	1422
冯卯镇	35	13682	55578	54867	89392	1814	10556	2438	2059
凫城镇	15	7712	31188	27740	53617	3014	17309	1051	1991
滕州市									
龙泉街道	51	46154	109604	31366	521704	748	6123		29141
荆河街道	63	45212	111693	26256	479552	453	3456		15886
北辛街道	60	33154	92474	27229	478011	1673	13293	368	27880
善南街道	19	6273	22080	18314	95639	404	2870	42	8555
东沙河镇	40	16158	56148	51954	190949	4827	31753	748	4273
洪绪镇	34	11312	38738	33009	404535	3694	31441	327	17337
南沙河镇	38	12537	49858	42402	253303	3953	28632	45	8956
大坞镇	65	24936	89834	83124	402324	5385	43523	2993	14761
滨湖镇	90	33892	114618	99388	460200	12763	103712	2504	20833
级索镇	51	24615	86538	81572	659243	8171	70463	2976	44916
西岗镇	72	41402	129410	75270	678018	7772	66228	826	56083
姜屯镇	83	25385	88832	80910	360255	7909	67649	9741	13669
鲍沟镇	66	22934	83881	80290	439314	8221	66525	2706	12799
张汪镇	83	27500	88389	75052	375512	9145	71577	954	10664
官桥镇	51	23196	77833	61235	360131	4839	37291	523	9121
柴胡店镇	41	13487	45513	37926	244011	4136	32808	657	11731
羊庄镇	89	22616	80110	80140	252314	8237	60272	229	4737
木石镇	42	18208	57184	43440	413794	3229	23588	1267	18102
界河镇	64	22597	76370	65470	386317	3469	23329	1129	7101
龙阳镇	55	22417	74798	70011	251379	4498	30006	2546	5152
东郭镇	89	33516	119062	110798	450196	9167	66953	6198	7142

第
20
篇

全省分市主要经济指标

MAJOR ECONOMIC INDICATORS
OF CITIES IN PROVINCE

简 要 说 明

简要说明：

一、本篇资料反映全省各市 2013 年主要经济指标完成情况，部分指标为快报数据。

二、本篇资料由市统计局综合科负责整理编辑。

编辑、校对：陈成、张磊、陈永

20-1 全省分市主要指标

（2013 年）

市名称	总人口（万人）	土地面积（平方公里）	地区生产总值（亿元）	比上年增长（%）	第一产业增加值（亿元）	比上年增长（%）
全 省	9733.39	157126.3	54684.33	9.6	4742.63	3.8
济南市	699.88	7998.5	5232.19	9.6	284.71	3.9
青岛市	896.41	11175.3	8006.60	10.0	352.41	2.1
淄博市	459.26	5965.2	3801.24	9.5	137.79	3.3
枣庄市	**380.10**	**4563.2**	**1830.63**	**10.1**	**149.81**	**3.3**
东营市	208.49	7923.3	3250.20	11.2	117.19	3.5
烟台市	698.93	13746.5	5613.87	10.2	420.99	3.9
潍坊市	922.52	16004.9	4420.70	10.6	433.09	3.3
济宁市	820.58	11194.3	3501.54	11.0	418.93	4.3
泰安市	556.83	7761.8	2790.70	10.6	260.11	3.7
威海市	280.56	5698.0	2549.69	10.8	203.47	4.3
日照市	285.05	5348.0	1500.16	10.6	131.45	3.5
莱芜市	133.27	2246.2	653.48	10.1	49.34	3.1
临沂市	1015.90	17201.7	3336.81	11.0	324.30	3.2
德州市	567.11	10356.3	2460.59	11.2	273.54	3.8
聊城市	591.13	8714.6	2365.87	10.0	287.15	3.5
滨州市	380.59	9032.6	2155.73	9.8	211.02	3.7
菏泽市	836.79	12193.8	2050.01	12.0	255.00	3.0
枣庄位次	**13**	**16**	**15**	**11**	**13**	**11**

注：本表中全省及各市人口均为省统计局抽样调查推算数（常住人口数），土地面积由省国土资源厅提供。

20-1 续表 1

（2013 年）

市名称	第二产业增加值（亿元）	比上年增长（%）	第三产业增加值（亿元）	比上年增长（%）	第一产业所占比重（%）	第二产业所占比重（%）
全 省	27422.47	10.7	22519.23	9.2	8.7	50.1
济南市	2053.24	10.1	2894.24	9.7	5.4	39.2
青岛市	3641.39	10.2	4012.80	10.5	4.4	45.5
淄博市	2171.37	10.3	1492.08	8.7	3.6	57.1
枣庄市	**1037.55**	**11.4**	**643.27**	**9.0**	**8.2**	**56.7**
东营市	2258.42	11.8	874.59	10.3	3.6	69.5
烟台市	3075.12	10.8	2117.76	10.4	7.5	54.8
潍坊市	2297.42	11.5	1690.19	11.4	9.8	52.0
济宁市	1789.75	11.6	1292.86	12.1	12.0	51.1
泰安市	1367.77	11.1	1162.82	11.3	9.3	49.0
威海市	1312.93	10.5	1033.29	12.5	8.0	51.5
日照市	784.33	10.7	584.38	12.1	8.8	52.3
莱芜市	366.19	11.8	237.95	8.3	7.6	56.0
临沂市	1583.87	12.2	1428.64	11.3	9.7	47.5
德州市	1301.67	12.6	885.38	11.2	11.1	52.9
聊城市	1258.15	11.1	820.57	10.3	12.1	53.2
滨州市	1106.10	11.5	838.61	8.6	9.8	51.3
菏泽市	1113.51	13.8	681.50	12.5	12.4	54.3
枣庄位次	**15**	**9**	**15**	**14**	**10**	**3**

20-1 续表 2

（2013 年）

市名称	第三产业所占比重（%）	人均地区生产总值（元）	农林牧渔业总产值（亿元）	比上年增长（%）	林牧渔业产值（亿元）	林牧渔业产值占总产值的比重（%）
全 省	41.2	56323	8749.99	3.8	3876.71	44.3
济南市	55.3	75022	508.80	3.9	173.24	34.0
青岛市	50.1	89797	611.86	2.1	305.80	50.0
淄博市	39.3	82889	242.37	3.4	73.80	30.5
枣庄市	**35.1**	**48346**	**282.05**	**3.4**	**81.20**	**28.8**
东营市	26.9	156356	230.65	3.7	119.30	51.7
烟台市	37.7	80357	747.45	3.9	353.20	47.3
潍坊市	38.2	47943	850.65	3.4	339.90	40.0
济宁市	36.9	42796	815.00	4.4	315.70	38.7
泰安市	41.7	50296	454.41	3.8	181.60	40.0
威海市	40.5	91010	399.22	4.4	284.70	71.3
日照市	39.0	52778	229.16	3.6	117.10	51.1
莱芜市	36.4	49390	89.52	2.9	31.40	35.1
临沂市	42.8	32902	586.44	3.2	188.40	32.1
德州市	36.0	43542	568.56	3.8	231.10	40.7
聊城市	34.7	40084	521.00	3.6	131.30	25.2
滨州市	38.9	56771	409.51	3.9	177.60	43.4
菏泽市	33.2	24542	458.90	3.0	154.80	33.7
枣庄位次	**14**	**11**	**13**	**13**	**15**	**16**

20-1 续表 3

（2013 年）

市名称	粮 食（万吨）	棉 花（万吨）	油 料（万吨）	水 果（万吨）	肉类总产量（万吨）
全 省	4528.20	62.10	349.61	3028.84	774.77
济南市	266.60	1.98	5.69	130.98	40.24
青岛市	322.39	0.34	44.39	121.59	61.49
淄博市	142.59	0.42	2.30	135.28	18.35
枣庄市	**171.21**	**0.49**	**9.56**	**45.72**	**26.24**
东营市	72.31	9.54	0.27	22.40	27.55
烟台市	211.95	0.03	45.39	542.00	49.24
潍坊市	475.25	3.85	24.69	294.24	142.83
济宁市	450.39	11.20	17.36	136.03	83.50
泰安市	281.27	0.86	23.33	68.45	45.43
威海市	89.87	0.00	24.72	108.43	18.47
日照市	102.02	0.22	24.62	38.37	21.16
莱芜市	28.24	0.14	1.72	10.48	6.58
临沂市	439.15	1.17	85.24	287.54	76.82
德州市	627.10	10.36	1.87	71.42	71.41
聊城市	466.06	4.76	11.74	188.87	53.78
滨州市	266.05	9.71	0.93	143.88	47.38
菏泽市	564.35	17.82	25.79	321.51	65.96
枣庄位次	**12**	**11**	**11**	**14**	**13**

注：1、水果产量包括果用瓜和园林水果。

2、肉类总产量全省数据系与农业普查衔接后的数据。

20-1 续表 4

（2013 年）

市名称	工业增加值增长率（%）	工业主营业务收入（亿元）	比上年增长（%）	工业利润总额（亿元）	比上年增长（%）
全 省	11.3	132318.98	12.5	8507.73	12.4
济南市	11.3	5150.16	11.4	251.96	40.3
青岛市	11.4	15569.44	10.2	847.78	21.5
淄博市	11.3	11113.90	7.2	784.26	0.5
枣庄市	**12.2**	**3587.09**	**11.2**	**191.44**	**1.6**
东营市	12.7	11793.12	14.1	1236.61	4.8
烟台市	11.5	14064.30	12.6	1064.47	12.5
潍坊市	12.6	12180.08	13.5	675.12	23.3
济宁市	12.5	5500.39	12.6	343.62	8.1
泰安市	12.5	6343.49	14.7	448.50	6.3
威海市	11.7	6232.59	11.7	322.09	14.5
日照市	11.9	2617.97	12.1	75.63	18.0
莱芜市	12.5	1840.42	14.6	34.86	412.5
临沂市	16.6	8614.02	15.2	481.22	12.3
德州市	14.3	7679.63	17.0	494.41	19.3
聊城市	12.3	7924.19	16.4	542.45	18.2
滨州市	12.6	7104.09	15.6	288.23	3.0
菏泽市	17.8	5413.65	18.1	450.85	17.7
枣庄位次	**11**	**15**	**15**	**15**	**16**

20-1 续表 5

（2013 年）

市名称	工业利税总额（亿元）	比上年 增长（%）	工业亏损面（%）	比上年增减百分点	应收帐款净额（亿元）	比上年增长（%）
全 省	13689.99	11.6	5.71	0.08	6703.02	18.9
济南市	531.45	26.3	9.95	−0.91	488.79	15.0
青岛市	1584.95	17.3	10.01	−0.53	1395.23	16.9
淄博市	1309.82	2.1	6.03	0.91	404.69	5.5
枣庄市	**367.18**	**6.9**	**3.82**	**0.58**	**102.25**	**12.3**
东营市	1937.18	2.1	4.98	1.70	446.65	14.2
烟台市	1409.73	11.7	9.87	1.57	822.89	10.4
潍坊市	1025.21	22.8	4.21	−0.42	588.07	26.9
济宁市	560.06	8.3	6.68	−1.24	456.56	42.4
泰安市	719.89	6.5	2.71	−0.35	287.03	34.2
威海市	519.68	13.7	7.02	−1.27	308.93	8.4
日照市	121.07	11.4	13.67	1.25	162.26	7.6
莱芜市	63.94	90.0	18.08	0.45	70.44	19.8
临沂市	733.36	15.3	1.88	0.15	304.73	19.6
德州市	878.84	18.5	1.81	0.20	158.66	18.6
聊城市	787.88	18.7	1.29	−0.10	245.62	26.2
滨州市	455.68	5.5	12.44	1.84	261.70	33.5
菏泽市	729.98	17.8	2.79	0.09	172.05	51.3
枣庄位次	**15**	**13**	**12**	**6**	**16**	**13**

注：1、工业指标均为规模以上工业口径。

2、省局反馈全年效益资料包含了供电公司、十里泉发电厂和滕州卷烟厂的数据（下同）。

20-1 续表 6

（2013 年）

市名称	产成品存货（亿元）	比上年增长（%）	工业亏损额（亿元）	比上年增长（%）	房地产开发投资额（亿元）	比上年增长（%）
全 省	3170.37	8.8	264.88	−21.4	5444.53	15.6
济南市	206.92	−0.5	26.88	−45.1	721.17	8.7
青岛市	408.02	3.5	43.47	−27.4	1048.52	12.7
淄博市	224.52	−3.2	40.92	−14.1	200.37	28.7
枣庄市	**60.98**	**10.1**	**12.45**	**−22.6**	**220.36**	**23.4**
东营市	280.75	19.3	5.12	52.8	175.76	19.0
烟台市	290.35	−2.6	26.01	20.1	578.40	0.9
潍坊市	349.72	8.3	26.75	−11.6	602.05	28.4
济宁市	191.70	39.5	16.50	−13.4	275.38	25.7
泰安市	152.38	56.2	6.70	−48.2	126.21	15.9
威海市	137.52	5.8	9.66	−39.5	411.81	12.5
日照市	90.23	4.4	12.16	57.8	72.04	9.2
莱芜市	54.96	5.4	12.52	−53.7	36.71	4.2
临沂市	197.00	−5.0	1.87	−36.6	300.54	28.7
德州市	92.58	1.5	4.47	12.2	195.82	38.6
聊城市	111.67	7.5	3.60	51.0	146.12	34.4
滨州市	201.18	7.9	11.65	28.2	127.09	−6.0
菏泽市	104.97	40.9	4.17	7.6	206.18	16.9
枣庄位次	**16**	**5**	**8**	**11**	**8**	**7**

20-1 续表 7

（2013 年）

市名称	消费品零售额（亿元）	比上年增长（%）	进出口总值（亿美元）	比上年增长（%）	进口总值（亿美元）	比上年增长（%）
全 省	21744.80	13.4	2671.59	8.8	1326.49	13.5
济南市	2633.90	13.4	95.66	4.7	40.85	19.5
青岛市	2904.30	13.3	779.12	6.4	359.53	10.9
淄博市	1547.10	13.5	90.08	−5.6	37.58	−10.9
枣庄市	**627.00**	**13.5**	**12.51**	**10.7**	**3.05**	**59.1**
东营市	585.56	13.5	131.48	7.2	73.45	0.8
烟台市	2110.70	13.5	493.13	3.2	198.38	2.0
潍坊市	1758.80	13.4	161.60	7.9	45.56	13.7
济宁市	1476.00	13.5	52.30	2.2	18.96	−1.2
泰安市	1053.80	13.5	24.85	15.2	11.18	19.7
威海市	1047.30	13.5	171.50	0.2	64.47	−0.4
日照市	476.20	13.4	330.39	30.6	291.60	36.2
莱芜市	257.75	13	25.04	17.9	17.53	26.0
临沂市	1780.90	13.3	94.08	19.1	47.72	19.3
德州市	990.50	13.6	35.38	30.2	15.12	77.9
聊城市	821.00	13.4	61.89	10.6	41.86	11.8
滨州市	658.00	13.2	82.89	32.1	47.47	37.7
菏泽市	1016.30	13.7	29.67	−7.1	12.17	−26.9
枣庄位次	**14**	**3**	**17**	**7**	**17**	**2**

20-1 续表 8

（2013 年）

市名称	出口总值（亿美元）	比上年增长（%）	固定资产投资额（亿元）	比上年增长（%）	实际利用外商直接投资（万美元）	比上年增长（%）
全 省	1345.10	4.5	35875.86	19.6	1405315	13.8
济南市	54.81	-4.1	2638.33	20.7	132054	8.2
青岛市	419.60	2.9	5027.86	21.1	552084	20.0
淄博市	52.50	-1.3	2078.46	19.5	52666	5.3
枣庄市	**9.47**	**0.8**	**1238.21**	**20.5**	**15850**	**11.3**
东营市	58.03	16.5	2332.13	20.8	19335	19.1
烟台市	294.75	3.9	3538.19	20.1	160597	13.9
潍坊市	116.04	5.8	3429.95	19.5	81021	5.5
济宁市	33.34	4.3	2188.31	23.0	83015	7.8
泰安市	13.67	11.8	1981.78	20.5	30689	80.7
威海市	107.02	0.5	1923.71	20.5	92018	15.0
日照市	38.79	0.1	1069.05	20.0	52991	25.8
莱芜市	7.51	2.3	472.63	19.5	12134	1.1
临沂市	46.35	19.0	2431.59	20.8	30870	31.2
德州市	20.26	8.5	1686.61	20.9	21472	1.8
聊城市	20.03	8.3	1511.09	20.5	16302	41.5
滨州市	35.43	25.2	1517.18	19.6	30399	-43.8
菏泽市	17.50	14.5	810.77	23.1	21818	32.2
枣庄位次	**16**	**13**	**14**	**8**	**16**	**10**

20-1 续表 9

（2013 年）

市名称	地方财政收入（亿元）	比上年增长（%）	地方财政支出（亿元）	比上年增长（%）	国税收入（亿元）	比上年增长（%）
全 省	4560.02	12.3	6692.95	13.4	4829.76	3.7
济南市	482.07	13.9	522.27	12.2	416.59	11.1
青岛市	788.72	17.7	1014.23	32.4	1332.69	0.5
淄博市	273.07	7.1	324.17	11.4	251.55	-3.2
枣庄市	**130.72**	**6.4**	**207.80**	**11.0**	**70.47**	**-2.2**
东营市	183.79	5.3	232.25	11.4	171.25	10.8
烟台市	437.23	12.6	541.74	13.6	467.44	0.6
潍坊市	383.92	15.6	493.96	16.1	295.47	13.6
济宁市	302.24	13.3	428.43	18.2	200.43	-4.0
泰安市	168.81	0.2	259.07	6.8	94.54	1.4
威海市	195.22	13.4	263.99	8.0	133.90	11.8
日照市	100.09	15.5	158.24	14.6	526.88	6.5
莱芜市	46.76	1.7	75.81	13.6	49.94	1.6
临沂市	216.10	16.6	405.49	16.2	179.47	14.5
德州市	150.02	15.7	267.35	10.5	96.60	18.2
聊城市	135.55	19.9	258.14	19.0	119.01	12.7
滨州市	170.09	6.1	251.71	11.1	176.43	11.0
菏泽市	159.59	6.5	321.76	14.8	92.71	1.8
枣庄位次	**15**	**13**	**15**	**14**	**16**	**15**

20-1 续表10

（2013年）

市名称	地税收入（亿元）	比上年增长（%）	金融机构存款余额（亿元）	金融机构贷款余额（亿元）	居民储蓄存款余额（亿元）	农民人均生活消费支出（元）
全 省	3029.05	13.2	63357.88	47952.10	29967.33	7393
济南市	350.93	13.0	10925.82	9211.22	3291.94	7799
青岛市	531.72	14.9	11418.26	9642.36	4195.19	9786
淄博市	163.19	6.2	3484.62	2379.46	1891.30	8133
枣庄市	**90.64**	**5.7**	**1249.85**	**975.08**	**781.64**	**6787**
东营市	162.96	8.7	2848.00	2161.31	1057.29	7813
烟台市	316.16	17.8	6020.53	3942.99	3099.34	7343
潍坊市	278.00	11.8	5059.77	4005.76	2802.48	8556
济宁市	212.27	4.1	3561.07	2276.51	1956.26	6262
泰安市	108.20	5.1	2278.37	1426.31	1381.26	6319
威海市	151.43	20.3	2379.25	1564.98	1351.44	8493
日照市	61.65	13.8	1780.07	1489.45	762.49	5314
莱芜市	31.86	2.1	760.97	604.27	419.39	6737
临沂市	157.40	22.5	3710.77	2531.13	2255.16	6204
德州市	106.28	22.3	1933.43	1300.33	1270.21	5432
聊城市	88.08	27.7	1945.83	1432.46	1187.29	5623
滨州市	111.88	17.0	1926.84	1691.99	835.77	7854
菏泽市	106.38	9.2	1918.86	1230.75	1428.86	5163
枣庄位次	**14**	**14**	**16**	**16**	**15**	**9**

20-1 续表11

（2013年）

市名称	城镇居民人均可支配收入（元）	比上年增长（%）	城镇居民人均消费支出（元）	比上年增长（%）	农民人均纯收入（元）	比上年增长（%）
全 省	28264	9.7	17112	8.5	10620	12.4
济南市	35648	9.5	21667	8.2	13248	12.4
青岛市	35227	9.6	22060	8.2	15731	12.4
淄博市	30889	9.6	18425	8.9	13932	12.6
枣庄市	**25238**	**9.9**	**16201**	**8.6**	**10878**	**13.2**
东营市	33983	9.8	19569	8.7	13000	13.2
烟台市	32956	9.7	22006	8.3	14952	12.4
潍坊市	28386	10.0	17482	8.6	13273	12.5
济宁市	27956	9.8	18502	10.1	11348	13.5
泰安市	28201	9.9	18201	8.8	11547	13.3
威海市	31442	9.8	20127	8.5	15582	11.6
日照市	25090	10.0	15901	10.0	11304	12.7
莱芜市	29179	9.7	16977	8.4	12161	11.7
临沂市	30317	9.8	15529	6.9	10389	13.6
德州市	24812	10.6	15475	9.1	10876	13.3
聊城市	26087	10.1	16766	9.2	10083	13.6
滨州市	28363	9.9	17202	7.5	11358	13.1
菏泽市	21236	11.0	13689	9.9	9309	13.7
枣庄位次	**14**	**6**	**13**	**9**	**13**	**7**

第21篇

淮海经济区主要经济指标

MAJOR ECONOMIC INDICATORS OF HUAIHAI ECONOMIC AREA

简 要 说 明

简要说明：

一、本篇资料反映淮海经济区各市 2013 年主要经济指标完成情况，部分指标为快报数据。

二、本篇资料由市统计局综合科负责整理编辑。

编辑、校对：陈成、张磊、陈永

21-1 淮海经济区各市主要经济指标

（2013 年）

指标名称	地区生产总值		第一产业增加值		第二产业增加值		第三产业增加值	
	绝对量（亿元）	增长（%）	绝对量（亿元）	增长（%）	绝对量（亿元）	增长（%）	绝对量（亿元）	增长（%）
山东省								
枣庄市	1830.63	10.1	149.81	3.3	1037.55	11.4	643.27	9.0
菏泽市	2050.01	12.0	255.00	3.0	1113.51	13.8	681.50	12.5
聊城市	2365.87	10.0	287.15	3.5	1258.15	11.1	820.57	10.3
济宁市	3501.54	11.0	418.93	4.3	1789.75	11.6	1292.86	12.1
泰安市	2790.70	10.6	260.10	3.7	1367.80	11.1	1162.80	11.3
日照市	1500.16	10.6	131.45	3.5	784.33	10.7	584.38	12.1
莱芜市	653.48	10.1	49.34	3.1	366.19	11.8	237.95	8.3
临沂市	3336.80	11.0	324.30	3.2	1583.90	12.2	1428.60	11.3
德州市	2460.59	11.2	273.54	3.8	1301.67	12.6	885.38	11.2
江苏省								
徐州市	4435.82	11.8	432.38	3.2	2118.32	12.3	1885.12	12.8
连云港市	1785.42	11.8	259.17	3.1	807.42	13.0	718.83	13.1
淮安市	2155.86	12.0	272.58	3.3	983.15	13.2	900.13	13.3
盐城市	3475.50	12.3	489.18	3.2	1635.98	14.0	1350.34	13.4
宿迁市	1706.28	12.5	230.07	3.0	815.32	14.9	660.89	13.0
安徽省								
亳州市	791.10	9.7	195.00	3.8	320.10	12.7	276.00	10.2
淮南市	819.40	9.7	66.20	3.6	508.50	10.5	244.70	9.1
蚌埠市	1007.85	11.1	172.36	3.9	515.68	14.3	319.81	9.5
淮北市	703.70	9.1	57.00	3.5	473.20	10.4	173.50	7.3
阜阳市	1062.48	9.7	272.57	3.8	436.60	12.9	353.31	9.9
宿州市	1014.33	10.5	244.46	4.0	425.95	13.9	343.92	10.7
滁州市	1086.17	11.1	208.20	3.7	575.60	14.3	302.30	9.8
六安市	1010.30	8.0	209.60	3.3	478.20	10.7	322.60	7.0
河南省								
周口市	1790.56	9.3	445.96	4.3	893.65	13.1	451.04	7.4
商丘市	1538.22	10.5	343.17	4.5	719.99	13.9	475.06	9.4
信阳市	1581.16	9.1	419.53	4.0	639.60	11.5	522.03	9.3

21-1 续表 1

（2013 年）

指标名称	人均地区生产总值(元)	地区生产总值中三次产业比重(%)	粮食总产量		油料总产量		棉花总产量	
			绝对量（万吨）	增长（%）	绝对量（万吨）	增长（%）	绝对量（万吨）	增长（%）
山东省								
枣庄市	48346	8.2:56.7:35.1	171.20	−5.5	9.56	2.8	0.49	−8.4
菏泽市	24542	12.5:54.3:33.2	673.17	5.4	25.79	6.9	17.82	−6.3
聊城市	40083	12.1:53.2:34.7	466.63	−9.7	11.74	−6.4	4.76	−15.7
济宁市	42796	12.0:51.1:36.9	578.60	1.7	17.40	0.1	11.20	−6.3
泰安市	50296	9.3:49.0:41.7	281.30	−	23.30	0.5	0.90	3.1
日照市	52778	8.7:52.3:39	102.02	−9.9	24.62	2.2	0.22	14.1
莱芜市	49390	7.6:56.0:36.4	28.24	−6.9	1.72	0.0	0.14	4.4
临沂市	32902	9.7:47.5:42.8	494.33	−1.2	85.20	0.7	1.20	−6.8
德州市	43542	11.1:52.9:36.0	834.70	4.6	1.87	−9.1	10.40	−22.9
江苏省								
徐州市	51714	9.7:47.8:42.5	451.13	−4.4	9.96	−6.3	3.63	−1.1
连云港市	40416	14.5:45.2:40.3	354.73	−1.8	12.11	2.8	0.28	0.1
淮安市	44774	12.6:45.6:41.8	461.02	1.1	9.62	−3.3	0.01	−70.6
盐城市	48150	14.1:47.0:38.9	686.51	2.1	31.52	1.9	9.75	−10.7
宿迁市	35484	13.5:47.8:38.7	375.99	−3.3	4.99	5.1	0.19	−20.8
安徽省								
亳州市	16071	24.6:40.5:34.9	447.45	1.1	4.84	−7.2	1.91	0.1
淮南市	34897	8.1:62.0:29.9	133.90	0.1	1.50	4.1	0.20	8.6
蚌埠市	31482	17.1:51.2:31.7	263.60	0.9	37.91	3.0	2.15	−24.2
淮北市	32996	8.1:67.2:24.7	120.08	0.9	0.46	−17.8	0.15	−3.9
阜阳市	13839	25.7:41.1:33.2	526.11	0.5	7.82	0.8	1.60	−7.0
宿州市	18768	24.1:42.0:33.9	379.14	0.6	22.62	−2.2	2.60	−13.2
滁州市	27474	19.2:53.0:27.9	413.83	−0.3	20.62	0.8	0.92	−7.9
六安市	17778	20.8:47.3:31.9	444.10	−1.1	17.50	1.4	1.85	4.6
河南省								
周口市	20359	24.9:49.9:25.2	793.87	2.7	39.80	9.0	5.06	−30.1
商丘市	21073	22.3:46.8:30.9	644.16	2.3	42.15	2.2	3.07	34.9
信阳市	24762	26.5:40.5:33.0	586.40	0.1	64.82	−1.4	0.13	−22.9

21-1 续表 2

（2013 年）

指标名称	肉类总产量		水产品产量		规模以上工业企业个数(个)	规模以上工业增加值	
	绝对量（万吨）	增长（%）	绝对量（万吨）	增长（%）		绝对量（亿元）	增长（%）
山东省							
枣庄市	26.24	-1.2	9.29	4.7	1492	-	12.2
菏泽市	65.96	4.6	12.17	3.0	2650	-	17.8
聊城市	53.78	1.1	7.52	3.4	2487	-	12.3
济宁市	83.50	0.1	40.60	3.8	1722	-	12.5
泰安市	45.40	1.6	9.10	5.4	1843	-	12.5
日照市	21.16	1.3	56.61	3.1	596	646.93	11.9
莱芜市	6.58	0.5	0.35	2.1	486	329.45	12.5
临沂市	76.80	1.2	14.80	7.2	3830	1801.60	16.6
德州市	71.41	3.7	9.89	9.6	3228	1468.25	14.3
江苏省							
徐州市	98.48	-4.4	18.37	1.2	2874	2372.13	12.9
连云港市	29.72	0.6	75.05	7.0	1491	820.94	14.4
淮安市	32.18	0.5	25.93	3.0	2163	1133.89	13.5
盐城市	88.93	0.0	110.06	3.7	2920	1583.96	15.6
宿迁市	35.70	-3.3	25.65	2.7	2590	739.80	18.1
安徽省							
亳州市	30.90	2.9	5.30	8.5	626	205.46	14.9
淮南市	8.90	2.8	7.50	5.9	608	465.50	11.1
蚌埠市	31.62	2.9	11.58	5.3	738	499.90	15.3
淮北市	8.79	2.8	2.82	3.2	714	515.29	10.5
阜阳市	61.04	2.2	9.63	3.8	1071	374.91	14.5
宿州市	49.77	3.1	4.21	6.3	892	300.69	14.6
滁州市	37.93	2.6	31.71	5.5	1253	490.90	15.5
六安市	52.80	3.2	29.50	3.7	949	408.20	11.9
河南省							
周口市	61.00					672.84	16.4
商丘市	54.81	2.9				539.52	16.2
信阳市	65.49	2.8	23.49	8.6	1088	420.49	14.7

21-1 续表 3

（2013 年）

指标名称	规模以上工业主营业务收入		规模以上工业利税合计		规模以上工业利润总额		固定资产投资额	
	绝对量（亿元）	增长（%）	绝对量（亿元）	增长（%）	绝对量（亿元）	增长（%）	绝对量（亿元）	增长（%）
山东省								
枣庄市	3587.09	11.2	367.18	6.9	191.44	1.6	1238.21	20.5
菏泽市	5413.65	18.1	729.98	17.8	450.85	17.7	810.77	23.1
聊城市	7924.19	16.4	787.88	18.7	542.45	18.2	1511.09	20.5
济宁市	5500.40	12.6	560.10	8.3	343.60	8.1	2188.31	23.0
泰安市	6343.50	14.7	719.90	6.5	448.50	6.3	1981.78	20.5
日照市	2607.53	12.1	133.43	11.4	80.35	18.0	1069.05	20.0
莱芜市	1840.42	14.6	63.94	90.0	34.86	412.5	472.63	19.5
临沂市	8618.30	15.2	732.40	15.3	481.10	12.3	2431.59	20.8
德州市	7679.63	17.0	878.84	18.5	494.41	19.3	1686.61	20.9
江苏省								
徐州市	10506.88	18.4	1533.37	16.2	856.08	15.2	3090.13	22.1
连云港市	4041.62	20.1	485.60	15.9	301.21	13.2	1350.12	22.1
淮安市	4731.24	20.1	413.23	19.4	218.77	21.8	1453.05	22.1
盐城市	6328.80	13.5	704.48	13.0	403.75	14.6	2217.69	22.2
宿迁市	2967.97	34.1	463.48	33.8	328.30	30.9	1290.75	25.8
安徽省								
亳州市	657.90	19.2	70.80	−2.0	41.60	3.8	541.49	25.8
淮南市	1070.10	4.6	82.82	−35.6	18.92	−63.9	800.50	25.1
蚌埠市	1672.40	18.2	142.37	5.5	62.06	7.1	1060.89	21.6
淮北市	2237.00	33.0	129.20	−15.8	57.60	−27.7	700.53	21.4
阜阳市	1244.70	17.4	162.80	4.2	71.80	−8.4	645.26	25.3
宿州市	1121.83	22.4	19.54	103.5	39.95	−7.2	773.30	26.0
滁州市	1920.30	18.2	306.10	21.6	217.60	22.9	1075.80	21.9
六安市	1443.90	10.6	125.70	3.6	86.30	4.6	845.00	23.0
河南省								
周口市			38.87	25.0	23.51	37.6	1151.55	23.7
商丘市	2369.87	14.4	61.61	6.9	132.88	14.4	1246.79	24.0
信阳市	1735.30	17.9	155.57	13.7	99.01	17.1	1447.28	20.9

21-1 续表 4

（2013 年）

指标名称	房地产开发投资		社会消费品零售总额		居民消费价格总指数(以上年为 100)	进出口总额	
	绝对量（亿元）	增长（%）	绝对量（亿元）	增长（%）		绝对量（亿美元）	增长（%）
山东省							
枣庄市	220.36	23.4	627.00	13.5	101.8	12.51	10.7
菏泽市	206.18	16.9	1027.75	13.7	101.8	29.67	−7.1
聊城市	146.10	34.4	820.82	13.4	102.0	61.89	10.6
济宁市	275.40	25.7	1475.90	13.5	101.5	52.30	2.2
泰安市	126.20	15.9	1053.80	13.5	101.8	24.85	15.2
日照市	72.04	9.2	476.20	13.4	102.1	330.39	30.6
莱芜市	36.71	4.2	257.75	13.0	101.9	25.04	17.9
临沂市	300.50	28.7	1781.00	13.4	101.6	94.08	19.1
德州市	195.80	38.6	990.50	13.6	101.9	35.38	30.2
江苏省							
徐州市	380.47	22.7	1495.91	14.0	102.3	62.89	−24.5
连云港市	174.07	7.3	655.57	13.9	102.2	66.41	−17.0
淮安市	312.22	11.3	721.22	13.9	102.4	36.61	−13.6
盐城市	327.31	19.7	1163.38	13.7	102.7	65.28	13.5
宿迁市	305.46	39.7	442.43	14.0	102.4	33.22	19.0
安徽省							
亳州市	149.10	55.3	345.10	14.0	102.6	4.26	−14.6
淮南市	128.20	10.5	291.20	13.9	102.6	5.04	44.7
蚌埠市	325.32	77.3	424.82	14.7	102.2	15.80	38.9
淮北市	134.00	22.6	195.50	14.2	102.1	4.68	34.4
阜阳市	140.48	59.7	508.02	14.3	102.2	13.66	24.5
宿州市	142.50	37.7	303.67	14.5	102.3	5.35	31.6
滁州市	331.70	9.3	338.48	14.4	102.3	18.55	23.8
六安市	144.80	19.2	434.20	13.8	101.4	8.01	8.7
河南省							
周口市	207.20	19.7	756.80	13.9	102.7	7.75	38.2
商丘市	189.68	35.1	623.42	14.2	102.3	2.52	17.1
信阳市	226.29	19.6	674.76	13.9	102.4	6.82	−1.6

21-1 续表 5

（2013 年）

指标名称	#进口总额		#出口总额		实际利用外资		邮电业务总量	
	绝对量（亿美元）	增长（%）	绝对量（亿美元）	增长（%）	绝对量（亿美元）	增长（%）	绝对量（亿元）	增长（%）
山东省								
枣庄市	3.05	59.1	9.47	0.8	1.59	11.3	57.74	4.5
菏泽市	12.17	−23.5	17.50	14.5	2.18	32.2	46.83	11.7
聊城市	41.86	11.8	20.03	8.3	1.63	41.5	28.88	7.0
济宁市	19.00	−1.2	33.30	4.3	8.30	7.8	50.20	9.6
泰安市	11.20	19.4	13.70	11.8	3.51	106.8	35.40	13.8
日照市	291.60	36.2	38.79	0.1	5.30	25.8	17.70	0.9
莱芜市	17.53	26.0	7.51	2.3	1.21	1.1	8.57	7.7
临沂市	47.70	19.3	46.40	19.0	3.10	31.2		
德州市	15.12	77.9	20.26	8.2	2.15	1.8	34.45	6.6
江苏省								
徐州市	13.92	−31.8	48.97	−22.1	15.00	26.6	78.48	25.8
连云港市	28.58	−35.1	37.84	5.1	8.70	43.9	36.85	6.7
淮安市	8.20	−6.2	27.80	−17.4	13.00	−38.1	28.01	4.7
盐城市	27.49	20.1	37.79	9.1	15.50	−11.5	52.74	−1.8
宿迁市	5.42	13.8	27.80	20.0	5.09	16.0	46.23	93.6
安徽省								
亳州市	0.50	32.1	3.80	−18.3	5.00	31.8	24.80	16.3
淮南市	0.99	−5.5	4.06	66.2	2.47	13.5	16.77	4.2
蚌埠市	4.30	103.2	11.50	24.2	10.13	25.1	22.58	21.7
淮北市	0.30	−25.5	4.38	42.2	4.59	21.6	13.10	17.3
阜阳市	2.52	24.8	11.14	24.4	1.34	−15.0	37.70	17.2
宿州市	0.63	48.5	4.72	29.7	4.88	27.4	29.53	20.2
滁州市	4.73	39.5	13.83	19.2	5.57	−2.7	27.16	13.0
六安市	0.23	−9.9	7.77	9.4	3.04	16.8	28.00	
河南省								
周口市	1.86	−0.3	5.89	57.0	4.42	21.7	46.96	
商丘市	0.40	−18.0	2.12	27.5	2.77	12.4	48.94	16.2
信阳市	3.92	−10.3	2.90	13.2	4.22	20.8	34.63	10.3

21-1 续表 6

（2013 年）

指标名称	年末固定电话用户(万户)	年末移动电话用户（万户）	地方财政一般预算收入		地方财政一般预算支出		金融机构年末存款余额（亿元）	#城乡居民储蓄存款余额（亿元）
			绝对量（亿元）	增长（%）	绝对量（亿元）	增长（%）		
山东省								
枣 庄 市	65.68	345.06	130.72	6.4	207.80	11.0	1249.85	781.64
菏 泽 市	60.64	681.41	159.30	6.3	321.76	14.8	1918.86	1428.86
聊 城 市	59.03	430.28	135.55	19.9	258.25	15.0	1930.94	1198.54
济 宁 市	94.50	657.00	302.20	13.3	428.40	18.2	3561.10	1956.30
泰 安 市	96.80	609.20	168.80	0.2	259.10	6.8	2261.30	1375.10
日 照 市	45.35	298.33	100.09	15.5	158.24	14.6	1780.07	762.49
莱 芜 市	22.53	134.71	46.76	1.7	75.81	13.6	751.75	417.86
临 沂 市			216.10	16.6	405.50	16.2	3685.60	2250.30
德 州 市	65.81	489.03	150.02	15.7	267.30	10.4	1924.22	1266.44
江苏省								
徐 州 市	161.01	727.18	422.84	15.3	595.61	12.4	3884.46	2089.77
连云港市	97.60	−5.80	233.30	14.7	364.93	19.7	1709.93	850.95
淮 安 市	87.53	294.69	271.42	16.2	455.26	12.4	1737.07	934.30
盐 城 市	286.30	357.72	366.77	17.3	557.44	14.1	3219.99	1793.26
宿 迁 市	81.55	366.89	185.12	17.1	300.06	10.2	1475.58	736.29
安徽省								
亳 州 市	44.40	267.00	64.40	35.0	206.40	16.5	927.60	639.20
淮 南 市	40.20	156.70	110.70	12.3	168.60	13.2	1209.90	651.60
蚌 埠 市	52.90	227.70	92.84	18.4	191.50	15.9	1258.58	604.20
淮 北 市	37.20	166.40	50.70	−2.3	108.70	0.2	863.90	470.80
阜 阳 市	76.20	394.80	85.46	23.3	312.65	14.8	1749.14	1216.78
宿 州 市	52.60	334.84	66.35	24.5	222.66	14.9	1155.88	762.96
滁 州 市	65.64	272.90	114.42	18.0	250.13	8.4	1284.70	712.04
六 安 市	65.30	360.10	82.03	18.0	285.90	14.3	1528.20	876.50
河南省								
周 口 市	50.68	513.86	76.05	26.5	358.80	10.9	1655.62	1311.63
商 丘 市	63.03	521.50	85.84	22.3	315.26	10.1	1559.11	1098.58
信 阳 市	60.91	384.28	67.93	22.5	304.26	9.8	1830.06	1306.03

21-1 续表 7

（2013 年）

指标名称	金融机构年末贷款余额（亿元）	各级各类学校数(所)	各级各类学校在校学生数(万人)	卫生机构数（个）	卫生技术人员数(人)	卫生机构床位数(张)	年末户籍人口数(万人)	人口出生率（‰）
山东省								
枣庄市	975.08	694	55.78	2412	19936	16086	395.96	11.35
菏泽市	1230.75	1965	141.71	736	44372	31273	957.46	16.67
聊城市	1414.58	1017	80.32	553	26588	24460		
济宁市	2276.50	3214	141.00	6805	52497	44728	820.58	10.08
泰安市	1416.40	1891	85.11	4119	34048	29636	–	–
日照市	1489.45	518	44.50	585	13501	11741	290.13	12.80
莱芜市	573.78	219	16.96	282	7168	6440		7.62
临沂市	2475.60	1869	33.70	6977	45889	45483	1090.41	
德州市	1925.00	1995	95.49	210	25300	22126		10.20
江苏省								
徐州市	2360.80	1797	172.70	4454	43573	43138	1006.85	9.40
连云港市	1425.50	646	69.13	2616	20453	17500	520.18	11.36
淮安市	1397.43	748	80.42	710	27800	23467	552.96	12.36
盐城市	2214.59	681	82.25	3067	32883	30461	823.77	11.42
宿迁市	1282.09	466	70.54	2345	21080	19085	572.11	14.60
安徽省								
亳州市	521.70	1598	80.78	358	12864	13063	632.90	13.80
淮南市	879.20	716	44.43	1202	13197	12611	243.30	11.42
蚌埠市	810.18	927	51.60	1428	15591	15996	366.60	18.03
淮北市	612.10	734	40.20	707	10200	10905	214.50	12.85
阜阳市	784.58	3287	156.14	861	26243	25769	1053.24	17.27
宿州市	558.60	1788	91.88	1852	18800	16800	641.93	13.87
滁州市	892.68	751	56.20	1645	14513	14543	449.45	10.35
六安市	824.30	1963	85.67	2654	18486	18593	716.70	13.30
河南省								
周口市	703.71	5641	215.82	1377	33217	30086	1130.84	10.42
商丘市	833.41	3696	173.22	6497	33009	29199	900.02	10.45
信阳市	909.49	2416	125.18	3956	21029	19756	859.83	11.40

21-1 续表 8

（2013 年）

指标名称	人口自然增长率(‰)	城镇在岗职工平均工资		城市居民人均可支配收入		农民人均纯收入	
		绝对量（元）	增长（%）	绝对量（元）	增长（%）	绝对量（元）	增长（%）
山东省							
枣庄市	5.72	42497	9.0	25238	9.9	10878	13.2
菏泽市	10.09	35697	10.8	21236	11.0	9309	13.7
聊城市		37649	11.5	26087	10.1	10083	13.6
济宁市	5.14	47304	6.7	27956	9.8	11348	13.5
泰安市	–	44828	12.1	28201	9.9	11547	13.3
日照市	8.25	43946	10.1	25090	10.0	11304	12.8
莱芜市	1.38	47482	15.5	29179	9.7	12161	11.7
临沂市		45140	7.2	27511	12.5	10389	13.6
德州市	4.06	38945	15.7	24812	10.6	10876	13.3
江苏省							
徐州市	6.10			23770	9.5	12052	12.0
连云港市	4.66			26898	10.5	10745	12.0
淮安市	4.97			23107	10.3	11045	12.3
盐城市	3.08	43052	6.7	24119	9.9	13344	12.1
宿迁市	7.08	41929	12.4	18846	10.9	10703	12.7
安徽省							
亳州市	6.20			22605	10.3	7456	13.8
淮南市	6.47	58597	6.5	22920	10.5	8869	13.2
蚌埠市	10.18	42395	11.0	22739	10.2	8741	13.9
淮北市	7.38	52383	−6.3	22460	10.3	8240	13.1
阜阳市	11.16			20933	10.3	6763	14.2
宿州市	6.20			21713	10.0	7571	14.1
滁州市	4.26			22591	10.6	9235	13.5
六安市	9.69			21275	9.8	7430	13.7
河南省							
周口市	4.60			18046	9.3	6950	12.1
商丘市	4.75	36815	18.1	20214	10.4	7217	12.3
信阳市	5.40	34396	12.1	19150	8.4	7982	13.9

附录一

统计分析报告

APPENDIX I .STATISTICAL ANALYSIS REPORT

注:该分析获全省优秀统计分析评比一等奖。

枣庄市以棚户区改造助推新型城镇化积极探索资源型城市转型之路

林 敏

住房问题既是民生问题也是发展问题，关系千家万户切身利益，关系人民安居乐业，关系经济社会发展全局，关系社会和谐稳定。加快棚户区改造，是中央作出的重大决策部署，是一项重大民生和发展工程，也是一些资源型城市转型的重要抓手。

一、棚户区改造的历史背景及重要意义

(一)枣庄市棚户区改造的历史背景

枣庄因煤而建，因煤而兴，是一座典型的资源型城市。1500多年前的南北朝时期，这里就开始挖煤，计划经济年代国家共从枣庄调出原煤4亿多吨，贡献很大，但由于长期以来“重生产、轻生活”，给枣庄留下了大片的棚户区和严重的污染。这里一度棚户区全省最多、低保职工全省最多、城市建设欠账全省最多。在经济快速发展、城市建设步伐不断加快的今天，棚户区作为资源型城市由来已久的伤疤，已成为枣庄转型发展绕不过去的一道坎。

顺应群众呼声，枣庄市于2007年正式启动棚户区改造工程。然而，由于历史欠账太多，直到2009年底，全市待改造的棚户区仍有140个，涉及7.5万户、25万居民，建筑面积545万平方米，占当年山东省棚户区的近一半。

(二)棚户区改造的重要意义

中共中央总书记习近平在中共中央政治局就加快推进住房保障体系和供应体系建设进行第十次集体学习会上强调，“各级党委和政府要加强组织领导，落实各项目标任务和政策措施，努力把住房保障和供应体系建设办成一项经得起实践、人民、历史检验的德政工程。”

棚户区的改造工作受到党和国家的高度重视。各资源型城市相继开展了以政府为主导的多种形式的棚户区改造工作并初见成效，许多群众已经住进了新房。棚户区改造是一项安居工程，改善了民生、完善了城市功能，同时也适时化解了社会矛盾，预防了冲突的发生，成为城市转型中社会的稳定器。

(三)棚户区改造是枣庄市城市发展的必然选择

枣庄市作为典型的资源枯竭型老工业城市，棚户区内的群众特别是矿区居民，在计划经济时期为支援地方经济建设做出了巨大贡献。在经济快速发展的今天，这些棚户区既在群众心中隐隐作痛，也是党委、政府多年来的一块心病，更是城市面貌落后的主要原因。实施棚户区改造，是地方政府必须承担的历史责任，是坚持执政为民、切实改善民生的客观要求。

二、枣庄市棚户区改造的做法

为推进棚户区改造，市委、市政府提出“市里不求所得，但求所变”、“市里管好规划，区(市)负责改造”。从解放思想、更新观念出发，研究制定了具有创新和突破性的、在全省乃至全国都较为优惠的改造政策。

*(一)完善推进机制，形成了强大的工作合力。*在全市建立“市区联动、以区(市)为主、部门协作、合力推进”的工作机制，设立了棚改工作指挥部，实行了领导帮包责任制。将棚改工作纳入政府目标责任考核，增加考核权重。各有关部门围绕棚户区改造主动服务、创造性工作，从项目规划、用地管理、资金扶持、司法保障、监察问责等方面出台了政策文件，全力支持、密切配合，推动了棚户区改造顺利实施。

*(二)创新规划理念，保证了棚户区改造的高起点实施。*坚持高点定位、深处着手、便于推广的规划理念原则。把棚户区改造规划上升到城市转型的高度，上升到构建鲁南“门户城市”的高度，与建设低碳城市、完善住房保障体系、发展现代服务业、保护历史文化有机结合起来；实施整建制拆迁改造，引入城市综合体、邻里中心等新概念，彰显城市建设的先进性、特色性。区别于一般的棚户区改造规划，着重在城市产业布局、带动经济发展、完善基础设施配套上

做文章，站在城市战略发展的高度，对城市总体规划做了彻底的梳理和更新。

（三）健全政策体系，破解了资金和拆迁难题。出台各项激励政策。明确了改造范围、责任主体和改造标准，制定融资、土地、规费、税收、拆迁安置、住房保障等政策，成为棚改政策总的依据和抓手。实施多元化筹资。成立鲁南（枣庄）经济开发投资公司棚改分公司，建立了市级融资平台，成立了专业棚改公司，积极融取各类资金用于棚户区改造。坚持安民惠民。在拆迁补偿中，明确了拆迁补偿下限，分别出台了“拆一还一”、“容积率补偿”等倾斜政策，做到拆迁补偿因地制宜。通过棚改一次性解决改造范围内的低收入住房困难家庭住房问题。

（四）严格规范运作，确保了棚户区改造有序推进。坚持公开透明和标准化管理，对拆迁补偿、回迁安置、资金使用、质量监管等各个环节，都精心实施、规范操作。建立严格的工作规程和制度，全面落实拆迁过程中思想工作、工作程序、适用政策、补偿标准“四到位”，对每处棚户区都执行一个政策、坚持一个标准，并将拆迁政策、拆迁补偿、回迁安置、拆迁流程、拆迁人、拆迁实施单位和评估单位等涉及拆迁的重要事项实行公示，全程接受监督，做到公开公平、公正透明。

三、枣庄市棚户区改造取得的成效

通过三年多棚户区改造，枣庄市不仅有效带动城镇居民就业，促进经济社会发展，而且改善了民生、凝聚了民心，有力地促进资源型城市转型发展和城镇化顺利推进。

（一）棚户区带动就业

实施棚户区改造，不仅建设了大批回迁安置住宅，而且通过土地置换和整理，实现了旅游景区规划、产业园区建设、“城中村”改造和土地开发升值的有机结合，大力优化产业和用地结构，也促进了旅游、社区服务、资讯等服务业的发展。同时也为劳动就业提供了广阔空间。据统计，棚户区改造每投资1亿元，可直接提供2500个就业岗位，三年来枣庄市通过棚户区改造累计创造的就业机会就多达45万个。

（二）棚户区改造促进发展

为了实现从城市建设向城市经济转变，枣庄市在棚户区改造中，千方百计植入“市”的种子，激活城市发展的内生动力，让城市成为安居乐业的幸福家园。同时，棚户区改造活跃了房地产交易，保持了房地产业健康发展势头，2013年，全市房地产开发完成投资220.36亿元，增长23.4%。棚户区改造也带动了机械加工、建筑建材、交通运输、冶金制造、物业管理、社区服务业等60多个相关产业的同步发展，拉动了住房消费，每年提供了近16万个就业岗位，实现了投资拉动效应。

（三）棚户区改造凝聚民心

制定完善了拆迁安置、住房保障等一系列优惠政策，突出交通优先、区域特色和功能配套，统筹考虑学校、医院、停车场等公共基础设施，增强服务功能，让城市成为群众安居乐业的家园。全市同步新增道路133个，停车场65个、118万平方米，城市绿地298万平方米，中小学和幼托设施52个、42.5万平方米。枣庄的棚改工作得到了上级的充分肯定，在国务院棚户区改造座谈会上枣庄做了典型发言，《人民日报》也予以头版报道，并配发评论员文章。

四、进一步加大棚户区改造力度，助推新型城镇化建设，促进城市转型协调发展

（一）以棚户区改造为突破口，纵深推进新型城镇化道路，走“三化”协调发展的城市转型之路，建设“幸福新枣庄”

对枣庄市而言，有中心城区、区（市）驻地、小城镇和新型农村社区四个层面。这四个层面都有做大、做强、做优的问题，做强区（市）驻地，棚改是突破口。要把棚户区改造视为最大的民生、最大的内需拉动点。要进一步将棚户区改造和新型城镇化相结合，不仅注重“造城”，更注重“造市”，注入楼宇经济、专业市场群、特色商业街区、各类产业园、邻里中心等要素，建设现代化城市综合体，推动城市转型协调发展。

（二）着眼长远发展，把实施棚户区改造作为推动城市转型发展的重要动力

1、通过实施棚户区改造，完善城市功能，促进资源枯竭型城市产业升级。枣庄市站在城市战略发展的高度，把棚户区改造作为完善城市功能、增强城市承载力、提升城市竞争力的重要途径。具体工作中，将棚户区改造规划与新一轮城市总体规划相衔接，对城市肌理和功能分区重新梳理，引入城市综合体、邻里中心等新概念，配套完善城市基础设施和公共服务设施，为发展新型工业和现代服务业提供适宜的场所和广阔的空间，促进产业结构调整，增加就业岗位和居民收入。

2、通过实施棚户区改造，传承历史文化，保持城市特色。改造过程中，对一些有历史意义的遗迹和珍贵的历史街区、代表枣庄市不同历史年代的建筑群等进行有效保护；对历史建筑“修旧如初”，与新社区

融为一体,保持城市历史的记忆;对文化基因、民俗元素等进行挖掘、创新、利用,结合改造片区的地形地貌,实施“有机更新”。初具规模的台儿庄古城,就是由昔日的破旧棚户区改造恢复而建,已经成为文化旅游精品和旅游综合体,并位居齐鲁文化新地标之首。

3、通过实施棚户区改造,改善群众居住条件,加快建设“幸福新枣庄”。枣庄市把群众的所求、所需、所盼始终装在心里,把棚户区改造作为现阶段枣庄市最大的民生和建设“幸福新枣庄”最薄弱的环节。通过棚户区改造,偿还历史欠账,解决影响群众幸福感的最迫切问题,增强市民对城市的认同感、归属感,以及外地人对枣庄的向往、赞誉和尊重,让市民普遍感到城市宜居宜业、地域文化独特、社会文明安全,社会福利及保障水准较高,拥有平实的幸福感。

(三)提升发展理念、改善群众住房条件,推动资源型城市转型持续协调发展

1、着力创新运作模式。一是加大政府主导力度。正确处理好市、区两级的工作职责和任务,做到收放有度。提高政府主导开发的比例,择优选择参与棚改开发企业。二是充分激活市场。加大棚改招商力度,规范项目运作,杜绝暗箱操作,创造公平、公正、高效的服务环境。三是规范项目运作。切实算好每个项目地块“经济帐”,按照“骨肉搭配”原则,实施“打捆”处理,成片、成建制开发,杜绝“吃肉留骨头”现象发生。

2、着力做大做强中心城区。中心城区棚改要围绕“北连、西扩、东拓、南展”的城市发展战略,与各区城市定位结合,推动中心城一体化发展。优化地块模式和城市布局,统一规划建设教育、医疗、道路、商业区等公共设施,对城市功能布局、设施配套、经营业态等进行全方位梳理定位,增强城市承载能力,改善城市面貌,提升城市品位。

3、着力完善住房保障体系。一是加强对各区(市)项目质量监管力度,确保工程质量处于受控状态。二是回迁安置方案阳光透明、安置方式不搞一刀切、户型设计灵活多样。三是安置项目建设后,建立具有最基本的小区保洁、保安服务功能的物业管理模式。

4、着力促进城市经济发展。通过棚改为城市经济发展提供有效载体,变“城市建设”为“城市经济”。一是加快推进重点区域,打造精品工程,发挥示范作用。二是推进枣矿“四位一体”建设,完善新城城市基础设施、提升新城人气。三是尽快启动市直企业棚改实行属地管理,实施统筹改造,促进区域经济发展。

五、促进棚户区改造健康发展的政策建议

近年来,包括枣庄在内的很多资源枯竭型城市,在棚户区改造工作中都付出了很大努力,取得了很好的成效。但由于这些城市历史欠账较多、基础较为薄弱、财力相对不足,棚户区改造工作仍面临着诸多困难。借此机会,提几点建议:

*一是在差异化政策方面。*实施棚户区改造,由上级统一规划、统一政策,也要根据各地实际,分类指导,有针对性地出台差异化政策。特别是加大对资源枯竭型城市电力增容、土地指标、专项资金等方面的支持力度。

*二是在放宽融资渠道方面。*目前,具备商业开发价值的棚户区大多已改造完毕,剩余部分由于拆迁成本高、市场运作难,资金投入更多。在当前中央加强对地方融资平台的管理形势下,地方棚改工作筹措资金的难度更大。建议在棚户区改造方面,中央适当放宽县(区)一级的融资环境。

*三是在完善司法强拆方面。*国务院新的征收条例出台后,司法强拆代替行政强拆,但一直没有破题。现在,有些拆迁项目由于大多数群众意见统一,但因个别“钉子户”要求不切实际,政府无能为力,影响了棚改工作进度。建议上级部门尽快完善相关机制及实施细则,既保证群众的合法利益,又真正解决拆迁难的问题。

*四是在深化户籍改革方面。*新型城镇化,棚改是先行措施,关键还要靠吸引更多的农民进城、融入城市。建议上级加快户籍制度改革,完善就业、住房、医疗和子女教育等方面的配套政策,稳妥推进农村转移人口市民化。

(市统计局投资科)

注:该分析获全省优秀统计分析评比三等奖。

发挥优势促转型　打造高地谋发展

——资源枯竭型城市转型实证分析以枣庄为例

陈　成　陈　永　张　磊

我国有118座资源型城市，占全国城市总数的18%。其中,资源已经枯竭或濒临枯竭的40座,已占到全部资源型城市的1/3。资源枯竭型城市普遍面临着"矿竭城衰"的严重威胁;即便那些资源产业尚处于稳产、成熟阶段的资源型城市,也面临着经济增长缺乏后劲、就业再就业压力巨大、生态环境恶化和社会矛盾积聚等一系列越来越突出的经济、社会和环境问题。本文在对资源枯竭型城市——枣庄发展特点和问题进行梳理分析的基础上，结合国内外资源型城市转型的特点,探讨相关的对策和启示。

一、资源枯竭型城市发展的特点

资源型城市是城市职能分类中的一个重要类别，广义上是指依靠开发自然资源为主要职能建立起来的城市，狭义上是指依托矿产资源开发成立的城市。在118个资源型城市中,包含地级市47个,县级71个。其中,煤城63个,占53%;森工城21个,占18%;有色冶金城12个,占10%;石油城9个,占8%;黑色冶金城8个,占7%;其他类城市5个,占4%。现已有阜新、石嘴山、大兴安岭、黄石、枣庄等42个城市面临资源枯竭问题,已被国务院确定为资源枯竭型城市;现有的8000多座矿山中,400多座资源枯竭,2/3已进入"中老年期",正在加速枯竭进程。资源枯竭、经济衰退、环境恶化、低收入和高失业率等一系列社会问题,已成为资源枯竭型城市的主要制约因素，威胁着其生存和发展。

我国的资源枯竭型城市主要包含以下四个特征:

1、经济结构单一。大多数资源枯竭型城市都是以单一的资源开采和初加工作为主导和支柱产业。调度的12个煤炭城市中，采掘业占工业的比重平均为38%。其中,黑龙江七台河市最高,达80%。作为石油城市的大庆市和东营市，石油采掘业占工业的比重分别为73%和78%,石油加工业的比重分别为20%和8%,合计比重分别达到93%和86%。

2、资源已经枯竭。许多城市在建市之初就是依托矿产资源而立,如大庆、辽源、枣庄等,这些城市曾经保证过我国经济发展中的资源供给，而目前一部分城市即将面临甚至已经面对着资源枯竭。在一些城市中,富矿已近开采完,其余矿产的开采成本已经超出了开采矿产本身所得的经济价值，许多企业必须转产或者停产。

3、发展速度逐步减缓。资源型城市经济发展出现明显相对下滑的趋势，经济发展水平与全国经济发展水平的差距逐渐增大,即使是GDP和人均GDP水平均居于资源型城市首位的大庆市，其发展地位也在不断下降,1990年大庆市GDP仅次于深圳市居全国第二位,1994年排在第八位,2002年滑落到第十三位,2006年继续滑落到第三十七位。

4、城市经济发展完全依赖矿产企业的发展,必然随着企业的兴衰而兴衰。仅仅在煤炭资源型城市中,全国93个煤炭矿务局,煤炭资源条件趋向衰竭,接近报废的矿务局就有36个,比重高达38.7%,其中只有极少数城市如抚顺、唐山、焦作等在产业结构转换中起步较早，而其他仍未摆脱传统发展的资源型城市正面临主导产业断档,剩余劳动力无法安置,城市经济和社会问题较为严重，经济局面日益恶劣的状况。

枣庄作为资源枯竭型城市有其自身的特点:

1、经济发展速度呈现"倒U"字型趋势。枣庄1961年建市,是因煤而建、因煤而兴的资源型城市,是全省第4个设立的省辖地级市。1962年,全市GDP实现2.51亿元,下降13.1%,且一直保持较慢增速。70年代初,受煤炭产业带动,枣庄经济开始加速发展,GDP平均增速在8%上下，其中70年GDP增速达到37.9%,75年达到46.9%。80年代,进入改革开放初期,枣庄经济保持了平稳发展态势,GDP平均增速在10%以上。

90年代，受煤炭、水泥、纺织等产业带动，枣庄经济进入到另一个加速期，“八五”时期GDP增速达到19.7%，是建市以来我市经济发展最快的一个时期。进入2000年，枣庄的经济进入稳定发展期，GDP增速在14%左右。2005年以来，枣庄支柱产业带动作用减弱，尤其是2008年“国际金融危机”，国内经济步入到“转方式，调结构”的发展阶段，受宏观政策影响传统产业发展速度更趋减缓，枣庄经济进入了逐步减慢的时期，自2005年以来GDP增速呈现出持续下滑态势。

2005年以来GDP增速

2、*经济结构以煤炭、水泥为主*。从三次产业结构看，1978年，枣庄三次产业比重为37.2：51.2：11.6，以第二产业为主导的产业结构初步确立；2007年，三次产业比重为8.7：64.1：27.2，第二产业在全市经济中所占的比重达到最高；2012年，三次产业比重为7.8：58.2：34.0，第二产业在经济中仍居主导地位。从轻、重工业看，2012年，枣庄轻工业总产值占全市工业总产值比重为29.8%，重工业总产值比重为70.2%，工业经济偏重特征明显。从支柱产业看，2012年，枣庄工业总产值前3位的行业分别为煤炭开采和洗选业、非金属矿物制品业、化学原料和化学制品制造业，分别占到工业总产值的17.3%、10.7%和10.3%，这分别代表了煤炭、水泥和煤化工产业，说明煤炭、水泥在工业经济中仍居重要地位。从全市纳税前50名企业情况看，2012年，纳税前50名企业中有23家煤炭企业，水泥企业9家，煤炭、水泥企业占到64%。

3、*服务业以传统服务业为主*。从服务业行业构成来看，交通运输、仓储及邮政业、批发和零售业、住宿和餐饮业等传统行业占枣庄市服务业的比重始终较高，2000年传统服务业占比为59.9%，2005年占比为57.9%，2007年以来这一占比分别为55.8%、56.4%、47.8%、46.5%、49.6%、51.6%，传统服务业在服务业中仍居主导地位。而新兴服务业和现代服务业所占比重依然偏低，金融、房地产、信息服务等现代服务业发育不足，占三产增加值比重不足25%，服务业仍处于低层次结构水平。

2000年以来传统服务业占比

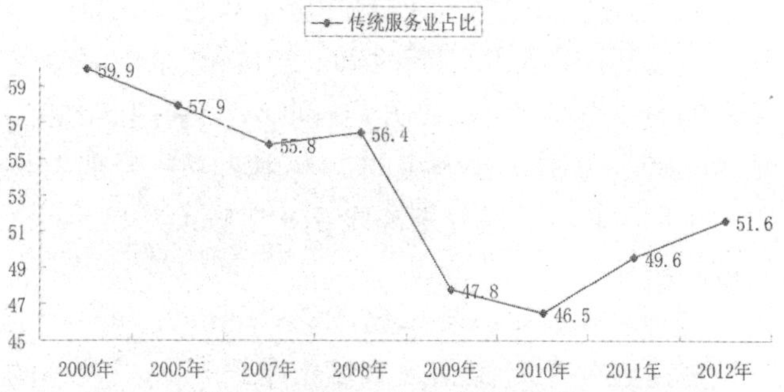

4、*替代产业亟待壮大*。2007年以来，枣庄为城市转型付出了艰苦的努力，但现阶段枣庄市高新技术产业、新兴产业仍较少，电子、医药、食品等高附加值的企业数量仍不足，高技术含量的产品占比仍较低，特别是在工业中占比较大的装备制造业，由于市场竞争激烈，附加值相对较低，导致枣庄经济近年难以达到高速增长水平。从最新调度的纳税50强企业情况看，1-9月纳税50强企业纳税额占全市税收收入比重为38.8%，比上年同期下降6.7个百分点。在纳税50强企业中，新兴产业类企业从无到有，且比重在逐步提升，但目前仅有3家，占比仅6%，对整体经济的带动作用有限，亟待发展壮大。

二、枣庄资源型城市转型现状

（一）*资源型城市转型取得的主要成效*

2007年以来，在国家对资源型城市相关政策引导和资金的扶持下，枣庄大力实施城市转型战略，取得了阶段性成效。2012年，全市生产总值达到1702.92亿元，是2006年的2.3倍；六年来，服务业增加值达到578.59亿元，是2006年的2.8倍；城乡居民养老、医疗保险在全省率先实现全覆盖，在转型的道路迈出了坚实的一大步。一是产业转型升级取得阶段性成效。2007年，枣庄水泥产量3100万吨，增加值仅占全市GDP的3%，能耗却占25%。砍掉1000万吨水泥，只影响全市GDP的1%，但能耗可以大幅下降。因此，枣庄对小立窑、小火电实施了关停，淘汰落后水泥产能1600多万吨、关闭小火电67万多千瓦，总量居山东省第一位。利用腾出的能耗空间，将全市1200多万吨煤炭，转化为精细化工产品。目前，煤炭精深加工产品种类从2006年底的11种增加到44种，翻了2番；项目总投资从63亿元增加到533亿元，翻了3番。同时，还培育了装备制造、新型建材、锂电新能源等八大产业集群。二是服务业实现加快发展。在发展服务业方面，以古城重建为龙头，突出抓了文化旅游产业，带动了全市服务业发展。2012年，服务业增加值占GDP比重比2006年上升了6.8个百分点，其中近三年上升了4.9个百分点。文化产业增加值达到80.4亿元，增长22.4%，占GDP的比重为4.68%，比上年提高0.48个百分点。三是社会民生不断改善。2012年，全市城镇居民人均可支配收入、农民人均纯收入分别达到22960元、9606元，分别是2006年的2.1倍和2.0倍；分别增长13.7%、14.4%，增幅分别高于GDP增幅3.4和3.5个百分点。

（二）枣庄城市转型比较优势

枣庄在26个资源枯竭型城市中属于底子较厚的市，有成为转型领头羊的潜力。2013年8月，山东省政府发出通知，把枣庄纳入西部经济隆起带总体规划，打造转型升级和经济文化融合发展高地，这将对枣庄加快转型升级有强大推进作用，有利于实现枣庄经济的率先隆起。政策叠加效应成为枣庄最大的比较优势，此外与资源枯竭型城市、西部经济隆起带城市相比，枣庄也有其它比较优势：

1、经济基础较好。在26个地级资源枯竭型城市中，枣庄GDP总量居26市第1位，财政收入仅次于焦作市，居第2位，固定资产投资仅次于焦作市，居第2位。在西部隆起带6市中，枣庄建市较早，发展历程较长，有着较好的经济基础。虽然由于枣庄市域较小、人口较少，经济总量同西部经济隆起带各市有一定差距；但人均指标较为领先，其中人均GDP达到45262元，居第2位。

2、区位优势明显。枣庄位于苏鲁交界处，有利于接受长三角辐射、承接长三角的产业转移，可积极融入淮海经济区，与周边市共同构成鲁南经济带和苏北城市群，形成中国经济南北梯次推进的中转站和长三角、环渤海经济区的连接点。在26个资源枯竭型城市中，枣庄的区位优势最为明显，是唯一的东部省份城市。在西部经济隆起带6市中，枣庄是京杭运河发展轴和临枣济荷发展轴的交点。连接中国南北经济的重要动脉京沪高铁、京福高速、京沪铁路、京杭运河都从境内穿过，枣临高速、枣临铁路不仅连接了几大动脉，也打通了枣庄入海通道。

3、生产要素优势。枣庄市人口密度位于省内前列，枣庄常住人口377.2万人，人口密度达到865人/平方公里，仅次于济南，居全省第2位，在26个资源枯竭型城市中居第1位，在西部隆起带6市中居第1位，劳动力资源较为丰富。枣庄在岗职工平均工资为38671元，低于济宁、临沂的43625元和40305元，劳动力成本相对较低。此外，枣庄的房价仅是济宁、临沂房价的50%到60%，生活成本也相对较低。

4、深厚的工业底蕴。历史上，枣庄有着国内最早的股份制企业——中兴公司，发行了国内最早的股票。建市以来，枣庄工业从无到有、从小到大，从挖煤炭、烧水泥到煤化工、新型建材、机械制造等八大集群的蓬勃崛起，产业门类不断齐全。枣庄第二产业占比重为58.2%，在26个地级资源枯竭型城市中居第1位，在山东省居第3位，在西部隆起带6市中居第1位。每平方公里规模以上工业企业个数达到0.313个，居西部隆起带6市第1位。工业是枣庄经济的重要支撑。

5、市场潜力较大。在人口既定的前提下，企业数量和个体工商户数就代表一个地区发展的质量，因为它能说明这个经济体的生命力和活跃度。枣庄城镇私营和个体从业人员达到62.56万人，在26个地级资源枯竭型城市中居第1位，在西部隆起带6市中居第1位；社会消费品零售总额达到552.4亿元，在26个地级资源枯竭型城市中居第1位；城镇居民人均可支配收入达到22960元，在26个地级资源枯竭型城市中居第3位；农民人均纯收入达到9606元，在26个地级资源枯竭型城市中居第4位。这说明枣庄市场潜力较大，有待于进一步开发。

6、城镇化水平相对较高。枣庄城镇化率达到49.4%，在26个地级资源枯竭型城市中，枣庄的城镇化率排在前列。在西部隆起带6市中，高于济宁（46.13%）、临沂（48.9%）、德州（46.24%）、聊城（40.1%）、菏泽（40.01%），居第1位。相对较高的城镇化水平，有利于释放内需潜力，扩大消费需求，优化经济增长动力结构，有利于加快二三产业升级和农业现代化进程，优化产业结构。

7、县域经济综合实力较强。枣庄唯一县级市为滕州市，在全省县域经济中综合实力较强，具有充当西部经济隆起带龙头的实力。滕州市GDP为830.85亿元，占枣庄市比重为48.8%，居西部隆起带60县市区第1位；财政收入达到54.37亿元，占枣庄市比重为46.7%，居西部隆起带60县市区第1位；固定资产投资达到374.8亿元，占枣庄市比重为35.9%，在西部隆起带60县市区中仅次于临沂市兰山区，居第2位。社会消费品零售总额达到256.02亿元，占枣庄市的比重为45.1%，在西部隆起带60县市区中仅次于临沂市兰山区，居第2位。

（三）枣庄城市转型的阻力

1、经济发展速度偏慢。近三年来，枣庄GDP增速为12.6%、10.9%、10.7%，在26个资源枯竭型城市中一直排在20位左右。2009年以来，枣庄GDP增速在西部隆起带6市中一直处于第5位以后，发展速度偏慢。此外，枣庄规模以上工业增加值增速为11.5%，在26个资源枯竭型城市中排在20位左右，在西部隆起带6市中排在末位。公共财政一般预算收入增长16.2%，在26个资源枯竭型城市中排在20位左右，在西部隆起带6市中排在末位。

2001年以来枣庄GDP增速同西部隆起带各市对比表(单位:%)

年份	枣庄	济宁	临沂	德州	聊城	菏泽
2001 年	11.00	11.50	11.50	12.30	12.00	9.10
2002 年	13.10	14.00	12.70	12.60	14.30	10.10
2003 年	16.10	16.70	17.80	16.60	16.40	12.30
2004 年	17.20	17.20	17.00	17.10	17.00	17.10
2005 年	17.40	17.30	17.20	17.20	17.50	17.20
2006 年	16.40	16.50	16.30	16.40	17.34	17.10
2007 年	16.10	16.30	16.20	15.20	16.20	17.10
2008 年	13.10	13.10	13.20	13.00	13.00	15.60
2009 年	12.62	12.70	13.39	12.66	13.34	14.34
2010 年	12.60	12.90	12.90	12.90	13.20	14.30
2011 年	10.85	10.80	12.00	11.70	12.30	14.00
2012 年	10.67	10.96	11.76	12.10	12.66	13.02
年均增长	13.90	14.14	14.31	14.13	14.59	14.24

2001年以来枣庄GDP增速在西部隆起带位次

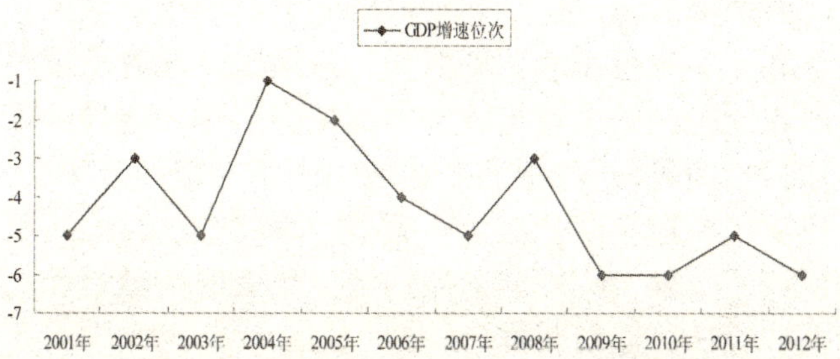

2、经济运行质量效益不高。公共财政收入中的增值税、营业税、企业所得税、个人所得税的税额，代表了一个地方经济发展的质量。枣庄“四税”占财政收入比重为28.9%，低于济宁的44%、临沂的45.3%、德州的37.6%、聊城的41.9%、菏泽的34.8%。规模以上工业利润实现191.39亿元，在西部隆起带6市中排在末位；增长7.61%，在西部隆起带6市中排在第5位。规模以上工业利税实现342.24亿元，在西部隆起带6市中排在末位；增长8.56%，在西部隆起带6市中排在第5位。

3、“三驾马车”对经济的拉动不强。枣庄固定资产投资增长22.7%，在26个资源枯竭型城市中排在20位左右，在西部隆起带6市中排在第3位。在固定资产投资中，房地产开发投资占到了17.1%，高于济宁的12.1%、临沂的11.6%、德州的10.1%、聊城的8.6%，低于菏泽的31.6%；房地产投资对于地方经济的拉动作用是暂时的，不利于地方经济的长远发展，房地产投资占比过高说明投资结构不够合理。社会消费品零售总额增长15.0%，在26个资源枯竭型城市中排在20位左右，在西部隆起带6市中排在第5位。进出口总额为11.32亿美元，在26个资源枯竭型城市中排在15位左右，在西部隆起带6市中排在末位，进出口总额相对较小，对地方经济的拉动作用有限。

4、金融对经济的支撑作用不强。枣庄金融机构本外币存款余额为1146.72亿元，在26个资源枯竭型城市中排在20位左右，但在西部隆起带6市中排在末位。枣庄金融机构本外币贷款余额为916.49亿元，在西部隆起带6市中排在末位。

5、缺少市属大企业集团。枣庄规模以上企业个数为1430个，低于济宁(1551个)、远低于临沂(3754个)、德州(3226个)、菏泽(2491个)、聊城(2332个)。其中大企业19个，低于济宁(51个)、临沂(64个)、德州(52个)、聊城(43个)，仅高于菏泽(16个)。从全市纳税前50名企业情况看，市属企业仅有5家，占到10%，区市属企业有21家，占到42%，央属、省属企业23家，占到46%。其中前10位的企业中，央属、省属企业有9家，占到90%。

6、科技创新能力不足。枣庄高新技术产业产值占规模以上工业总产值的比重为15.47%，低于济宁(21.05%)、临沂(23.6%)、德州(23.88%)、聊城(19.55%)、菏泽(28.63%)。枣庄科技活动人员数为9105人，低于济宁(24990人)、临沂(24571人)、德州(11152人)、聊城(13826人)、菏泽(9469人)。枣庄专利申请授权数为1864项，低于济宁(5457项)、临沂(2706项)、德州(2423项)、菏泽(1912项)，仅高于聊城(1409项)。

三、启示和建议

(一)转型的主要经验和启示

资源型城市有很多优势，比如良好的区位、较好的工业基础和丰富的土地资源，但是在转型初期困难较大。根据国外经验，资源型城市应大力推行资源的集约高效开发利用方式，这样做既能延长资源的开采周期，又能减少对生态环境的破坏，降低转型成本和难度，为转型积累资金和创造有利的条件。

1、国外经验：一是重视相关的立法和规划。如美国针对煤炭资源的管理，先后出台了《矿物租借法》、《联邦煤矿租赁法修正案》等。再如，德国政府为振兴鲁尔工业区，成立专门机构——鲁尔煤管区开发协会，编制具有法律意义的总体发展规划。二是政府进行灵活多样的财政税收支持。如法国为扶持老工业区发展，设立了地区开发奖金、工业自应性特别基金、工业现代化基金等多种形式对资源型地区进行倾斜；另外还通过对行业税、劳工税、不动产转让税、公司税、所得税等税收不同程度和时间的减免来吸引外来企业进入老工业区。三是制定优惠政策吸引外资进入。如日本九州的开发转型，对进入产煤地域的企业设有长期低息的设备资金融资和长期运转资金融资等。另外减免地方税，减收额的80%由政府补贴。四是制定政策鼓励扶持中小企业的发展。国外资源型城市在经济结构转型中，大企业的力量固然重要，但更为重要的是数量众多的中小企业的作用。为此，各国政府纷纷制定政策鼓励扶持中小企业的发展。如英国政府制定了《企业扩张计划》，为中小企业提供资本和技术咨询。在金融政策上增加对中小企业的开业贷款额。在产业衰退地区，小企业每创造一个就业机会，就给予3000英镑的投资补贴。五是利用高新技术促进经济结构转型步伐。如德国政府建立了"鲁尔区风险资本基金会"和新技术服务公司，为新技术企业提供资金和咨询等。

2、国内经验：我国一些资源型城市的产业多元化格局已经初步成型。辽宁阜新把转型方向瞄准现代农业，初步形成八大农业产业化链条框架；黑龙江双鸭山也把农业作为重要的替代产业来发展，同时通过煤炭液化、失重式电子秤等高技术产业化项目，促进新兴产业形成和传统产业的优化升级。

3、资源型城市转型的启示：一是转型离不开政府的财政税收扶持，尤其是在转型初期，政府应分别对城市的生态环境治理、社会保障、基础设施建设、接替产业包括环境补偿机制建立与环保产业化发展等方面给予支持，待转型进入正轨后再逐步减少或取消扶持。二是制定切实可行的法律和规划。需要总体规划和专项规划、长期规划和短期规划，分步骤实施推进。三是产业结构要多元化。转型的实质是逐步减少对资源性产业的依赖，培育和发展非资源性产业作为接替产业，实现产业多元化。产业结构多元化需要一定的过程，既要量力而行，又要充分依托国内外市场变化和自身发展优势，加快多元化步伐。

（二）建议

资源枯竭型城市转型，主要是指城市的产业转型和功能转型两方面内容。产业转型是整个城市转型的基础和前提，同时也是转型过程中最艰巨的问题。产业转型的重点在于产业结构升级和经济体制创新，目标是实现产业的可持续发展。利用比较优势使替代产业或延伸产业逐步形成并成长为主导产业，是资源枯竭型城市转型的主要内容。推进资源型城市转型，要摈弃原有工业模式的弊病，合理布局，根据自身的特点发展资源后加工产业和非资源型产业，实现可持续发展。

1、做好转型攻坚阶段总体规划。

当前我市的城市转型进入了攻坚阶段，需要结合前期规划对这一时期的经济发展进行深入规划。规划应突出"增强动力、加快发展，发挥优势、突破发展，创新驱动、转型发展"。规划应充分考虑同周边市尤其是西部隆起带各市间的区域竞争；做大优势、赢得竞争，错位发展、规避劣势。在区域规划上，应突出各区（市）发展的优势，将优势放大。在产业规划上，应重点关注产业发展的潜力和市场竞争力。

2、重点抓好大项目引进工作。

一是成立重点项目评估机构。该机构应由咨询策划专家、经济学家、技术专家和企业家组成。该机构应定期举行大项目会议，研究、谋划、生成、评估、推进对我市经济社会发展有强力带动作用的大项目。

二是建立合理的招商机制。在某个大项目确定后，由重点项目评估机构对其进行调查研究，并建立产业链项目库、客户群及联络网，筛选国内外相关企业和产品进行跟踪，同时动员与这些企业有上下游产业链关系的企业与政府一起招商。建立这样的大项目招商机制，使招商工作取得事半功倍的效果。?建议把我市新能源产业集聚、新医药产业集聚、新材料产业集聚、高端装备制造产业集聚等大项目作为突破口认真谋划和推动。

三是建议推进产业集聚，让项目在产业集聚中自然生成，作为培育大项目生成机制的突破口。通过大项目生成机制，实施产业链招商。通常意义上的招商，是看准外商一个投资项目就紧追不放，直到把项目拉回来落地为止，就算招商成功了，这种招商模式因更具随意性而缺乏再生的内在动力。这里举一个福州经济开发区的案例，目前在福州经济技术开发区内，来自世界各地的，为华映光电股份有限公司配套的上下游企业已达17家，投资总额10亿美元。产业集聚效益使开发区的电子信息产业越做越强，华映光电已成为全球最大的显像管生产基地，开发区也在产业集聚中，实现了"百亿电子城"的目标，成为全国四大电子信息产业基地的重要组成部分。这种大项目生成的招商机制，顺应了国际资本和技术流动追求低商务成本、低损耗、快流转、零库存的趋势。引进的大项目具有做大做强产业链的功效，有利于区域经济发展，增强区域经济竞争力，提高产业的关联度和竞争力，形成产业聚集效应。

3、全力推进传统产业转型升级。

枣庄在城市转型的过程中，产业结构的多元化不能以放弃煤炭、水泥产业为出发点。要按照“传统产业新型化、支柱产业多元化、新兴产业特色化”的结构调整思路。现阶段我市的资源性产业在省内和周边市地具有明显的比较优势，有资源、有开采、加工技术和人才，这是其它地区很难模仿的，在没有形成新的优势前，发挥当前优势是我市现阶段的可行之路。要发展以煤化工、建材、数控机床为龙头的工业产业集群，努力将枣庄建成国内最有潜力、最具竞争力的工业生产基地。要继续保持和加强与长三角经济联系密切的传统，发挥和长三角产业互补的优势，抓住长三角先进制造业外迁转移的机遇，优化传统产业、调整产业结构，引导产业升级。

4、努力培植接替产业。

一是发展壮大物流业。枣庄具有其他资源枯竭型、西部隆起带城市无法具备的区位优势，内河航运有成本低廉的优势，高速铁路、高速公路有快速便捷的优势，铁路具有四通八达的优势。应将这些优势进行整合，发展物流业，培植壮大本地物流企业，吸引外地物流仓储企业，打造物流节点城市，将物流产业做大做强。

二是发展外贸加工业。枣庄具有与出海口相对较近的区位优势，有便捷的交通路网，又有相对低廉的劳动力资源，能够发展外贸加工业。同时，发展外贸加工业，有利于弥补枣庄外需长期不足的短板，实现全市经济的协同拉动。建议向国家和省争取相关优惠政策，建立外贸加工园区，吸引有潜力的企业入园落户。

三是打造周末休闲游目的地。枣庄具有独特的旅游资源，有江北唯一的水乡古城，有世界最大的万亩榴园，有国家级地质公园熊耳山，有深厚的工业文化。同时，枣庄市内及周边存在既有一定消费能力、又有休闲消费需求的群体。短途、中档消费水平的休闲游目的地会成为这一群体的首选。因此建议结合枣庄的旅游资源优势，加大旅游基础设施投入力度，引进老少皆宜的休闲游项目，打造工薪消费水平的周末休闲游目的地，从而提升枣庄城市的人气，繁荣消费市场。

5、以创新驱动促进转型升级。

按照钱纳里关于发展阶段的理论，人均GDP在1000至3000美元时，经济发展主要依靠要素驱动；3000至5000美元时，主要依靠投资驱动；5000至8000美元时，主要依靠创新驱动；8000美元以上，则主要依靠财富驱动。2012年，枣庄人均GDP已达到7196美元。可见，枣庄经济已进入创新驱动的新阶段。在这一阶段，只有不断提高企业的科技含量，提高产品的附加值，才能提高经济发展的质量和效益、实现转型升级。工业经济增长动力与可持续发展能力，必须摆脱对资源、资金等传统要素的过度依赖，转入主要依靠高新技术、高素质人力资本和知识产权等创新要素驱动的轨道。首先，制定以创新驱动推动工业转型升级的发展战略。其次，通过深化改革建立健全符合经济发展阶段的创新体制机制和政策体系。第三，加强创新型人才队伍建设，为工业转型升级提供智力支撑。

（市统计局综合科）

注：该分析获全市优秀统计分析评比一等奖。

“两化融合”推进 枣庄信息产业发展及信息化建设

姜　英　冯永亮

信息化是衡量一个地区工业化和现代化水平综合实力的重要标志。党的十八大把信息化建设作为新“四化”的重要内容，提高到国家发展战略高度。今年初，省政府出台了《关于开展“智慧山东”试点工作的实施意见》（鲁政办发［2013］3号），明确了全省信息化建设的任务目标，并把我市列为全省唯一的“智慧社区”试点城市。市委、市政府近年来高度重视信息产业发展及信息化建设，枣庄市第十次党代会提出将加快信息产业发展、促进信息化融合作为“幸福新枣庄”建设的重要内容。为全面反映我市贯彻落实中央、省、市决策部署情况，推进结构调整和产业升级，加快信息产业发展，提升信息化水平，现对枣庄市的信息产业基础条件以及信息化建设进行分析，供领导决策参考。

一、信息产业及信息化建设基本情况

（一）信息产业发展具有一定基础

作为传统的资源型老工业城市，我市信息产业起步晚、底子薄，但经过近几年的培育发展，目前已初具规模，具备了快速发展的条件。

1、信息技术制造业发展势头良好。我市电子信息产业产品种类主要有：仪器仪表、电线电缆、磁性材料、新型蓄电池和锂电池、汽车电子、数控机床配件及数控系统等，具备了一定的产业聚集度，发展势头良好。今年1–7月，全市拥有规模以上信息技术制造企业58家，实现增加值同比增长25.3%，增速高于全市平均14.2个百分点；实现主营业务收入、利税、利润分别为64.78亿元、3.44亿元、5.76亿元，同比分别增长26.0%、43.3%、31.3%，增幅分别高于全市平均15.6、55.4和36.0个百分点。骨干企业主要有：山东华能线缆有限公司、山东瑞宇蓄电池有限公司、山东恒瑞磁电科技有限公司、滕州市滕海分析仪器有限公司、滕州市信立泰电缆有限责任公司、滕州市安达电子仪表有限公司等。

电池制造业迅速发展，势头强劲。电池行业主要是锂离子电池，在全国具有一定的市场份额。目前，规模以上电池制造企业8家，主要集中在高新区、滕州市，骨干企业有海特电子、润峰电子、滕州瑞宇蓄电池等，主导产品有消费型电池、储能型电池、动力型电池、锂电池电解液及电动自行车等。1–7月，8家电池制造业实现销售收入6.22亿元、利润3909万元、利税6882万元，同比分别增长56.9%、93.7%和74.6%；铅酸蓄电池中，以滕州瑞宇蓄电池公司为代表，发展迅速，贡献作用增强。1–7月，实现销售收入、利润、利税所占比重分别占电池制造业的39.1%、44.4%和25.6%，同比分别增长96.2%、88.7%和65.9%。

LED半导体照明规模以上企业有5家，主要集中在市中区和滕州市，代表企业洪海广告是国内最大的三面翻、多面翻广告机、LED显示屏生产企业，在同行业中具有领先水平。1–7月，LED制造业实现销售收入7.26亿元、利润4161万元、利税6566万元，同比分别增长33.7%、24.2%、9.8%。5家企业拥有多种自主知识产权的产品及专利，蕴含的市场潜力较大。

电子元件制造业迅速成长。经过近几年的发展培育，电子元件制造业初具规模，成为全市信息产业的重要组成部分。1–7月15家电子元件制造业实现主营业务收入、利润、利税分别为17.98亿元、1.06亿元、利税1.72亿元，同比分别增长27.5%、26.2%和21.5%，占全部信息产业的比重分别达27.8%、30.8%、29.9%。其中主营业务收入过亿元6家，运行质量普遍较高，并且均达到高速增长区间，对全市信息产业的较快发展起到了强有力地支撑作用。

仪器仪表制造业占有一席之地。1–7月10家企业实现主营业务收入、利润分别为11.26亿元、0.63亿元，同比分别增长14.5%、8.4%，占信息产业的比重达17.4%和18.3%。代表企业鲁南瑞虹化工仪器公司年产气相、液相色谱仪，石油、电力、商检等行业专用分析检测仪器1200台套；滕海分析仪器公司产品广泛用于卫生防疫、环境检测等行业，产品市场占有率省内达到41%、国内达到28%，具有较大的发展空间。

其它基础电子企业，产品主要有电线电缆、光纤光缆、变压器等电器机械及器材，虽然规模不大，但部分产品技术优势比较突出，市场潜力较大。1-7月实现主营业务收入8920万元、同比增长16.5%；华能电缆公司建有省级企业技术中心、院士工作站和山东省电线电缆高分子材料工程实验室，自主研发的环保型防鼠防蚁电缆，填补国内空白，解决了国际难题，被科技部列为“国家重点新产品”；滕州晨辉电子集团生产的单晶铜键材料，具有较高的科技含量；山东东政变压器公司的节能环保非晶合金变压器产品有十大系列、百余品种、500多个规格，涵盖整个配变电力市场；东方光源集团成功涉足信息科技、高分子材料、传媒等相关领域，铜芯交联等多项光电缆产品列入国家“火炬计划”，在机场、高铁、石化、国防建设等项目使用中有较高赞誉。

2、自主创新能力显著增强。全市规模以上电子信息企业大多设立了研发机构，开展了产学研联合，均属于高新技术企业，省、市级企业技术中心达到13家。山东华能电缆有限公司建有省级企业技术中心、院士工作站和山东省电线电缆用高分子材料工程实验室，自主研发的环保型防鼠防蚁电缆系列产品，解决了国际性难题，产品填补国内空白，被科技部列为“国家重点新产品”，并荣获“山东省科技进步二等奖”。滕海分析仪器有限公司研制的“DK2010型顶空进样器”获得山东省中小企业科技进步奖三等奖。安达电子仪表有限公司研制的“汽车行驶记录仪”获得山东省中小企业科技进步二等奖。通达电子有限公司研制的“智能控制吹灰器”填补了国内空白，达到了国内领先水平。山东鲁南衡器有限公司研制开发的“电子汽车衡”获得国家科学进步奖，开发的“鲁南衡器地磅称重软件”在国内处于领先水平。腾智信息技术有限公司开发的“腾智伸线企业管理系统V1.0”获得山东省优秀软件产品奖，“腾智标准件企业管理系统V1.0”获得山东省计算机应用优秀成果三等奖。

（二）软件业处于起步阶段

软件开发和系统集成方面一直是我市的短板行业。2012年前，从事计算机服务和软件业的私营企业有654户、从业人员5000余人，个体工商业3431户、从业人员7000余人，这些企业大多没有独立软件开发和系统集成的资质或能力，主要为软件成品销售、计算机维修，且规模较小、业务量普遍较低；具有软件开发和系统集成能力或资质的企业有25家，其中具有“双软”认证的企业2家，主要从事基本平台的构建和部分企业信息化解决方案。自2012年以来，我市积极开展产业招商，在台儿庄区建设了软件和服务外包园，引进山东炫动软件公司、山东舜华信息公司等8家软件开发企业入驻，使我市软件开发企业达到33家，2012年实现销售收入3135万元，2013年上半年仅离岸外包合同金额即实现270万美元。为引导软件企业规范发展、加强行业自律，正在筹备成立市软件和信息服务行业协会，将促进我市软件行业逐步走上正常发展轨道。

（三）信息网络基础设施建设进一步完善

近年来，围绕“宽带中国战略”、“光网城市”和“智慧山东”目标，我市不断加大信息服务业基础设施投资，不断扩展无线电管理领域，逐步增强信息化技术手段，目前已经形成了以数据通信、大容量程控交换、无线通信、光纤通信、卫星通信等为支撑的立体化现代信息网络，技术层次、网络规模和服务手段已达到较高水平。

1、信息基础设施建设稳步提升。信息化网络基础设施日趋完善，形成了大容量、数字化、覆盖各镇街的光缆网络，移动通信、互联网等信息化终端的普及率和接入率显著提高。截止目前，全市移动通信基站达到3562个，公众无线热点3500个，互联网出口带宽320G；高铁、国道、省道等主要交通干线2G、3G的基站覆盖率达到100%；全市行政村基本实现了100%的无线覆盖。2012年，全市邮电业务总量55.3亿元，主营业务收入23亿元。截至2012年底，全市电话用户总数达到370万户，其中固定电话用户50万户，移动电话用户320万户，移动电话普及率81.2%；交换机总量400万门，互联网用户达到40万户，互联网用户普及率达到35.7%。

2、重大项目建设有突破。一是去年招商引入的枣庄数据中心项目，目前IDC1号机房正在土建，所需宽带已经铺设到位，线路正在调试，年内即可吸引优酷网、央视国际、国家公务员培训网等国内知名信息企业入驻，可使枣庄成为京沪两地数据服务的“离岸服务中心”。二是中央电视台互联网电视项目取得了突破性进展，研发建设的CNTV一级播控平台，整合了电信运营商、央视国际、长虹三方资源，核心节点平台已经建成并试运行，其运营及管理方式被央视誉为三网融合的“枣庄模式”。三是宽带提速、光纤到户工程已有实质性进展。2012年底，市政府出台了《关于加快推进枣庄市光纤到户建设的意见》，今年4

月，成立了“枣庄市光纤到户工作协调小组”，按照工信部、住建部光纤到户国家标准，督促各运营商分类推进宽带普及和光纤改造。目前，新建小区光纤到户正在积极推进，老旧小区升级改造逐步铺开。

（四）信息化推进工作进展顺利，亮点纷呈

近年来，市委、市政府高度重视信息化建设，相继出台了一系列加快推进信息化建设的措施意见，并于2009年成立了市政府信息化工作领导小组；2010年，组建成立了市经济和信息化委员会，工业化与信息化融合发展进入了的新阶段，全市信息化建设工作得到加强。各级主管部门立足职能，对信息化工作开展了一系列积极探索，企业信息化、产业信息化、政务信息化、社会信息化等部分工作走在了全省、乃至全国的前列。

1、工业与信息化的融合成效显著。以枣矿集团安防系统建设为突破，引入3G等信息技术，逐步实现了煤炭企业生产、安全、管理、销售等过程的自动化和智能化，率先在我市传统煤炭行业中实现了信息化改造，形成的“智慧矿山”枣庄模式在全省、全国推广。滕州市被列为全省“两化融合”综合示范县(市)，已在机械制造、煤化工、食品医药、新型建材、轻纺、能源等传统行业领域全面推行行业信息化解决方案，鲁南机床、创硕公司、腾龙网络科技公司、威达重工、恒瑞磁电、滕海分析仪器等7家企业的信息化应用项目纳入全省利用信息技术改造和提升传统产业发展专项。腾达不锈钢的“控制及企业ERP管理系统”作为全省26个项目之一，列入国家“倍增计划”。鲁南机床、威达重工、滕州机床厂被列为山东省数字化装备制造中心，三合机械被列为山东省信息技术推广中心。

2、政府信息化水平显著提高。建立了全市“工程建设领域项目信息公开和诚信体系”平台，实现了区(市)及重点市直部门公开共享专栏的开通，率先成为与省级平台对接的四个地市之一。以电子监察、行政审批和公共资源交易为主要模块，建设了行政审批中心信息化平台，技术和应用在全省领先，推动了全市行政审批工作“两集中两到位”。搭建了“警务通”、环保监控、经信运行调度、教育系统信息化、智慧卫生等信息化平台，实施了“金土”、“金关”、“金财”、“金税”等政务信息管理工程，提高了政府和部门的快速应急能力和社会服务水平。

3、社会信息化建设效果突出。完成了城市一卡通和数字城市认证平台建设，目前“同诚卡”已广泛应用到水、电、气、通信、公交等公用事业领域，餐饮、娱乐等小额支付领域，考勤、门禁、停车等社区管理领域，带有同诚卡功能的健康卡也即将投入使用，极大方便了市民生活，其旅游门票一卡通、手机支付一卡通等技术应用在全国领先，并于2012年获得了央行“第三方支付”牌照。

4、“智慧城市”建设已经破题。今年，我市被省政府确定为全省智慧社区建设唯一试点城市，安侨东城国际被列为重点样板工程。智慧社区试点建设进展顺利，目前该社区呼叫中心、安防监控、智慧家居系统正在加紧建设。同时，依托滕州市列入省“两化融合实验区”的优势，在滕州开展智慧城区建设试点。我市以智慧社区、智慧医疗、智慧校园、智慧安防、智慧交通、电子超市等为具体内容的“智慧城市”建设已经破题。

5、电子商务发展迅猛。已建成中国现代玻璃网、城头豆制品、峄城冠世乐淘等多家电子商务平台，拓宽了企业营销渠道。目前，城头豆制品商务平台已拥有注册会员单位400余家，仅2012年即实现交易360余宗、交易额5000万元；国兴电子商务交易平台运行半年已累计开展商品交易3000万元；泰和水处理公司80%的产品通过电子商务完成。市中区纺织服务平台架构已经确立，会员达300余家纺织服装企业。市电子商务协会登记注册等前期筹建工作顺利完成，8月中旬即将召开成立大会，下步将有效整合、聚集电子商务企业和信息资源，搭建电子商务发展的新平台。

二、存在的问题

（一）信息产业体量小、层次低、覆盖面窄。我市电子信息产业层次总体偏低，产品种类少、附加值不高，基本处于产业链末端；电子信息产业总体规模偏小，且占全市工业总量比重较低；大多数企业规模偏小，产业领域覆盖窄。软件业还刚刚起步尚未形成规模；汽车电子、光伏产业等高端产品领域较为薄弱；消费类电子业、计算机、通信、集成电路、微电子等新兴产品尚待培育。至2012年底，全市电子信息设备制造业增加值占规模以上工业比重仅为4.6%，低于全国13.9%、全省9.6%的平均水平。信息产业利润主要集中在具有自主知识产权及专利的高端上游领域，而我市信息支柱企业主要集中在以信息设备基础件为主的低端行业。

（二）骨干企业少、核心竞争力不强，产业创新能力较弱。我市信息企业数量虽然有所增加，但实力弱、研发投入尤其是在基础性研发上的投入不足使企业研发力量不强，产业创新体系尚未形成，自主知识产品比例偏低，大部分核心技术和关键配套产品依赖外部供给，产品的质量、品牌、技术含量缺乏竞争力，具有自主知识产权的高新企业更少。以企业为主体的科研成果转化机制、高科技产品产业化促进机制以及产业公共服务平台建设相对滞后。

（三）缺乏支持快速发展的载体。从国内外信息产业发展先进经验看，园区是信息企业聚集、人才汇集、技术集成、要素配套的高效孵化器，大连、苏州、济南等信息产业的发展皆是如此。我市不仅缺少对信息产业园区的规划，对已有的滕州信息产业园、台儿庄软件和服务外包园也缺少有效扶持，形不成聚集引领效应。

（四）信息化推进较缓慢。电子商务、新型通信装备、嵌入式软件、信息服务平台建设等方面尚未起步，还没有形成信息化产品的提供群和应用群；信息技术服务外包、业务流程外包、交通物流、公共技术服务平台、配套服务设施等生产性服务能力发展不足；利用信息技术改造和提升传统产业效果未能充分体现，“两化融合”亟待加速推进。

（五）产业发展环境亟待改善。电子信息产业方面的中高层次、复合型人才缺乏，培养、引进、使用和留住人才的内外部环境和机制难以适应产业发展和参与国内外市场竞争需要；投资力度和研究开发费用偏少，发展后劲不足，企业尤其是中小型企业资金紧缺现象严重，制约了企业的成长和发展。高技术、高附加值的产品较少，市场竞争能力差。企业创业投资体系不尽完善，基础设施、配套设施、服务平台、法制建设和政策扶持的步伐相对滞后于产业发展的实际需要。

三、产业发展优势分析

“十二五”时期及今后5－10年间，我市电子信息产业发展既面临严峻形势，又具备难得的快速成长机遇。发展优势：

（一）产业内在驱动优势。电子信息技术的发展趋势仍将沿着数字化、网络化、智能化方向发展，硬件与软件在各种创新思维的推动下，不断完善、相互补充、相互融合、推陈出新，电子信息技术仍将是提高社会信息化水平，提升人类生活水平，推动经济发展的核心动力。

（二）市场需求拉动优势。随着电子信息产品市场的结构性增长，全球信息技术转型升级步伐加快，特别是随着数字化、网络化、平板化、融合化、服务化趋势的深入，传统的产品因无法兼容新技术面临被淘汰的命运，由此引发一股更换电子产品的热潮，智能手机、平板电视、网络设备、笔记本电脑、软件与网络服务等领域将保持较快发展，市场前景广阔。同时随着新兴市场的兴起，也将对全球电子信息产品市场带来明显的拉动效应。

（三）宏观环境优势。党的十八大提出，“坚持走中国特色新型工业化、信息化、城镇化、农业现代化道路，推动信息化和工业化深度融合、工业化和城镇化良性互动、城镇化和农业现代化相互协调，促进工业化、信息化、城镇化、农业现代化同步发展。，互协调化革方案，”并明确要求到2020年，“工业化基本实现，信息化水平大幅提高。”这将有利于加快电子信息产业改造传统产业的步伐，从而促进电子信息产业的进一步发展。

（四）优越的区位优势。我国电子信息产业主要集聚于长三角、环渤海、福厦沿海、珠三角区域，山东省确立的以青岛为龙头、以胶东半岛为制造业基地、沿胶济铁路线铺开的电子信息产业带已经基本形成。我市则位于山东省南部，北京与上海连接线的中间，特别是随着京沪高速铁路通车运营，枣庄发展跨入高铁时代，具有区位优势，将进一步融入长三角、环渤海两大经济圈，充分接受长三角、京津唐、济青烟威的辐射和带动，共享交通网络、金融资本、人才和信息等资源，实现产业联动和功能互补，加快区域经济一体化进程。

（五）城镇化推进优势。市委、市政府提出全面加快城镇化进程，把推进城镇化作为实现科学发展、转型发展、跨越发展的重要举措。电子信息产业作为新兴产业，对进一步优化产业结构、大力推进城镇化进程、实现可持续发展将起到“助推器”的作用。没有现代化的工业，就不可能支撑一个城市长远的发展；没有新型工业化，也就没有新型城镇化。我市电子信息产业发展要积极适应宏观环境变化，充分发挥对其它产业发展的加速与倍增作用，抢抓发展机遇，加快引进培育，，进培育“业长机遇，促进快速发展。

（六）先天的后发优势。尽管我市电子信息产业规模较小，产业层次较低，但是，从当前产业发展趋势、宏观环境、国家及山东省产业发展布局、枣庄的区位优势等方面来考察，我市发展电子信息产业具备了千载难逢的机遇和后发优势，知不足而奋起直追，牢牢抓住我市全省唯一的“智慧社区”试点城市以及山东省认定为首批信息化与工业化融合实验区、滕州经济开发区被认定为省级电子信息特色园区的重要机遇，坚持高起点规划、高标准起步，加大招商引资力度，加速膨胀规模，促进全市电子信息产业实现快速发展。

四、下步发展重点

以十八大精神为指导，积极贯彻国家、省、市关于加快信息化建设步伐，推动信息消费的一系列战略部署，统筹规划、协调发展，重点突破、稳步推进，进一步扩增量，加快发展现代信息技术产业；优存量，加快推动信息化和工业化深度融合；广普及，加快社会领域信息化步伐；惠民生，构建先进适用的信息通道和信息平台，为信息化建设提供坚实有力保障。

（一）以数据中心建设为突破，招商、整合、提升并举，加快电子信息产业发展。一是加快枣庄数据中心建设，并以此为平台和纽带，加大产业链招商，主动与国内外知名企业集团“攀亲结贵”，充分利用我市处于南北通讯主干网连接点及人力、土地、用电、物流等要素成本低的优势，围绕数据储存、信息服务和软件外包等领域开展产业招商，努力承接北上广等一线城市信息服务业转移，建设一批大数据储存、软件和服务外包、呼叫及灾备中心项目，带动电子信息、软件开发、工业设计等配套产业发展，形成完整的信息服务业产业集群。二是依托现有优势电子信息企业，重点发展锂电新能源、磁性材料、电子元器件、通讯光缆、数码科技等电子产品，尽快形成具有一定规模和比较优势的特色信息产业。

（二）以“智慧矿山”成功经验为示范，推进“两化”深度融合，促进工业转型升级。“智慧矿山”建设探索出了工业化与信息化融合的成功模式，下一步继续拓展信息技术在工业领域的应用，实施“两化”深度融合专项行动和示范企业培育工程。以企业为点，推动生产过程自动化、管理智能化，提升企业信息化水平；以行业为线，建立一批面向传统产业和中小企业的“两化”融合公共服务平台，推动产业转型升级；以园区为面，立足滕州信息产业园、台儿庄软件园、市中区鲁南信息产业园等基础，引导鼓励企业入园发展，努力打造省级两化融合示范园区。每年评选信息化程度高、示范带动效应强的10大“两化”融合示范企业，发挥龙头示范作用，推动工业和信息化深度融合。

（三）以“智慧社区”建设为契机，全面推广信息化应用范围，助推新型城镇化建设。抢抓“智慧山东”建设的历史机遇，主动对接，抓好试点，以点带面，确保我市在此轮信息化浪潮中不落伍。一是确保“智慧社区”试点成功。发挥枣庄一卡通的领先优势，以安侨东城国际为重点，通过智能家居、智慧楼宇、远程医疗、社区呼叫中心等信息技术在节能、安防、物业管理等领域的深入应用，加快推进“数字家庭”建设，探索可以复制的成功模式，并逐步推广。二是统筹规划，扩大现代信息技术的应用范围，全面抓好“智慧枣庄”建设。拓宽第三方支付领域，重点加快城市一卡通升级改造；推进和加快现有电子商务平台建设，加快物联网产业发展；完善电子政务综合服务平台，提升机关办公效率。

（四）以宽带提速和光纤到户为抓手，加大信息基础设施建设，打造信息化发展的坚实载体。一是高点定位、合理布局，将信息基础设施建设纳入城市整体发展规划中，统筹考虑、有序建设。二是引导运营商增强社会责任感，积极参与地方经济和信息化建设，按照适度超前原则，加大信息基础设施投入力度，为信息产业和信息化发展提供有力保障。三是推进宽带提速和光纤到户，引进下一代互联网技术，并将宽带提速和光纤到户工程统筹纳入智慧城市和新型城镇化建设，发挥市光纤到户协调小组督导作用，加快信息基础设施改造建设进度，确保新建小区全部光纤到户，“十二五”末老旧小区完成光纤入户改造。全市互联网出口带宽提高到1000G，让互联网、信息技术惠及广大民生。四是加强信息安全保障，加大无线电管理力度，提高对各种无线电波和频率使用状况的技术监测能力，实现重要信息系统和基础信息网络安全。依法加强个人信息保护，规范信息消费市场秩序，提高网络信息安全保障能力。

（五）以整合资源为路径，搭建信息化对接平台，凝聚信息化发展合力。当前，虽然融合发展已成为共识，但是受管理机制、运营模式和信息不对称等制约，仍存在资源分割、重复建设、业务交叉、壁垒保护等现象，亟需推进各层面的信息资源整合。一是开展“工信对接”活动，建立信息资源目录，加强政、企、信的沟通和交流，将企业的信息化需求与电信运营商等信息服务企业的技术优势结合起来，搭建“两化”融合的桥梁。二是充分发挥软件和信息服务业协会、电子商务协会等协会作用，有效组织行业发展，加强行业自律，形成抱团闯市场、竞合谋发展的双赢模式。三是发挥市信息化工作领导小组的牵头作用，坚持全市“一盘棋”，整合分散在各级各部门现有信息化平台资源，整合已有的网络资源，整合运营商信息化研发和建设资源，最大程度地实现跨部门、跨区域的业务应用和工作协同，最大程度地降低内耗，形成分工合理、竞争有序、信息互通、资源共享的网络信息工作格局。四是成立“枣庄市两化融合促进中心”，加强信息化专家咨询委员会建设，凝聚和培养信息化专家人才队伍，为信息化建设提供智力支持。

五、加快信息产业发展及信息化建设的建议

以十八大为标志和起点，信息化建设的步伐将不断加快。我们必须积极顺应潮流，发挥后发优势，抢占新一轮产业制高点。

（一）加强组织领导。一是强化市信息化工作领导小组对全市信息化推进工作的牵头抓总、决策协调作用，理顺分散于几个部门的信息化工作职能，对政府投资的信息工程项目，投资主管部门在程序审批前，必须征求信息化主管部门意见；按照市区一致、上下对口原则，各区（市）也要根据工作职能理顺工作机制。二是进一步转变思想观念，坚持服务与协调，加强产业指导，统筹优化资源配置，有效集成全社会各方面力量，集中精力促进电子信息产业和项目发展，创新工作方法，突出工作重点，建立服务和引导型的产业管理体制。

（二）强化顶层设计。一是在全国和省信息产业发展格局和规划框架下，高起点编制全市信息产业和信息化发展的总体规划和专题规划，找准电子信息产业发展的定位，选准发展方向和发展重点；市财政列支专项资金，聘请国内高水平信息化专家介入，科学指导、制定我市信息产业发展规划，提高政府对产业规划、引导、管理的科学性。二是加强对信息制造业和信息服务企业的现状普查，建设政策、信息、资金、税务、工商等服务于一体的产业服务平台。结合产业基地和产业园发展，完善对信息化和信息产业的统计指标体系。三是规划建设基础设施先进、政策优势明显的信息产业园或信息孵化园，努力形成“政策洼地”效应，打造信息产业和信息化发展高地。

（三）落实扶持资金。一是按照《关于工业转型振兴的实施意见》（枣政发[2012]10号），建议尽快设立市级信息产业发展专项资金，各区（市）也要配套落实信息化专项资金，以鼓励企业在管理、生产、销售、流通等领域的信息化建设和信息消费。二是对财政给予各部门的信息化建设资金，加强统筹和管理，避免重复建设。三是凡财政投入的信息化项目，从规划设计、立项审批到建设、验收、评估等环节实行全程审计和监督。四是充分发挥政府的组织、协调作用，搭建银企资金供需洽谈平台，建立协调发展和良性互动的银企关系，切实解决银企双方资金供需信息不对称，货币政策传导机制不顺畅的问题。五是加强银企之间的相互沟通，有效地引导金融机构增加对电子信息产业的信贷资金投入。鼓励引导企业按照自愿、互利原则组建由政府和企业共同投资的互助性贷款担保公司，为当地信用好、产品有市场、经济效益好的中小型电子信息企业贷款提供担保。

（四）鼓励自主创新，积极推动技术成果产业化。一是提升企业技术创新能力。注重科技创新的知识产权保护，重视提升中小企业的技术创新能力建设，推动企业间特别是同行业企业间建立多种形式的技术创新战略联盟。加强科技服务中介机构建设，促进技术交流合作。二是建立自主创新支撑服务体系。在财政、税收和金融等方面严格贯彻落实优惠扶持政策，加大对技术研发的支持力度，着力为技术创新活动提供良好环境；以企业为主体，以项目为纽带，以产业化为目标，按政府引导、市场化运作，逐步形成官、产、学、研融合互动的技术创新体制和机制。三是抓好科研成果产业化和引进技术的消化、吸收、创新。建立专项资助制度，加大科技投入，抓紧在软件及现代服务业信息支撑技术、嵌入式系统技术、新型元器件技术、光电子技术等关键技术领域组织若干具有战略意义的重大科技攻关和重大专项；加强与省内外信息科技交流与合作，及时做好引进消化吸收再创新工作，形成有自主知识产权的技术与产品。

（五）提高招商质量，促进电子信息企业协调发展。一是加大招商引资力度，提高引资质量和水平。进一步优化投资营商环境，健全招商引资领导协调机制、责任制和跟踪服务机制，提高招商引资的竞争力；抓好已签约项目的跟踪和落实，提高履约率、开工率、投产率。二是落实完善各项政策，支持电子信息小微企业发展。落实和完善促进民营经济发展的政策措施，鼓励民营经济企业加大科技创新的投入力度，开发具有自主知识产权的产品，向“专、精、特、新”方向发展，争创名牌产品，实施名牌发展战略。三是积极推动内外源性产业协调发展。把引进外来资金与调整优化产业结构、提高产品质量紧密结合起来，鼓励本土企业创立具有自主知识产权的知名品牌，实施品牌拓展、品牌合作，增强产品在国内市场上的竞争力。

（六）研究信息消费政策。信息消费将成继房地产、汽车之后又一消费领域新的经济增长点，目前国家工信部正在从加强信息基础设施建设、增强信息产品的供给能力等方面研究出台政策。对此，我市可先从推进光纤入户、实施宽带普及工程、电子商务发展和建设智慧社区等入手。而这些工作涉及部门多、技术性强，仅靠某一个部门难以推动和完成。建议市政府召开协调会或建立部门联席会议制度，共同研究确定工作方案，明确任务分工，督促相关部门及电信运营商履行各自职责，政府督查室强化督导检查，形成切实有效的工作推进机制，确保工作力度和进度。

（市统计局工交科）

注：该分析获全市优秀统计分析评比一等奖。

大力推进循环经济　实现绿色低碳发展

——枣庄市循环经济发展情况分析

刘婧文

随着工业化进程的加快，枣庄作为资源枯竭型城市面临着资源储备枯竭、生态环境破坏和综合竞争力削弱等问题，一定程度上制约了我市经济和社会发展。而循环经济是一种以资源循环利用为核心，以资源生产率为效率标准的可持续发展方式，且能够减少对环境的破坏，发展循环经济将是资源枯竭型城市实现可持续发展的重要途径。本文从循环经济相关理论出发，深入分析了我市循环经济发展现状和成效，总结现阶段的经验和问题，为今后循环经济又好又快发展提出可行性建议。

一、我市循环经济发展现状及成效

枣庄是国务院批准的资源枯竭城市转型试点市，随着煤炭资源的逐步枯竭，可持续发展的任务日益艰巨。“十一五”以来，在市委、市政府的科学领导下，我市坚定不移地实施城市转型战略，加快“转方式、调结构”步伐，注重生产、建设、流通、消费全过程的资源节约，着力提高资源利用效率，有力推进了全市循环经济发展。

（一）循环经济发展理念进一步普及

1、科学制定规划，循环经济发展目标任务得到明确。发展循环经济是推动节能减排和实现可持续发展的重要途径，作为重要指导原则已纳入我市社会经济发展中长期规划，统筹安排节能、节水、工业固体废弃物、生活垃圾回收利用等重点领域循环经济发展工作。为更好促进循环经济工作开展，通过调查研究、科学论证，我市编制了符合实际的《枣庄市循环经济试点工作实施方案》，明确了循环经济试点工作指导思想、目标任务和重点措施，提出要围绕煤炭、电力、煤化工、建材、造纸、纺织等重点行业，引导试点企业拉长产品链条，优化产品结构，促进产业的共生耦合、协调发展。根据工作实施方案要求，加强对试点单位的监督检查，及时总结经验，做到以点带面，以试点为突破口，推动了全市循环经济发展。

2、加强组织领导，循环经济工作推动机制得到建立。为做好循环经济工作，我市按照国家、省两级的整体部署和要求，以实现节能减排目标为中心，以资源的“减量化、再利用、再循环”为原则，加强领导，精心组织。“十一五”以来，市委、市政府对循环经济工作高度重视，多次召开高规格会议进行部署落实，先后成立了市发展循环经济工作领导小组和循环经济试点工作领导小组，由市长任组长、分管市长任副组长，有关部门负责人为领导小组成员。同时，建立了领导小组联席会议制度，加强部门间的协调联动，定期召开领导小组成员会议，调度工作进展情况，部署目标任务，协调解决工作中遇到的问题，确保各项政策措施落到实处。特别作为试点单位的企业，也都成立了相应的组织领导机构，主要负责人亲自抓，亲自部署落实，保证了“领头羊”工作的顺利开展。

3、推进政策扶持，循环经济工作保障体系得到完善。为提供循环经济工作强有力的保障，我市相继制定出台了《关于大力发展循环经济建设节约型社会的实施意见》、《枣庄市循环经济试点工作实施方案》等一系列政策文件，从基础设施建设、金融信贷、财税、科技和用地等方面制定了一系列优惠政策，为循环经济工作提供了有力的政策支持。市财政专门设立了节能节水专项资金，重点用于支持循环经济、清洁生产、节能节水重大项目建设。2012年，全市超前谋划项目，引导企业用好各类节能优惠政策，积极争取扶持资金，推动重点项目建设。盛隆煤化工“#1、#2焦炉废气余热回收技术改造”等7个项目列入中央预算内投资和节能技改奖励资金计划；亿达华闻“造纸污泥污水用于电厂锅炉脱硫脱氮节煤技术”等8个项目获得省节能产业化资金支持；枣庄学院等36家学校太阳能集热系统获得省财政补贴；瑞宇蓄电池公司从废旧蓄电池提取精铅和氧化铅技术获得100万元省循环经济奖励资金扶持。

4、加大舆论宣传，发展循环经济责任意识得到强化。全市在加快循环经济发展步伐的同时，充分利用报纸、电台、电视台和网络等媒体，广泛宣传循环经济先进典型。枣庄电视台每月播出3-5条节能新闻和1期节能专题，2012年连续播出太阳能利用、资源综合利用、建筑节能和交通节能等10期专题片。建立节能快报制度，每月印发《枣庄节能简讯》，及时反映节能减排和循环经济工作情况，起到了积极效果。抓住全国节能宣传周的大好时机，积极开展形式多样的集中宣传活动，分管市长在《枣庄日报》发表署名文章，举办了节能知识电视竞赛，经电视台多次播出后，在社会层面扩大了节能知识宣传，有力营造了舆论氛围，提升“一箱油”发展理念，促进可持续发展。

（二）循环经济体系发展取得新进展

1、以试点企业为典型，企业层面循环经济发展实现突破。“十一五”以来，我市有11家企业被列为省级循环经济试点企业，有30家企业被评为市级循环经济试点企业。近年来，企业根据自身特点，在发展循环经济方面进行了很好的实践，涌现出一批由试点到示范的优秀典型。兖矿鲁南化肥厂从自身实际出发，在重点构筑新型煤化工产业链的基础上，积极开展综合利用，推行清洁生产，形成了热电联产、炉渣废气、废水综合利用等3条循环经济产业链条，基本实现了废渣、废水零排放。华润造纸“污水深度处理回用—污水沼气发电—污泥干化发电”项目参加了全国第二届循环经济交易博览会，得到国家工信部和省领导的充分肯定，并被评为循环经济十大关键技术之一，年综合利用污泥约32850吨，折标煤9100余吨。典型企业循环经济的发展，使其生产成本明显下降，经济效益大幅提高，竞争力显著增强，起到了良好的示范带动作用。

2、以产业发展为基础，产业体系循环经济发展不断优化。“一灰一黑”是长久以来枣庄的特色，煤炭和水泥做为我市支柱性产业，也肩负着率先发展循环经济的重任。全市煤炭行业牢固树立生态红线理念，将绿色意识、绿色行动贯穿并具体落实于煤炭开发利用全过程，实施精采细采工艺，努力提高资源回收率；实施井上下清洁生产，严格控制尘源污染；推广矿井余热利用技术，实现采煤不用煤；加快采煤塌陷地治理步伐，最大限度地把土地达到可利用状态；努力实现经济效益、生态效益、资源效益和社会效益的协调统一。近年来全市针对水泥行业协调争取资金3200余万元，在全市21条新型干法水泥生产线上全部配套建设了纯低温余热电站，总装机容量达到118.5MW，年发电9亿度以上；特别是枣庄中联水泥有限公司利用旋窑生产线处理建筑垃圾技术通过科技鉴定，达到国内领先水平，年可利用建筑垃圾100万吨。科学利用废弃资源，变废为宝，综合利用规模不断扩大、利用领域逐步拓宽、技术水平日益提高，产业化进程不断加快，初步形成了独具枣庄特色的循环经济产业链。

3、以园区升级为载体，加强特色园区循环化改造。“十一五”以来，我市有2个园区被列为省级循环经济试点园区，有8个园区被评为市级循环经济试点。在此基础上，全市认真总结经验，积极整合园区各种要素，建立产业代谢和共生关系，通过资源交换、循环利用、清洁生产等手段，把上游企业产生的资源转化为下游企业的原料，从而减少资源浪费，提高利用率。作为我市新型煤化工基地的鲁南高科技化工园区，在兖矿鲁南化肥厂和兖矿国泰化工的推动下，积极推广“多喷嘴对置式新型气化炉”等多项世界领先的自主高新技术，吸引投资过百亿，新上了新能凤凰、联想化工、辰龙化工等新型煤化工企业，本着循环发展理念，不断拉长产业链条，由原来合成氨、甲醇等3、5种初级产品，发展到醋酸、醋酸乙酯、醋酐、环氧乙烷、烯烃及烯烃衍生物等40余种产品，附加值得到提高，能源消耗有所降低，形成了特色产业园区。

4、以领域推进为抓手，构建全市大循环经济体系。在农业方面，全市积极推进循环农业，把发展循环农业作为转变农业发展方式，建设现代农业的有效途径，不断提高作物秸秆、人畜粪便、生活垃圾等废弃物综合利用水平。在建筑领域，制定出台《关于推动绿色建筑发展的实施意见》，大力推广绿色建筑；强制推行新建建筑节能标准，规划区内新开工和在建建筑工程节能设计和审查率达到100%，竣工节能建筑面积141.4万平方米；完成既有建筑供热计量及节能改造93.6万平方米，超额完成省下达任务；大力推广太阳能光热系统建筑一体化应用，完成推广面积105.5万平方米，是省下达任务的211%，居全省第二位；新型墙材发展与“禁实”工作突出，目前已有80家企业通过了省新型墙材建筑节能技术产品认定。在交通领域，打造绿色交通格局，组织建设了覆盖薛城、山亭、市中、峄城、台儿庄五区的BRT快速公交系统，通行里程127.5公里，为全国最长，提高了公交出行比例；积极推广液化气等清洁能源利用，截至目前，全市共有LNG客车83台，油电混合动力公交车94台，90%出租车已改为CNG燃料。

（三）循环经济社会评价取得良好成效

1、节能降耗指标完成较好。作为资源型城市，我市依托资源发展，形成了以煤炭、电力、水泥为主的重型工业结构，能耗高、污染物排放量大，“十五”末全市单位GDP能耗高达2.10吨标准煤，是全国平均水平的1.6倍，是全省平均水平的2.4倍。面对节能减排严峻形势，市委、市政府坚持科学发展观，提出城市转型战略，实现可持续发展，“十一五”期间，全市以年均8.1%的能源消费增长，支持了年均13.5%的经济增长；万元GDP能耗由2005年的2.10吨标煤，降低到2010年的1.61吨标煤，累计下降23.01%；规模以上工业万元增加值能耗由3.59吨标煤，下降到2.35吨标煤，实现了经济发展和节能降耗的双赢。2012年，全市万元GDP能耗同比下降5.18%，比省政府下达年度目标任务多降1.5个百分点，比全省平均降速多降0.6个百分点，位居全省第二位，进一步推动了全市绿色发展、低碳发展。

2、环境质量得到有效改善。循环经济的发展，其要求在生产中尽可能减轻环境载荷，维护自然生态平衡。发展循环经济的最终目的就是保持经济不断增长但不以牺牲环境为代价。随着我市循环经济工作的推进，对全市环境质量改善也起到了促进作用，“十一五”期间，全市化学需氧量（COD）排放总量3.74万吨，累计下降20.2%；二氧化硫（SO2）排放总量8.22万吨，累计下降28.6%；城市生活垃圾无害化处理率达73.5%，完成预定目标。

3、淘汰落后产能超额完成。“十一五”期间，我市从源头上提高了资源使用效率，严把高耗能行业准入关，完善节能评估和审查制度，严格控制地区能源消费总量和新增能耗量。同时，综合运用法律、经济和行政手段，依然强力淘汰落后生产能力。2006年以来，已拆除水泥机立窑生产线220条，淘汰落后水泥熟料生产能力2169.8万吨；关闭10万千瓦以下的小火电74.02万千瓦；淘汰炼钢高炉2座、电炉14座，淘汰落后炼铁能力20万吨、落后炼钢能力75万吨；爆破拆除各类型焦炉14座，淘汰落后焦炭产能78万吨。综合折算，年减少能源消耗610万吨标准煤，减排二氧化硫10.1万吨。

4、资源综合利用取得成效。煤电产业方面，我市利用煤电生产过程中产生的煤矸石、矿井水、煤层气、粉煤灰等废弃物，建设综合利用热电厂、煤矸石烧结砖、粉煤灰制品、煤层气发电、矿井水综合利用、电厂脱硫等项目，在基本取代了全市供暖小锅炉的同时，年产煤矸石烧结砖和粉煤灰制品19.3亿块，不仅可消耗掉全市当年产生的煤矸石和部分粉煤灰，还能逐步消耗多年堆存的煤矸石，减少占地千余亩；水泥产业方面，利用红黑煤矸石、电厂粉煤灰、废渣作为年产2800万吨新型干法水泥企业的掺和料，年利用量为500余万吨；农产品加工业方面，综合利用畜牧养殖加工产生的粪便、下脚料等废弃物，建设了一批有机肥、蛋白饲料、沼气站（池）、沼气发电等项目。“十一五”期间，全市工业固定废物综合利用率达91.0%，农业秸秆综合利用率达80.0%，较基期水平提高6.9个百分点，适宜农户沼气普及率达38.2%，较基期水平提高32.2个百分点，均完成预定目标任务。

5、循环经济关键技术得到推广。一方面全市积极推广太阳能、生物质能等新型能源，重点发展了生物质能发电和太阳能产业，逐渐形成全市新的增长极，在新能源、可再生能源利用方面取得了新突破。华电国际十里泉电厂投资8000多万元，对5号机组进行了秸秆掺烧发电改造并获得成功，每年消耗秸秆10万多吨，节约原煤7万吨。在太阳能利用方面，我市目前已有太阳能设备生产企业30余家，年产太阳能热水器90.73万平方米，年产太阳能集热管1亿支，总产量位居全省三甲（济南、德州、枣庄）。另一方面大力推行清洁生产技术。通过采取政策引导、典型示范和清洁生产审核等措施，促使企业开展清洁生产。目前，已有163家企业通过了省级清洁生产审核。

二、目前我市循环经济发展中存在问题

发展循环经济涉及经济社会的方方面面，是一项系统工程，需要与之相适应的理念支撑，需要得到全社会广泛的支持。“十一五”至今，我市发展循环经济工作虽取得了积极进展，但这项工作总体上仍处于起步阶段，在循环经济工作开展过程中仍存在问题。

（一）产业结构不合理，循环经济发展难度加大。资源型城市的经济发展对特定资源的增长路径较为依赖，逐渐形成单一产业结构。“十一五”以来，枣庄作为煤炭资源型城市，三次产业结构逐渐优化，由2005年的9.6:63.9:26.5调整到2012年的7.8：58.2：34.0，但仍摆脱不了产业结构偏重的现实。2012年，我市规模以上工业能耗占全社会能源消费总量的比重超过70%，而六大高耗能行业依然是规模以上工业消耗的主体，偏重的产业结构制约着产业结构调整和发展模式转变，从而加大了实施循环经济的难度。

（二）循环经济的运行主体比较单一。目前我市循环经济发展处于初级阶段，政府是循环经济推进的重要主体，但企业、公众参与力度不够，积极性不高。对于企业来说，其主要目标是追求利润的最大化，而从循环经济短期看，它是一种成本经济，与大多数企业的短期利益行为存在一定冲突，特别是中小企业由于资金、技术等原因，难以实现企业发现循环经济的规模效益和技术要求。对于公众来说，正处于全面建设小康社会的战略时期，着眼于经济利益和自身利益，绿色行为没有被完全激发。

（三）循环经济法律政策和有效机制体系仍不完善。当前循环经济从理念引入、理念倡导到具体实践这一过程时间不长，国家围绕环境保护资源节约等方面已经出台了不少单项法律法规和政策，初步形成了环境保护的法律体系框架。但从当前全市循环经济实践情况看，仍然缺乏与之相配套的系统性、可操作性的实施细则或其他保障措施。同时，发展循环经济需依靠市场机制，但市场机制对资源与环境进行有效配置的能力是有限的，资源与环境的价格机制尚未建立，易导致资源无偿占有无偿使用，消耗加速环境恶化。

（四）缺乏关键技术成为制约循环经济发展的瓶颈。循环经济是一个体系不断建立完善的过程，需要关键技术作为可持续发展的支撑，只有通过高新技术才能实现回收再利用，继而产生良好的经济效益和社会效益，又不对环境造成二次污染。当前我市企业自主创新能力较低，原创性科技成果较少，缺少具有自主知识产权的品牌产品，科技投入不足，2012年全市科技投入仅占地区生产总值的1%，低于全省平均水平，与企业实际需要还存在一定的差距。

三、推进枣庄发展循环经济的措施建议

党的十八大提出，建设生态文明必须“着力推进绿色发展、循环发展、低碳发展”，并提出“推动资源利用方式根本转变”的新要求。国家《循环经济发展战略及行动计划》对推进“十二五”时期循环发展做出总体部署和安排，是循环发展的具体行动指南。全市在总结经验的同时，认真研究发展战略，找准发展循环经济的突破口，全面推进循环经济发展，为完成节能减排目标任务奠定基础，实现我市可持续发展，建设“美丽新枣庄”。

（一）加强组织领导和考核监督。充分发挥市发展循环经济工作领导小组作用，及时协调解决推进循环经济发展的重大问题，市直各有关部门要按照部门职责分工，抓好具体工作的落实。健全发展循环经济综合决策机制，在制定地域经济发展规划、产业政策、产业结构调整规划、区域开发计划时，都要充分考虑循环经济发展的目标要求。健全完善发展循环经济指标评价体系，细化发展目标，明确发展责任，把发展循环经济指标纳入领导干部政绩考核范围，列入任期目标责任制，加强考核监督检查，为发展循环经济提供科学高效的组织和管理保障。

（二）建立完善支持循环经济发展的法规体系和政策体系。在现有政策法规的基础上，尽快出台可操作性强的实施意见及规章，逐步形成覆盖严密、配套完善的循环经济法规体系。研究制定循环经济扶持优惠政策，利用财政、税收、价格等手段加大对循环经济的支持力度，落实好现行的资源综合利用优惠政策。完善电力分时电价办法，抑制高耗能行业盲目扩张。按照超标准加价管理办法，对超过能耗标准的，实行加价收费。

（三）加大政策支持。一是落实财税优惠政策。加大对循环经济项目的政策支持力度，企业使用或者生产列入国家清洁生产、资源综合利用等鼓励名录的技术、工艺、设备或者产品的，按照国家有关规定享受税收优惠。落实节能节水、环境保护设备和项目税收优惠政策。二是加大对循环经济项目的支持。整合各类专项资金，不断加大对循环经济的科技研究开发、循环经济技术和产品的示范与推广、重大循环经济项目的实施、发展循环经济的信息服务等方面的支持力度。建立多元化融资机制，为循环经济提供资金保障。按照政府引导、社会投入、市场运作模式，广泛利用项目融资，多渠道筹措建设资金，加大对循环经济建设的投入。对于具备市场化运作条件的项目，鼓励不同经济成分和各类投资主体，以独资、合资、承包、租赁、拍卖、股份制、股份合作制、BOT等不同形式参与循环经济建设；对于不具备市场化运作条件的项目，采取政府补贴或发挥投资引导作用，按照统筹兼顾的原则，根据项目轻重缓急，安排财政资金予以扶持。

（四）加大科技支撑力度。一是完善节能和循环经济地方标准体系，加强标准宣贯和落实。围绕企业节能管理、太阳能与建筑一体化和节能节水技术产品等领域，制修订一批节能节水地方标准；充分发挥企业在标准化建设中的主体作用，加快以技术标准、管理标准、工作标准为主要内容的企业标准体系建设，鼓励企业制定严于国家标准、行业标准和地方标准的企业标准。二是建立循环经济技术支撑平台。将资源节约、循环利用关键性技术的研发，纳入科技开发计划和产业发展计划。大力推动建设以企业为主体、市场为导向、产学研相结合的技术创新体系，引导和支持创新要素向企业集中。在加强企业技术中心建设的同时，充分发挥企业、大学、科研、质监等系统的作用，鼓励和引导企业以多种方式与国内外高校、科研院所建立产学研结合的技术联盟，面向我市重点产业领域，研发制约行业发展的共性、关键性、前瞻性技术。

（五）大力推行清洁生产。开展清洁生产技术示范，制定重点行业清洁生产技术推行方案，支持开展清洁生产示范工程建设。建立清洁生产推行情况通报制度，引导企业自愿开展清洁生产审核，对没有完成节能减排目标任务的企业，强制实行清洁生产审核。加强咨询服务机构的管理，审核并充实完善清洁生产专家库，组织对咨询服务机构审核人员和企业内审人员开展清洁生产培训。

（六）加强对重点领域节能的监督管理。强化重点企业节能监管，抓好重点用能企业能源利用状况报告编报审核工作，加快建立能源管理信息化系统。以煤炭、水泥、化工和电力等行业为重点，开展能效水平对标活动，总结推广典型经验。全面推进企业能源管理体系建设，探索实施能源管理师制度，提升企业节能管理水平。加快既有居住建筑节能改造，扩大集中供热面积，推进供热计量、管网、换热站改造。抓好交通运输节能，加快淘汰高耗油老旧汽车，推广先进交通节能技术产品。抓好公共机构节能，加强公共机构能耗监测体系建设，严格政府机关节能考核，严格按照《山东省建筑能源审计导则》开展公共建筑能源审计工作。

（七）建设循环经济信息平台。积极组织建立发展循环经济和建设资源节约型社会的信息系统和技术咨询服务体系，向社会发布有关政策、技术等发面的信息，加强信息交流。完善相应的信息平台建设，增加循环经济特征指标的数据统计信息系统，确保各类数据的准确性、完整性和时效性；同时，建立起有效的信息公开和共享制度，实现企业、科研机构、公众等对循环经济发展的研究、认识和监督。

（八）加大宣传和执法力度。一是开展形式多样的宣传活动。各级宣传部门、新闻媒体要利用宣传媒体，大力宣传发展循环经济建设节约型社会的重大意义、方针政策、法律法规和先进典型，不断提高资源节约意识，营造良好的社会氛围。二是加大执法监督力度，以重点用能企业为重点，围绕淘汰落后工艺设备、执行能耗限额标准、清洁生产、过度包装等内容，集中力量，开展深入系统的循环经济、节约能源执法监督检察活动，严肃查处违法违规行为，依法加大处罚力度。

（市统计局能源科）

注：该分析获全市优秀统计分析评比二等奖，被国家内网采用。

以新型城镇化为引领　实现城乡一体化发展

——枣庄市新型城镇化问题研究

侯　方

城镇化是农村社会演进并通往现代化的一个重要过程。城镇化水平的高低既是衡量一个国家和地区经济发展水平与文明程度的重要标志，又是加快经济发展的必要条件。党的十八大报告中指出要坚持走中国特色新型城镇化道路，推动工业化和城镇化良性互动、城镇化和农业现代化相互协调，促进城镇化与工业化、信息化、农业现代化同步发展。十八大三中全会将城乡一体化发展列为重点之一，提出必须健全体制机制，形成以工促农、以城带乡、工农互惠、城乡一体的新型工业城乡关系。实施和完善推进新型城镇化，在城镇化的进程中实现城乡统筹，实现人口、劳动力在城乡经济、社会结构的转移和调整，统筹城乡发展，走城乡一体化发展之路对推动经济社会全面发展具有重大的战略意义。推进枣庄市的新型城镇化建设是加快城乡一体化发展的必然选择，是实现跨越式发展的根本途径。本文立足枣庄市城镇化发展现状，就探索一条符合枣庄实际的城镇化发展路径做了探讨，对在新型城镇化推进过程中出现的问题进行了分析并提出了对策建议，以期为推动枣庄市城镇化持续健康快速发展提供理论支撑和决策参考。

一、新型城镇化的内涵本质与特点

新型城镇化是指坚持以人为本，以新型工业化为动力，以统筹兼顾为原则，推动城市现代化、城市集群化、城市生态化、农村城镇化，全面提升城镇化质量和水平，走科学发展、集约高效、功能完善、环境友好、社会和谐、个性鲜明、城乡一体、大中小城市和小城镇协调发展的城镇化建设路子。新型城镇化的“新”就是要由过去片面注重追求城市规模扩大、空间扩张，改变为以提升城市的文化、公共服务等内涵为中心，真正使城镇成为具有较高品质的适宜人居之所。一言以蔽之，新型城镇化的真谛是人的无差别发展。这是新型城镇化最本质、最核心、最关键的东西。

新型城镇化的本质是用科学发展观来统领城镇化，要求是不断提升城镇化建设的质量内涵，体现的是经济社会发展的和谐与协调。新型城镇化的推进有利于破解经济可持续发展的瓶颈，也就是要由偏重经济发展向注重经济社会协调发展转变，要由原来城镇化过分依赖工业化，改变为同时结合农业现代化、现代服务业等的多力支撑体系。

新型城镇化具有以下特点：从发展观念看，由原来的“重城轻乡”、“城乡分治”，向城乡一体化发展转变。从制度改革角度看，由原来的重单项突破，向大力推进户籍、保障、就业等综合配套体制改革改变。从城乡关系看，鼓励城市支持农村发展，积极推进城乡规划、产业布局、基础设施、生态环境、公共服务、组织建设“六个一体化”，促进城乡统筹发展。从发展模式看，突出特色，依托各种资源，包括自然、历史文化、民族、交通、区位等，打造特色发展模式，构建专业化、特色化的城镇。

推进新型城镇化有利于构建与区域特征相匹配的城镇体系，优化资源配置；有利于释放内需潜力，扩大消费需求，优化经济增长动力结构；有利于加快二三产业升级和农业现代化进程，优化产业结构；有利于缩小城乡差别，消除城乡二元结构，实现城乡一体化发展；有利于促进城镇集约化生态化发展，缓解日趋紧张的资源环境矛盾；有利于促进社会建设和社会公平，加快“幸福枣庄”建设进程。

二、枣庄市城镇化发展现状

枣庄市位于山东南部，总面积约4563平方公里。辖5区1个县级市，2012年全市户籍人口394.83万人，其中，乡村人口257.82万人。2012年，全市实现地区生产总值1702.92亿元，比上年增长10.7%；三次产业比例为7.8：58.2：34.0；地方公共财政预算收入116.37亿元，增长16.2%；实现税收161.93亿元，增长9.5%；城镇居民人均可支配收入22960元，增长13.7%；农民人均纯收入9606元，增长14.4%。

近年来，枣庄市以提高经济发展的质量和效益为中心，逐步实施城市转型战略，同步推进新型工业化、新型城镇化、服务业高端化和农业现代化，把推进新型城镇化建设作为提速转型、跨越发展的重要内容，作为建设西部经济隆起带、打造“转型升级和经济文化融合发展高地”的重要路径。全市经济社会持续、快速发展，城镇化率明显提升，城镇化发展呈现以下特点：

1、城镇化率明显提升。2012年，我市城镇化率达到49.4%，比上年提高1.34个百分点，比2006年提高2.8个百分点，2006年经济转型以来年均增长0.98个百分点。

2006年-2008年枣庄市城镇化水平

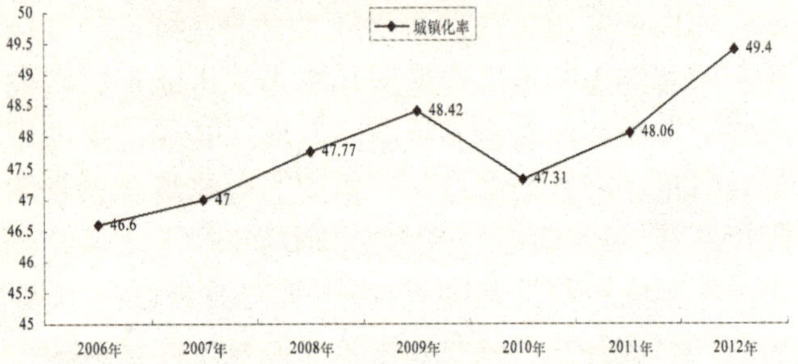

2、城镇化发展格局基本形成。全市形成了以中心城区为龙头、区（市）驻地为重点、中心镇为抓手、新型农村社区为基础的“四轮驱动、四级联动”的新型城镇化发展格局。根据城市转型发展战略定位，构建“一主（中心城）一副（滕州）两组团（台儿庄、山亭）”的城市总体规划格局。在中心城区形成“两区、两团”的城市布局。其中，西城区以高端商贸、总部经济、装备制造等为主导，构建中心城核心区；东城区以商贸物流、纺织服装、新型建材等为重点，推动市中、峄城融合发展。滕州围绕副中心城市的定位，与中心城区融合发展；台儿庄围绕国际旅游目的地的定位，发挥文化资源集聚优势，推动“旅游城市”向“城市旅游”发展；山亭围绕建设鲁南欧情山城、生态休闲家园的定位，实行错位发展，突出区域特色。

3、中心城区承载力有所提升。中心城区作为推进全市新型城镇化的主引擎，基础设施和公用服务设施功能不断得到优化。新建了长白山北路、黄河东路等一批城市道路，建设了文体中心、双子座城市综合体、枣矿城、龙潭公园等一批功能性项目，进行了羊庄水源地建设、供水燃气管网改造、城市集中供热设施建设，完善了地下管网和供热设施。

4、小城镇基础设施建设有较大改善。2012年，全市小城镇基础设施建设完成投资16.44亿元，同比增长38.15%。2012年底，全市小城镇驻地拥有水泥、沥青硬化道路795.97公里；公共供水设施200个，自来水普及率达到97.85%；人均道路面积达到9.2平方米、人均公园绿地面积达到3.18平方米。目前，全市在建、扩建小城镇污水处理设施18个，配建污水管网128.5公里，污水处理能力将新增9.8万吨/日。小城镇的交通、水电、通信等基础设施和配套设施等日趋完善。

三、影响枣庄市新型城镇建设的因素分析

1、城镇化与经济发展的关系

2006-2012年，我市人均GDP由20988元上升到45262元，城镇化率也由46.6%上升到49.4%，反映出城镇化水平与经济发展水平呈正相关，两者的具体数量关系，通过计量经济模型的分析可以看得更加清楚。

利用枣庄市2006年-2012年的人均GDP（用x表示）和城镇化水平（用y表示）的资料，进行一元线性回归分析：

经济发展对城镇化水平的影响

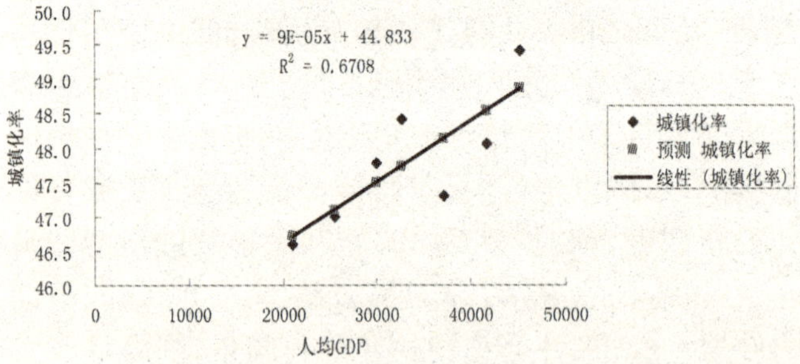

建立回归模型：y=8.8892E-05x+44.833，对方程的显著性进行F检验，F值为10.19，sig=0.024<0.05，检验通过，即人均GDP与城镇化率存在线性关系。对回归系数进行t检验，截距项和回归系数的t检验统计量分别为46.97和3.19，其P值均小于0.05，检验通过，与F检验结果一致，所以人均GDP与城镇化率的线性效果显著。相关系数0.819，测定系数0.671，回归直线拟合程度较好。回归系数为8.8892E-05表示人均GDP每增加1万元，城镇化水平将上升0.8889个百分点。综上所述，经济发展与城镇化进程是相关联的，经济发展能够带动城镇化过程的推进。

2、新型城镇化的推进主要受到人口、资源、环境三个方面的硬性约束。

首先是人口的制约。城镇人口的集聚是衡量城镇化水平的重要尺度，城镇化是衡量现代化水平的重要标志。2012年底，枣庄市拥有257.82万乡村人口，随着城镇容量的不断扩充，城乡统筹的社会制度的不断更新，必然使大量的农村人口向城镇集聚，如此庞大的农村人口不断转入城镇，将带来诸多的问题。例如就业问题，2006年-2012年，枣庄市城镇化水平上升了2.8个百分点，城镇就业人口增加22.63万人，平均每年增加3.77万人，在此阶段，城镇化水平上升一个百分点，城镇就业增加8.08万人。未来，随着新型城镇化进程不断加快，全市城镇化水平的提高对城镇就业的促进作用将更为明显。这就要求新型城镇建设所达到的水平和提供的服务功能要与吸纳农村人口相适应，必须做到人口转移的合理和有序，使之与工业化的推进和城镇化的承载能力相符。

其次是资源的制约。资源短缺与利用效率低下并存的格局，已经严重制约着城镇化的发展。尤其是土地方面，城镇用地结构不科学，农村居民点、建制镇及城区用地范围不断扩张，但集聚周边人口的功能没有随之增强，土地城镇化速度快于人口城镇化。建设用地节约集约利用水平低，耕地后备资源不足。协调好城镇发展用地与耕地保护之间的矛盾，在严格保护耕地、集约节约用地的前提下，满足二三产业的发展和城镇建设对土地的需求，突破土地资源瓶颈是今后一个时期面临解决的一大课题。

三是环境的制约。经济社会的快速发展极大地改善了人们的生活，但也带来了前所未有的环境问题，水体污染，空气污染及其他污染。随着工业化的进一步发展，环境容量和可用的环境指标日益减少，环境问题，使城镇居民的身心健康受到损害，生活质量下降，人力资本的可持续发展也受到影响。因此，新型城镇建设，必须考虑到环境的承载能力，走可持续的城镇发展之路。

四、枣庄市推进城镇化进程存在的问题

枣庄市城镇化水平有所提高，但仍然存在问题。主要表现在以下几个方面：

1、城镇化水平不高。虽然取得了阶段性成效，但枣庄市的城镇化仍处在一个较低的发展水平，与发达地区相比仍有较大差距。2012年，枣庄市城镇化率低于全国1.9个百分点，低于全省3个百分点。从2006年到2012年城镇化年均增长速度看，枣庄市低于全国2.1个百分点，低于全省1.2个百分点。从全省17个地市的城镇化水平来看，枣庄市排在第12位，属于中等偏下水平，低于城镇化率最高的青岛市17.7个百分点，高于排在末位的的菏泽市9.4个百分点。

2006-2012年城镇化率与全省全国比较(%)

	2006年	2007年	2008年	2009年	2010年	2011年	2012年
全国	43,9	44.9	45.7	46.6	49.7	51.3	52.6
全省	46.1	46.8	47.6	48.3	49.7	51.0	52.4
全市	46.6	47.0	47.8	48.4	47.3	48.1	49.4

2012年全省17地方城镇化水平(%)

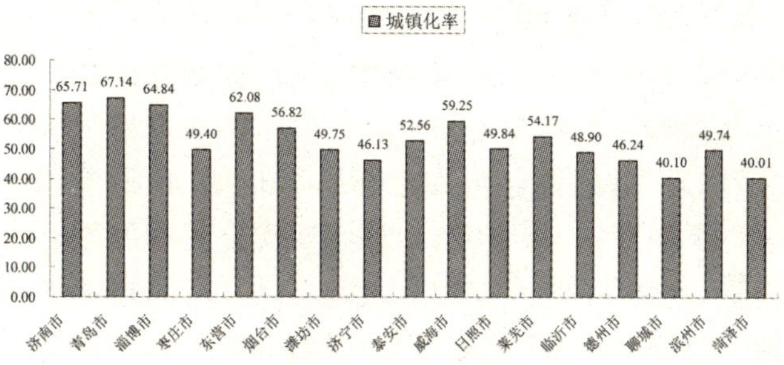

2、城镇化水平滞后于工业化发展水平。枣庄市的城镇化推进方式属于滞后推进方式。国际城镇化规律显示，城市化率高于工业化率10%左右是两者正常的发展状态。2012年枣庄市城镇化率49.4%，工业化率53.2%，城镇化率低于工业化率3.8个百分点。经济转型以来，枣庄市城镇化水平与工业化发展差距逐步缩小，但是仍旧落后于工业化和经济发展进程，城乡工业分工未能形成，城市工业化水平提高未能与农业产业化发展相协调，城镇化与工业化不同步又反过来影响工业化和农业产业水平。

2006-2012年枣庄市城镇化与工业化发展比较

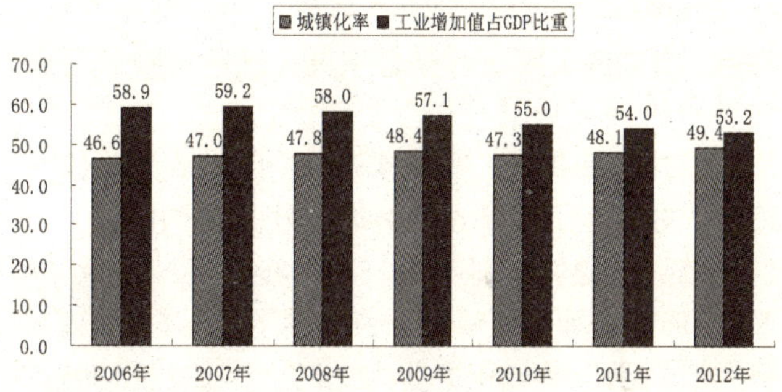

3、城乡规划的战略眼光还有待于进一步提升。规划起点还不够高，且执行钢性不强。规划的超前性、前瞻性不强，造成城镇建设特色不突出，结构雷同，缺乏活力。城镇规划执行不到位，一些违规建设时有发生，致使城市发展空间受限，影响城镇规模扩大。与周边市相比差距大。济宁市在城市发展上定位为国际化科技新城，在北湖新城规划建设中，分别招标了荷兰和法国的专业机构进行设计。临沂市按照“鲁南苏北区域性特大中心城市”定位，着力打造“商之都、水之城、文之邦”，规划到2020年中心城区人口达260万人，面积达到287平方公里。提出五年内建成全国绿化模范城市、国家卫生城市、国家环保模范城市。由此大力推进了商城国际化。德州市积极发展中心城区，今年安排城建项目67个，总投资224亿元，力争到2015年实现“双百”（面积100平方公里、人口100万）目标，积极创建国家生态文明城市、环保模范城市、园林城市，推动中心城区扩容提质。

4、中心城区承载能力和辐射带动作用没有得到充分发挥。中心城区辐射带动力不强。中心城区虽然有较大发展空间，但是聚集力相对较弱，在联结城乡、辐射农村、扩大就业中的重要作用还没有得到充分发挥。对区域发展的拉动力、辐射力、影响力不够强，对新型工业化和新型农业现代化发展的带动力不强，使城镇在人才和资金的引进、产品技术的更新、产业升级等方面受到很大的限制。中心城区社会事业发展相对滞后，科教、医疗卫生、文化产业、金融服务、信息产业、现代物流业的发展等还难以满足城乡经济社会发展日益扩大的需求。

5、资金投入滞后于发展需要。建设资金严重不足是当前制约新型城镇化发展的最大瓶颈，也是小城镇建设速度慢、环境条件差的主要原因。近年来各级财政投入虽然有所增加，但建设资金依然严重不足。缺乏稳定、规范的资金来源，未能形成多元化投资格局，投融资渠道单一，造成城镇基础设施建设资金紧张，投入不足的问题。

6、体制机制障碍尚未消除。劳动就业、社会保障、户籍制度等方面的改革，与群众的期盼还有很大差距。进城务工人员尚未真正融入城镇，还不是真正意义的城镇居民。

7、农村居民增收后劲不足。农民收入仍然偏低，增收后劲不足。一是农村土地有限，农业生产方式落后，缺乏先进的生产技术和管理经验，农产品附加值不高，加之农业生产资料价格上涨过快，增加了农业生产成本。二是以服务业为主的个体私营经济规模不大，特色优势不明显，不能产生更大的经济效益。因此，不仅农民收入增加难，而且与城市居民收入的差距在逐步扩大。2012年，城镇居民人均可支配收入为22960元，农民人均纯收入为9606元，城乡居民收入差距由2006年的6333元扩大到2012年的13354元。

8、农村劳动力整体素质偏低。农村劳动力在生产、生活和行为方式与现代社会生活的要求差距甚远。思想素质方面，缺乏开拓进取精神，缺乏诚信意识。文化素质方面，农村居民受教育程度普遍偏低，接受新事物、学习使用新科技的能力差。技能素养方面，有一技之长的人不多。这些问题在农村居民向城镇居民转变过程中日益暴露出来。

9、基层组织建设仍需加强。近年来农村基层组织建设不断加强，但与加快推进城镇化建设进程的内在要求相比还是有很多不适应之处。一些农村干部创新意识不强，面对新时期农村发展出现的新情况、新问题解决办法不多，路子不宽，缺乏战略眼光。

五、枣庄市推进城镇化的模式选择

从全国范围来看，城镇化模式有多种，但每一种城镇化发展模式都有其特殊的背景和条件。因此应根据各区域内不同的自然条件、经济基础与社会历史条件，选取有针对性符合本地区特色的城镇化模式。根据枣庄市总体发展规划和加快推进城镇化进程的内在要求，结合本地实际情况，提出如下城镇化发展模式。

1、从动力机制上看，走以政府主导与城镇自身发展相结合的城镇化发展模式。城镇化的发展遵循一条s型曲线的轨迹，美国城市地理学家诺瑟姆(Ray.M.Northam)通过观察、分析世界各国的城镇化过程，于1975年提出城镇化发展的一般规律：城镇化的初级阶段(城镇化率小于30%)，城镇化水平低，发展缓慢；城镇化中期阶段(城镇化率大于30%，小于70%)，城镇化快速发展；城镇化后期阶段（城镇化率大于70%)，城镇化发展又趋于缓慢。一般分为起步、加速和成熟期三个阶段。以枣庄市目前的城镇化水平看，正处于城镇化率在30%-70%的加速期区间，这个阶段的主要特点是城镇数量迅速增加，城镇人口、用地和经济规模急剧膨胀，职能逐步综合化，对区域的辐射作用明显加强，城镇化速度较快。同时，这一阶段随着人口不断涌向城镇势必会带来一些问题，如城市交通拥挤、住房紧张等社会问题，同时也会造成农村耕地减少、农业萎缩等农村问题。鉴于此，政府应制定总体的城镇规划，有序推进城镇化，实行政府引导与城镇自我发展相结合的模式。

2、从城镇功能上看，枣庄市应选择专业特色、可持续的城镇化发展模式。从全国农村城镇化发展较快的地区来看，它们的一个共同点就是十分注重专业镇、特色镇的培育和可持续发展，如贵州茅台镇、江西景德镇等。对我市而言，我们要充分挖掘，科学规划，充分利用，大力发展特色旅游产业、商贸物流产业和新型服务业，为推进城镇化建设进程拉开产业框架，提供强有力的产业支撑。

3、从城镇结构上看，枣庄市应选择突出示范镇示范作用与普通城镇发展协调的城镇化模式。一般来说，城镇化发展都突出城市中心镇的建设，充分发挥它的拉动辐射作用，带动其他镇的共同发展。就枣庄市而言，应走有突出有重点的协调发展道路，进而提升我市城镇化速度。

六、加快枣庄市新型城镇化建设的对策研究

针对新型城镇化推进过程中存在的困难和问题，枣庄市应按照“城乡统筹、城乡一体、产城互动、节约集约、生态宜居、和谐发展”的要求，坚持以人的城镇化为核心，以空间城镇化为基础，以经济城镇化为保障，紧抓西部隆起带发展机遇，深入推进新型城镇化建设。现结合枣庄市实际，对加快推进城镇化进程提出如下建议：

1、规划引领，科学实施城乡发展规划。在规划工作中，强化片区规划理念，合理划分主体功能区，形成以中心城市、产业园区、生态保护区、特色镇、新型社区、自然村罗为载体的城乡空间布局结构。制定科学的城镇建设规划，将城镇发展与经济社会发展规划、产业发展专项规划等规划相衔接。主要把握以下几点：一要用长远、可持续的战略眼光做总体规划。根据经济社会发展的趋势，编制出功能明确、错位发展城镇总体规划，合理布局基础设施和公共设施，统筹解决资源重复和分散配置问题，实现城乡在经济、社会、生态等方面的优势互补和共同发展。二要精细编详规。抓紧制定产业布局、交通路网、修编土地总体利用和基本农田保护等各类专项规划，并搞好各规划之间的相互衔接。在进一步完善总体规划的基础上，抓紧做好建设用地控制性详规。同时，要做好水电气、通讯、环保、绿化等各类专项规划编制工作。三要严格抓落实。要充分发挥规划对城镇发展的引领和调控作用，强化规划的刚性约束，维护规划的法定性、权威性和严肃性，建立城镇规划联合执法机制，整合城建、城管、国土等部门的力量，成立规划巡查大队，加强对规划实施的日常巡查工作，做到关口前移、源头管理，把各类违反城镇规划的行为消灭在萌芽状态。

2、加快产业发展，优化产业布局。突出差异发展和特色发展，把城镇建设与产业升级、新兴产业培育结合起来，推进工业企业向规划区集中、农民用地向规模集中、农村居住向新型社区集中，促进产业集群、土地集约和人口集中。一要搞好产业布局。根据区域经济特色，突出城镇产业功能，推进产业体系建设。明确产业定位分工，实现优势互补。工业向园区集聚，关联产业向龙头企业集聚，大项目、大企业向园区集结，走项目产业集聚之路，实现产业对城镇发展的支撑。二要培育优势产业。按照产业集群的发展模式，坚持招商引资与发挥能人优势相结合、与做大做强传统产业相结合、与培植新兴产业相结合、与推进农业产业化相结合、与推进重大基础设施相结合。推动传统产业优化升级，新产业集聚发展，中小企业做大做强。三要壮大第三产业。城镇新区建设要充分考虑服务业发展的需要，规划确定商业、服务设施用地，出台具体配套政策，推动服务业加速发展。加强商业网点规划管理，重点发展现代物流配送、新型商贸业态。加快旅游观光、生态农业、休闲娱乐场所建设和旅游服务设施建设，进一步提高旅游接待水平，加快旅游业发展。

3、加强城市基础设施建设，提升中心城区的辐射力。加速新型城镇化，必须加强城市基础设施建设，从而增强城市综合承载能力。加大城市基础设施和公用服务设施建设，完善城乡交通网络、电网、供水管网建设，推进镇村生活污水治理、城乡环保监管，大力推进教育、医疗、商贸等公共基础设施建设，进一步提升中心城区的辐射力。继续推进棚户区改造，把大型商业综合体、公用设施、专业市场融入棚户区改造，全面激活城市发展的内生动力。形成乡镇的载体平台作用，确保市中心城区、县城、小城镇整体推进，促进全市新型工业化和新型农业现代化科学发展。

4、改善生态环境，提升城镇形象。加快“四城”同创，以创建国家级森林城市、国家级园林城市、省级卫生城市、省级文明城市为重点，建设六大绿化体系，规模化发展绿色建筑，建设绿色生态城区，全面提升生态文明，着力塑造“鲁南绿城、山水枣庄”的新形象。

5、构建公共服务均等新载体，提升公共服务水平。一是农村新型服务社区综合化，在构建模式上，根据不同特点，因地制宜，采取灵活多样的社区架构模式。对于融入城市化程度较深、主体功能与城市社区大致相似的农村，建立现代型社区服务中心；对于就地城镇化、主要基础设施对周边地区具有一定辐射作用的农村，建立区域性社区服务中心；对于地处基本农田保护区的农村，主要建设配套庄稼医院、化肥农药专卖店等突出农业生产和满足本村村民需要的纯农村社区服务中心。进行农村教育布局调整，优化布局，提升农村学校的规模化水平，提升师资队伍的整体水平。二是提升公文化服务水平。建立健全文化管理的长效机制，实现公益性文化设施的城、区、镇、村四级全覆盖；提升文化信息数字化建设的服务质量和服务水平。三是提升公共医疗卫生服务水平，构筑完善的医疗保障体系，建立多元公共卫生体系。

6、构建新型农业经营体系，增加农民收入。大力推进农业现代化，实现规模经营，加大农业工业化、信息化程度，开展农业专员制度、合作社等各种新型组织，转变农业现在的小、散状况。赋予农民更多财产权利，推进土地流转制度改革，保证农民在有耕地、有宅基地的基础上，也要有其他收益。同时加强对农民的职业技能培训，全面提高农民的整体素质，促进农村劳动力就业，提高农民的收入水平。

7、充分发挥农民的主体作用，加强基层组织建设。一是要切实加强镇、村二级队伍建设，特别是村级班子。要选准配强村“两委”班子，加大培训力度，切实提升带领村民致富的能力。要研究建立城镇化建设风险防范廉政机制，加强资金、工程建设、利益分配监管。

8、加大投入力度，拓宽投资渠道。加快城镇经济建设步伐，资金是关键，这也是严重制约新型城镇化进程的主要障碍。解决这一难题，根本的途径是充分发挥市场机制在资源配置中的基础性作用，积极引导各类投资主体参与城镇建设。一是积极调整财政支出结构，不断加大对农村教育、卫生、交通、电力、通讯、农田水利等基础设施和生态环境建设的投入力度，不断改善农村的生产生活条件，提高城乡基础设施的共享度，解决农村生产生活基础设施滞后的瓶颈制约。二是是注重政策扶持，密切研究和关注国家、省相关扶持政策，积极争取更多资金用于我市新型城镇化建设。三是深化投融资体制改革。鼓励各种社会资金投资建设城镇基础设施和文化、教育、卫生、体育等公益性事业。对外商投资城镇基础设施、公用事业项目，可以采用特许权经营(BOT)、转让资产权益(TOT)等方式，吸纳国内外资金参与开发建设。

9、深化体制改革，推动机制创新。一是加快户籍制度改革。对在城镇有固定住所、有稳定生活来源的农民，均可办理城镇户口。创新人口服务和管理制度，推进城乡户籍一体化管理，推动农村人口市民化。在农村社保、医保、收入、受教育机会、就业结构等资源配置上，与城市平等对待。二是深化土地管理制度改革。建立城乡土地资源统一优化配置、节约用地、集约用地的新机制。提供平等保护土地产权的制度基础设施，构建平等进入、公平交易的土地市场，建立公平共享的土地增值收益分配制度，建立与现代社会发展相适应的土地财产税制度，建立国有土地资产经营制度和土地融资制度，建立以权属管理和用途管制为核心的现代土地管理体制。三是深化社会保障制度改革。对在城镇就业、居住，转为城镇户口的人员，在子女入学、参军、就业和生活保障、医疗保险等方面与城市居民享受同等待遇，在未享受城镇社会保障之前，允许保留农村土地承包权。建立健全新型社会救助体系，逐步构建起以最低生活保障制度为基础，以就业帮助、医疗救助、教育救助等为补充的多元化新型社会救助体系，做到农村低保水平与农民人均纯收入同步增长，使城乡居民同享改革发展的成果。四是探索建立农民变市民的置换制度，以集体资产所有权、分配权置换社区股份合作社股权，土地承包权、经营权置换基本社会保障，宅基地使用权及住房置换城镇住房。通过体制机制改革创新，实现基本公共服务均等化、社会福利均等化、基础资源均衡配置。

(市统计局综合科)

注:该分析获全市优秀统计分析评比二等奖。

枣庄市财政收入与GDP关系研究

侯　方

财政收入是一个地区经济发展的重要体现,是推动经济发展和社会进步的重要物质基础。正确认识财政收入与GDP之间的关系,对促进我市经济社会可持续、协调、健康发展具有重要意义。本文主要研究枣庄市财政收入与GDP增长的内在关系,揭示其影响因素,提出促进枣庄市财政收入与GDP持续协调发展的对策建议,为政府调整产业结构和制定合理的税收政策提供依据。

一、枣庄市地方财政收入与生产总值总体发展情况

1994年财税改革以来,枣庄市地方财政收入、GDP总量不断扩大,财政收入所占比重逐步提高。枣庄市地方财政一般预算收入由1994年3.67亿元增加至2012年116.37亿元,增长32倍,枣庄市现价GDP1994年为114.96亿元,2012年达到1702.92亿元,现价增长15倍,在这一时期,地方财政收入的总量扩张快于地区生产总值。

与GDP的增速相比较,财政收入增速明显加快1994-2012年,按现价计算枣庄地方财政收入年均增长21.2%,同期GDP可比增长11.2%。多数年份的财政收入增长快于GDP的增速。

枣庄市地方财政收入与GDP增长走势

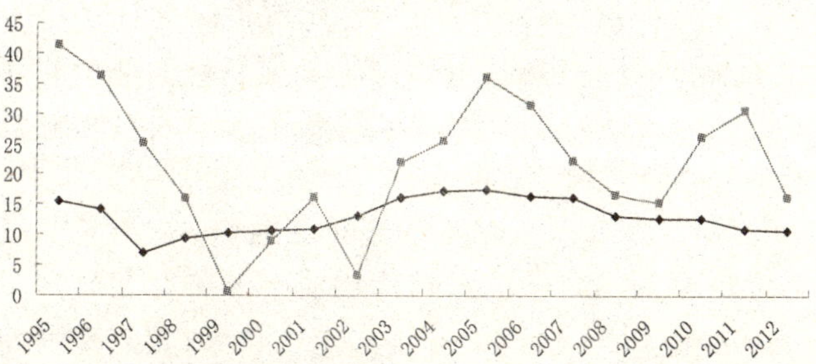

二、枣庄市地方财政收入与生产总值数量关系分析

(一)财政收入和生产总值总量的相关性分析

为了进一步观察财政收入与经济增长的数量关系,用数学方法进行回归模型分析。假设财政收入与GDP总量之间存在线性关系,以GDP总量作为解释变量,地方财政收入作为被解释变量,对1994年-2012年的原始数据进行回归分析:

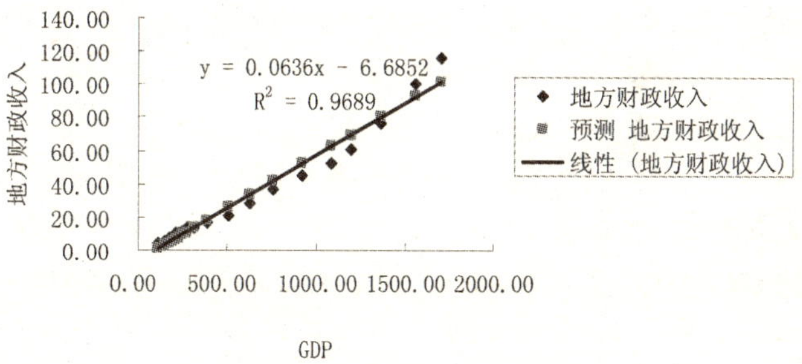

建立二者之间的简单线性回归方程:

LER=-6.6852+0.0636GDP(R=0.984)

LFR:地方财政收入R:相关系数

对方程的显著性进行F检验,F值为528.856,sig=3.02081E-14<0.05,检验通过,即地方财政收入与GDP存在线性关系。对回归系数进行t检验,截距项和回归系数的t检验统计量分别为-2.98379和22.99687,其P值均小于0.05,检验通过,所以地方财政收入与GDP的线性效果显著。相关系数0.984305,测定系数0.968856,回归直线拟合程度非常好。说明地方财政收入与GDP二者高度相关,回归系数0.0636表示GDP每增加1亿元,地方财政收入相应增加636万元。

(二)财政收入弹性分析

财政收入与生产总值的数量关系,可以用财政收入弹性系数来分析。所谓财政收入弹性是指财政收入增长率与GDP增长率的比值,即生产总值每增长一个百分点所对应的财政收入增长率。财政收入弹性系数〈1时。表明财政收入的增长速度慢于GDP的增长速度,即财政收入缺乏弹性;当财政收入弹性系数〉1时。表明财政收入的增长速度快于GDP的增长速度,存在着比较强的财政收入弹性。用公式表示:

财政收入弹性系数=财政收入增长速度/生产总值增长速度

1995-2012年枣庄市财政收入弹性系数

年份	GDP 增速（%）	地方财政收入增速（%）	财政收入弹性系数
1995	15.6	41.3	2.65
1996	14.2	36.3	2.55
1997	6.9	25.2	3.65
1998	9.4	16.0	1.71
1999	10.2	0.7	0.06
2000	10.8	9.0	0.83
2001	11	16.1	1.47
2002	13.1	3.2	0.24
2003	16.1	22.1	1.37
2004	17.2	25.5	1.48
2005	17.4	36.0	2.07
2006	16.4	31.4	1.91
2007	16.1	22.2	1.38
2008	13.1	16.6	1.27
2009	12.6	15.3	1.21
2010	12.6	26.2	2.08
2011	10.9	30.5	2.80
2012	10.7	16.2	1.52

1995-2002年处于调整阶段，枣庄市的财政收入弹性不太稳定，或大于1或小于1。从2003年开始，枣庄市经济走出调整性增长阶段，财政收入保持高速增长，并且增长幅度大于GDP的增幅，财政收入弹性有所提高，2003年-2012年枣庄市的财政收入弹性连续10年大于1，平均弹性系数1.71，即在此阶段，枣庄市生产总值每增长一个百分点，相对应的财政收入增长1.71个百分点。

三、枣庄市财政收入与GDP的纵向比较分析

财政收入占GDP比重，是反映一个地区经济运行质量和经济结构优劣的重要参数，能够反映一个地区宏观税负水平，通常情况下，财政收入占GDP比重越高，表明该地区经济运行质量越好，经济结构越优。分税制改革以后，枣庄地方财政收入占GDP比例逐步得到调整，财政占比由1994年3.2%上升至2012年的6.8%，随着国民经济持续快速的发展和国家宏观政策的稳定性，枣庄市地方财政收入的比重还会呈继续上升的发展态势。

1994-2012年枣庄市财政收入和GDP比较

年份	GDP		地方财政收入		财政占比（%）
	总量（亿元）	增长（%）	总量（亿元）	增长（%）	
1994	114.96		3.67		3.20
1995	148.56	15.6	5.19	41.3	3.50
1996	177.46	14.2	7.08	36.3	3.99
1997	193.19	6.9	8.86	25.2	4.58
1998	210.32	9.4	10.28	16.0	4.89
1999	227.13	10.2	10.34	0.7	4.55
2000	248.81	10.8	11.27	9.0	4.53
2001	276.82	11.0	13.09	16.1	4.73
2002	313.86	13.1	13.51	3.2	4.30
2003	383.24	16.1	16.49	22.1	4.30
2004	509.89	17.2	20.71	25.5	4.06
2005	629.04	17.4	28.17	36.0	4.48
2006	756.77	16.4	37.00	31.4	4.89
2007	922.53	16.1	45.23	22.2	4.90
2008	1087.64	13.1	52.73	16.6	4.85
2009	1196.04	12.6	60.80	15.3	5.08
2010	1362.04	12.6	76.71	26.2	5.63
2011	1561.68	10.9	100.12	30.5	6.41
2012	1702.92	10.7	116.37	16.2	6.83

地方财政收入与生产总值关系的分阶段比较

1、改革开放前财政收入与经济发展状况分析（1961年—1978年）

从建市至改革开放前期，枣庄市财政收入与经济发展的特点为：

第一，财政收入占GDP比重在波动中逐年回落。这一时期，财政比重由1961年的16.7%上升到1978年的15.3%，回落了1.4个百分点，比重最高为1970年的28.31%，最低为1969年的11.1%。这是高度集中的计划经济管理体制下，宏观经济受非经济因素影响呈现突发性和强制性的特点。

第二，财政收入增速快于生产总值。这一阶段以高度集中的传统经济体制为背景，经济发展受到了政治因素影响。政府对国民经济大包大揽，财政管理工作上实行统收统支，形成了“高度集中”的财政管理模式，因而当时的财政收入规模较高，财政收入比例维持在一个相对较高的水平。这一时期GDP年均增长7.6%，地方财政收入年均增长10.3%，地方财政收入高于GDP增幅2.7个百分点。财政收入总量的扩张速度高于生产总值5.2个百分点。

第三，这一时期财政收入对GDP的弹性值大于1，平均为1.344。取国民经济每增长一个百分点，财政收入平均增长1.344个百分点。财政收入受到计划经济体制下社会财富分配制度的影响。

2、改革开放后财政收入与经济发展状况（1979年—2007年）

这一时期枣庄经济总量迅速扩大，2007年全市地区生产总值达到922.53亿元，比1978年增长111倍，年均增长13.2%，三产结构由1978年的37.2:51.2:11.6变为2007年的8.7:64.1:27.2，产业格局由以第一、二产业为主演变为第二、第三产业并重。而同期全市地方财政收入从1978年的1.26亿元增加到2007年的45.23亿元，增长36倍。经济走势特征是：

第一，财政收入占GDP比重呈波浪式发展态势。以1979的13.9%为始点逐渐下降，到2007年下降到4.9%。期间以"七五"和"八五"平均下降幅度最大，分别下降了9.4和9.5个百分点。"九五"时期，财政收入比重逐渐回升。

第二，生产总值和地方财政收入增长均呈震荡上升走势，地方财政收入的振幅大于生产总值。这一时期生产总值年均增幅为13.2%，高于地方财政收入0.4个百分点。在此期间，生产总值增长的最高值（39.6%）与最低值（5.1%）之差为34.5个百分点，地方财政收入最高值（41.3%）和最低值（-34.0%）之差为75.3个百分点，地方财政收入振幅较大。

3、城市转型后财政收入与经济发展状况（2008年—2012年）

2008年，枣庄确立了"一个战略、三大战役"的城市转型思路，并于2009年被国务院确定为东部地区唯一的资源枯竭城市转型试点城市。5年来枣庄城市转型之路越走越宽，这一时期经济发展特征是：

第一，财政收入占GDP比重逐年稳步上升。财政收入占比从2008年开始，历年分别达到4.8%、5.1%、5.6%、6.4%，到2012年达到6.8%，五年间上升了2.0个百分点。

第二，生产总值增速逐年回落，财政收入有升有降。受国内外大环境和全球金融危机影响，我市经济发展速度呈现回落趋势，但我市被国务院确定为城市转型试点城市，通过工业转型和发展服务业，财政收入增幅有升有降。

四、地方财政收入与生产总值关系的横向比较分析

（一）与西部经济隆起带城市比较

以2012年地方财政收入占GDP比重排名，在西部隆起带中，枣庄位于第3位，位于前两位的菏泽和济宁分别高出枣庄1.02和0.87个百分点，临沂、德州和聊城位于后3位，分别低于枣庄1.19、1.44和1.96个百分点。但是比较6市的财政收入和GDP增速，枣庄市均位于6市之末，说明枣庄市的地方财政收入水平还有待进一步提高。

2012年西部隆起带地方财政收入与GDP比较

年份	地区生产总值		地方财政收入		财政占比（%）
	绝对量（亿元）	增速（%）	绝对量（亿元）	增速（%）	
枣庄市	1702.92	10.7	116.37	16.2	6.83
济宁市	3189.37	11.0	245.63	18.6	7.70
临沂市	3012.80	11.8	170.07	20.4	5.65
德州市	2230.56	12.1	120.24	26.5	5.39
聊城市	2145.65	12.7	104.49	18.0	4.87
菏泽市	1787.36	13.0	140.30	25.7	7.85

（二）与全省其他城市比较

与全省比：1994-2012年，枣庄市地方财政收入占GDP比重均低于全省水平，枣庄市财政占比由1994年的3.2%增加至6.83%，山东省财政占比由1994年的3.50%增加至8.12%，差距由1994年0.31个百分点扩大至2012年的1.28个百分点。

1994年-2012年枣庄市与山东省财政占比情况

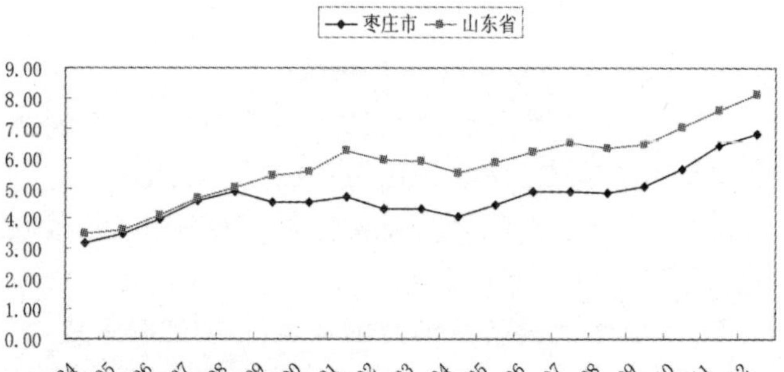

与省内其他地市比，2012年，枣庄市财政占比在全省17地市中位于第7位，比1994年提高了4.02个百分点。省内17地市中财政占比最高的是青岛，高出枣庄市2.35个百分点，1994年青岛市的财政占比也是位列榜首，18年间提高了4.81个百分点。

2012年山东省17市地方财政收入与GDP比较

年份	地区生产总值		地方财政收入		财政占比(%)
	绝对量(亿元)	增速(%)	绝对量(亿元)	增速(%)	
全省	50013.20	9.8	4059.43	17.5	8.12
济南市	4812.68	9.5	380.82	17.2	7.91
青岛市	7302.11	10.6	670.18	18.4	9.18
淄博市	3557.21	10.5	236.28	16.1	6.64
枣庄市	1702.92	10.7	116.37	16.2	6.83
东营市	3000.66	12.1	158.71	17.3	5.29
烟台市	5281.38	10.3	357.36	17.9	6.77
潍坊市	4012.43	10.6	306.12	20.6	7.63
济宁市	3189.37	11.0	245.63	18.6	7.70
泰安市	2547.00	10.7	158.85	15.0	6.24
威海市	2337.86	9.4	158.40	16.1	6.78
日照市	1352.57	11.8	78.86	15.1	5.83
莱芜市	631.41	11.1	42.02	7.1	6.65
临沂市	3012.80	11.8	170.07	20.4	5.65
德州市	2230.56	12.1	120.24	26.5	5.39
聊城市	2145.65	12.7	104.49	18.0	4.87
滨州市	1987.73	10.8	150.46	15.1	7.57
菏泽市	1787.36	13.0	140.30	25.7	7.85

(三)与淮海经济区城市比较

2012年,在淮海经济区25个地市中,有13市财政占比高于枣庄市,财政占比最高的是连云港市,达到13.03%,连云港市的经济总量略低于枣庄市,财政收入总量却比枣庄市多出近一倍。

2012年淮海经济区地方财政收入与GDP比较

年份	地区生产总值		地方财政收入		财政占比(%)
	绝对量(亿元)	增速(%)	绝对量(亿元)	增速(%)	
徐州市	4016.58	13.2	366.76	15.2	9.13
连云港市	1603.42	12.7	208.94	16.0	13.03
淮安市	1920.91	13.1	233.61	14.2	12.16
盐城市	3120.00	12.7	312.78	16.3	10.03
宿迁市	1516.77	13.0	158.13	30.7	10.43
菏泽市	1787.36	13.0	140.30	25.7	7.85
聊城市	2145.65	12.7	104.49	18.0	4.87
枣庄市	1702.92	10.7	116.40	16.2	6.84
济宁市	3189.37	11.0	245.63	18.6	7.70
泰安市	2547.00	10.7	158.90	15.0	6.24
日照市	1352.57	11.8	78.86	15.1	5.83
莱芜市	631.41	11.1	42.02	7.1	6.65
临沂市	3012.80	11.8	170.10	20.4	5.65
德州市	2230.60	12.1	120.20	26.5	5.39
亳州市	715.66	11.9	47.69	40.1	6.66
淮南市	781.80	12.7	98.60	38.1	12.61
蚌埠市	890.22	13.0	78.42	27.8	8.81
淮北市	620.50	13.2	51.90	36.2	8.36
阜阳市	962.50	11.7	69.30	24.4	7.20
宿州市	914.95	12.5	53.30	36.8	5.83
滁州市	970.70	13.1	96.94	31.3	9.99
六安市	918.20	11.0	69.50	22.5	7.57
周口市	1592.38	10.7	60.10	23.4	3.77
商丘市	1418.30	11.2	70.19	24.4	4.95
信阳市	1408.66	10.5	55.46	25.1	3.94

五、枣庄市财政收入与生产总值关系的影响因素分析

由上述分析可以看出,经济增长与财政收入提高紧密相连,但两者之间也存在着差异,表现为GDP和财政收入在一个较短时期内不同步,也就是说GDP和财政收入增长并不是完全一一对应的。二者之间存在差异除了受到核算口径、统计价格、统计内容等因素影响外,还受到其它一些因素影响。

*一是产业结构和行业差异的影响。*现代经济增长理论表明,产业结构决定税源结构,从而影响财政收入。不同产业和行业之间的税负相差很大,产业结构以及产业内部行业的差异都会影响财政收入与GDP的比例高低。高税率的产业和行业增加值比重越高的地区,财政收入与GDP的比例越高;反之,低税率的产业和行业增加值比重越高的地区,财政收入与GDP的比例越低。

2012年全省17市三产占比与财政占比情况

市名称	第一产业所占比重（%）	第二产业所占比重（%）	第三产业所占比重（%）	财政占GDP比重（%）
全省	8.6	51.5	40.0	8.1
济南市	5.3	40.3	54.5	7.9
青岛市	4.4	46.6	49.0	9.2
淄博市	3.5	59.1	37.5	6.6
枣庄市	7.8	58.2	34.0	6.8
东营市	3.5	70.9	25.7	5.3
烟台市	7.1	56.5	36.3	6.8
潍坊市	9.7	54.0	36.3	7.6
济宁市	11.7	52.5	35.9	7.7
泰安市	9.2	50.7	40.2	6.2
威海市	7.7	53.4	38.9	6.8
日照市	8.7	53.5	37.8	5.8
莱芜市	7.0	57.8	35.2	6.7
临沂市	9.7	48.6	41.8	5.6
德州市	11.0	54.2	34.9	5.4
聊城市	12.0	55.4	32.6	4.9
滨州市	9.5	52.6	37.9	7.6
菏泽市	13.5	54.5	32.0	7.8
枣庄位次	10	3	14	7

2012年，枣庄市GDP中三次产业增加值比例为7.8：58.2：34，财政占比最高的青岛市三次产业增加值比例为4.4：46.6：49，通过比较可以看出，枣庄市一、二产占比较高，三产占比较低，财政收入增长快于GDP，与二产特别是工业增长较快密切相关。第一产业增加值比例偏高，第三产业占比偏低是全市财政占比偏低的重要原因。

二是收入分配因素。GDP是反映一个国家或地区在一定时期内新创造价值（增加值）的总和，财政收入是GDP初次分配和再分配的结果。从初次分配看，各部门创造出增加值之后，一部分以税收、收费等形式上缴财政，形成国家收入；一部分以折旧、公积金、利润等形式留在企业，形成企业收入；一部分以报酬、福利等形式支付给劳动者，形成个人收入。从再分配看，初次分配后的企业收入和个人收入中的一部分又通过所得税、财产税等形式上缴财政。因此财政收入归根结底来自GDP，GDP总量扩张是影响财政收入增长的主导因素。经济总量决定财政收入的规模，GDP分配向政府倾斜，导致GDP增速与财政税收增幅不一致。

三是税收政策因素。财政体现了政府的意志，不仅有组织收入的职能，还有调剂社会资源、营造社会和谐等功能。因此，财政收入深受国家分配政策的影响。从枣庄市与全省的财政占比走势来看，趋势基本保持一致，总体上讲，部分财政收入增长受政策因素影响，与GDP增长无直接对应关系。

四是经济效益因素。从财政的征收对象看，财政收入不仅与增加值有关，而且与增加值的构成项目有关，如企业所得税只能从盈余中征收，企业效益好，所得税就多，反之就少，即使两个企业从事同一个行业，所创造的增加值一样大，但由于两个企业效益状况不一样，从这两个企业征收到的税收就可能有很大差异，这种状况也反映出增加值与税收的不同步现象，这种情况可能出现在企业，也可能出现在各省、市、县的GDP与财政收入的量化关系上，最终导致GDP与财政收入增长不一致。

六、促进财政与经济协调发展的建议

GDP与财政收入增长在短期内不同步是一种“常态”，占比上下波动是经济社会发展的必经阶段。但要尽量使其维持在一个合理的范围内，如果比例过大，财税负担过重，则会加重社会负担，减少原本应当归市场支配的资本量，就会影响或抑制经济发展；反之，比例太小，则会减少对经济建设的支出，又会影响或降低政府宏观调控能力。因此，只有保持合理的财政收入规模及比例，才能促进财政和经济协调发展。而且，还可以起到保持经济稳定、优化资源配置和调节收入分配的作用。从相互关系看，经济决定财政收入，财政收入又反作用于经济的辩证关系，决定了财政收入必须与经济增长相协调，才能实现良性循环和可持续增长。通过对GDP与财政收入关系的认识，我们建议做好以下几方面的工作，以提高枣庄市国民经济和地方财政收入的规模，促进枣庄市财政收入与GDP持续协调发展，保持我市经济社会稳定、协调、健康发展。

1、推进产业的优化与升级

加快经济结构调整，实现经济增长方式改变。调整产业结构，调整城市空间与产业布局，促进所有制结构调整。保持固定资产投资持续增长，增强消费拉动作用，改变粗放增长方式，做大经济规模，扩大财政实力，以信息化带动工业化，走新型工业化道路，坚持以经济建设为中心，发展经济，增加税源。首先，要进一步增强竞争意识和创新观念。引导企业积极自主研发，掌握高新技术，提高企业的创新能力，开发新产品，增加附加值，实现高新产业的不断升级与传统产业的转型。其次，大力发展支柱产业，形成有地方特色，规模较大，竞争力较强的工业企业和工业体系。再次，促进产业集群升级，发挥集群经济优势。做好战略规划，制定适合本地实际的产业发展战略，促进集群经济发展，增强企业竞争力。培育扶持一批成长性好、创新能力强、市场占有率高的骨干企业，形成多元化产业支撑体系，带动相关产业发展。

2、加快培育新兴第三产业发展

加大对第三产业尤其是现代物流、信息传输、会展经济等现代服务业的扶持力度，大力发展第三产业中主税为营业税的营利性服务行业，涵养地方税收来源。鼓励中介服务业、金融保险业、交通运输业、文化体育业等行业的发展，搞好售后服务、品牌营销、供应链管理，打造现代服务业，为GDP与财政收入增长提供新动力。

3、发展县域经济促进农民增收

发展县域经济应因地制宜，突出特色，以工业化、城镇化带动农业的发展，增加农民收入。根据所处的经济发展阶段准确定位，根据在历史传统、地域特性、资源禀赋等方面的差异，主攻特色经济，优化产业结构，挖掘县域优势，逐步推进区域一体化；继续推进社会主义新农村建设，落实各项助农惠农措施。深化农村综合改革，改善农业生产条件，加强对农业生产资料价格的监管，加快农村经济发展。健全对被征地农民的合理补偿机制和安置机制，健全农业保险机制和维护农民工权益保障机制，维护农民利益。

4、创新财税管理机制

首先，规范收费制度，明确允许收费的范围、收费的对象、收费的标准、收费的用途、审批的机关、监督的部门和违法违规的责任，杜绝乱收费现象，减轻百姓负担。其次，做好纳税服务，帮助纳税人解决纳税中遇到的各种问题，提高纳税人的税法遵从度。再次，依法征税，强化税收管理，严厉打击偷税、漏税、骗税等违法行为，提高税收执法水平，加强税收宣传，增强全民纳税意识，减少税收流失，增加财政收入。最后，全面掌握税法规定，用好用足税收优惠政策，促进经济发展，增加百姓收入。

（市统计局核算科）

注：该分析获全市优秀统计分析评比二等奖。

枣庄现代物流发展情况分析

叶文　于亚波　马兆民

国际经验表明，经济增速放缓时期，物流业"第三利润"的战略地位会得到更大凸显。物流成本平均占企业总成本的30%，物流时间平均占生产和销售过程的90%，向物流要效益的潜力巨大，已成为企业在增长困境压力下，挖潜增效、提升利润的重要源泉。为加快我市物流业的发展，促进全市宏观经济的继续改善，现就我市物流业发展情况进行分析探讨，供领导决策参考。

一、现代物流业的概念及其作用

根据国家质量监督检验检疫总局发布的《物流术语》(GB/T18354-2006)(国家标准)，物流是指物品从供应地向接收地的实体流动过程。根据实际需要，将运输、储存、装卸、搬运、包装、流通加工、配送、信息处理等基本功能实施有机结合。物流业全称物流相关行业，是融合运输业、仓储业、货代业和信息业等复合型服务产业，包括11大类、17中类、21小类，具体包括五大运输方式、装卸搬运和其他服务业、仓储业、邮政业、批发业、零售业和商务服务业。现代物流业是社会经济发展到一定阶段的产物，是企业内部分工外部市场化与专业化及企业竞争（主要是市场营销观念的变革）的必然结果。它是相对于传统物流而言的。传统意义上的物流业包括交通运输、仓储配送、货运代理，多式联运等业态。随着经济全球化和信息技术的迅速发展、竞争的日益激烈，物流业逐步演进为包括企业自身的原材料采购、运输、仓储和产成品的加工、整理、配送等由企业自身承担的物流服务业务。涵盖原材料(或产成品)从起点到终点以及这一过程相关信息有效流通的全过程。它将运输、仓储、装卸、加工、整理、配送、信息等方面有机结合，形成完整的供应链，为用户提供多功能、一体化的综合性服务。

*第一，物流业是一个复合型产业。*物流业是物流资源产业化而形成的一种复合型或聚合型产业，物流资源有运输、仓储、装卸、搬运、包装、流通加工、配送、信息平台等，其中运输又包括铁路、公路、水运、航空、管道等。这些资源产业化就形成了运输业、仓储业、装卸业、包装业、加工配送业、物流信息业等。这些资源分散在多个领域，包括制造业、农业、流通业等。把产业化的物流资源加以整合，就形成了一种新的物流服务业。这是一种复合型产业，也可以叫聚合型产业，因为所有产业的物流资源不是简单的叠加，而是通过优化整合，可以起到事半功倍的效果。

*第二，物流业是生产性服务业。*生产性服务业是指为第一、二、三产业的实物生产和服务生产提供服务的产业。我们可以把生产区分为农业生产、工业生产和服务业生产，农业生产产出农产品，工业生产产出工业品，服务业生产产出服务产品。无论是农业生产、工业生产和服务业生产，都需要外购服务作为生产要素投入本企业的生产过程，这些外购服务就构成服务性生产资料。在国际上，一般把50%以上产品用于生产的服务部门称为生产性服务业，50%以上产品用于消费的服务部门称为消费性服务业。在发达国家，生产性服务业在整个服务业的比重超过60%，其发展速度也明显快于消费性服务业，特别是金融、物流、运输、信息、商务服务发展最快。

随着市场经济的发展，物流业已由过去的末端行业，上升为引导生产、促进消费的先导行业。大力发展现代物流业，不仅是促进物流业自身平稳较快发展和产业优化升级的需要，也是服务和支撑其他产业的调整与发展、增加消费和扩大就业的需要，对于促进产业结构调整、转变经济发展方式和增强经济增长内生动力具有重要意义。

*(一)加快发展现代物流业是推进枣庄产业结构转型，振兴第三产业的必然选择。*根据产业结构发展演进定律，产业结构的发展方向是一次产业向二、三次产业演进升级的过程。现代物流业的本质是第三产业，属于技术密集型和高附加值的高科技产业，是现代社会分工和专业化高度发展的产物，它具有资产结构高度化、技术结构高度化、劳动力高度化的特征，能够促进传统的运输、仓储企业的转型，整合传统经营业务，延伸服务范围。物流业通过系统、精细、信息化等技术与装备的应用，以及服务理念的提升，

提高各个相关传统产业企业的发展水平和服务质量。枣庄正处在经济转型的关键时期，围绕着建设“幸福新枣庄”而努力奋斗，经济总量小，外向度偏低，资源型产业占比依然较大，新兴服务业发展水平尚有待提高，加快发展现代物流业是推进枣庄产业结构转型，振兴第三产业的必然选择。

（二）加快发展现代物流业，可以促进宏观经济整体运行效率的提升，降低经济运行成本，提高资源的使用效率，使国民经济发展方式发生转变。现代物流是流通方式的一场革命，是企业降低物资消耗，提高劳动生产率以外的“第三利润源泉”。计划经济时代是以生产为中心，生产企业、流通企业库存大，占用资金多，而运输和仓储企业有效货源不足，设施利用率低，导致企业资金周转不灵，经济运行质量不高。在市场经济条件下，生产要素、资金的流动是以获取利润为前提条件，“唯利是图”是其根本的特征。通过运用现代物流业，可以提高工作效率、降低生产成本，从而使企业获得更多的利润。

（三）加快发展现代物流业，是提供就业岗位、缓解就业压力的重要手段。物流业主要是为企业提供扩大市场范围和提高竞争力的手段，并通过社会分工促进企业运作模式的创新和发展方式的转变。同任何新兴产业的诞生和发展一样，现代物流业在促进国民经济产业结构调整的同时，也带动了劳动就业的扩张。而第三产业属劳动密集型产业，同样的投入能创造出比第二产业多得多的就业岗位。

（四）加快发展现代物流业，是枣庄发展区域经济，培育产业集群的迫切需要。一定的区域范围内，现代物流产业作为服务性产业，对交通、通信等基础设施条件有较高的要求，物流业依托资源禀赋和区位优势，可以培育具有增量规模的现代物流产业，为区域经济发展提供新的增长点。

（五）加快发展现代物流园区，是加强枣庄商品市场整体竞争力的有力举措。枣庄市各类商品市场经过多年发展，虽然具备较好的基础，但是整体还存在着布局不合理、市场功能单一、现代化程度偏低、辐射能力不强等问题，极大的影响了枣庄市商品市场的竞争与发展。与此同时，周边城市商品市场的快速发展对枣庄市商品市场的发展也形成了巨大的竞争压力，枣庄市商品市场整体发展已落后于周边城市。在现有市场格局下，枣庄市商品市场已很难依靠单个市场的改造升级去改变竞争弱势的现状。市场园区的建设将原本分散的各类商品市场统一布局于园区内进行规划建设，不但整合了枣庄现有商品市场资源，为各类商品市场提供了一个更为广阔的发展空间，更通过业态的合理布局、市场功能的增加，进一步完善了枣庄市各类商品市场的配套功能。从而形成较强的市场集聚效应，增强市场的综合竞争力，是枣庄市商品市场升级发展的有力平台。

二、枣庄物流业发展现状

近年来，枣庄物流业总体规模快速增长，服务水平显著提高，发展的环境和条件不断改善，为进一步加快发展奠定了坚实基础。

（一）物流业规模快速增长。枣庄物流业总体规模不断增长，2013年1季度，枣庄社会物流总额达1066.5亿元，同比增长11.8%；物流业实现增加值31.4亿元，同比增长2.8%；物流相关行业固定资产投资7.2亿元，同比增长14.1%。1季度，物流业增加值占全部三产增加值的比重为28%，占GDP的比重为8.1%。

物流总额季度变化图

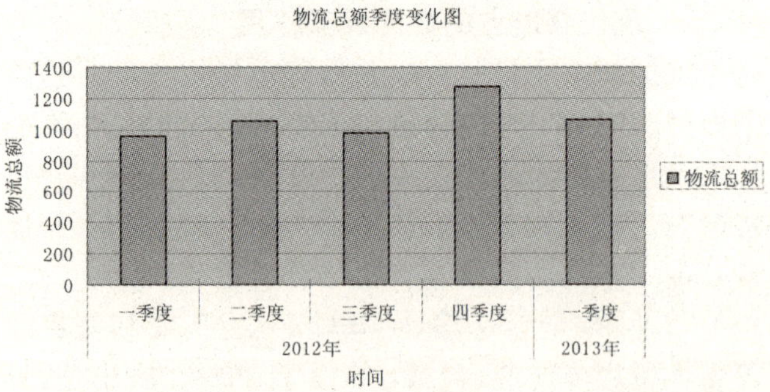

（二）物流业发展水平显著提高。一些制造企业、商贸企业开始采用现代物流管理理念、方法和技术，实施流程再造和服务外包；传统运输、仓储、货代企业实行功能整合和服务延伸，加快向现代物流企业转型。枣庄贵诚集团总部位于枣庄市市中区三角花园商贸区，地理位置优越，环境幽雅宜人，商品名优荟萃。集团现有资产总额3.5亿元，经营面积12万平方米，员工3500余人，下设3个子公司、4个主力店、6个分公司以及直销，加盟店200余家，成为集百货、超市、连锁经营、物流配送、农资、农产品、汽车销售、住宿、餐饮、外贸等于一体的现代商业集团，是市委市政府重点配置的龙头骨干企业。盛北商贸城项目计划总投资15亿元，其中一期投资额7.86亿元。主要建设装饰材料销售、大型仓储、物流配送、休闲食宿为一体的综合性商贸区。项目全部建成后形成占地近600亩集物流配送、大型仓储、旅游、购物、休闲、娱乐、餐饮、住宿为一体的综合性商贸区。

（三）物流总额构成与地方经济发展实际相对应。2013年1季度，枣庄社会物流总额中，工业品物流总额861.8亿元，同比增长10.0%，占社会物流总额的

80.8%；外地货物流入总额143.7亿元，同比增长16.0%，占13.5%；农产品物流总额31.5亿元，同比增长12.9%，占3.0%；再生资源物流总额15.7亿元，同比增长36.5，占1.47%；单位与居民物品物流总额8.2亿元，同比增长41.4%，占0.8%；进口货物物流总额2.1亿元，与去年同期持平，占0.5%。工业品物流是枣庄物流产业的主要构成部分，与枣庄的经济发展实际相对应。

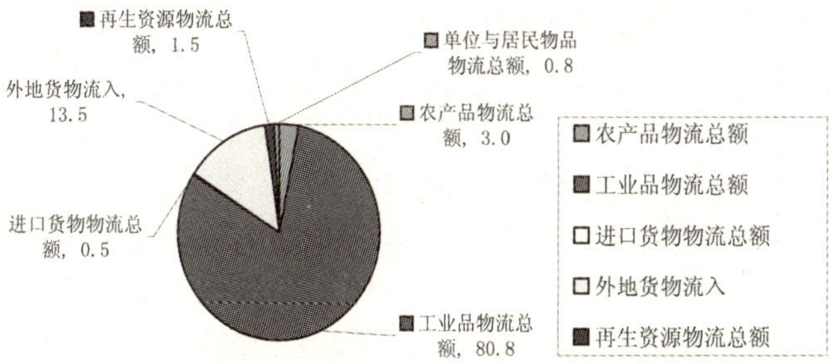

（四）物流基础设施条件逐步完善。交通设施规模迅速扩大，为物流业发展提供了良好的设施条件。截至2012年底，全市公路货运量达22695万吨，公路通车里程7534公里，公路货运周转量2523581万吨公里，港口吞吐量2121万吨，铁路货物发送量1373万吨。营运载货汽车拥有量36073辆，营运挂车10805辆。

事关枣庄经济社会发展大局的“四条路”建设取得重大进展：京沪高速铁路于2011年6月30日正式开通，与此同时，抢抓机遇、主动争取，京沪高铁枣庄西站成功更名为枣庄站，既有的京沪铁路枣庄站更名为枣庄西站。枣临铁路已经通车，建成的枣临铁路能够进一步完善路网结构，有利于缓解京沪铁路运输能力紧张状况，同时加强内陆城市与日照港的联系，形成鲁南地区直达日照港、岚山港的便捷出海大通道，为扩大开放、发展外向型经济创造更有利的条件。枣临高速公路，全线累计完成投资25.8亿元，业已通车，现在枣庄至临沂的车程不到一小时。运河航运扩容工程，台儿庄复线船闸建成并投入运营；枣庄港配套工程疏港路竣工通车；万年闸复线船闸工程已于2012年底建成并投入使用。

2002-2012年交通运输情况表

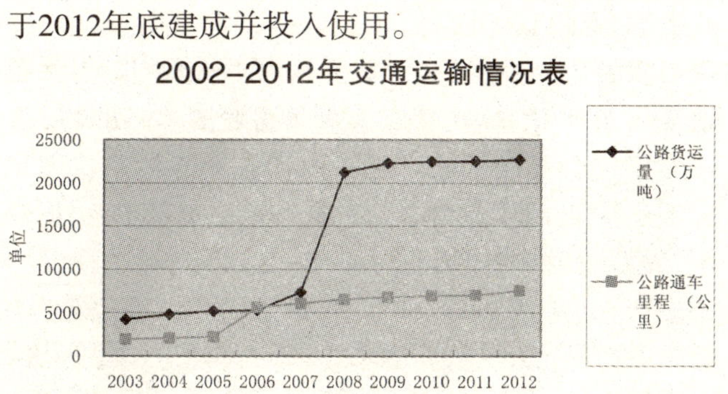

（五）区域性物流中心正在形成。物流园区建设开始起步，仓储、配送设施现代化水平不断提高，一批区域性物流中心正在逐步形成。枣庄市中区北部现代商贸物流园区具体规划成东、西两大市场集群，以及涵盖八类商品交易的三大专业市场。西片区市场集群（生活资料市场集群），以满足枣庄及周边居民家居、生活类消费为主，包括建材家居市场、五金机电市场、汽车商贸街、农贸市场、小商品市场。东片区市场集群（生产资料市场集群），主要面向枣庄市及周边区域与工业生产相关的消费需求，包括木材市场、钢材市场、工程机械市场。三大专业市场：盛北商贸城、农副产品批发市场、华东物资城三大专业市场。涵盖建筑材料、五金机电、农资产品、农副产品、小商品、木材、钢材、工程机械等八类商品。物流技术设备加快更新换代，物流信息化建设有了突破性进展。

（六）电子商务蓬勃发展。从商务局获得资料，枣庄目前在工商部门登记注册的电子商务有限公司共有42家，90%以上注册时间在2010年之后，也有部分是注册时间较早，在2010年以后转入电子商务领域。通过商务局的调研得知，这些电子商务公司经营范围涉及广，销售额较高，销售的多是农副产品、生产资料等大宗货物，模式多是通过构建电子信息平台，提供供给和采购信息，实现货物中转。

三、存在问题和制约因素

在市委市政府的关心支持和正确引导下，枣庄的物流业发展有了长足进步，在肯定成绩的同时，也要看到枣庄的物流发展仍然处在一个较低水平，规模和影响力还远远不够，存在的问题不容忽视。

（一）政府管理体制影响枣庄物流业发展。物流是一个大市场，所有的物流资源都应进入市场自由卖买，这是一种割不断的横向联结。但部门分割的政府管理体制却把这种联结纵向切断，跨部门的东西很难存在，也很难形成一种协调的机制，使物流资源形不成整合与整体效应。比如，枣庄的物流业仍然是分散的或者称多元的管理方式，涉及到铁道部门、交通部门、邮政部门、贸易部门等专业部门和发改委、经贸委等综合部门。各部门之间分工又有交叉，造成了物流行业管理中存在的条块分割、部门分割现象等问题时有出现，多数物流建设项目是属于供应能力的扩张，而不是整合和提升原有供应能力，低水平的重复较多，个别项目贪大求全能力过剩，造成物流资源的浪费。从网络平台看，信息平台未能实现共建共享，制约了物流业的发展，处于各自为政的状态，社会信息流不够畅通。这无疑会给以信息流为基础的现代物流业造成障碍。

同时，在计划经济条件下，企业形成了“大而全”、“小而全”的格局，长期以来形成的传统管理模式以及传统理论培养出来的企业经营者都习惯于自己干，不区分核心竞争力与非核心竞争力，据初步调查，中国的第三方物流在物流市场中所占的比重不到10%。所以从目前来看，要把工业与流通企业的物流活动分离出来需要一个痛苦的过程，政府要有产业政策，不然企业拥有的仓库、车队以及从事这一工作的职工将无法解决。

（二）服务理念、经营管理水平有待提高。中国物流业发展最缺的不是硬件，而是软件，即缺少成熟的物流管理理念，缺少物流服务网络体系，对物流增值服务重视不足。在以前的短缺经济环境下下，不讲服务，更不讲增值服务。造成了大部分经营商缺少顾客服务观念，而这种服务理念不是短时间能形成的。突出表现在：首先，服务方式和手段比较原始和单一，目前多数从事物流服务的企业只能简单地提供运输（送货）和仓储服务，而在流通加工、物流信息服务、库存管理、物流成本控制等物流增值服务方面，尤其在物流方案设计以及全程物流服务等更高层次的物流服务方面还没有展开。其次，物流企业经营管理水平较低，物流服务质量有待进一步提高，多数从事物流服务的企业缺乏必要的服务规范和内部管理规程，经营管理粗放，很难提供规范化的物流服务。

（三）缺乏物流专业人才，造成人才制约。如果讲中国物流业的发展，理论上已有一定准备的话，那么人才准备严重不足。主要是教育没有跟上，1998年，在大学取消了物流专业，物流专业师资队伍与教材建设得不到重视，因此在物流业开始起步与快速推进时，碰到了物流人才短缺这一大矛盾。物流业真正以产业的形式出现也只有短短二三十年时间，在国外发达国家，物流业已经引起了国民的高度重视，许多大学开设了物流管理专业，设置了博士点供理论研究和教育深造。而我国物流业仅在起步阶段，人才缺乏且综合素质较低，企业对从业人员的短期物流在职培训仍是目前国内物流培训的主要形式。大学里设置物流管理专业也只是近几年才刚起步，实现教学和企业需求完全对接也需要时间，而很多高职院校对该项专业的设置有迎风之嫌，未能真正培养出综合素质较高的人才。

四、对策建议

随着现代市场经济的发展，政府在发展现代物流业中的作用越来越被重视。正是基于这一认识，物流界一些人士将现代物流的内涵概括为一个公式：现代物流=传统物流+政府在物流中的作用。当然，政府在发展现代物流业中发挥重要作用，并不是去直接从事和管理现代物流业，而是通过宏观调控手段来引导、支持现代物流业的快速、健康发展。

（一）政策倾斜、正确引导，助推枣庄物流业发展。一个行业的发展离不开政府的推动和引导，物流业当然也不例外。制定和实施加快现代物流业发展的政策措施，是政府引导和支持现代物流业发展的最有效手段。而针对物流行业的特殊性，如何把政府的推动和引导作用充分发挥出来，需要政府、协会和企业的共同努力。因此，政府应加强对物流业发展的组织和引导，合理规划，把发展现代物流业作为枣庄崛起发展经济的新增长源，采取有力措施，从政策、体制、法规等方面为物流业发展提供保障。特别是在目前“营改增”税收政策改革之际，对大多数物流企业来讲，均增加了部分成本，应考虑在其他费用方面给予减免。

同时建议由发改委、商务局、经信委、交通等部门联合制订促进物流行业发展的政策规定，为物流业的发展创造更为宽松、顺畅的大环境。或者先整合物流体系中最重要的运输环节，把交通、铁道、港航、民航、城市交通合并为一个部门，“以大交通促进经济大发展”。可探索对流通体系立法，进一步规范物品流通，提高流通效率。进一步整顿和规范市场秩序，清理不符合国家法律、法规规定的带有地区封锁、行业垄断、市场分割的有关规定。

（二）科学规划、合理布局，加强物流基础建设，加大物流中心的建设力度。要结合实际，科学制定规划，加大对物流资源的整合力度，提高重点物流区域、物流节点城市的物流组织化水平。落实物流企业发展用地，将物流企业建设用地纳入土地利用年度计划，确保重点物流建设项目用地。政府要统筹调度，集中优势资源，避免各自为战，铸造枣庄物流产业集群，提升整体水平。

同时，枣庄缺乏实力特别雄厚的大集团，因此在物流体系建设过程中，走企业建设物流体系的路，恐怕需要一个漫长的过程。因此，枣庄物流体系建设在宏观上应走德国的模式（国家＋企业），即在工业企业、大型商贸配送相对集中的地域，政府规划建设物流中心，并采用减税、减息贴息贷款等优惠政策，吸引企业开业，通过限制中心以外的车辆进城等手段，以政府力量带动物流发展。要使现代物流浮出水面，政府必须成为“领头羊”。在具有一定规模的工业园区里规划好仓储基地，为现代物流发展提供更多实力强大的结点。

（三）信息整合、有序共享，构建物流信息共享平台。政府投入部分资金，建设物流信息系统，使供应、生产、销售环节衔接紧密，信息整合有序共享，提高物流效率和管理质量，支撑企业转型发展。建议成立物流信息服务公司，以专线物流、制造企业、外贸企业、车队为主要客户群体，搭建起具有供求信息、资质查询等服务功能板块的物流公共信息平台。解决物流链上各个主体间的信息交换不对称、不及时的问题，提供行业信息、车货交易等物流信息增值服务，能够帮助企业有效降低交易成本，同时带来附加值收益。

（四）鼓励发展电子商务，使生产与消费紧密相连。电子商务是一次高科技和信息化的革命，它正从渠道、供需关系、技术三方面改变着传统零售业，它把商务、广告、订货、购买、支付、认证等实物和事务处理虚拟化、信息化，使它们变成脱离实体而能在计算机网络上处理的信息，又将信息处理电子化，强化了信息处理，弱化了实体处理。电子商务把实业和信息业紧密相连，并把物流业提升到了前所未有的高度，为其提供了空前发展的机遇。但是，枣庄不是一个以加工制作见长的地区，地理位置优势不明显，这样对电子商务而言最重要的成本之战并不占有优势，建立完善的物流体系可以弥补工业生产的不足，解决居民就业，促进地方经济的发展。

（市统计局贸易科）

注:该分析获全市优秀统计分析评比二等奖。

2012年枣庄市设施农业发展现状分析

纪　惠

设施农业对优化产业结构,提高产品质量,促进农业科技推广,增加农产品有效供给,实现农业增产、增效起到了积极的作用。近年来,随着农业结构调整地不断深入,我市设施农业规模逐渐增大,整体呈现出良好的发展态势。据统计,2012年末,全市蔬菜、瓜类、林果、苗木、花卉、食用菌等设施农业的个数发展到10.24万个,比去年同期增长1.8%,各类设施种植业占地面积达到9.08万亩,增长14.9%。

一、设施农业的统计界定

设施农业是综合应用工程装备技术、生物技术和环境技术,按照动植物生长发育所要求的最佳环境,进行动植物生产的现代农业生产方式。它包括设施种植业、设施畜牧业和设施渔业(本文重点分析设施种植业)。设施农业的类型主要包括智能温室、日光温室、塑料大棚和中小拱棚。

智能温室:也称作自动化温室,是指配备了由计算机控制的可移动天窗、遮阳系统、保温、湿窗帘/风扇降温系统、喷滴灌系统或滴灌系统、移动苗床等自动化设施,基于农业温室环境的高科技"智能"温室。智能温室的主要特征是通过设备能够控制温度和湿度。

日光温室:又称暖棚,是我国北方地区独有的一种温室类型,是一种在室内不加热的温室,即使在最寒冷的季节,也只依靠太阳光来维持室内一定的温度水平,以满足作物生长的需要。日光温室的主要特征是有保温墙,靠日光维持室内温度,可越冬生产。

塑料大棚:俗称冷棚,通常不用砖石结构围护,只以竹、木、水泥或钢材等杆材作骨架,用塑料薄膜覆盖的一种大型拱棚。塑料大棚的主要特征是无保温墙,棚内温度和湿度不能设备调控,人可直立行走。

中小拱棚:是全国各地普遍应用的简易保护设施,主要用于春提早、秋延后及防雨栽培,也可用于培育蔬菜幼苗。通常把跨度在4～6米、棚高1.5～1.8米的称为中棚,跨度在1.5～3米,棚高1米左右的称为小棚。中棚的主要特征是人可进去作业,但不可直立行走。小棚的主要特征是人不能进去作业。

二、我市设施农业的规模与分布

(一)设施农业的规模及类型。经过多年的快速发展,由地膜覆盖到塑料大棚、遮阳网覆盖再到日光温室、智能温室,到2012年末,我市有种植业设施10.24万个,其中智能温室12个,占0.01%,日光温室0.86万个,占11.6%;塑料大棚4.88万个,占50.8%;中小拱棚3.84万个,占37.5%。

(二)设施农业种植结构与分布。蔬菜是设施种植的主体,在我市10.24万个农业设施中,有种植蔬菜的设施8.67万个,占农业设施的84.6%,主要集中在滕州市、峄城区和薛城区,分别占全市蔬菜设施的52.4%、13.4%和11.8%。种植瓜类的设施0.49万个,占4.8%,主要集中在台儿庄区和峄城区。种植食用菌的设施0.65万个,占6.4%,主要集中在台儿庄区。花卉和苗木设施为738个,占0.72%,主要集中在滕州市和市中区。种植林果的设施0.36万个,占3.5%,主要集中在山亭区。

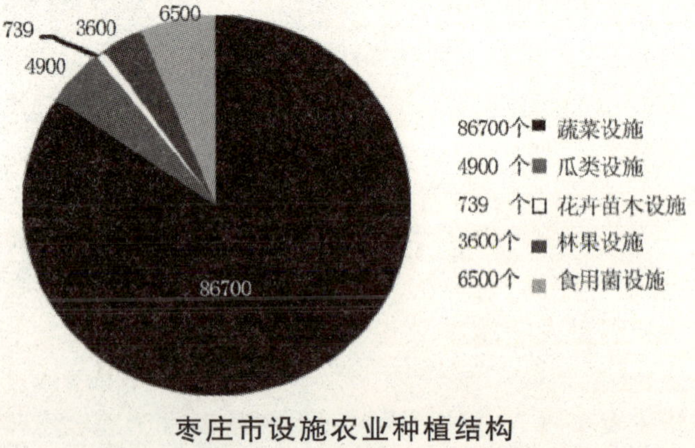

枣庄市设施农业种植结构

三、我市设施农业生产情况

1、设施蔬菜。2012年,全市设施蔬菜种植面积19.17万亩,蔬菜产量55.48万吨,分别占全市蔬菜种植面积和产量的14.5%和12.6%。其中塑料大棚占比最大,种植面积10.26万亩,产量30.69万吨,产量占设施蔬菜产量的55.3%

2、设施瓜类。全市设施瓜类种植面积0.79万亩，瓜类产量2.74万吨，分别占全市瓜类种植面积和产量的12.5%和13.2%。其中中小拱棚占比最大，种植面积0.66万亩，产量2.4万吨，亩产3655公斤。产量占设施瓜类产量的87.7%。

3、设施花卉。全市花卉设施种植面积0.16万亩，共产出18.9万盆盆栽花和555.2万枝鲜切花。分类型看，盆栽花：日光温室所占比例最高，为87.7%，其次是塑料大棚占12.3%。鲜切花：日光温室占37.8%；其次为智能温室占36.0%；塑料大棚占26.2%。

4、设施苗木。全市种植面积105亩，苗木产量为8.8万株。其中日光温室产量最高，为5.0万株，占苗木产量的56.8%；其次为塑料大棚3.8万株，占43.2%。

5、设施林果。全市设施林果种植面积2.9万亩，林果产量0.8万吨。其中塑料大棚产量最高，为0.76万吨，占设施林果产量的95.8%。

6、设施食用菌。全市设施食用菌种植面积1.12万亩，食用菌产量6.17万吨，占全市食用菌产量的99%。其中蘑菇（鲜品）种植面积0.85万亩，产量5.62万吨，占全市蘑菇产量的93.7%。

四、我市设施农业的发展情况

2012年，在我市10.24万个农业设施中，当年新建5265个，占5.1%。设施农业保持稳定增长趋势。

分种植类型看，蔬菜和林果发展最快。2012年，蔬菜设施当年新建2937个，新建个数占蔬菜设施的3.4%；其次为林果，当年新建设施1795个，占49.8%；花卉排第三，当年新建设施261个，占37.8%。

分设施类型看，新建以中小拱棚和塑料大棚为主。在新建的5265个农业设施中，塑料大棚最多，为3390个，占新建设施的64.3%；其次为中小拱棚1245个，占23.6%；日光温室新建593个，占11.3%；智能温室37个，占0.7%。

五、我市设施农业发展存在的主要问题

（一）缺乏资金，设施农业标准偏低。设施农业产出高、效益高，设施投入也高。目前，新建一个标准化日光温室大棚需要投入5到10万元。农民自有资金有限，小额贷款门槛较高、贷款难，农户发展设施农业缺少资金投入。从调查情况看，我市设施农业水平低，抵御自然灾害的能力差。目前全市88.3%的设施都是塑料大棚和中小拱棚，有些仅具简单的防雨、保温功能，抗御自然灾害能力差，土地产出率低，保温、采光性能差，作业空间小，不便于机械操作，更谈不上对设施内的温、光、水、肥等环境因子的综合调控。虽在一定程度上适应了比较落后的农村经济状况和较低的人民生活水平的需求，但整体设施水平较低，不适应现代农业发展需要。

（二）土地不足，制约了设施农业发展。现阶段一家一户的土地生产经营模式不能满足设施农业发展对土地的需求。如建一个蔬菜日光温室，跨度一般为8～12米，长度80～120米，要求土地集中连片，但目前农户经营的土地比较分散，很难满足要求。现阶段，由于缺乏政策和制度保障，种植户想承包、置换土地的难度很大，因为农民对土地流转期望价格过高，惜地意识较强，不愿轻易将自己经营的土地流转出去，严重制约了设施农业的发展。

（三）技术和人才匮乏，影响设施农业发展。从调查情况看，从事设施农业生产的农民受教育程度相对较低、年龄偏大。大多数有文化的年轻人不愿意从事农业生产，宁愿选择外出打工。常年从事设施农业生产的多为中老年人，文化水平偏低，导致其对新管理和新技术手段较为陌生，对新设备的使用较为生疏，对新的经营理念不适应，多数人凭借大田粗放式生产经验进行设施农业生产和经营管理，高新技术应用较少。如配方施肥技术、病虫害生物防治技术、高效节能日光温室应用、喷、滴灌等先进灌溉设备和技术，很少应用到设施农业生产中去。基层懂技术、懂生产的技术人员较少，缺乏对农民在政策、技术、信息等方面的宣传和引导，先进的科学技术不能很快转化为生产力，在一定程度上影响了设施农业的发展。

（四）抵御市场风险的能力较弱。现阶段，设施农业布局分散，组织化程度低，小生产与大市场的矛盾依然突出，发展后劲不足。从调查情况看，一是农业龙头企业总体规模小、带动力差、无力组织农民进行市场化运作，农民单打独斗，各自为政，难以组织起来进入市场。如我市的蔬菜、食用菌等仍是以原始产品或简单分级后的初级产品供应市场，贮藏加工等产后环节滞后，受市场价格影响大，产品附加值较低。二是市场化运行管理机制不健全。设施农业发达的国家除了拥有先进的农业装备等硬件设施外，更注重生产—加工—销售的有机结合和相互促进，实现完全与市场相适应的运行管理机制。目前，设施农业还没有建立健全这种运行机制，难以形成大规模商品生产和品牌优势，小生产与大市场的矛盾依然突出。三是产业链条短，获利环节少。设施农业产业链条较短，仅仅局限于链条的最前端的种养和产品初级加工阶段，生产出来的产品急于及时销售，很少对产品进行深层次加工，丢失了产品加工增值进一步获利的许多环节。

六、继续保持我市设施农业快速发展的建议

设施农业是农业产业中最具活力的新产业之一，大力推进设施农业发展，首先需要政府规划、土地、农业、水利、教育、财政以及金融等多部门的大力支持和推动才能实现。

*一要正确认识设施农业，进一步加大对设施农业的扶持力度。*设施农业是现代农业的重要组成部分，设施农业的发展程度已经成为当代农业现代化进程的重要标志。因此，各级政府应加强对设施农业的领导，在政策和资金上给予重点支持，以有前途、规模大的龙头企业为突破口，集中扶持和培育规模化的设施农业基地，加快设施农业企业的发展，进而推进设施农业的产业化，使设施产业规模上新台阶、有新突破。

*二要加大土地流转引导力度，促进设施农业发展上规模。*在土地流转上，要以国家农村改革试验区为契机，加快农村土地使用产权制度改革步伐，出台相关政策，制定一系列土地流转管理办法，以土地置换、土地入股等方式引导土地流转，让农民参与到土地资源优化配置中来，自愿交易。设施农业建设只有上规模、集中连片发展，形成区域化专业生产，才能以规模优势参与市场竞争。

*三要大力发展智能温室，努力提升设施水平。*从统计调查上看，我市88%的设施仍以简易型为主，有些仅具简单的防雨、保温功能，抗御自然灾害能力差。建议在设施装备水平和质量上，应加大引导和扶持力度，努力向科技含量高、附加值高、效益高、产业链长的设施发展，以促进设施农业的可持续发展。

*四要推进农产品质量安全体系建设，提高设施农产品的市场竞争力。*按照无公害、标准化要求发展设施农业，积极推进农业标准化生产。要加大农产品质量监测力度，强化反季节蔬菜和无公害瓜果生产的全程管理，进一步优化品质结构，开发无公害农产品和绿色有机农产品。要引导农业产业化龙头企业采取订单、股份合作、利润返还等多种形式，与农民专业合作社、农户建立紧密利益联结机制。

*五要适应设施农业发展需要，培育高素质的技术型农民。*现代设施农业技术需要文化素质较高的新型农民，但目前大多数有文化的年轻人已经“走出去”，剩下的农民对发展“绿色农业”、“特色农业”和“生态农业”的概念模糊，不利于设施农业的快速发展。建议进一步加大宣传力度，选择发展设施农业较早、技术过硬、收入较高的种植和养殖户、企业作为示范点，通过召开现场会、新闻媒体宣传、组织发展设施农业致富农民现身说法等办法，给广大农民群众宣讲发展设施农业的好处，用实实在在的利益吸引农民发展设施农业。同时，引进和培养设施农业技术人才，并加强对农民设施农业技术的培训和指导，产前、产后提供必要的技术支持，最大限度地调动农民从事设施农业生产的积极性。

（市统计局社调队）

注:该分析获全市优秀统计分析评比三等奖。

加快发展文化产业　推动枣庄城市转型

刘小川

党的十八大报告科学把握当今文化发展趋势和我国文化发展方位、从坚持和发展中国特色社会主义的政治高度和宽广视野，深刻阐述了加强文化建设的重要性和紧迫性，明确提出了建设社会主义文化强国的大政方针和目标要求，进一步丰富和发展了中国特色社会主义文化建设的理论，为我国文化建设指明了前进方向、提供了根本遵循。

今年以来，全市各级党委政府认真贯彻落实党的十八大精神和省委、省政府加快文化建设的重大决策部署，坚持把发展文化事业、文化产业作为推动枣庄城市转型的重要举措，做出了建设文化强市的重大战略部署。全市各级各部门深入推进文化体制改革，加快文化事业和文化产业发展，在重点领域和关键环节取得了突破性进展，文化产业步入持续快速健康发展的快车道，成为全市经济社会发展的新亮点。

一、基本情况

(一)制定文化产业规划。我市与国内知名文化研究机构合作，聘请高层专家参与，在广泛调研、反复论证和征求意见的基础上，研究制定全市文化产业发展、公共文化服务体系建设和大遗址保护“三大规划”。今年初，先后研究出台了《2013年枣庄市文化体制改革和文化产业发展工作要点》、《关于加快文化发展促进城市转型的意见》、《关于加大金融支持力度进一步加快全市文化产业发展的意见》、《枣庄市重点文化产业园区基地认定管理办法》等一系列支持文化改革发展的政策文件。明确了全年7项重点工作，提出了“12446”全市文化产业发展整体思路，充分发挥台儿庄古城的龙头带动作用，实施重大项目带动、文化走出去两大战略，加强文化与旅游、科技、金融、制造业的融合，打造运河文化、红色文化、工业文化、历史文化四大品牌，重点发展影视业、文化旅游业、传媒业、节庆会展业、演艺娱乐业、艺术品业六种业态。

(二)文化体制改革稳步实施。文化体制改革的一个根本目的，就是满足人民群众日益增长的精神文化需求，更好地实现文化惠民。基于这种理念，我市下发并实施了《枣庄市国有文艺院团改革发展的实施意见》，将枣庄市艺术剧院更名为枣庄市柳琴戏保护传承中心，为公益性事业单位，改革以来运转良好。滕州市柳琴剧团符合转企改制条件，组建了国有性质的柳琴剧团演出有限公司，并对剧团演出设备进行更新和完善。薛城区豫剧团符合撤销条件，已注销其事业单位建制。2012年10月，枣庄日报社出资500万元成立枣庄晚报传媒有限公司，建立了与现代传媒体制相适应的公司化运作机制和现代企业制度。原枣庄电视台影视剧制作中心改制为枣庄微山湖影视文化传播有限公司，薛城区、滕州市、峄城区相继成立了影视文化公司，为进一步做大做强影视产业奠定了基础。

(三)以台儿庄古城为龙头，加快文化产业跨越发展。市委、市政府把台儿庄古城重建作为挖掘地方特色文化资源、加快文化产业跨越发展的龙头项目和重要抓手，举全市之力规划建设，努力将古城打造成为世界级的文化遗产和知名文化品牌。总投资48亿元，规划面积2平方公里，总建筑面积60万平方米，包括11个功能分区、8大景区和29个景点。自2010年5月开放以来，累计接待游客500余万人次，先后荣获齐鲁文化新地标、中国旅游创新奖等称号，成为大陆首家海峡两岸交流基地、首个国家文化遗产公园、首个国家非物质文化遗产博览园，2012年11月顺利通过国家5A级景区验收。

以台儿庄古城为核心，于2011年5月启动建设了占地18平方公里，集文化创意、项目孵化、产业推广、人才培养、影视体验、传统教育、休闲娱乐等功能于一体的台儿庄古城文化产业园，包含2平方公里古城核心区、1平方公里大战主题区、5平方公里文化产业发展区、10平方公里湿地休闲度假区四大功能分区。

通过定点招商，园区已成功引进深圳华强、华谊兄弟、华侨城、天下凤凰、798、田子坊等高端战略合作伙伴，联合山东大学、浙江大学等高校创办运河文化学院，投资16.8亿元建设占地1000亩的非物质文化遗产博览园，是2013年度全省100个重点在建项目之一。设立联合国亚太非遗国际培训中心枣庄基地，成为全国独有的集物质文化、非物质文化和文化产业“三位一体”的综合性园区，先后被评为省重点文化产业园区、国家版权贸易基地和国家级文化产业试验园区。截至目前，台儿庄古城文化产业园已完成固定资产投资56亿元，吸引163家企业入驻，带动就业3.2万人，实现总产值20多亿元。

（四）积极发展重点文化业态，培育壮大文化企业。一是大力发展文化产业项目。共规划建设了涉及广播电视电影服务、文化艺术服务、文化旅游、休闲娱乐服务、文化创意服务、文化产品生产和销售等6大类27个重点文化产业项目，其中10亿元以上项目5个，亿元以上项目12个。先后培植了枣庄微山湖影视文化传播有限公司、山东华瀚轻工业品有限公司、山东北钛河陶瓷有限公司、鲁班天工木艺有限公司等一批专、精、特、新的优秀文化企业。初步形成了以台儿庄古城文化产业园为龙头，以铁道游击队影视文化城、山东洪海集团有限公司等省级文化产业园区（基地）为骨干，以奚仲文化产业园、抱犊崮文化产业园、峄城文化产业园等特色文化产业园区（基地）为支点的发展格局，带动了重点文化业蓬勃发展。

二是在文化旅游业发展方面，全市形成了“两个龙头、五个节点”的格局，共有A级景区31家，其中5A级景区1家，4A级景区7家，国家级工农业旅游示范点6处。2012年，全市共接待国内游客1357.1万人次，同比增长18.7%；旅游综合收入95.8亿元，同比增长25.7%。

三是影视产业显现勃勃生机。先后创作拍摄了20多部300多集影视剧作品，电视剧《铁道游击队》、《小小飞虎队》先后荣获全国“五个一工程”奖，电视剧《小小飞虎队》、高清数字电影《血染北沙河》相继在央视一套、六套黄金时间播出。去年以来，成功策划运作了30集电视剧《独有英雄》、《台儿庄》、832集大型动画片《小小鲁班》等10余个影视剧项目。

四是节庆会展业特色品牌渐成。去年组织承办了第二届中国非物质文化遗产博览会、第三届春节文化论坛暨首届中国春节旅游产品博览会等一系列国家级重大节会活动。目前，枣庄下辖各区（市）均形成了特色节庆文化品牌，取得了显著的社会效益和经济效益。

五是传媒业发展不断实现新突破。枣庄日报社已发展到两报、两网、三刊的出版规模，2012年实现经营总收入5028万元。我市无线广播和电视综合覆盖率分别为96.61%和91.89%，全市有线电视数字化整体转换工程快速推进，2012年实现创收1.22亿元。

六是加大力度发展群众文化。总投资16亿元的枣庄市民文体中心已开工建设，预计2014年建成使用。各区（市）重点文化设施项目正有序推进。总投资1.8亿元的滕州新博物馆将于今年底建成开放，滕州文化艺术中心正在规划设计，计划2015年建成；山亭文化中心主体已建成，将于今年10月开放；峄城文体中心正在加紧规划，体育场已动工建设，计划2014年建成；薛城文化中心已完成规划设计，计划2015年建成。据统计，2012年全市公共财政文化体育与传媒支出36388万元，占公共财政预算支出的1.94%。全市累计建成农家书屋1914个，提前一年实现了全市行政村全覆盖；全面完成了47个乡镇综合文化站建设任务，提前一年完成工作目标。

（五）文化创意产业跨越发展、强劲增长。2012年全市文化创意产业投资14.13亿元，比上年增加10.1亿元，增幅达244.8%；全市文化及文化创意产业增加值80.4亿元，比上年增长14.81亿元，比上年增长21.4%，高于全省3.5个百分点，占GDP比重4.7%，较上年提高0.5个百分点，其中文化制造业实现增加值43.1亿元，增长16.8%，文化服务业实现增加值23亿元，增长18.7%，文化个体户实现增加值12亿元，增长23%，文化创意产业对支撑我市经济增长作用明显，在复杂的经济发展环境中成为新的发展亮点，受到各级政府和社会公众的高度关注。

二、存在问题

近年来，我市文化产业虽然有了长足的发展，其实现增加值占地区生产总值的比例不断上升，但仍处于起步、探索、培育的初级发展阶段，尚未形成规模优势，与人民群众日益增长的精神文化生活的需求还有一定差距，主要表现在以下方面：

（一）文化产业结构不尽合理。近年来，我市文化产业虽然取得了长足的发展，但文化底蕴不足，文化资源相对较少，产品结构不尽合理，如具有特色的地方剧种在国内缺少影响力，文化出版、发行行业对教材、教辅读物过度依赖，在全国、全省有影响的刊物偏少，市场占有率低；文化娱乐机构经营项目、经营形式比较单一。总体上存在着产业单位普遍规模较小、经营分散、自主创新能力和自我发展能力较弱的问题。随着信息技术、数字技术和计算机技术的不断发展，互联网文化呈现出高速发展的态势，如互联网游戏出版、互联网学术文献出版等将成为出版产业的新经济增长点，而我市在这方面基本是空白。

（二）文化产业管理体制滞后于形势发展的需要。我市文化体制改革总体滞后于经济体制改革，政府文化管理部门职能转变迟缓，还未真正从“政府办文化”的管理模式中解脱出来，“以文养文”、“文化搭台，经济唱戏”等观念还比较浓厚，对文化的生产属性缺乏足够的认识。对文化企业的管理仍习惯于行政部门管理、多头管理模式，企业单位小而全、组织形式单一，产业集中度偏低，产业意识、市场意识、创新意识不足，经营机制、动作模式较为陈旧，管理粗放。文化产业单位相互分割、各自为战，有限的文化资源没有得到充分利用，没有形成合力，文化资源优势并没有得到充分利用和发挥。文化工作者的积极性还没有真正调动起来，创造的精神文化产品与人民群众日益增长的文化需求还有较大的差距。适应社会主义市场经济体制要求的管理体制和运行机制尚未形成。

（三）基层文化建设薄弱的现象仍然存在。当前基层文化建设总体上仍然滞后于经济建设，其突出表现是投入相对不足，文化设施比较落后；全市文化产业固定资产投资总量少、比重小。资金不足，是文化产业发展的一个“瓶颈”。人才比较缺乏。地区之间、城乡之间发展很不平衡，基层文化生活，特别是农村文化生活仍然比较贫乏。部分农村由于缺少健康向上、生动活泼的业余文化活动，导致封建迷信等现象屡禁不止。

三、对加快枣庄文化产业发展的建议

加快发展文化产业是建设社会主义物质文明、精神文明和构建和谐社会的需要。

（一）树立大文化观念，形成产业合力。要加快文化产业发展，必须牢固地树立起大文化的观念，按照科学发展观的要求，坚持以人为本和“五个统筹”，落实全面协调可持续发展的要求，正确认识和妥善处理好数量和质量、社会效益和经济效益、做大做强，加快发展和加强管理等关系。对全市地域范围内的所有文化产业单位实施统筹管理，并将文化产业发展置于经济社会发展全局的大环境中去考虑，进行更长远、更全面、更综合的规划和指导，力争把全市文化产业发展纳入国家和省级发展规划，争取更多的项目和资金落到枣庄市。扶持山东快书、柳琴戏、鲁南花鼓等地方传统文化艺术的发展。要积极做好第二届中国非物质文化遗产博览会筹备工作。

（二）完善政策法规，使文化产业发展进入法制轨道。坚持以改革为动力，一是把握文化服务方向。贯彻落实党的十八大精神和《中共中央关于深化文化体制改革推动社会主义文化大发展大繁荣若干重大问题的决定》，牢牢把握先进文化的前进方向，把握社会主义精神文明建设的特点和规律。二是创新管理体制。适应社会主义市场经济发展的要求，逐步建立党领导、政府管理、行业自律、企事业单位依法运营的管理体制，转变行政管理部门的职能，促进各项文化事业和文化产业的繁荣发展，完善公益性事业单位和经营性产业单位的管理体制，公益性事业单位要深化人事、收入分配和社会保障制度改革。经营性产业单位要创新体制、转换机制，面向市场，壮大实力。要制定完善的文化产业政策法规，创建适应市场经济发展需要的文化产业经营体制和经营组织。三是建立多元化的文化投资体制。拓宽投融资渠道，为文化产业发展提供资金支持。四是依法保护和促进文化产业发展。大力推进文化遗产保护的法制化、制度化建设，抓紧制定和起草与文物保护法配套的部门规章和地方性法规。

（三）完善扶持政策，加快产业发展。用集群化发展的方式来规划枣庄文化创意产业。所谓创意产业集群，就是在创意产业领域中，有众多独立又相互关联的创意企业以及相关支撑机构，依据专业化分工和协作关系建立起来的，并在一定区域集聚而形成的产业组织。创意产业依托的文化资源具有较强的地域性、民族性和历史性，文化创意产业的发展不仅要求地理区位上的相对集中，而且要求在生产和创意上要互相匹配和协调。因此，与其他物质生产领域的产业相比，创意产业尤其是文化创意产业具有更强的集群化特征。一是加大财政文化扶持力度，确保财政文化投入稳定增长。各级财政要切实增加文化投入，保证公共财政对文化建设投入的增长幅度高于财政经常性收入增长幅度，逐步提高文化支出占财政支出的比例。从2012年至2016年，市级每年筹集2亿元，支持创建国家级文化产业示范园，重点用于国家非物质文化遗产博览园和国家运河文化培训基地建设等。认真筛选申报项目，积极争取中央和省级文化产业发展、宣传文化发展、基层文化设施和农家书屋建设、非物质文化遗产保护、艺术创作等专项资金。二是金融扶持政策。以文化企业、项目和园区为载体，重点加大对我市影视产业、文化旅游、新闻传媒、文化创意、广告会展等八大文化产业的信贷投入。根据文化产业发展特点，探索开办预售版权质押贷款、门票收费权质押贷款、优秀文化企业家个人授信贷款、非物资文化遗产产业化贷款、文化旅游基础设施抵押贷款等信贷新业务。加强金融与宣传、文化等部门的沟通，推进文化企业项目与银行资金的对接，搭建政银企交流合作平台。

（四）发挥人才优势，加速产业发展。立足“复合型”构架，实施文化产业人才培养工程，使人力资本真正成为文化产业的核心资本。实践证明，日趋激烈的人才竞争将成为夺取文化产业未来制高点的决胜因素。全市适应多种产业融合需求的文化资本运营人才、文化经纪代理人才、数字艺术软件、网络游戏开发和媒体产业经营管理人才供不应求。各级政府和文化管理部门要有计划、有步骤地实施文化产业人才培养工程，应进一步吸引高水平的经营管理人才加入到文化产业中，并对现有的文化经营人才进行强化培训，培养一批具有较高政治思想水平，精通业务，懂经营、善管理，掌握当代科技知识和世贸组织规则的复合型人才，选拔具备创新精神和开拓意识的年轻干部，广泛开展国际文化交流活动，学习、借鉴先进管理经验和方法，促进枣庄文化产业的快速发展。

（五）将城区建设与改造和历史文化传承相结合，做到可持续发展。近年来随着经济发展，枣庄市城区发生了翻天覆地的变化。在未来枣庄文化创意产业集群发展中应该注重产业自身发展规律，将城区建设与改造和历史文化传承相结合，做到可持续发展，打造“江北水乡运河古城”城市名片。

（市统计局社会科）

注：该分析获全市优秀统计分析评比三等奖。

枣庄开发园区发展分析与探讨

叶文　于亚波　马兆民

城市是区域经济的中心，即使在一个城市的内部，也面临着资源约束问题，如资源的不足、公共设施的优劣、交易费用的差异、市场容量的大小、创新环境的不同等。在利润最大化的动机下，投资者的区位选择往往倾向于最大限度地降低生产成本，获得最大利润。

根据城市经济发展的特性，选择何种发展模式对城市经济发展而言至关重要。经济特区、高新技术产业开发区、经济技术开发区、保税区、出口加工区等，就是政府根据城市经济发展方向，在特定时期内，为了加快城市经济发展而采取的、区别于其他区位(如行政城区)的经济政策上的优惠而形成的特殊区位单位。建立工业园区，发展园区经济，是集中利用这种政策优惠，培育产业集群最便捷、最有效的途径。在经济园区这种环境下，众多的中小企业在特定的环境中聚集，对信息、资源、物流、知识、技术、政策等资源形成共享，以节约人力、财力、物力等成本。20世纪90年代以来，经济发展比较快、结构转型比较主动的新兴工业国家和地区，主要是产业集群发展比较好的地区。

一、枣庄园区经济的发展现状

截止到2012年年底，枣庄市共有省级经济开发区6家，省级高新技术开发区1家。其中，高新技术开发区成立于1990年，枣庄经济开发区和滕州经济开发区成立于1992年，起步较早，其余的经济开发区均成立于2006年。面对世界经济复苏明显放缓等较为复杂严峻的经济形势，全市各开发园区按照市委、市政府加快城市转型、建设“幸福新枣庄”的战略部署，坚定不移促开放、扩消费、惠民生，借助于开发园区一系列促进招商引资、发展经济的政策规定，抢抓机遇、开拓创新、奋力拼搏，实现了超常规、跨越式发展，对全市经济的引领和贡献日益凸显。各开发园区近年来稳步发展，对枣庄经济社会发展起到重要作用。

(一)经济园区转型升级步伐加快。枣庄经济开发区“中泰精细化工产业园”、薛城经济开发区“高端装备产业园”获省商务厅批准，我市达到省级特色园区12家，滕州开发区生态工业园通过省商务厅评审。

(二)面积不断扩大，综合经济实力不断加强。全市各开发区覆盖乡(镇)、街道办事处共40个，占全市总量的64.5%；年末户籍人口数59万人，占全市总量的15.2%。实际管辖面积328.43平方公里，占全市总面积的7.2%；其中已开发面积124.38平方公里，同比增加24.0%，实际工业用地73.45平方公里，同比增加19.4%。

2012年，全市各开发区实现生产总值939.7亿元，占全市生产总值的55.2%；其中，第二产业增加值774.2亿元，占全市的78.1%；第三产业增加值149.8亿元，占全市的25.9%。第二产业仍然是各开发区的支柱产业。

(三)投资项目和企业数持续增长，成为全市经济的重要增长极。2012年，全市各经济开发区及高新技术开发区批准入区项目183个，其中港、澳、台投资项目7个，外商投资项目17个。年末实有注册企业4105个，同比增长9.5%；其中高新技术企业283个，同比增长13.2%；世界500强直接投资企业2个，与往年持平；外商投资企业120个，同比增长1.7%；港、澳、台企业103个，同比增长16.8%。园区内规模以上工业企业1194个，同比增长7.0%，占全市总数的86.5%，其中高新技术企业241个。

(四)固定资产投资稳步增长，壮大了发展动力。为全面提高开发区基础设施建设水平，提高开发区规模承载能力，自开发园区建设以来，我市开发园区基础设施投入力度不断加大，既为招商引资打造了一流的发展平台，也使开发区具备了较强的滚动发展能力。随着交通、通讯、电力等投资环境不断改善，城镇固定资产投资快速增加，为全市开发园区的发展、壮大提供了强劲动力，开发园区经济运行的质量和效益不断提高。2012年全市各经济园区固定资产投资施工项目个数760个，固定资产投资638.3亿元，同比增长15.7%，占全市固定资产投资的比重达到61.1%，其中，园区内基础设施建设投资84亿元，工业性投入413.2亿元，投资力度进一步加大。

（五）规上工业平稳发展，保证了各开发区经济的平稳运行。截止到2012年底，全市各经济开发区共有规模以上工业企业1194个，占全市总数的86.5%；其中高新技术企业241家。全年实现主营业务收入2452.0亿元，同比增长8.1%，占全市总数的76.5%。开发区平均工业经济密度（工业企业销售收入与已投产工业用地面积之比）达到33.4亿元/亩。

（六）对外贸易取得新突破，利用外资进一步聚集。伴随全球市场的日益融合和国内市场的进一步开放，各开发园区充分发挥对外开放窗口作用，与其它国家和地区之间商品和服务贸易交流越来越频繁，市场资源配置效率明显提高。开发园区积极营造良好的投资环境，不断创新招商方式，吸纳了大量国际资本。2012年底，全市开发园区外商投资企业达到120家。2012年全年新批合同外资额6.4万美元，实际到账外资2.1万美元。

（七）拓宽人员就业渠道，引进高素质人才，成为劳动力就业重要基地。我市各省级经济开发区大力实施人才强区战略，创新工作机制，优化人才发展环境，狠抓引进、培养、激励、考核等关键环节，不断促进高层次人才向经济开发区聚集。2012年，全市各开发区总计年末单位从业人员36.7万人，同比增长29.2%；其中，第二产业从业人员数28.4万人，同比增长40.2%。先后建立市级重点实验室、市级以上企业技术中心、市级以上工程技术研究中心140个，院士工作站、博士后科研流动站、博士后科研工作站9个，市级以上科技企业孵化器1个。滕州经济开发区引进海归博士魏彦君自带团队、资金、技术、项目创办了山东威智医药有限公司，填补了我市“千人计划”、“泰山学者”空白。目前，我市6个省级经济开发区有省首席技师6人，省乡村之星称号2人，市级以上海外人才创新创业基地7个，市级以上留学人员创业园1个，市级以上创新型（试点）企业23个，年度新增省级及以上高新技术企业33家，年度获得市级以上支持的重大科技项目62个、市级以上科技奖项93项，年度专利授权816项。

（八）产业集聚效应显现，产业规模不断扩大。各开发园区结合自身特点，围绕重点产业加快企业集群建设，园区产业聚集效应凸显，产业规模进一步扩大。滕州经济开发区着力打造以煤化工产业、机械制造产业、玻璃深加工产业为主的特色产业集群；枣庄经济开发区高起点、高标准编制完成了园区总体规划（2012—2030年），着力构建“一心”（科创孵化中心）、“一带”（西沙河景观带）、“三轴”（光明大道、世纪大道、西昌路）、“三区”（三大商住片区）、“五园”（纺织服装〈纺织新材料〉、机械制造、新材料、新信息、新技术产业园）的发展格局。

二、存在的问题

（一）园区内依然存在闲置用地，园区发展空间受到约束。从目前园区规划和建设看，园区内仍有企业存在“圈而不建”、厂房闲置或违规乱建的现象。这给园区坚持依法用地、规划用地、集约用地，保证工业园区发展的空间带来一定的难度。

（二）产业发展不均衡，特别是服务业发展不够快。从各开发园区经济结构看，各经济园区中工业经济占有绝对优势，而服务业不但投资少，增加值比重也不高，尤其是现代服务业和新兴服务发展不充分，与工业企业相配套的生产性服务业发展缓慢。服务业投资的重点行业，主要是集中在房地产、仓储物流、酒店服务等领域，涉及工业设计、创意等高端领域的还不多。

（三）园区产业结构趋同，重复建设，区域经济特色不明显。一是重复建设，这不仅出现在价高利大的产业领域，而且在基础设施领域尤甚。二是在开放引资上竞相出台优惠政策，在外贸出口上竞相压价，导致过度或恶性竞争。三是存在严重的产业同构现象。

（四）园区承载能力亟待提升，产业集聚能力不强。从产业聚集看，我市园区现有规模以上企业大都是通过依靠提供优惠政策来吸引企业进区而形成企业空间聚集的，而且早期入园门槛较低，入园企业比较杂，不是依托产业之间的关联而聚集发展，几乎没有产业联动，企业之间相互配套、相互支援、相互依存的专业化分工协作的产业网络尚未形成，产业上下游链条断裂，资源不能循环利用。

（五）产业发展层次较低，竞争力不强。深加工型、技术密集型、现代化操作的企业为数不多，科技企业和拥有自主品牌的产品较少。园区内企业难以树品牌和扩大资本积累，成本较高，利润空间小，附加值小，产品市场竞争力不强，不能形成完整产业链，造成企业经济发展后劲不足。

三、对策建议

（一）加强园区基础建设，提升园区形象。加强园区配套设施的建设，规划设计建设配套的警务室、医务室、便民超市、餐饮、娱乐等基础设施，为园区内职工提供便利的生活条件。要加强园区后期管理，不能“因建废管”，合理规划、统筹安排，通盘考虑园区的绿化、安全、卫生等问题，力争建好一块管好一块，提升园区整体形象。

（二）强化软环境建设深度，创新园区管理体制。在枣庄毗邻高铁、高速公路的优势基础上，要加强各项优惠政策的落实，建立顺应园区发展的决策机制、灵活高效的管理机制和完善高效的服务体系，加强对融资、担保、创业辅导、技术支持、管理咨询、中介服务、市场拓展、员工培训等功能性公共平台建设，让园区内企业招得来、留得住，坚决避免对企业的干预。要创新园区管理模式，简化审批程序，尤其对园区内的重点企业实行“一企一策、特事特办”的原则，协调解决各类问题，为企业发展创造宽松环境。

（三）缓解土地瓶颈，注重挖掘内部潜力。拓展空间、集约用地，整合现有土地资源，对闲置两年以上的土地依法回收，杜绝圈地炒地行为；对前期建设完成，准备后续建设的企业，应提高投资强度标准和企业应用技术、工艺标准，不符合新投资条件的要限期整改，无法达标的要采用回购的方式回收土地。这样，集中掌握部分土地，满足选资后落户企业的土地需要，缓解土地矛盾。

（四）把引进大企业大项目做为重点，建立产业集群，提高产业聚集能力。抓大项目、大抓项目是发挥经济园区效用的根本，要在引进大型企业和新兴产业上下功夫，争取引入和培养具有产业龙头作用的大型企业，以带动辐射一批配套、协作、互补的中小型企业，形成产业集群，达到“引进一个、带动一批、发展一片”的效果。

（五）完善“产学研”合作机制，引进高新技术产业。建议开发园区与省内外甚至国内知名大学或研究机构联系合作与开发，建立良好的合作机制，依托科研机构，引进高新人才，培育高科技含量产业基地，形成品牌竞争力。

（市统计局服务业科）

注:该分析获全市优秀统计分析评比三等奖。

国家新规出台后我市消费市场变化情况调查

叶文　于亚波　马兆民

为全面掌握全市餐饮业经营状况和新政策对公款消费集中的烟酒、茶叶等商品消费的影响,近期枣庄市统计局组织对全市43家限额以上餐饮住宿企业、20家以销售茶叶、酒水为主的零售企业以及超市、汽车销售4S店的经营状况进行了专题调查。

调查结果显示:近期受大环境影响,全市高档星级酒店的营业额同比降幅明显,中低档饭店稳中有升,餐饮市场整体运营平稳;全市零售业对限上零售总额增长的贡献率下降,金银珠宝等保值产品消费火爆,烟酒、茶叶消费回落,汽车消费倾向下降。具体情况分析如下:

一、零售、住宿、餐饮业发展现状

(一)1-2月贸易总体运行情况

根据2013年一套表联网直报信息显示,1-2月,枣庄市限额以上企业实现零售额(2013年限额以上零售的计算范围是所有限额以上法人企业,增速的计算范围是开业或成立时间1年及以上和当月同期数不为零的限额以上法人企业)29.4亿元,可比增长22.0%,高于全省5.7个百分点。

分行业看,批发业实现零售额8.5亿元,可比增长62.8%,对限上总额的增长贡献率达47.4%,高于同期24.9个百分点;零售业实现19.6亿元,可比增长14.5%,对限上总额的增长贡献率为51.2%,低于同期22.4个百分点;住宿业实现0.24亿元,可比下降4.65%,增幅低于同期9.9个百分点;餐饮业实现1.06亿元,可比增长29.2%。批发业对限上可比增长的贡献率增大,零售、住宿、餐饮行业的贡献率下降;住宿业零售额出现负增长。

(二)近年来在统贸易单位数量增加迅速

截止到2013年2月底,枣庄在统的批零住餐业法人、产业活动单位和大个体经营户共有1547家,比2006年底的98家增加了1449家,实现了15.8倍的大跨越。

(三)住宿餐饮业发展迅猛

随着人民生活水平的不断提高,消费理念的不断更新,枣庄住宿餐饮业单位数量不断增加,不仅吸纳了大量的劳动力就业,也成为繁荣经济、拉动消费需求增长的重要力量。截至2011年底,枣庄住餐私营企业共有238户,雇工人数为1886人,比2006年底增加125户,雇工人数增加1462人;个体经营户共有10660户,从业人员27865人,比2006年底增加3301户,从业人员增加10980人。单位规模不断扩大,2011年底枣庄住餐私营企业户均注册资本金117.7万元,比2006年底增加52.9万元;个体经营户户均注册资本金2.9万元,比2006年底增加1.5万元。

二、住宿餐饮业调研情况

在43家调查企业中,11家为纯餐饮企业,占25.6%,32家是餐、住一体综合性企业,占74.4%;营业收入比去年同期下降的企业27家,占62.8%,平均降幅为29%;营业收入比去年同期增长的有16家,占37.2%,平均增幅为15.3%。

(一)餐饮业遭遇冰火两重天

1、春节前后形成鲜明对比。调查结果显示,春节假期结束前我市餐饮业依然红红火火,大多数中高档酒店高朋满座,就餐需要提前预定。因为春节期间无论是远方的亲朋好友,还是自己家人,过节好不容易聚在一起,都想在环境优雅、安全卫生、菜品又好的酒店聚餐。春节假期刚过,酒店立刻遭遇寒冬,以商务接待或政务接待为主的酒店几乎没有生意,酒店营业收入降了60%,最高可达90%。

2、中小酒店迅速火爆。相比星级酒店和高档餐饮企业门可罗雀的现象,以服务大众、特色经营、经济实惠的中低档饭店经营业绩稳中有升。中低端更加亲民的餐饮企业表现抢眼,大众化消费的餐厅宾客满堂,生意兴隆,营业额平均还有29%左右的增长。居民家庭用餐、朋友聚餐仍然是消费主流,特色餐厅、适时创新的平价餐馆现在大受欢迎。

3、综合性的酒店和纯餐饮酒店境况也大不相同。我市一些综合性的酒店，具有接待会议、旅游团、住宿、餐饮等多功能的酒店，它们面对的消费群体以一些企业、游客、家庭婚宴为主，此次专项活动不仅没受到影响，营业额增长20%左右；一些纯高档餐饮企业，没有其他业务可以相互带动，受影响较大。

（二）餐饮企业面临重新洗牌

面对现在的新形势，一些企业为了生存，采取了降薪、裁员、菜品打折、增加自助餐、取消就餐门槛、改换菜品等方式来争取客源；但高档酒店大多位置佳、规模大，投入运营成本高、人员成本大，转型有一定的难度，一些企业虽然严重亏损，还在观望等待，如果目前这种状况继续维持下去，有些企业肯定会关门停业。只有经济实力强或能转型成功的企业，才能渡过难关。

（三）餐饮行业出现裁员

过去餐饮行业人员流动性较大，存在用人难的现象；现在酒店因为生意不好，纷纷减员裁人，有些企业用工减了一半，造成社会下岗人员增加。

三、零售业调研情况

（一）金银珠宝消费火爆。通过对在各区（市）零售额排名前5位的35家零售企业调查，发现金银珠宝等商品全面热销。全市1–2月的金银珠宝销售异常火爆，限额以上零售法人企业金银珠宝类零售额可比增长27.0%，去年同期的负增长高29.1个百分点。

通过对全市6家大型购物中心的调研发现，春节前后，珠宝销售成绩不俗，同比都有较大幅度增长。某大型连锁购物中心分布在不同区（市）的两家商场金银珠宝销售分别增长了473.6%和60.9%。一家珠宝店的负责人介绍："眼下市民收入提高了，购买力提升了，消费理念也转变了，对金银类产品有了更大的需求，促进了金银珠宝类产品的销量。"

据了解，购买黄金的人群从30～60岁不等，40岁以上的中年人是主力。黄金销售机构的工作人员表示，高端客户购买黄金是为了抵御通胀，让资产保值。从市场的销售情况也可以看出，市民在购买金银珠宝时，除装饰功能，也关注其保值功能。

（二）茶叶、烟酒消费回落。根据对全市20家以茶叶、烟酒销售为主的零售单位调研发现，除个别单位因经营方式等原因导致的零售额大幅上升以外，有18家企业的业务收入增幅回落。从全市数据来看，限额以上零售法人企业商品销售中，1–2月烟酒类零售额增长1.6%，同口径同比下降8.7个百分点。

"一瓶茅台酒的价格，相当于一个城市低收入家庭一个月的收入，相当于农民辛苦一年种2亩小麦的收成。"这是今年全国"两会"上，人大代表唐祖宣的调研数据。随着政府不断加大对高档白酒消费的干预，加之白酒市场销售进入淡季，产品供应充足，导致目前高端白酒市场开始疲软，销量出现萎缩，"身价"也随之下跌。

在调研中我们发现，全市几大超市烟酒销量普遍下滑，明显不如以前那么好卖了，而且消费档次有所下降，经济实惠型的烟酒更受大众欢迎。市中区一家烟酒专卖店经理介绍，今年春节的生意非常不好做，特别是茅台、五粮液等高档酒，由于购进时价格高，国家又严查公款消费，销售量大幅下降，过去几年春节消费是烟酒销售行业的旺季，今年却出现了资金周转不灵。到现在店里的高档烟酒还有不少存货，这在往年是根本不可能的。

调研的13家茶叶销售公司，有8家企业的销售额增幅低于去年同期，有1家企业低于去年同期。而在这8家增幅较低的单位中，有6家企业的增幅是个位数，甚至只有百分之零点一、零点二的增幅，去除物价因素影响，实际销售额低于去年同期。但从这13家调研单位的财务报表来看，茶叶销售仍然属于高利润的行业，有12家单位的营业利润增幅达到20%以上。

通过此次调研我们发现，全市公款消费茶叶、烟酒的势头得到明显遏制，特别是高档茶叶、烟酒的消费明显下降。

（三）汽车消费倾向下降。全市限额以上零售企业1–2月实现汽车消费6.6亿元，同口径可比增长10.4%，低于同期5.5个百分点，相对于2010年左右汽车消费的高速增长明显回落，居民汽车消费趋于理性，市场渐趋饱和。但据我市一家以日系车销售为主的4S店经理介绍，去年受消费者抵制日货情结较重原因影响，公司经营的丰田、本田销售量急剧下滑，但其他品牌车辆受影响较小。

四、对策建议

（一）政策扶持，正确引导，帮助企业"御寒过冬"。反对浪费带来的公款消费减少并不等于完全消失，必要和正常的公务接待仍然存在，同时，众多企业的商务性和礼节性的餐饮消费也必不可少，并且随着全市的经济社会发展会越来越多。因此应尽快出台接待标准，让企业根据政策规定调整经营模式。对营业规模、行业影响力较大而确实面临经营困难的住宿餐饮企业，实施部分费用减免和暂缓征收或者低息贷款等扶持政策，帮助企业克服暂时性困难，保障生产生活秩序。

（二）改变经营理念，创新经营方式，寻找新的“支撑点”和“增长点”，促进企业“华丽转身”。面对高档酒店出现的经营困难，要发挥市场优化资源配置的作用，促进企业转型，将营销重点由高档公务消费，转变为面向社会大众经济消费为主，通过调整或取消最低消费标准，降低门槛，广纳客源，使寻常百姓消费由原来的“门庭冷落”转变为“门庭若市”，企业要实现健康、长远发展，需要向大众消费市场转型，推出符合老百姓消费习惯的服务产品。

随着未来居民收入持续增加，大众消费能力越来越强，酒店餐饮行业的未来空间很大，但寄希望于公务消费、奢侈风气推动的畸形的、粗放的发展方式，只会一去不复返。鼓励餐饮企业发展连锁经营，实现规模经济。积极发展其他受欢迎的中国快餐餐饮，开创形式创新的服务，团餐的发展，网络订购，半成品的餐点和外卖食品和饮料服务。

（三）加强卫生监督，确保食品安全。加大对食材保质期限、食品原料和半成品、餐饮具消毒及保洁、食用油、食品添加剂等监管和检查力度，坚决打击和取缔违法行为，努力营造放心的餐饮环境。加强价格监管，维护市场秩序。全市住宿餐饮企业要坚持明码标价，倡导价格诚信，餐饮企业的利润控制在一个合理的范围内。

（四）加快城市化发展进程，继续优化农村购物环境。以健全农村公共服务体系为重点，继续改进农村路水电气信息网络等基础设施，借实施“万村千乡”工程的机遇，实现乡镇村的全覆盖，结合城镇户籍制度改革和公共服务均等化，保证其消费率随着收入的增加而增长。

（五）结合枣庄旅游市场的拓展，抓住游客消费群体。近两年枣庄市委、市政府积极打造旅游城市，改善美化环境，全市的商务活动增多，旅游人次不断上涨，休闲旅游消费成为市场亮点。要瞄准这个游客群体，在旅游产品的数量、质量、档次、特色上下功夫，吸引游客消费，大幅度提高游客的人均消费水平。

（市统计局贸易科）

注：该分析获全市优秀统计分析评比三等奖。

有效扩大内需　转变发展方式

叶文　于亚波　马兆民

2012年，我市面对复杂严峻的国内外经济环境，全市上下紧扣主题主线，紧紧围绕建设"幸福新枣庄"的奋斗目标，坚持稳中求进，着力稳增长、控物价、调结构、惠民生、抓改革、促和谐，经济运行总体呈现"稳中加快、稳中向优、优中渐强"的发展态势。

一、2012年全市经济社会发展情况和特点

2012年，全市经济社会发展情况和特点如下：

1、三次产业协调发展。初步核算并经省统计局审核反馈，2012年全市实现生产总值（GDP）1702.92亿元，按可比价格计算，比上年增长10.7%。从三次产业看：第一产业增加值133.0亿元，增长4.2%，对全市经济增长的贡献率为3.1%；第二产业增加值991.3亿元，增长11.7%，对全市经济增长的贡献率为30.4%；第三产业增加值578.6亿元，增长10.4%，对全市经济增长的贡献率为64.2%。

2、投资、消费、出口协调拉动。近年来，我市紧紧围绕"一大战略、三大战役"和"幸福新枣庄"建设，抓调整、促转型、惠民生，不断增加居民收入、设法提高社会保障水平，释放消费心理预期。同时，由于我市外贸依存度较低，投资又受到这样那样的限制，把扩大内需、培育消费热点作为拉动经济增长的不二选择。个人住房、加用汽车、休闲旅游、教育培训、家政养老、医疗保健等已进入寻常百姓家，占居民消费的比重逐年增加。

从拉动经济增长的三驾马车看，全年固定资产投资1044.62亿元，增长22.7%，拉动GDP增长5.9个百分点，拉动贡献率55.1%，比上年降1.1个点；全年实现社会消费品零售总额突破500亿元，达到552.4亿元，同比增长15%，拉动GDP增4.7个百分点拉动贡献率43.9%，提高0.9个点；全年进出口总额110.32亿美元，增长6.0%，拉动GDP增长0.1个百分点，拉动贡献率1%，提高0.2个点。

3、城乡居民收入增势良好。2012年，全市城镇居民人均可支配收入22960元，增长13.7%，扣除价格因素实际增长11.6%，增速比上年加快2.3个百分点，高于GDP增速0.9个百分点；农村居民人均纯收入9606元，增长14.4%，扣除价格因素实际增长12.3%，高于GDP增速1.6个百分点。城乡居民收入差距进一步缩小，农村居民人均纯收入增速高于城镇居民人均可支配收入增速0.7个百分点，城乡居民收入比由上年的2.40：1缩小到2.39：1。

4、消费跨越500亿大关。全年实现社会消费品零售总额突破500亿元，达到552.4亿元，同比增长15%，增幅与全省平均水平持平，高出全国0.7个百分点。其中限额以上单位实现零售额212.3亿元，同比增长20.2%，比重由2011年的36.7%上升到38.4%，提高1.7个百分点。从消费品市场的销售地区看，城镇市场实现零售额413.5亿元，占据74.9%的市场份额，是消费品市场的主力军；城镇零售额同比增长15%，高于乡村市场0.3个百分点，奠定了消费品市场稳增的基础。尤其是城区市场在新增限额以上企业的带动下，发展加快，实现零售额351.2亿元，增长15.3%。分行业看，全市批发业实现零售额73.6亿元，同比增长24.4%；零售业实现零售额399亿元，同比增长13.2%；住宿业实现零售额5.6亿元，同比增长8.5%，餐饮业实现零售额74.2亿元，同比增长16.4%。美容保健和文化娱乐逐渐成为消费热点。全年化妆品类零售额增长27.9%，体育、娱乐用品类增长30.5%，中西药品类增长40.5%，电子出版物及音像制品类增长41.8%。今年前两个月，限额以上社会消费品零售总额29.41亿元，增长22.0%。

5、储蓄存款占比较高。12月末，全市金融机构本外币存款余额1142.4亿元，比年初增加170.3亿元。其中，储蓄存款新增122.62亿元，占全部新增存款的72.0%。2月末，全市金融机构本外币存款余额1190.21亿元，比年初增加43.24亿元。其中，储蓄存款新增43.87亿元，占全部新增存款的101.5%。

6、社会保障能力逐步增强。新农保、城镇居民养老保险在全省率先实现全覆盖，累计征缴各项社会保险费47.2亿元。城乡教师工资实现统一标准发放，

小学、初中生均公用经费标准分别提高到600元、800元。新农合、社区卫生服务、基本药物制度实现全覆盖。“平安枣庄”建设全面推进，群众安全感不断增强。双拥共建深入开展，顺利通过“全国双拥模范城”验收。公共服务和社会和谐指数居全省第5。

二、进一步扩大内部需求存在的困难和问题

*一是消费品价格上涨制约消费需求增长。*2012年，尽管居民消费价格总水平涨幅回落，但食品类、蔬菜类、服装类等基本生活类商品零售价格依然偏高，对居民进行消费产生了一定抑制作用。2012年全市金银珠宝类零售额实现2.7亿元，增幅较去年同期回落21.9个百分点。基本生活类商品零售价格偏高直接影响居民消费数量和消费频率，加大了居民在住房、医疗、教育等家庭保障性支出方面的压力，导致消费意愿降低，抑制广大居民特别是中低收入者的消费欲望，降低消费需求，从而影响到消费市场的持续增长。

*二是前期扩大内需政策退出影响汽车、家电等大宗商品增长。*国家取消了对小排量汽车购置税优惠政策以及家电“以旧换新”等政策的结束，对消费的拉动作用明显减弱。同时，汽车、家电等热点商品消费已逐步进入饱和期，加之道路拥堵、油品价格升高等，新的消费热点短期内难以形成，消费快速增长的动力减弱。从限额以上批发和零售业商品销售分类情况看，2012年汽车类零售额增速比上年回落4.69个百分点；石油及制品类零售额增速比上年回落9.3个百分点；家用电器和音像器材类零售额比上年回落14.8个百分点。

*三是受房地产调控政策实施的传导效应影响，居住类相关商品增速放缓。*近两年在新城区开发、运河古城重建、棚户区改造、保障房建设等带动下，投资总量快速增长，比重始终较高。2011年，我市房地产开发投资占三产投资的比重达52.8%，占全部投资比重达23.4%，继续保持高速增长面临很大困难。2012年，房地产开发投资占三产投资的比重34.1%，比年初下降18.7个百分点，占全部投资比重为17.1%，比年初比重下降6.3个百分点，房地产对投资的拉动作用将逐渐减弱。同时，2012年国家继续对房地产市场调控继续加强，与房地产密切相关的家具类、建筑及装潢材料类、五金电料类商品销售增速放缓，零售额增幅比去年同期分别回落24.4%、2.8%、8.1%。

*四是网络购物及新型服务业模式对传统消费增长产生冲击。*网络购物、电子音像制品、新型服务业模式等新兴零售业态发展迅速，凭借价格、便捷、多样性等优势抢占了部分市场份额，对传统商业产生了一定影响。以联通、电信、移动等移动网络通信商为代表的传统服务业企业转变经营方式，通过办理套餐送手机等新型服务业模式对全市通信器材市场销售产生了较大冲击。据统计数据显示，全市通信器材类商品零售额增幅较上年回落36.3个百分点。

三、培育消费热点、扩大内需的主要建议

*1、以经济转型为动力，着力提高全市经济发展质量。*积极优化产业结构。加快实施新兴产业倍增、服务业提速、传统产业升级计划，努力实现经济增长动力的转换，培育新的竞争优势。将国家和省出台的促进产业转型、扶持小微企业发展等政策落实到位。强化要素保障，积极引导更多信贷资金投向实体经济。抓住沿海加工贸易内迁机遇，大力发展加工贸易。努力发展创新型经济，大力培育和引进一批研发设计、营销、物流、采购等产业。

*2、以提高民生发展为宗旨，培育完善消费环境。*建立与经济增长相适应的居民收入稳定增长机制。加大收入分配调节力度，努力提高中低收入者的收入水平，持续增加民生事业投入，完善社会保障结构，办好各项惠民利民实事，让人民群众共享改革发展成果，切实提高居民消费水平。进一步完善消费环境，重点打造特色商贸集聚区，加快推进新城商业中心设施项目建设。

*3、以现代服务业为关键，实现经济发展“双轮驱动”。*经济的可持续发展必须依靠先进制造业和现代服务业“双轮驱动”的现代产业体系。要把培育优势产业作为调结构、促转型的重要抓手。加快建立以现代服务业为主导，现代服务业与先进制造业有机融合、互动发展的现代产业体系。加快完善政策体系，在产业政策、财税政策、人才政策等方面制定相应的配套措施，充分发挥科技在转方式、调结构中的支撑引领作用，促进优势产业的培育，推进优势产业发展，推进传统产业优化升级，加快培育新的经济增长点。

*4、以政策措施为着力点，推动消费换代升级。*在原来家电下乡、以旧换新、小排量汽车优惠等政策的基础上，进一步出台促进家电、汽车等更新换代、消费升级、大额消费贷款等的政策措施，促进居民消费热点换代升级，带动经济增长。

*5、以企业及其行业协会为纽带，促进消费模式的创新升级。*充分发挥企业及其行业协会的主观能动性，提高设计、生产、运销的前瞻性，减少销售环

节，缩短运销路径，降低运销成本，加快上架时间，不断通过消费模式的创新，带动居民消费热点升级。

6、以宣传引导为手段，培养科学的消费理念。充分利用电视、报纸、网络等新闻媒体公益广告引导、党政领导带动、先进人物示范、典型事件曝光等形式，不断优化消费环境，进而形成节约光荣、浪费可耻等合理消费、绿色消费的科学理念，为子孙后代留下碧水、绿地、蓝天。

由于我市近年来棚户区改造力度不断加大，商品房建设规模宏大，常住人口小于户籍人口，属于人口外流市；受前几年消费政策的激励，汽车销售规模较大，民用车辆趋于饱和，加上道路拥堵、油品价涨等因素影响，未来几年房地产、汽车消费难以成为我市的消费热点。

随着居民收入和社会保障水平的不断提高，人们对生活质量的要求将不断提高，因此，电子信息、休闲旅游、教育培训、家政养老、医疗保健、艺术收藏等消费会逐步成为消费热点。下一步要靠政府部门的不断引导，有意识进行培训、培育，加大有关消费知识的认知，不断深化居民对有关热点消费潜力的挖掘。

（市统计局服务业科）

注：该分析获全市优秀统计分析评比三等奖。霍媛媛副市长批示："《统计信息》科学准确、及时客观，为政府科学决策提供了扎实基础，助推了枣庄专项发展。请市统计局继续发挥好职能作用，加强基层统计力量，做好服务业统计工作，提供更加科学有用建议，支持枣庄经济和社会健康发展。"

前三季度枣庄市三产结构趋优
存在问题仍需关注

王文杰

今年以来，面对复杂的经济形势，全市扎实落实促进服务业发展的各项政策措施，着力抓质量增效益促转型，服务业主要经济指标持续提升，服务业发展稳中有升。前三季度，全市实现服务业增加值439.63亿元，增长8.1%，增速比上半年提高0.9个百分点，高于全市GDP增速提升幅度0.4个百分点，占GDP的比重为31.2%，比上年同期提高0.5个百分点，对经济增长的贡献率为23.6%，拉动全市经济增长2.3个百分点。

一、服务业发展情况

（一）交通运输、仓储和邮政业稳步发展

前三季度，全市货运流通服务逐步回升，全市实现交通运输、仓储和邮政业增加值53.52亿元，增长4.3%，占服务业增加值的比重为12.2%。完成公路货运周转量205.97亿吨公里，增长4.4%；公路旅客周转量34.535亿人公里，增长2.1%；水运货物周转量29.98亿吨公里，增长2.5%；邮政业务总量1.07亿元，增长17.0%。

（二）国内贸易和对外经济增速平稳

从国内贸易看，全市内外商贸流通服务发展平稳。前三季度，全市批发零售和住宿餐饮业实现增加值167.53亿元，增长9.3%，增速比上半年提高4.1个百分点，占服务业的比重为38.1%，同比提高0.9个百分点。完成社会消费品零售总额458.1亿元，增长13.2%，增速比上半年加快0.1个百分点。从对外贸易来看，全市出口增速回落。前三季度，进出口总额9.4亿美元，同比增长10.8%，增速比上年同期回落1.9个百分点。其中，出口6.92亿美元，下降1.3%，增速比上年同期回落18个百分点；进口2.48亿美元，增长68.7%，增速比上年同期上升71.9个百分点。

（三）金融市场发展良好

受国家稳健的货币政策的影响，全市金融基础设施建设成效显著，金融体系整体稳健，前三季度，全市金融业实现增加值39.12亿元，增长9.0%。9月末，金融机构本外币存款余额1276.15亿元，比年初增加129.17亿元，增长11.3%，增幅加快2.7个百分点。金融机构本外币贷款余额985.81亿元，比年初增加64.44亿元，增长7.0%，增幅加快2.2个百分点；其中，中长期贷款490.14亿元，比年初增加28.54亿元，增长6.2%，增幅加快2.3个百分点。

（四）房地产业发展较快，房屋销售势头较好

受国家调控政策的持续影响，全市房地产开发投资增幅回落，但房屋销售形势较好。前三季度，房地产业实现增加值43.59亿元，增长13.5%，居服务业各行业增加值增速之首。房地产开发投资157.2亿元，增长25.2%，增速比上半年回落10.6个百分点；商品房销售面积190.5万平方米，增长40.5%，增速比上年同期上升50.2个百分点；商品房销售额68.6亿元，增长32.6%，增速比上年同期上升42.5个百分点。

（五）其他营利性服务业及非营利性服务业稳定发展

信息传输、租赁和商务服务业、居民服务和其他服务业等营利性服务业，以及科研技术服务、文教卫生福利、公共管理和社会组织等非营利性服务业稳定发展，前三季度，其他营利性服务业实现增加值61.61亿元，增长7.5%；非营利性服务业实现增加值74.25亿元，增长5.3%。前三季度，第三产业营业税完成12.03亿元，增长24.7%，比上年同期上升27.6个百分点。

（六）服务业投资不断扩张

当前转方式调结构的主要方向是转向第三产业，服务业投资进一步扩张，内部投资结构不断优

化。前三季度，全市完成第三产业投资391.1亿元，增长22.4%，高于工业投资增速5.7个百分点，占全市固定资产投资总额的比重为52.2%，比上半年提高3.3个百分点。其中，民生领域投资增长较快，全市教育完成投资9.88亿元，增长382.8%；卫生和社会工作9.34亿元，增长220.3%。

（七）服务业税收对全市税收的支撑作用增强

服务业各行业对税收的支撑作用进一步增强。前三季度，全市完成服务业地方税收35.18元，增长13.4%，高于全市平均增速13.4个百分点，占全部地税税收的53.1%，比上年同期提高6.3个百分点。其中，房地产业实现税收12.29亿元，增长50.4%，占服务业税收的比重为34.9%；交通运输、仓储及邮政业实现税收5.37亿元，增长3.1%，占服务业税收的比重为15.3%；金融业实现税收4.80亿元，增长3.7%，占服务业税收的比重为13.6%；居民服务、修理和其他服务业实现税收1.80亿元，增长58.7%，增速居各行业税收前列。

二、需要关注的几个问题

当前，国际金融危机深层次影响持续显现，世界经济复苏充满不确定性、不稳定性，国内经济增长的下行压力和产能过剩的矛盾有所加剧，企业经营成本上升和创新能力不足的问题依然存在。

（一）消费市场增速放缓。随着住宿餐饮业增速的理性回落，加之新惠民政策效果有限，家电、汽车等惠民政策相继退出，新的惠民政策力度不足，造成增长驱动力不足，使得相关商品消费持续降温。全市商贸流通部分领域出现不同程度的下滑，前三季度，全市社会消费品零售总额增速比上年同期下降了1.6个百分点。

（二）现代服务业占比不高。从全市服务业经济结构看，传统行业仍是服务业发展的主体，代表服务业未来发展趋势的现代服务业占服务业的份额较小。前三季度，全市交通运输、仓储和邮政业增加值增速为4.3%，低于同期服务业增速3.8个百分点，对全市服务业增长形成制约；而金融业，房地产业（K门类）两个现代服务业行业增加值增速达13.8%，占全市服务业的比重仅为13.4%，虽然速度较快，但比重偏低，对拉动全市服务业增长的作用比较有限。

（三）服务业发展速度不快。从全市服务业发展情况来看，全市服务业增加值总量偏小，发展不快。前三季度，服务业增加值占全省服务业增加值比重低于同期GDP占全省GDP比重0.9个百分点；与上半年相比三产增速有所加快，但低于全省服务业增加值增速1个百分点，仍低于全市GDP增速1.6个百分点，低于全市二产增速3.0个百分点；增速居全省第16位，低于GDP增幅4个位次。

三、加快服务业发展的建议

今年下半年，国家采取了税收减免、营改增、降低中小及小微企业贷款利率等一系列促进经济发展的对策措施，增强了市场信心，对于促进商贸、物流等行业的发展产生了积极的影响。但经济发展环境依然复杂多变，经济运行中新旧矛盾交织，加大了对稳增长、促转型的考验和挑战。面对严峻的形势和压力，下一步应重点抓好以下几项工作：

（一）进一步改善服务业发展氛围。要加强对服务业发展优惠政策的落实情况的检查，确保优惠政策落实到位，创造良好的政策环境。同时做好服务业发展引导资金使用管理，充分发挥财政资金的导向和拉动作用。进一步加大服务业招商引资力度，做好现有重点服务业项目的招商引资工作，要放宽准入门槛，创新融资模式，鼓励服务企业以股权融资、项目融资、知识产权质押融资等方式筹集资金，简化审批手续，为投资者创造优质高效的环境，促进服务业的发展。

（二）关注"营改增"的政策效应。"营改增"的重要目的是理顺整个税收链条，不仅将降低服务业企业的税负，也将降低制造业的税负，是一个全面减税的措施，有利于促进服务业加快发展。但"营改增"对各行业受益程度不一，要加强对"营改增"的政策效应要及时分析，积极做好全市"营改增"试点、小微企业税收优惠政策落实、省以下财政体制调整等政策调整后续管理，不断健全机制，落实责任，确保改革红利全面释放。

（三）大力实施扩大内需策略。以推进新型城镇化建设为契机，加快社区商业服务体系建设。围绕落实国发39号文件提出的"新建社区商业和综合服务设施面积占社区总建筑面积的比例不得低于10%"这一政策要求，提早研究措施，鼓励社区菜店、菜市场、便利店、早餐店、家政服务点入驻。下大力气推进流通领域公共信息服务平台建设，以产业集群、产业园区、专业市场为依托，发展一批专业性、综合性商务平台，培育商务发展新模式新亮点。

（市统计局核算科）

注：该分析获全市优秀统计分析评比三等奖。陈伟书记批示："市统计局开展的群众满意度调查活动很好，为我们了解社情民意、开展群众路线教育实践活动提供了重要参考，衡量一个地区的发展，不仅要看经济指标，更要看民生改善程度能否让老百姓满意。要进一步完善科学发展综合考核指标体系，把更多的权重向民生领域倾斜，把更多的评判权交给群众。各区（市）要高度重视群众满意度调查工作，对存在的问题认真整改，在改善民生、转变作风上下真功夫，不断提高群众的满意度和幸福感。"

2013年度区（市）目标管理考核第一次群众满意度调查报告

李　博

为进一步推动省对市科学发展综合考核各项指标的落实，及时、客观地了解人民群众对所在区（市）党委、政府工作的意见和建议，根据《市委办公室、市政府办公室关于印发〈2013年度区（市）目标管理考核群众满意度调查实施方案〉的通知》（室字[2013]41号）要求，市统计局开展了2013年度区（市）目标管理考核第一次群众满意度电话调查。

一、基本情况

8月8日至9日，市统计局社情民意调查中心开展了2013年度区（市）目标管理考核第一次群众满意度调查。调查内容完全按照省标准确定，主要包括：政府促进就业和增加居民收入、医疗保健水平和服务质量、中小学教育、环境保护、帮扶困难群众、丰富群众文化生活、社会治安状况、干部工作作风等8个方面。

这次调查采用国际上流行计算机辅助电话调查（CATI）方法，依据全市6个区（市）、高新区固定电话和移动电话号码生成电话号码库，按照随机抽样原理，抽取17887个电话号码进行访问，调查成功样本2910个。即每个区访问400个，高新区150个，滕州市760个。各区（市）样本中，手机访问占30%，固定电话访问占70%。

在不同文化程度构成中，初中及以下文化程度占45.88%，高中（中专、职高）文化程度占27.66%，大学或大专文化程度占25.91%，研究生及以上文化程度占0.55%。

图1　受访者文化程度构成

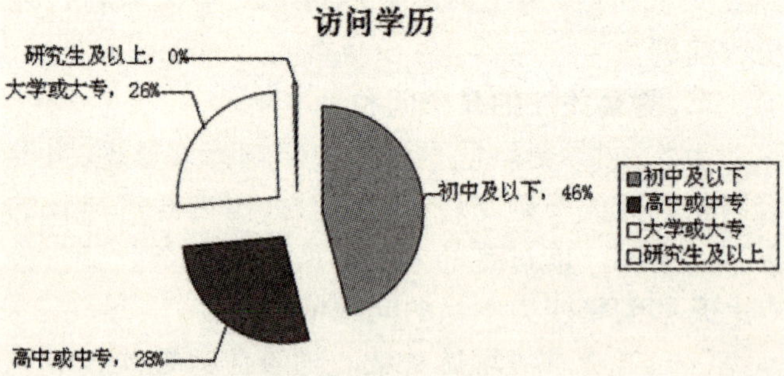

在被访者的职业构成中，农民占27.04%，私营业主、个体户或自由职业者占20.76%，企业工作人员占14.54%，机关事业人员占11.27%，学生占5.57%，离退休人员占4.54%，其他职业人员占16.29%。

图2　受访者职业构成

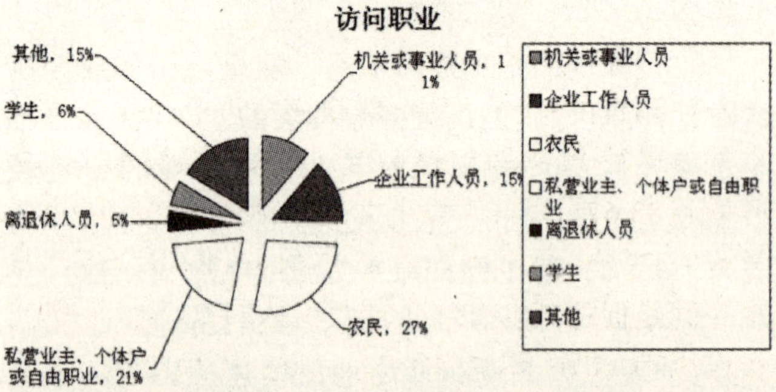

从以上被抽中的调查对象的基本构成来看，样本涉及人员类型全面、覆盖广泛，能够代表各区（市）群众的总体情况。

二、调查结论

（一）群众满意度调查的总体评价

评价意见设为"满意"、"基本满意"、"不满意"和"不了解"4个选项。评分标准为"满意"100分，"基本满意"70分，"不满意"30分，"不了解" 不参与计分。2013年区（市）目标管理考核第一次群众满意度调查平均综合得分为81.48分，比省委、省政府组织的2012年枣庄市科学发展群众满意度调查78.87分高2.61分，比2012年全省科学发展群众满意度调查平均80.9分高0.58分。调查结果表明：今年以来，全市各级党委、政府深入贯彻落实科学发展观，把民生工作放在更突出的位置，注重解决关系民生的大事实事，以人为本的施政理念取得积极成效，得到了绝大多数群众的认可。

（二）区（市）评价得分

调查结果显示，群众满意度高于全市平均水平是山亭区86.78分，峄城区82.33分，台儿庄区81.76分；低于全市平均水平的是滕州市81.38分，薛城区80.14分，高新区78.66分，市中区77.47分。

表1　2013年度区（市）目标管理考核第一次群众满意度调查得分

区（市）	满意（%）	基本满意（%）	不满意（%）	不了解（%）	得分	排名
全市	50.83%	28.87%	11.88%	8.41%	81.48	
山亭	62.28%	22.38%	7.88%	7.47%	86.78	1
峄城	51.97%	28.63%	10.88%	8.53%	82.33	2
台儿庄	52.13%	29.66%	11.69%	6.53%	81.76	3
滕州	51.60%	26.12%	12.85%	9.44%	81.38	4
薛城	47.56%	31.56%	12.50%	8.38%	80.14	5
高新	44.75%	33.50%	13.75%	8.00%	78.66	6
市中	41.03%	35.66%	13.94%	9.38%	77.47	7

（三）部门工作评价

在调查的8个方面中，群众满意度高于全市平均水平的是社会治安状况84.38分、医疗保健水平和服务质量83.67分、丰富群众文化生活83.43分、中小学教育83.27分、帮扶困难群众82.01分；低于全市平均水平的是促进就业和增加居民收入81.21分、干部工作作风79.17分、环境保护74.66分。从2012年度全省17市对比看，我市平均得分及8个方面得分在17市排名也是较低的，全面提升枣庄在全省的位次目标任务相当艰巨。

表2　2013年度区（市）目标管理考核第一次群众满意度调查情况

序号	访问内容	满意	基本满意	不满意	不了解
1	促进就业、增加居民收入情况	1376	923	303	308
2	当地治病、看病情况	1652	870	281	107
3	当地学校教育情况	1555	828	282	245
4	环境保护情况	1351	849	678	32
5	救助困难群众工作情况	1311	660	301	638
6	丰富群众文化生活情况	1588	842	281	199
7	社会治安状况	1727	881	263	39
8	干部工作作风状况	1273	869	377	391

表3　2013年度区（市）目标管理考核第一次群众满意度调查比例

序号	访问内容	满意	基本满意	不满意	不了解
1	促进就业、增加居民收入情况	47.29%	31.72%	10.41%	10.58%
2	当地治病、看病情况	56.77%	29.90%	9.66%	3.68%
3	当地学校教育情况	53.44%	28.45%	9.69%	8.42%
4	环境保护情况	46.43%	29.18%	23.30%	1.10%
5	救助困难群众工作情况	45.05%	22.68%	10.34%	21.92%
6	丰富群众文化生活情况	54.57%	28.93%	9.66%	6.84%
7	社会治安状况	59.35%	30.27%	9.04%	1.34%
8	干部工作作风状况	43.75%	29.86%	12.96%	13.44%

1、就业群众满意度情况

被访者中，对我市采取措施扩大就业、增加群众收入表示"满意"的占47.29%；表示"基本满意"的占31.72%；表示 "不满意" 的占10.41%；不了解占10.58%。调查结果表明：79%的被访者对我市采取措施扩大就业、增加群众收入表示"满意"和"基本满意"，这反映了我市采取措施扩大就业、增加群众收入取得成效，得到了大部分群众的认可，但与全省平均水平相比低7.8个百分点。不满意的方面主要是："就业难、生活没有保障"、"下岗后政府没有组织再就业，生活得不到保障"、"企业工资5年多基本没涨"、"就业不公平，托关系的多"、"工作量和工资不成比例”、“促进就业方面力度不大”、“收入差距越来越大”、“工资偏低”、“部分企业养老保险不给交”。

2、医疗群众满意度情况

被访者中，对医院、卫生所医疗水平和服务质量表示“满意”的占56.77%；表示“基本满意”的占29.9%；表示“不满意”的占9.66%；不了解占3.68%。调查结果表明：86.67%的被访者对我市医院、卫生所医疗水平和服务质量表示“满意”和“基本满意”，比全省平均水平高3.09个百分点，这反映了新农合、城镇基本医疗保障等给老百姓带来实惠，群众对医院、卫生所医疗水平和服务质量整体上认可。不满意的方面主要是：“社区医保难”、“就医难、医疗技术水平有待提高、名医较少”、“看病太麻烦，程序太繁琐”、“看病贵、住院困难”、“医疗报销少，药价高”、“救护车一响、一年猪白养”、“小病当大病看，进了外科就做手术”、“医院之间、科室之间有推诿，得不到最快治疗”、“医疗事故较多”、“社保报销耗费时间太长”。

3、教育群众满意度情况

被访者中，对我市中小学教育情况表示“满意”的占53.44%；表示“基本满意”的占28.45%；表示“不满意”的占9.69%；不了解占8.42%。调查结果表明：81.89%的被访者对我市中小学教育表示“满意”和“基本满意”，这反映了中小学教育情况得到了大部分群众的肯定，但仍比全省平均水平低3.5个百分点。不满意的方面主要是：“中小学乱收费、费用高、择校难”、“学校教室人数太多”、“部分老师私下办辅导班收费”、“学校之间的软硬件和教学质量差距太大”。

4、环境保护群众满意度情况

被访者中，对我市环境保护情况表示“满意”的占46.43%；表示“基本满意”的占29.18%；表示“不满意”的占23.30%；不了解占1.10%。调查结果表明：75.6%的被访者对我市环境保护情况表示“满意”和“基本满意”，这反映了群众对环境保护情况基本上是满意的，1/4的群众对这项工作表示“不满意”，也比全省平均水平低1.4个百分点，说明继续抓好环境保护工作仍然是一项不可松懈的艰巨任务。不满意的方面主要是：“工厂污染当地自来水”、“灰霾天气多，空气质量不好”、“农村生活垃圾清理不好”。

5、困难群众救助群众满意度情况

被访者中，对我市关心帮助困难群众工作表示“满意”的占45.05%；表示“基本满意”的占22.68%；表示“不满意”的占10.34%；“不了解”的占21.92%。调查结果表明：67.73%的被访者对我市关心帮助困难群众工作表示“满意”和“基本满意”，这反映了群众对我市关心帮助困难群众工作基本上是满意的，1/3的群众对这项工作表示“不了解”或“不满意”，也比全省平均水平低10.74个百分点，说明抓好困难群众救助工作是我市当前需要着力抓好的重点任务，应引起各级党委、政府的高度重视，切实做好困难户、残疾人、孤寡老人的救助，帮助困难户就业，开展送米面油、资金帮助、技术帮助等活动，全方位的提高低收入家庭生活水平，提高群众满意度。不满意的方面主要是：“低保政策执行不公平，很多困难户享受不到低保救助”、“低保户成了关系户”、“低保要公示透明”、“救助金不到位”、“下岗工人无法及时得到下岗费”、“逢年过节搞救助、政府在作秀”。

6、文化生活群众满意度情况

被访者中，对我市丰富群众文化生活表示“满意”的占54.57%；表示“基本满意”的占28.93%；表示“不满意”的占9.66%；“不了解”的占6.84%。调查结果表明：83.51%的被访者对我市丰富群众文化生活表示“满意”和“基本满意”，接近全省83.84%的平均水平。通过调查我们发现，农村群众的文化生活相对城市群众比较单调贫乏，乡镇政府组织的文化活动非常有限，有教育意义的娱乐性活动也很少，农民希望政府进一步加强农村文化建设。

7、社会治安群众满意度情况

被访者中，对我市社会治安状况表示“满意”的占59.35%；表示“基本满意”的占30.27%；表示“不满意”的占9.04%；不了解占1.34%。调查结果表明：89.62%的被访者对我市社会治安状况表示“满意”和“基本满意”，这反映了群众对我市社会治安工作整体上是肯定的，也高于全省平均水平4.59个百分点。近年来，各区(市)加大了社会治安工作力度，认真解决治安突出问题，得到了群众的充分肯定和好评。我市社会治安群众满意度分别从2008年的77.73分上升到2011年的83.78分，提高6.05分，在扩大就业、医疗、中小学教育、环境保护、困难群众救助、群众文化生活、社会治安、干部作风等八个方面中增幅最大、居首位。不满意的方面主要是：“偷盗的多，打击不够、处理不及时”、“110出警较慢”、“处理案件有失公正，对有钱有势的人过于纵容，对老百姓的事不够关注”、“服务群众不到位、办事拖拉”、“与群众打交道时语气生硬，态度不好”。

8、干部作风群众满意度情况

被访者中，对我市干部工作作风表示“满意”的占43.75%；表示“基本满意”的占29.86%；表示“不满意”的占12.96%；不了解占13.44%。调查结果表明：

73.61%的被访者对我市干部工作作风表示“满意”和“基本满意”，比全省75.01%的平均水平低1.4个百分点，这反映了群众对我市干部工作作风基本上是满意的，但与群众的期望值相比仍有不小的差距。调查中发现确实有一些干部的工作作风让群众不满意，比如到机关办事门难进、脸难看、话难听、事难办的问题，权力部门吃拿卡要的问题，少数干部对待群众态度蛮横、行为粗暴的问题，公款吃喝现象有所抬头，还有发生在个别干部自身上的腐败现象等。

（四）不同职业者评价

在受访不同职业中，得分前3名的职业是农民、学生、机关事业人员，得分后2名的职业是私营业主或个体户、企业工作人员。

职业	促就业和增加收入	本地看病治病情况	学校教育情况	环境保护情况	救助困难群众情况	文化生活情况	社会治安状况	干部作风状况	总分
机关事业人员	81.64	81.28	81.64	75.84	89.24	85.75	84.37	82.43	82.77
企业工作人员	78.97	79.05	78.97	69.23	79.84	81.83	83.09	74.43	78.17
农民	88.59	88.41	88.59	82.00	83.63	85.13	87.73	82.32	85.80
私营业主或个体户	79.03	78.74	79.03	71.98	78.08	81.82	81.88	74.97	78.19
离退休人员	80.77	80.77	80.77	76.67	78.97	83.23	83.75	72.80	79.71
学生	85.90	85.90	85.90	70.00	82.75	77.88	83.48	82.82	81.83
其他	81.57	81.57	81.57	75.47	81.01	84.57	83.73	80.93	81.30

三、几点建议

习近平总书记指出：“群众路线是我们党的生命线和根本工作路线。”只有从群众最需要的地方做起、从群众不满意的地方改起，不断提高群众满意的“大数值”，压缩群众不满意的“小数值”，才能真正把工作做到位。在调查的过程中，群众就自身的体会向我们提出了如何提高群众满意度的建议。

（一）提高思想认识，加强组织领导。一个时期群众满意，不等于长期群众满意；群众对整体工作满意，不等于对每项工作都满意。各级各部门要高度重视群众满意度工作，建立领导责任制，切实做到一级抓一级、层层抓落实；要认真解决人民群众最现实、最关心、最直接的利益问题，达到“一项整改，万民受益”的良好效果。

（二）强化宣传发动，营造良好氛围。结合群众路线教育实践活动，重点解决老百姓反映的最忧、最盼、最急的难题。充分利用报刊、电视、网络、标语等多形式、多角度宣传，形成良好的舆论氛围，广泛征求群众意见，积极接受群众监督，充分调动社会各方面的积极性、主动性和创造性，齐心协力推动群众路线教育实践活动开展，为迎接各级各类群众满意度调查打下良好基础。

（三）改进工作作风，树立为民服务意识。牢固树立群众观点，自觉坚持立党为公、执政为民，努力为群众办实事、解难事、做好事，全市的各项工作才有着力点。各区（市）、各部门要对群众提出的问题进行分类整理、及时整改，切实转变工作作风，建立健全党员联系群众、服务群众的制度，构建党员联户、党群联心的工作网络，进一步密切党同人民群众的血肉联系。

（四）注重“风向标”，完善对部门和区（市）的考核奖惩机制。围绕群众当“考官”，干部当“考生”，把各项工作的标准定位在促进群众认可、赢得民心上。依照中组部、省委组织部对各省、各市科学发展综合考核评价的做法，上下联动，把群众满意度得分情况，与各级各部门领导班子年度考核和表彰奖励结合起来，纳入各级各部门工作绩效考核体系，用制度解决实际问题，用真情帮扶困难群众，切实提高群众满意度。

表4　对促进就业、增加居民收入的评价

单位	满意（%）	基本满意（%）	不满意（%）	不了解（%）	得分	排名
全市	47.29%	31.72%	10.41%	10.58%	81.21	
山亭	58.75%	25.50%	6.75%	9.00%	86.40	1
台儿庄	50.75%	32.75%	8.25%	8.25%	83.00	2
峄城	46.75%	32.50%	8.50%	12.25%	82.11	3
薛城	47.00%	32.00%	11.25%	9.75%	80.64	4
滕州	45.79%	29.87%	11.71%	12.63%	80.36	5
高新	44.67%	33.33%	13.33%	8.67%	78.83	6
市中	37.00%	38.75%	13.75%	10.50%	76.26	7

表5　对医院、卫生所医疗水平和服务质量的评价

单位	满意（%）	基本满意（%）	不满意（%）	不了解（%）	得分	排名
全市	56.77%	29.90%	9.66%	3.68%	83.67	
山亭	66.25%	26.00%	4.50%	3.25%	88.68	1
峄城	56.50%	30.00%	11.25%	2.25%	84.97	2
滕州	57.25%	26.00%	9.00%	7.75%	84.62	3
薛城	51.00%	31.75%	7.75%	9.50%	82.75	4
台儿庄	56.05%	25.00%	8.03%	10.92%	82.74	5
市中	50.00%	33.33%	10.67%	6.00%	79.19	6
高新	46.25%	36.25%	10.75%	6.75%	78.66	7

表6 本地学校教育情况

单位	满意（%）	基本满意（%）	不满意（%）	不了解（%）	得分	排名
全市	53.44%	28.45%	9.69%	8.42%	83.27	
山亭	62.25%	21.75%	8.25%	7.75%	86.67	1
滕州	56.05%	25.00%	8.03%	10.92%	85.27	2
峄城	57.25%	26.00%	9.00%	7.75%	84.72	3
薛城	51.00%	31.75%	7.75%	9.50%	83.48	4
高新	50.00%	33.33%	10.67%	10.67%	81.42	5
市中	46.25%	36.25%	10.75%	6.75%	80.27	6
台儿庄	46.75%	31.25%	15.50%	6.50%	78.37	7

表7 对环境保护的评价

单位	满意（%）	基本满意（%）	不满意（%）	不了解（%）	得分	排名
全市	46.43%	29.18%	23.30%	1.10%	74.66	
山亭	63.75%	23.50%	11.00%	1.75%	84.99	1
滕州	50.00%	26.05%	22.50%	1.45%	76.09	2
台儿庄	48.00%	29.75%	21.50%	0.75%	75.84	3
高新	46.00%	29.33%	24.00%	0.67%	74.23	4
峄城	43.50%	30.75%	24.50%	1.25%	73.29	5
薛城	41.50%	30.25%	27.50%	0.75%	71.46	6
市中	28.75%	37.50%	33.25%	0.50%	65.30	7

表8 对救助困难群众工作的评价

单位	满意（%）	基本满意（%）	不满意（%）	不了解（%）	得分	排名
全市	45.05%	22.68%	10.34%	21.92%	82.01	
山亭	56.00%	15.75%	8.75%	19.50%	86.52	1
台儿庄	50.25%	24.50%	8.00%	17.25%	84.35	2
峄城	48.00%	23.25%	8.25%	20.50%	83.96	3
滕州	44.87%	20.53%	11.97%	22.63%	81.21	4
高新	40.00%	27.33%	10.00%	22.67%	80.34	5
薛城	40.25%	23.75%	12.00%	24.00%	79.57	6
市中	33.00%	28.50%	11.75%	26.75%	77.10	7

表9 对丰富群众文化生活的评价

单位	满意（%）	基本满意（%）	不满意（%）	不了解（%）	得分	排名
全市	54.57%	28.93%	9.66%	6.84%	83.43	
山亭	61.00%	23.75%	8.25%	7.00%	86.13	1
台儿庄	58.75%	26.50%	8.25%	6.50%	85.32	2
峄城	53.50%	30.00%	8.75%	7.75%	83.60	3
市中	50.50%	36.75%	6.75%	6.00%	83.24	4
高新	51.33%	34.00%	8.00%	6.67%	83.07	5
薛城	54.75%	29.75%	10.50%	5.00%	82.87	6
滕州	52.24%	26.84%	13.03%	7.89%	81.36	7

表10 对社会治安状况的评价

单位	满意（%）	基本满意（%）	不满意（%）	不了解（%）	得分	排名
全市	59.35%	30.27%	9.04%	1.34%	84.38	
山亭	69.00%	22.00%	7.75%	1.25%	87.82	1
峄城	63.50%	26.75%	8.00%	1.75%	86.13	2
台儿庄	60.50%	32.75%	5.75%	1.00%	86.01	3
滕州	62.37%	26.45%	10.26%	0.92%	84.74	4
薛城	52.50%	36.25%	10.00%	1.25%	81.90	5
市中	51.25%	37.25%	9.75%	1.75%	81.68	6
高新	44.00%	40.00%	13.33%	2.67%	78.08	7

表11 对干部作风的评价

单位	满意（%）	基本满意（%）	不满意（%）	不了解（%）	得分	排名
全市	43.75%	29.86%	12.96%	13.44%	79.17	
山亭	61.25%	20.75%	7.75%	10.25%	87.02	1
峄城	43.00%	33.25%	10.75%	13.00%	79.89	2
台儿庄	45.50%	29.75%	15.00%	9.75%	78.48	3
薛城	41.45%	27.50%	15.53%	15.53%	78.48	3
滕州	40.25%	35.00%	11.75%	13.00%	77.37	5
市中	36.00%	36.00%	16.67%	11.33%	76.71	6
高新	36.00%	32.75%	13.25%	18.00%	74.66	7

（市统计局社情民意调查中心）

附录二

枣庄市统计局工作大事记

APPENDIX II . CHRONICLE OF EVENTS OF ZAOZHUANG STATISTICAL UNDERTAKING

2013年枣庄市统计局工作大事记

1月

1月5日，山东省人力资源和社会保障厅、山东省统计局和山东省公务员局联合发出文件，对四年来涌现出的一批先进集体和先进个人予以表彰。市统计局被授予“全省统计系统先进集体”荣誉称号，王昀同志荣立二等功，刘士田等3名同志荣立三等功。

1月7日，省考评办对枣庄2012年度科学发展观综合考核群众满意度情况进行了电话调查。市委副书记、市长张术平，市政府党组成员、市公安局局长江心田，市政府党组成员、秘书长朱国伟及市直有关部门负责同志到省社情民意调查中心旁听电话访问。张术平指出，群众满意度电话访问是一面“镜子”，折射出政府的工作成效、干部的工作作风；也是一个“窗口”，对于改进政府工作具有很大的促进作用。要充分发挥我市社情民意调查中心的作用，通过民意调查，及时调整工作方向；通过民意调查，切实提高群众民主实践的参与意识，使其成为党和政府与群众沟通的桥梁和纽带。市统计局党组书记、局长魏国陪同旁听。

1月7日，市统计局荣获全省统计系统“三上”企业统计星级管理先进单位荣誉称号。

1月7日，市委办公室、市政府办公室联合发出关于2012年度全市民主评议政风行风活动评议情况的通报。市统计局在全市21个经济和社会管理类单位中得分排名第9位，在该组别中位次较去年前移2位，民主评议综合满意率为92.27%，被确定为满意单位。

1月16日，市统计局举办“学习党的十八大精神报告会”，市委讲师团孙中伦教授主讲，局机关全体人员、部分离退休老干部代表参加了报告会。

1月18日至19日，市民调中心开展滕州市科学发展综合考核群众满意度电话调查工作。市统计局领导及滕州市各部门、镇街领导在现场进行了旁听。

1月22日至23日，国家统计局人事司副司长安平年带领考核小组对在我市挂职的3位国家统计局干部进行挂职考核，市统计局党组书记、局长魏国陪同活动。

1月29日，市统计局利用业余时间组织职工开展第一届迎新春趣味运动会，比赛项目共设够级、羽毛球、跳绳和包饺子四个项目，通过活动进一步丰富了职工业余文体生活，加强交流、增进友谊、促进工作。

2月

2月1日上午，市统计局召开2012年度科室述职暨工作考核会议。科室负责人汇报了2012年工作情况及2013年工作打算。市统计局党组书记、局长魏国主持会议并对于开展好2013年工作提出了要求。

2月1日，市统计局召开全体人员会议，传达学习《关于转发<省纪委办公厅关于落实厉行勤俭节约反对铺张浪费要求开展专项检查的通知>的通知》和《关于开展厉行勤俭节约反对铺张浪费督导检查的通知》等文件。局党组书记、局长魏国主持会议并讲话。

2月6日，市统计局党组书记、局长魏国，党组副书记、副局长张居新，代表全局干部职工到帮包村山亭区水泉镇柴山前村踏雪看望老党员、孤寡老人、孤儿和困难户，并送去了慰问品和慰问金等。

2月15日，省统计局发出文件对2012年各市工作考核情况进行了通报，枣庄市统计局被授予2012年度“先进市统计局”称号。

2月16日，市委副书记、市长张术平对第三次经济普查工作作出批示：请邵军同志担任组长；请市统计局加强协调，提高普查质量；有关部门要积极参与，搞好配合。

市委常委、常务副市长王邵军批示：第三次全国经济普查，对于进一步摸清我市经济状况，深入推进我市经济在新的基础上优质、高效发展至关重要。请市统计局认真研究，会同有关部门，制定好我市实施方案,确保第三次经济普查在我市顺利进行。

2月20日,副市长霍高原在我局上报的《我市装备制造业发展情况及存在问题》统计信息上作出批示。

2月22日,市统计局召开全体人员会议,学习贯彻陈伟书记在市纪委十四届四次全体会议上的讲话精神,并组织学习了《枣庄市统计局党组关于印发进一步改进工作作风的若干规定的通知》和《枣庄市统计局双百分考核实施细则》。局党组书记、局长魏国出席会议,党组副书记、副局长张居新主持会议。

2月27日,市委书记陈伟在我局上报的呈阅件《关于2012年全市政府统计工作情况的汇报》上作出批示:"邵军并魏国同志:去年以来,市统计局围绕转型、服务发展,提供了一批高质量的统计数据和高水平的对策建议,为市委、市政府科学决策提供了参考,很好地发挥了参谋助手作用;特别是统计能力、队伍建设都有了明显提升,29项专业在省统计局评比中获得一等奖,被评为全省统计系统先进集体。新的一年,各级统计部门要继续加强对宏观形势和微观经济的监测分析,进一步创新和丰富统计产品,不断提高统计数据的质量和公信力,为加快城市转型、纵深推进'三大战役'作出新贡献。"

2月27日,市委常委、常务副市长王邵军,市统计局党组书记、局长魏国,在济南参加全省统计工作暨第三次经济普查动员会议。

2月28日,市统计局党组书记、局长魏国在济南参加全省能源统计工作会议。

2月28日,市委常委、常务副市长王邵军在市统计局上报的呈阅件《关于2012年全市政府统计工作情况的汇报》上作出批示:"2012年,市统计局在服务科学发展、提升工作水平、规范内部管理等方面,成就显著。五年来首次被省统计局和省人社厅表彰为先进集体,29项工作在省统计局评比中获一等奖。望市统计局在新的一年里,在推动"四大工程"建设,做好第三次经济普查、积极推动统计数据质量和公信力等方面,积极作为,创造新的工作成绩。"

2月28日,市统计局党组书记、局长魏国对学习贯彻落实陈伟书记批示精神提出具体要求。

2月28日,为厉行勤俭节约、反对铺张浪费,市统计局启用网上办公自动化系统。

3月

3月5日,枣庄市人民政府下发《枣庄市人民政府关于开展全市第三次经济普查的通知》(枣政字[2013]14号),对全市第三次经济普查工作进行全面安排部署,决定成立了以市委常委、市政府常务副市长王邵军为组长的市第三次经济普查领导小组。

3月8日,市统计局机关妇委会组织全体女职工参加了由市直机关工委和市妇联组织的市直机关庆"三八"女职工趣味体育比赛。

3月13日,省统计局设管处调研员刘爱芝一行3人来枣庄考核验收县级政府统计机构统计工作规范化建设工作。市统计局党组书记、局长魏国,党组成员、副局长张正鹏陪同检查活动。

3月14日,省统计局能源处副调研员宋述坤一行2人来枣对原煤生产企业清查工作及能源产品批发零售情况进行调研。市统计局党组书记、局长魏国,党组副书记、副局长张居新陪同调研。

3月15日,市统计局召开机关全体人员会议,学习"习近平在中央党校建校80周年庆祝大会上的讲话",局党组书记、局长魏国出席会议并讲话,局党组副书记、副局长张居新主持会议。

3月18日,市统计局党组书记、局长魏国带队到薛城区沙沟镇参加义务植树活动。

3月18日至19日,省统计局综合处调研员董晓青、副处长宋丽萍一行,到我市调研一季度经济运行情况。市统计局党组书记、局长魏国,党组成员、副局长沈道坦,滕州市副市长宗大全陪同调研。

3月19日至20日,省统计局贸易外经处检查组莅临枣庄,对市中区、山亭区部分限额以上贸易企业进行了抽查。市统计局党组书记、局长魏国,党组副书记、副局长张居新及有关人员陪同检查。

3月20日,市统计局党组书记、局长魏国向市政府常务会议汇报全市统计工作、开展第三次经济普查工作的意见建议。会议决定,以市政府办公室名义印发《关于加强全市统计基层基础工作的意见》,并将于近期召开全市统计工作及第三次经济普查动员会议、市第三次经济普查领导小组成员会议,组织实施第三次经济普查。

3月22日,市委、市政府发出《关于表彰2012年度全市工业转型振兴工作先进集体和先进个人的决定》(市委[2013]23号),市统计局获2012年度全市工业转型振兴工作先进集体;鲍腾腾荣立三等功。

3月22日,市委、市政府发出《关于表彰2012年度全市科技工作先进集体的决定》(市委[2013]24号),市统计局获2012年度全市科技工作先进集体。

3月25日,市统计局召开全市基本单位统计及"三上"企业审批相关工作会议。会议传达了全省普查系统工作暨第三次经济普查研讨会议精神，安排部署了全市第三次经济普查各项准备工作。局党组成员、副局长张正鹏出席会议并讲话。

3月27日，市统计局召开投入产出调查工作暨业务培训会，对投入产出调查任务、报表要求、调查方案进行了具体部署，并对此次调查全市涉及到的企业、单位进行程序培训。局党组成员、副局长张正鹏出席会议并讲话，48家调查单位和相关区（市）局分管领导和专业人员共70余人参加了培训。

3月28日，国家统计局内网采用了我局上报的《枣庄市局多措并举加强统计基层基础建设》，对市统计局不断探索加强基层基础工作有效途径的举措给予肯定。

3月29日，市政府办公室印发《关于进一步加强统计基层基础工作的意见》（枣政办发〔2013〕14号），从多方面对区（市）、部门统计基层基础工作提出了具体要求，为统计工作有序开展提供有力保障。

3月29日至31日，国家统计局投资司副司长赵培亚等一行4人，在省统计局副局长刘银田、投资处副处长张圣红、潘光臣的陪同下，莅临枣庄就投资、建筑业形势和建筑业方法制度进行调研座谈。市委常委、常务副市长王邵军会见了调研组一行，市政府副秘书长、研究室主任王昌锋，市统计局党组书记、局长魏国，党组副书记、副局长张居新等陪同调研。

3月30日，市政府召开全市统计工作暨第三次经济普查动员会议，传达全省统计工作暨第三次经济普查动员会议精神，总结2012年全市统计工作，安排部署2013年工作任务，对全市第三次经济普查工作进行动员部署。省统计局副局长刘银田，枣庄市委常委、常务副市长王邵军出席会议并讲话，市人大副主任徐玲、市政协副主席艾百灵出席会议。市政府副秘书长王昌锋主持会议，并传达了《关于开展第三次全市经济普查的通知》。市统计局党组书记、局长魏国作了题为《改革创新，奋力争先，全力推进现代化服务型统计建设》的报告。市直有关单位负责人，各区（市）政府分管领导、统计局局长、普查办主任等200余人参加了会议。

4月

4月5日，枣庄市第三次经济普查领导小组及办公室印章启用。

4月7日，市统计局召开区（市）局长工作会议，总结交流一季度工作情况，研究贯彻落实全市统计工作会议精神的意见措施，市局负责同志就分管工作分别进行了安排部署，局党组书记、局长魏国就近期工作重点提出了要求，并代表市统计局与各区（市）统计局签订了《党风廉政建设工作目标责任书》、《履行人口与计划生育责任书》、《枣庄市统计系统政风行风建设及评议工作目标责任书》和《统计执法工作目标责任书》。市第三次经济普查领导小组副组长、办公室主任、市统计局党组书记、局长魏国代表枣庄市第三次经济普查领导小组办公室同各区（市）第三次经济普查领导小组办公室签订《枣庄市第三次经济普查质量保证责任书》。各区（市）统计局长、市局各科室负责人参加会议。

4月8日，为客观及时反映新型城镇化示范镇和重点镇建设进展情况，充分发挥统计职能，为各级领导提供信息支撑，市统计局、市住建局联合发文，建立新型城镇化示范镇和重点镇统计监测制度。

4月8日，市政府发出《关于评选表彰2012年度枣庄旅游服务业工作先进集体、先进单位和先进个人的通知》（枣服组字[2013]4号），市统计局获2012年度全市服务业工作先进集体。

4月12日，市统计局组织机关人员参加了由市体育局和市直机关工委联合举办的2013年枣庄市全民健身节春季登山比赛，并获优秀组织奖。

4月15日，市统计局为第二批驻村帮包“第一书记”张学军同志举行欢送会。会后，局党组书记、局长魏国带队将“第一书记”送至帮包村驻地，并开展实地调研。党组副书记、副局长张居新陪同调研。

4月16日，市政府召开第二十次常务（扩大）会议，专题研究一季度经济运行情况，市统计局党组书记、局长魏国发言，这是多年以来市统计局首次做主题发言。

4月19日，市统计局召开全市重点服务业企业工作会议，传达省统计局有关文件精神，对报送情况进行通报，市统计局党组副书记、副局长张居新出席会议并讲话，各区（市）统计局分管局长及业务骨干参加了会议。

4月27日，市统计局举办信息撰写报送专题讲座，省统计局资料管理中心主任刘毅主讲，市统计局党组书记、局长魏国主持。市局全体人员、区（市）局和国家统计局枣庄调查队100多人参加了讲座。

5月

5月11日至12日，国家统计局农村社会经济调查司巡视员徐志全等一行4人，在省统计局农村统计处处长姜西海等陪同下，莅临枣庄进行调研座谈。

市政府副秘书长、研究室主任王昌锋，市统计局党组书记、局长魏国，社调队队长陈继乔等陪同调研。

5月15日至17日，安徽省淮南市统计局局长一行七人来我局考察学习。局党组书记、局长魏国会见了考察团，向客人介绍了枣庄的基本市情和统计工作的开展情况，并重点就干部队伍建设、统计数据质量建设、提高统计服务能力、深化统计改革和建立健全各项规章制度等方面问题与客人进行细致交流。党组副书记、副局长张居新全程陪同考察。

5月16日，市统计局召开全市基本单位更新维护及“三上”企业审批相关工作会议，安排部署基本单位名录库更新维护、临时代码清理、“三上”企业星级管理和“三上”企业审批等近期重点工作，并对第三次全国经济普查方案讨论稿进行交流讨论。市统计局党组成员、副局长张正鹏出席会议并讲话，各区(市)统计局、枣庄高新区经发局分管局长、有关业务人员参加了会议。

5月16日至19日，市社情民意调查中心对全市70个派出所开展了2013年上半年公安机关群众安全感和满意度电话调查。市统计局党组书记、局长魏国，党组成员、副局长沈道坦，市公安局党委委员、政治部主任张鹏翔等领导到调查现场进行巡视指导。

5月16日，市统计局与市经信委经协商建立联席会议制度。联席会议每季由两部门主要领导负责召集，分管领导、有关科室负责人和区(市)统计、经信部门主要负责人参加，共同分析工业经济运行情况，研讨经济运行中存在的问题，并提出改进工作的措施和建议。

5月17日，市统计局、市科技局经协商建立联席会议制度。联席会议每季由两部门分管领导负责召集，业务科室负责人、各区(市)统计局、科技局分管负责人等参加，对高新技术产业发展情况进行分析，通报高新技术产值占比以及在全省的情况，研究高新技术产业发展中存在的主要问题及拟定贯彻落实计划，并提出加快发展的政策措施。

5月20日，市委书记陈伟对市统计局呈报的《经济运行预警与决策参考》第2期作出重要批示。

5月22日，市委副书记、市长张术平对市统计局上报的《关于前4个月全市100个市级重点项目投资进展情况的报告》作出批示。

5月31日，市政府召开市直部门统计工作联席会议，座谈研究部门统计工作开展情况，安排部署下步工作重点。市委常委、常务副市长王邵军出席会议并讲话，市政府副秘书长、政研室主任王昌锋主持会议，市统计局党组书记、局长魏国通报了全市经济发展情况，并就开展好部门统计工作提出了建议。市直有关部门单位负责人等70余人参加了会议。

5月30日至6月13日，市第三次经济普查领导小组成员、办公室副主任、市统计局党组成员、副局长张正鹏率队分别对滕州、市中、薛城、峄城、台儿庄、山亭6区(市)第三次经济普查准备工作落实情况、统计双基建设、基本单位名录库更新管理、临时代码清理、企业统计星级管理验收等多项工作进行督查。

6月

6月1日，市统计局领导班子带领全体干部职工深入帮扶点山亭区水泉镇柴山前村，开展党建共建活动。活动采取代理妈妈、果树认养、帮扶结对等多种形式为群众解决实际困难，全体人员与留守儿童进行了联欢，并捐赠了一批学习用品。局领导实地查看了筹措22万元资金建造的大口井项目及争取无偿投资总额700多万元即将开工的土地整理项目。

6月15日，市统计局编辑的《年轮2012》正式印发。全书共40余万字，分为制度建设、业务建设、作风建设、队伍建设、会议纪要等五个部分，此外还收录了大事记、年度获奖及信息采用情况。该书的编印完成成为我市统计工作管理者和从业者研究统计工作、提升综合水平的重要参考。

6月15日，市统计局编辑的《数据见证历史》正式印发。该书全面总结2012年全市统计分析研究取得的成果，将2012年全市统计系统组织撰写的精品统计分析报告进行了系统地收集整理，共收录52篇统计分析报告，分为年度报告篇、专题分析篇、区(市)发展篇三个部分。该书为各级党政领导和有关部门进行科学管理、科学决策提供重要参考。

6月26日，市统计局召开党组会议专题研究全国企业联网直报“三查”工作会议落实意见；成立了以党组书记、局长魏国为组长、县级干部为副组长、各区(市)统计局局长、市局各科(队、室、中心)主要负责人为成员的枣庄市企业联网直报“三查”工作领导小组及其办公室，具体负责全市企业联网直报“三查”工作的组织与实施。

6月26日，市统计局启用了新的社情民意调查中心，中心新址位于高新区电子科技园科技中心大厦，功能齐全，设有访问室、监听室、接待室、办公室等，其中访问室有访问座席32个，监控座席2个，能够基本满足全市各种调查任务的需要。

6月28日，市统计局下发了《枣庄市统计局关于印发〈枣庄市企业联网直报“三查”工作实施方案〉的通知》(枣统字[2013]38号)。《方案》对开展全市“三查”工作的指导思想、检查目的、组织形式、检查内容、时间安排、组织领导等进行了全面明确的界定要求。

6月28日，市委常委、副市长秦元祥在我局上报的《我市六大高耗能行业发展情况及存在问题》统计信息上作出批示。

6月28日，为庆祝中国共产党建党92周年，市统计局举办专题报告会。市委党校副校长刘春泉教授做了题为“担负起共产党人的政治责任”的辅导报告。局党组书记、局长魏国主持会议，统计局全体人员参加了会议。

6月30日，在中国共产党建党九十二周年来临之际，受局党组书记、局长魏国委托，党组副书记、副局长张居新代表局党组看望了建国前入党的离休老党员许传玲同志。办公室、机关党委相关人员陪同看望。

7月

7月1日，市统计局召开全市企业联网直报“三查”工作会议，传达贯彻全国、全省企业联网直报“三查”工作会议精神，研究部署全市“三查”工作。局党组书记、局长魏国出席会议并对全市企业联网直报“三查”工作进行全面安排部署；党组成员、副局长张正鹏传达《枣庄市企业联网直报“三查”工作实施方案》；党组副书记、副局长张居新主持会议并就会议的贯彻落实提出要求；党组成员、副局长沈道坦，社会经济调查队队长陈继乔、副调研员王昀出席会议。各区(市)统计局局长、分管副局长、牵头科室负责人，市局各科(队、室、中心)负责人参加会议。

7月1日，市第三次经济普领导小组下发《关于公布枣庄市第三次经济普查领导小组办公室组成人员名单的通知》(枣经普组字[2013]2号)，正式建立了枣庄市第三次经济普查领导小组办公室，市第三次经济普查领导小组副组长、市统计局党组书记、局长魏国兼任办公室主任。

7月2日，市委副书记、市长张术平在市统计局编发的《经济运行预警与决策参考》第四期上作出批示。

7月2日，根据《枣庄市人民政府关于开展第三次经济普查工作的通知》要求，市第三次经济普查领导小组办公室按照“全市统一领导、部门分工协作、地方分级负责、各方共同参与”的原则，拟订下发了《枣庄市第三次经济普查领导小组成员单位职责分工(征求意见稿)》(枣经普办字[2013]8号)，明确了全市28个第三次经济普查领导小组成员单位的工作职责。

7月8日，市第三次经济普查领导小组办公室召开了第三次经济普查单位名录资料信息统计工作会议。会议传达学习了《枣庄市第三次经济普查领导小组成员单位普查单位名录资料信息统计报送细则》，安排部署了全市第三次经济普查单位名录资料信息统计上报工作。市第三次经济普查领导小组副组长、办公室主任、统计局党组书记、局长魏国出席会议并作重要讲话。市第三次经济普查领导小组成员、办公室副主任、统计局党组成员、副局长张正鹏主持会议。市第三次经济普查领导小组办公室有关成员参加了会议。

7月9日至11日，全省统计系统行风建设工作现场会在枣庄召开，会议总结了《统计行风建设责任书》贯彻落实情况，交流了各市行风建设工作开展的经验，与会人员参观了滕州市统计局、龙泉街道和木石镇统计行风建设工作现场。省统计局党组成员、纪检组长刘福谋出席会议并讲话，枣庄市政府党组成员贾继湘出席会议并致辞，全省17市统计局分管行风建设的领导参会。会议期间，市委常委、市纪委书记高一，副市长霍媛媛分别会见了刘福谋组长及与会代表。

7月10日，市统计局召开全市农村统计基层基础工作检查会议，传达贯彻省统计局《关于开展全省农村统计基层基础工作检查的通知》精神，研究部署相关工作任务。各区(市)统计局分管局长、业务科长参加会议。

7月10日，为充分发挥普查资料的作用，满足社会各界对普查成果的需要，市第六次人口普查办公室、市统计局组织人员编印并出版了《枣庄市2010年人口普查资料》一书，全面记录了自2000年以来枣庄人口在数量、素质、结构、分布等方面的变化情况。全书分三部分，上下两册共16卷、1867页，内容涉及人口总量、年龄结构、性别构成、民族、家庭、婚姻、生育、死亡、迁移、受教育程度、行职业分类、社会保障及住房等各个方面，是一个全面系统反映枣庄人口状况特征的资料库。

7月15日，市统计局机关党委被市委“学习十八大贯彻新党章”组委会授予“全市学习十八大贯彻新党章”知识竞赛活动优秀组织奖。

7月20日至21日，市社情民意调查中心受市纪委委托，开展了2013年度行政服务窗口服务对象满意度电话调查。调查共涉及到与群众和企业办事密切相关的市直部门150多个内设科室（机构）作为评议科室，调查内容涉及工作作风、服务态度、依法行政、办事效率等方面，共获取3000份有效问卷。

7月25日，市政府在滕州召开全市统计基层基础建设工作现场会议，市委常委、常务副市长王邵军出席会议并讲话，市统计局党组书记、局长魏国作工作报告，市政府副秘书长王昌锋主持会议。会议期间，与会代表现场察看了滕州市级索镇和西岗镇统计机构建设情况。各区（市）政府分管领导、统计局局长、副局长，滕州市各镇街分管负责人、统计站长等100余人参加了会议。这是我市统计系统历史上首次大规模工作现场会。

7月27日至28日，受滕州市综治委的委托，枣庄市社情民意调查中心对滕州市21个镇（街）2013年上半年“平安滕州”群众安全感和满意度情况进行了电话随机调查。

7月29日，市委副书记、市长张术平对市统计局报送的《关于上半年全市100个市级重点项目投资进展情况的报告》上作出批示。

7月30日至31日，市统计局党组书记、局长魏国在淄博参加全省统计局长座谈会议，并就枣庄统计工作开展情况作了典型发言。

8月

8月3日至4日，国家统计局社情民意调查中心副主任王海峰及陕西省、浙江省、河南省社情民意调查中心主任等一行13人在山东省社情民意调查中心主任王慕然陪同下，到市社情民意调查中心检查指导工作。市统计局党组书记、局长魏国，党组成员、副局长沈道坦陪同考察。

8月8日，市第三次经济普查领导小组组长、市委常委、常务副市长王邵军视察了即将启用的市第三次经济普查领导小组办公室新址。市第三次经济普查领导小组副组长、市政府副秘书长王昌锋，市第三次经济普查领导小组副组长、办公室主任、统计局党组书记、局长魏国等陪同视察。

8月8日至9日，2013年度区（市）目标管理考核第一次群众满意度调查在市社情民意调查中心开展。市委常委、常务副市长王邵军到现场旁听。这次调查共拨打17887个电话，成功样本2910个。各区（市）分管领导及涉及到的8个政府职能部门领导现场参加旁听。

8月11日至12日，省统计局党组成员、副局长左振华率工业、能源处负责人，到群众路线教育实践活动联系点枣庄市山亭区统计局调研。市统计局党组书记、局长魏国，党组副书记、副局长张居新陪同调研。山亭区委书记王常胜，区委副书记、区长李春英，区委常委、常务副区长马宏伟会见了调研组一行。

8月20日，市统计局召开了全市统计用区划代码编制和城乡划分工作会议，会议传达了全省统计用区划代码编制和城乡划分培训会议精神，培训了城乡划分和城镇化监测相关业务，安排部署2013年全市城乡划分工作。各区（市）统计局负责设管和人口专业统计人员参加了会议。

8月22日，市统计局举办了劳动工资统计培训会议，100余家市直各有关部门、各大企业，中央和省驻枣单位的相关业务人员参加了培训。

8月22日，市委书记陈伟在市统计局呈报的《2013年度区（市）目标管理考核第一次群众满意度调查报告》上批示：市统计局开展的群众满意度调查活动很好，为我们了解社情民意、开展群众路线教育实践活动提供了重要参考。衡量一个地区的发展，不仅要看经济指标，更要看民生改善程度能否让老百姓满意。要进一步完善科学发展综合考核体系，把更多的权重向民生领域倾斜，把更多的评判权交给群众。各区（市）要高度重视群众满意度调查工作，对存在的问题认真整改，在改善民生、转变作风上下真功夫，不断提高群众的满意度和幸福感。

8月23日，市政府召开全市第三次经济普查领导小组成员会议。市第三次经济普查领导小组组长、市委常委、市政府常务副市长王邵军出席会议并作重要讲话；市第三次经济普查领导小组副组长、市政府副秘书长、研究室主任王昌锋主持会议并就会议的贯彻落实提出要求；市第三次经济普查领导小组副组长、办公室主任、市统计局党组书记、局长魏国作全市第三次经济普查开展情况的报告；市第三次经济普查领导小组成员、办公室副主任、市统计局党组成员、副局长张正鹏传达了《枣庄市第三次经济普查领导小组关于印发<枣庄市第三次经济普查领导小组成员单位职责>的通知》。市第三次经济普查领导小组全体成员、市经普办集中办公人员和市新闻单位记者参加了会议。

8月27日上午，市统计局召开专题会议，学习传达了《市委办公室、市政府办公室关于在全市党政机关开展会员卡专项清退活动的通知》精神，局党组书记、局长魏国出席会议并讲话。市局全体人员参加了会议。

8月27日，市第三次经济普查领导小组办公室在市第三次经济普查领导小组办公室新办公区会议室召开市三经普全体集中办公人员会议，来自市纪委、监察局、统计局、经信委、旅服委、商务局、质监局、工商局、枣庄日报社、枣庄电视台等单位和部门的67名的市第三次经济普查领导小组办公室集中办公人员参加会议。市第三次经济普查领导小组副组长、办公室主任、市统计局党组书记、局长魏国，市第三次经济普查领导小组成员、办公室副主任、市统计局党组成员、副局长张正鹏，市第三次经济普查领导小组办公室副主任、市社会经济调查队队长陈继乔出席会议。张正鹏主持会议。

8月30日，市统计局召开全体人员会议，传达学习市纪委《关于严格执纪监督纠正中秋节国庆节期间不正之风的通知》文件精神，对纠正中秋节国庆节期间不正之风工作进行了安排部署。

9月

9月1日至4日，市第三次经济普查领导小组办公室召开全市第三次经济普查市级试点动员暨培训会议，各区市经普办常务副主任、相关业务人员，文化路街道试点办公室组成人员、试点普查员、PDA操作员，枣庄电视台、枣庄人民广播电台、枣庄日报社、枣庄晚报、大众网、齐鲁晚报枣庄版、市中电视台、市中广播电台记者共150余人参加会议。市第三次经济普查领导小组副组长、办公室主任、市统计局党组书记、局长魏国，市中区第三次经济普查领导小组组长、常务副区长刘勇，市第三次经济普查领导小组成员、办公室副主任、市统计局党组成员、副局长张正鹏，市第三次经济普查领导小组办公室副主任、市经济调查队队长陈继乔出席会议。动员会议结束后，市第三次经济普查市级综合试点办公室分12个专题，对参会人员进行了为期三天的试点业务培训和PDA模拟操作演练。

9月2日，市政府召开统计工作联席会议，座谈研究服务业统计工作开展情况，安排部署下步工作重点。会议由市政府副秘书长王昌锋主持，市统计局党组书记、局长魏国通报了1至7月全市服务业发展情况，并就加强服务业统计工作提出了建议。市委常委、常务副市长王邵军出席会议并讲话。市直有关部门单位负责人等80余人参加了会议。

9月6日，受市机构编制委员会的委托，市社情民意调查中心开展了2013年度枣庄市机构编制评估社会满意度电话调查。这次调查共涉及市水利和渔业局、市民政局、市环境保护局、市住房和城乡建设局、市人力资源和社会保障局等5个市直部门，调查对象分别为人大代表及政协委员、服务对象、普通群众等3个群体。每个部门共获取200份有效问卷。市纪委、市编办、市财政局、市水利和渔业局、市民政局、市环境保护局、市住房和城乡建设局、市人力资源和社会保障局分管领导到现场参加了旁听。

9月8日，市社情民意调查中心开展第一次峄城区目标管理考核群众满意度调查。共拨打7658个电话，获取1050份成功样本。峄城区委书记刘振学和峄城区各乡镇代表到现场参加了旁听。市统计局党组书记、局长魏国陪同旁听。

9月9日，市第三次经济普查领导小组办公室召开全市第三次经济普查部门名录资料整理比对工作会议，各区（市）第三次经济普查领导小组办公室常务副主任、名录库更新维护、计算机专业人员参加会议。市第三次经济普查领导小组成员、办公室副主任、统计局党组成员、副局长张正鹏出席会议并讲话，市第三次经济普查领导小组办公室副主任、市经济调查队队长陈继乔主持会议。

9月10日，市统计局、市科技局召开高新技术产业统计工作联席会议，座谈研究高新技术产业统计工作开展情况以及高新技术企业培育情况。会议由市科技局副局长国际昌主持，市统计局党组副书记、副局长张居新通报了上半年高新技术产业指标完成情况及存在的问题，并就下一步做好高新技术产业统计监测工作提出了具体要求。两部门有关科室、各区（市）分管局长和承担科室负责人参加了会议。

9月11日，市统计局党组书记、局长魏国主持召开全市统计局长会议。会议集中研究了第三次经济普查开展情况、名录库建设、统计双基建设和社情民意调查开展等问题，对工作思路和任务重点进行了细致梳理，对落实措施进行了全面部署。市局领导班子成员，各区（市）统计局长及分管局长，市局有关业务科室负责同志参加了会议。

9月12日，市统计局举办了庆祝“中国统计开放日”座谈会。局党组副书记、副局长张居新到会致辞，局党组成员、副局长沈道坦主持了会议，市直有关部门（单位）分管同志和统计负责人参加了会议。

9月15日，全国统计从业资格考试枣庄考点在枣庄市第十五中学西校区如期举行，省统计局培训中心副主任曲福强等对枣庄考点进行了现场巡视，市统计局党组书记、局长魏国，副调研员王昀陪同巡视。

9月17日，市委副书记、市长张术平对市统计局上报的《枣庄政务信息》(专报122)“前8个月全市100个重点项目投资进展情况”作出批示。

9月27日，市统计局召开机关全体人员会议，传达学习中共枣庄市纪委、枣庄市监察局有关文件规定，局党组书记、局长魏国出席会议，党组副书记、副局长张居新主持会议。与会人员集中观看了警示教育片《四风之害》。

9月28日，从区(市)统计局选调的5名优秀干部到市统计局正式报到工作，此次人员补充经市政府主要领导同意，一次性将局空余编制补齐，在不到一年时间，全局共新增工作人员达到11人，这是市统计局继去年年底一次性竞争竞聘14名科级干部以来，继续加强统计干部队伍建设取得的又一重要成果。

10月

10月8日，市委常委、常务副市长王邵军在市政府副秘书长、政研室主任王昌锋的陪同下，视察了枣庄市统计局，并听取了统计工作汇报，看望了统计工作人员。随后，王邵军一行先后到市中区经济普查试点现场和全市第三次经济普查办公室视察。市委宣传部、市纪委有关领导及市统计局全体县级干部参加了相关活动。

10月9日至11日，市第三次经济普查领导小组办公室召开全市第三次经济普查市级试点总结暨单位清查培训会议。各区(市)经普办常务副主任、各区(市)、乡(镇、街道)单位清查专业人员、市经普办组成人员共180余人参加了会议。市第三次经济普查领导小组副组长、办公室主任、市统计局党组书记、局长魏国对全市第三次经济普查市级试点总结、单位核查和本次会议要求进行了全面安排部署，市第三次经济普查领导小组成员、办公室副主任、市统计局党组成员、副局长张正鹏对单位核查工作进行安排，市经普办副主任、市经济调查队队长陈继乔主持会议。市级试点总结和动员会议后，分专题对全市第三次经济普查单位核查工作进行了为期2天的业务学习和培训。

10月11日，市统计局组织机关全体人员观看了专题教育片《苏联亡党亡国二十年祭》。

10月11日至12日，受市公安局的委托，市社情民意调查中心于对全市70个派出所开展了2013年度第二次公安机关群众安全感和满意度电话调查。共拨打33000余个电话号码，获得成功样本5530个。

10月12日，省第三次经济普查领导小组成员、办公室主任、省统计局副巡视员刘绍辉，省第三次经济普查业务组成员、省统计局工交处副处长傅相国一行莅临枣庄指导调研第三次经济普查进展情况。市第三次经济普查领导小组组长、市委常委、常务副市长王邵军，市第三次经济普查领导小组副组长、市政府副秘书长、市政府研究室主任王昌锋会见了刘绍辉一行。刘绍辉实地察看了市统计局、市经普办办公设施和工作环境，深入市中区文化路办事处座谈了解经济普查试点工作情况和发现的问题、措施及意见建议。市第三次经济普查领导小组副组长、办公室主任、市统计局党组书记、局长魏国陪同了全程活动。市中区副区长戴维国陪同了市中区的活动。市统计局领导张居新、张正鹏、陈继乔、王昀等参加座谈。

10月12日至14日，全省1%人口和劳动力抽样调查培训会议在我市召开。省统计局副巡视员刘绍辉到会并作重要讲话，省统计局人口处处长孙明清、副处长于少光出席会议。市统计局党组书记、局长魏国致辞，党组成员、副局长沈道坦参加会议，全省负责调查任务的业务骨干共计200余人参加培训。

10月15日，市统计局召开领导班子分工及工作人员调整工作会议，对有关领导分工及部分科室工作人员进行了调整，对新近考选、选调的工作人员的岗位进行了明确。局党组书记、局长魏国主持会议并讲话。党组副书记、副局长张居新宣读了《关于调整领导班子成员工作分工的通知》、《科室人员调整方案》。党组成员、副局长张正鹏，社会经济调查队队长陈继乔出席会议，全体人员参加会议。

10月16日，市统计局组团参加枣庄市第八届运动会开幕式。代表团团长、局党组副书记、副局长张居新带领队伍挥舞“经济普查，利国利民”的宣传旗接受检阅。在本届运动会上，市统计局在参加的行业系统组男子乒乓球单打比赛中，取得了第5名的优异成绩，并获得了“枣庄市第八届运动会行业系统组优秀组织奖”。展示了枣庄统计的良好风采，并对正在进行的第三次经济普查工作进行了广泛的宣传，这是市统计系统首次组队参加市运会。

10月21日，市委宣传部、市经普办联合召开第三次经济普查宣传工作会议。市第三次经济普查领导小组副组长、办公室主任、市统计局党组书记、局长魏国，市第三次经济普查领导小组副组长、市委宣传部副部长王启科到会讲话。会议由市第三次经济普查领导小组成员、办公室副主任、市统计局党组成员、副局长张正鹏主持，市经普办副主任、市社会经济调查队队长陈继乔出席会议。各区（市）委宣传部分管部长、第三次经济普查领导小组办公室常务副主任，市第三次经济普查宣传领导小组成员单位负责同志参加会议。

10月22日至23日，市统计局召开全市1%人口和劳动力抽样调查培训会议，各区（市）、镇街、村居的230多名指导员和调查员参加了培训。市1%人口和劳动力抽样调查工作领导小组办公室主任、市统计局党组成员、副局长沈道坦到会作动员讲话。

10月25日，市委副书记、市长张术平到枣庄市社情民意调查中心，对2013年度区（市）第二次目标管理考核群众满意度电话调查情况进行旁听。枣庄技师学院院长孙式灵，市政府党组成员、秘书长朱国伟及市直有关部门负责人陪同参加了旁听。市统计局党组书记、局长魏国向旁听领导就我局社情民意调查中心建设及民意调查工作开展情况进行了详细汇报。本次调查历时两天时间，涉及5区1市及高新区，共拨打电话18000余个，获得有效样本2960个。

10月25日，市委常委、组织部部长马金栋到枣庄市社情民意调查中心，旁听了2013年度区（市）第二次群众满意度电话调查。市直有关部门负责人陪同参加了旁听。

10月27日，受市委组织部的委托，市社情民意调查中心开展电话调查，广泛征求社会各界对全市组织部门"四风"方面存在问题的意见和组织工作中需要整改的问题，为下步召开高质量的民主生活会夯实基础。调查共抽取样本1000个，其中市直400个、区（市）600个。

10月28日至30日，市统计局党组书记、局长魏国，党组副书记、副局长张居新，党组成员、副局长张正鹏、沈道坦，社会经济调查队队长陈继乔，副调研员王昀，分别到市统计局帮包村山亭区水泉镇柴山前村，深入困难群众家庭开展入户调查走访。

11月

11月1日下午，我市召开了第三次经济普查业务组业务工作会议。会议传达了《山东省第三次经济普查实施方案》，就近期经济普查重点工作进行了安排和部署，并按照科室专业分工对经济普查业务工作进行了分工。市第三次经济普查领导小组副组长、办公室主任、市统计局党组书记、局长魏国出席会议并作重要讲话。党组副书记、副局长张居新，党组成员、副局长沈道坦，社会经济调查队队长陈继乔，副调研员王昀，有关科室负责人参加会议。市第三次经济普查领导小组成员、办公室副主任、市统计局党组成员、副局长张正鹏主持会议。

11月6日至7日，省第三次经济普查领导小组办公室业务组组长、省统计局设管处调研员刘爱芝率省第三次经济普查单位清查核查督导组莅临我市检查指导单位核查摸底工作。市委常委、滕州市委书记董沂峰，市第三次经济普查领导小组副组长、办公室主任、市统计局党组书记、局长魏国，市第三次经济普查领导小组成员、办公室副主任、市统计局党组成员、副局长张正鹏，市第三次经济普查领导小组办公室副主任、市社会经济调查队队长陈继乔，滕州市第三次经济普查领导小组组长、滕州市委常委、副市长宗大全等分别会见或陪同了督导组活动。

11月7日，副市长霍媛媛在我局《前三季度枣庄市三产结构趋优，存在问题仍需关注》统计信息上作出批示："《统计信息》科学准确、及时客观，为政府科学决策提供了扎实基础，助推了枣庄专项发展。请市统计局继续发挥好职能作用，加强基层统计力量，做好服务业统计工作，提供更加科学有用建议，支持枣庄经济和社会健康发展。"

11月9日至10日，受市综治委的委托，市社情民意调查中心对全市64个乡镇（街道）开展了2013年度平安枣庄群众安全感电话调查。本次调查共拨打电话3万余个，获得成功样本5440个。市综治委的领导及相关区（市）综治办主任现场参加了旁听。

11月10日，市第三次经济普查领导小组办公室组织召开了全市第三次经济普查办公室主任暨清查摸底程序培训会议。会议听取了各区（市）、枣庄高新区关于第三次经济普查工作进展情况、存在问题及意见建议的汇报，并对三经普单位清查摸底程序进行了培训。各区（市）、枣庄高新区经普办常务副主任、计算中心及三经普业务骨干参加了会议。市第三次经济普查领导小组成员、办公室副主任、市统计局党组成员、副局长张正鹏出席会议并对三经普工作提出要求。市第三次经济普查办公室副主任、社会经济调查队队长陈继乔参加会议。

11月11日，市委副书记、市长张术平在市统计局呈报的《2013年度区（市）目标考核第二次群众满意度调查报告》上作出重要批示。

11月14日至5日，省统计局1%人口和劳动力抽样调查工作抽查组一行3人来我市进行数据质量抽查。市统计局党组成员、副局长沈道坦陪同抽查。

11月21日，市统计局分两期召开1%人口和劳动力抽样调查数据处理程序培训会议。各区(市)统计局、高新区经发局负责1%人口和劳动力抽样调查数据处理专业人员200余人参加会议。

11月22日，市统计局召开民主评议政风行风活动动员会议，对全市统计系统开展民主评议政风行风活动进行全面动员和部署。局党组副书记、副局长张居新主持会议，党组成员、副局长沈道坦宣读了市统计局开展民主评议政风行风活动的实施方案，局党组书记、局长魏国出席会议并作动员讲话，市纪委派驻第五纪检组副组长王慧君、局副调研员王昀出席会议，区(市)统计局、枣庄高新区经发局主要负责人，局机关全体人员参加了会议。

11月22日至23日，受薛城、台儿庄、山亭区委、区政府委托，市社情民意调查中心对上述区乡镇(街道)、区相关部门进行2013年度目标管理考核群众满意度调查。本次调查共拨打电话2万余个，获得成功样本2300个。调查期间，山亭区区委书记王常胜、市统计局党组书记、局长魏国莅临调查现场进行旁听，各区区委、区政府有关领导，各乡镇、街道党委书记，乡镇长、主任等领导同志陪同参加了旁听。

11月27日至29日，全省县级统计局工业科长培训会议在滕州召开。省统计局党组成员、副局长左振华出席会议并作重要讲话，省统计局工业处处长陆万明传达了近期国家统计局对工业统计工作有关精神和要求。国家统计局工业司综合处处长于新华、专项调查处处长刘玉麒、生产运行处处长江源应邀参加会议，并对业务工作进行了专题培训。市委常委、常务副市长王邵军，市政府副秘书长、政研室主任王昌锋，滕州市委、市政府负责同志会见了与会领导。枣庄市统计局党组书记、局长魏国出席会议并致辞，省统计局工业处副处长于冬梅，副调研员傅相国、王大胜，市统计局党组副书记、副局长张居新参加了会议。

11月28日至30日，省统计局党组成员、副局长左振华，工业处副调研员王大胜一行，莅临枣庄督导检查第三次经济普查工作。左振华一行亲切看望了正在忙碌的三经普工作人员，并先后赴市中区、滕州市视察了第三次经济普查单位清查核查汇总数据错误修正和论证分析处理现场，座谈分析了第三次经济普查单位核查数据质量。在枣期间，市第三次经济普查领导小组组长、市委常委、常务副市长王邵军，副市长、市中区委书记霍高原，分别会见了督导组一行。市第三次经济普查领导小组副组长、市政府副秘书长王昌锋，市第三次经济普查领导小组副组长、办公室主任、市统计局党组书记、局长魏国，市中区区长于良，滕州市委副书记邵士官，滕州市副市长朱宴辰，市第三次经济普查领导小组成员、办公室副主任、市统计局党组成员、副局长张正鹏，市第三次经济普查领导小组办公室副主任、社会经济调查队队长陈继乔等分别陪同督导。

11月29日，山东省统计局下发《关于命名和复查2013年度山东省统计系统文明单位的通报》，市统计局及"五区一市"统计局均被授予2013年度"山东省统计系统文明单位"。这是全市统计系统连续多年获此殊荣。

11月30日至12月1日，市社情民意调查中心开展了2013年度区(市)第三次目标管理考核群众满意度调查。本次调查共拨打电话15000余个，获得成功样本2960个。

12月

12月4日，市政风行风评议检查组组长李继成、副组长宗燕一行四人莅临我局检查指导工作。局党组书记、局长魏国代表局党组汇报了市统计局开展民主评议政风行风活动的有关情况。局党组副书记、副局长张居新，民主评议政风行风活动领导小组办公室成员参加了汇报会。

12月5日，市统计局利用社情民意调查访问系统对全市统计系统政风行风工作进行满意度电话调查。市统计局党组书记、局长魏国，党组副书记、副局长张居新，副调研员王昀及有关科室负责人参加了旁听。此次调查，采取计算机辅助电话调查方式，用随机抽样的方法，听取受访对象对统计系统整体工作、履行职责、政务公开、办事效率、服务态度、办事公平、依法行政等方面情况的评价，并对正在开展的全国第三次经济普查进行了宣传。调查共拨打电话近千次，获得成功样本200个。本次调查，是我市历史上第一次专门针对全市统计系统满意度的电话调查。

12月5日晚，市统计局党组书记、局长魏国，党组副书记、副局长张居新，到帮包村山亭区水泉镇柴山前村实地查看帮扶工程修建情况，对正在修建的村级公路工程进行现场检查，对工程质量提出了要求。

12月6日下午，市统计局组织机关全体人员观看了“新形势下党的群众工作”专题教育片《群众路线与党的群众工作》。

12月6日至11日，根据《2013年度全市民主评议政风行风活动实施方案》的要求，市纪委纠风办委托市社情民意调查中心，集中开展了2013年度全市民主评议政风行风群众满意度电话调查。评议部门为政府部门类、医院类、学校类三大类，其中政府部门类68个，医院类8个，学校类13个。共计81个部门。本次调查共拨打电话30000余个，获得有效样本4050个。

12月9日，市委书记陈伟在《督查专报》(第40期)中对市统计局呈报的《关于我市科学发展综合考核工作任务目标落实会议精神贯彻情况的督查报告》一文作出批示。

12月9日，市文明办副主任王玉东一行来我局复查省级文明单位建设工作。局党组书记、局长魏国及有关人员参加了汇报会，党组副书记、副局长张居新代表市统计局汇报了我局省级文明单位建设工作开展情况。

12月11日上午，市委宣传部、市统计局、市中区政府、市第三次经济普查领导小组办公室隆重举行“枣庄市第三次经济普查暨统计法宣传月活动”启动仪式，市第三次经济普查领导小组组长、市委常委、常务副市长王邵军，市第三次经济普查领导小组副组长、市政府副秘书长王昌锋，市第三次经济普查领导小组副组长、办公室主任、市统计局党组书记、局长魏国，市中区委副书记、区长于良，市第三次经济普查领导小组副组长、市委宣传部副部长王启科，市第三次经济普查领导小组成员、办公室副主任、市统计局党组成员、副局长张正鹏，市统计局副调研员王昀，市中区区政府副区长戴维国出席启动仪式。各区(市)统计局局长、三经普办公室主任，市第三次经济普查宣传领导小组成员，市中区三经普领导小组成员，市、市中区经普办工作人员，市中区各乡镇街道经普办工作人员参加活动仪式。

12月17日，市委副书记、市长张术平对市统计局呈报的《关于提供2014年度省科学发展综合考核枣庄特色指标的报告》一文中作出批示。

12月18日，市统计局资料室正式投入使用。该资料室资料全面，集中存放了全局各科室的统计资料，实行专人管理，实现了统计资料的科学分类、排放有序、统一保管，为统计工作人员提供了思想武器、业务指导和资料积累，也为广大统计工作者工作学习、提高统计业务能力提供了一个良好的教育平台。

12月20日，市统计局党组书记、局长魏国，党组副书记、副局长张居新，走进市“政风行风热线”直播间，向广大听众介绍了2013年统计工作开展情况，并详细解答了听众关于全国第三次经济普查、12340社情民意调查热线、价格指数等相关问题，认真倾听了群众对统计工作的意见建议。

12月22日，受市林业局的委托，市社情民意调查中心开展了创建国家森林城市活动群众知晓度电话调查。本次调查共拨打电话10000余个，获得成功样本1500个。

12月22日至23日，市经普办在滕州召开全市第三次经济普查数据处理与PDA使用培训会议，市第三次经济普查领导小组成员、办公室副主任、市统计局党组成员、副局长张正鹏出席会议并讲话。会议系统学习了PDA硬件使用与操作、移动终端管理平台软件使用与操作、PDA采集软件运用、数据处理平台等应用软件。各区(市)、枣庄高新区经普办，乡、镇(街道)有关业务人员200余名参加了培训。

12月27日下午，市统计局召开科级干部试用期满转正述职会议。局党组书记、局长魏国主持会议并讲话，局党组副书记、副局长张居新传达了事业单位人员聘用合同有关文件及会议精神，市纪委派驻第五纪检组副调研员史方灏以及局全体干部职工参加了会议。会上，14名试用期满的科级干部对试用期一年来的主要工作、收获体会、存在问题进行了深入剖析和总结。述职完成后，全体干部职工本着客观、公正的立场和高度负责的态度，填写了《民主测评表》。这是市统计局首次对试用期满的科级干部进行公开述职并进行民主测评。

12月30日，市政府召开全市第三次经济普查领导小组第二次会议。市第三次经济普查领导小组组长、市委常委、常务副市长王邵军出席会议并作重要讲话，市第三次经济普查领导小组副组长、市政府副秘书长王昌锋主持会议，市第三次经济普查领导小组副组长、办公室主任、市统计局党组书记、局长魏国，市第三次经济普查领导小组副组长、市委宣传部副部长王启科，市第三次经济普查领导小组副组长、市发改委副主任王广斌出席会议。各区(市)第三次经济普查领导小组组长、统计局长，市第三次经济普查领导小组全体成员参加了会议。

12月30日，市政府召开全市质量工作会议，对全市在2012年度市长质量奖和品牌争创工作中做出突出贡献的单位和个人进行通报表彰，市统计局荣获2012年度品牌争创先进单位。

12月30日，全国、全省第三次经济普查登记动员视频会议结束后，市第三次经济普查领导小组办公室、市统计局召开全市第三次经济普查登记动员会议。市第三次经济普查领导小组副组长、办公室主任、市统计局党组书记、局长魏国出席会议并就全面贯彻落实全国全省会议精神、誓师搞好第三次经济普查登记工作进行安排和战前动员。市第三次经济普查领导小组成员、办公室副主任、市统计局党组成员、副局长张正鹏主持会议，并就全市第三次经济普查近期工作进行安排部署。市第三次经济普查领导小组办公室副主任、市社会经济调查队队长陈继乔出席会议并就具体业务工作进行部署。各区(市)、枣庄高新区第三次经济普查领导小组副组长、统计(经发)局长、经普办常务主任(分管副局长)，综合、业务组组长，市统计局相关科室负责人等市经普办组成人员参加会议。

附录三

主要经济指标解释

APPENDIX III .EXPLANATION OF MAIN ECONOMIC INDICATORS

人口、资源与环境

人口数 指一定时点、一定地区范围内有生命的个人总和。

年度统计的年末人口数指每年 12 月 31 日 24 时的人口数。年度统计的全国人口总数内未包括香港、澳门特别行政区和台湾省以及海外华侨人数。

城镇人口和乡村人口 城镇人口是指居住在城镇范围内的全部常住人口；乡村人口是除上述人口以外的全部人口。

出生率（又称粗出生率） 指在一定时期内（通常为一年）一定地区的出生人数与同期内平均人数（或期中人数）之比，用千分率表示。本资料中的出生率指年出生率，其计算公式为：

$$出生率=\frac{年出生人数}{年平均人数}\times 1000‰$$

式中：出生人数指活产婴儿，即胎儿脱离母体时（不管怀孕月数），有过呼吸或其他生命现象。年平均人数指年初、年底人口数的平均数，也可用年中人口数代替。

死亡率（又称粗死亡率） 指在一定时期内（通常为一年）一定地区的死亡人数与同期内平均人数（或期中人数）之比，用千分率表示。本资料中的死亡率指年死亡率，其计算公式为：

$$死亡率=\frac{年死亡人数}{年平均人数}\times 1000‰$$

人口自然增长率 指在一定时期内（通常为一年）人口自然增加数（出生人数减死亡人数）与该时期内平均人数（或期中人数）之比，用千分率表示。计算公式为：

$$人口自然增长率=\frac{本年出生人数-本年死亡人数}{年平均人数}\times 1000‰$$

$$=人口出生率-人口死亡率$$

自然资源 指人类可以直接从自然界获得，并用于生产和生活的物质资源。自然资源一般可以分成可再生资源和非再生资源两大类。可再生资源指在较短时间内可以再生、可以循环利用的资源，包括土地资源、水资源、气候资源、生物资源和海洋资源等。非再生资源指在使用后不能再生的资源，包括矿产资源和地热能源。

土地资源 土地指陆地的表层部分，它主要由岩石、岩石的风化物和土壤构成。土地资源按利用类型可以分为农用地、建筑用地和未利用地。农用地包括耕地、园地、林地、牧草地和水面。建筑用地包括居民点及工矿用地、交通用地和水利设施用地。未利用地指农用地和建筑用地以外的土地，包括滩涂、荒漠、戈壁、冰川和石山等。

耕地面积 指种植农作物的土地，包括熟地，新开发、复垦、整理地，休闲地（含轮歇地、轮作地）；以种植农作物（含蔬菜）为主，间有零星果树、桑树或其他树木的土地；平均每年能保证收获一季的已垦滩地和海涂。耕地中包括南方宽度 <1.0 米、北方宽度 <2.0 米固定的沟、渠、路和地坎；临时种植药材、草皮、花卉、苗木等的耕地，以及其他临时改变用途的耕地。

森林资源 指森林、林木、林地以及依托森林、林木、林地生存的野生动物、植物和微生物。林木指树木和竹子。森林指以乔木为主体的植物群落，是集生的乔木及与共同作用的植物、动物、微生物和土壤、气候等的总体。

森林面积 指由乔木树种构成，郁闭度 0.2 以上（含 0.2）的林地或冠幅宽度 10 米以上的林带的面积，即有林地面积。森林面积包括天然起源和人工起源的针叶林面积、阔叶林面积、针阔混交林面积和竹林面积，不包括灌木林地面积和疏林地面积。

森林覆盖率 指一个国家或地区森林面积占土地总面积的百分比。森林覆盖率是反映森林资源的丰富程度和生态平衡状况的重要指标。在计算森林覆盖率时，森林面积包括郁闭度 0.2 以上的乔木林地面积和竹林地面积，国家特别规定的灌木林地面积、农田林网以及四旁（村旁、路旁、水旁、宅旁）林木的覆盖面积。计算公式为：

$$森林覆盖率(\%)=\frac{森林面积}{土地总面积}\times 100\%$$

水资源 水在自然界中以固体、液体和气态三种聚集状态存在，分布于海洋、陆地（包括土壤）以及大气之中，通过水循环形成水资源。水资源包括经人类控制并直接可供灌溉、发电、给水、航运、养殖等用途的地表水和地下水，以及江河、湖泊、井、泉、潮汐、港湾和养殖水域等。水资源是发展国民经济不可缺少的重要自然资源。

地表水和地下水 陆地上的水因空间分布不同，分为地表水和地下水。地表水指分别存在于河流、湖泊、沼泽、冰川和冰盖等水体中水分的总称，又称陆地水。地下水指储存在地面以下饱和岩土孔隙、裂隙及溶洞中的水。

水资源总量 指评价区内降水形成的地表和地下产水总量，即地表产流量与降水入渗补给地下水量之和，不包括过境水量。

径　流 指陆地上接受降水后扣除损耗外，从地表和地下向流域出口断面汇集的水流。径流可分为地表径流、地下径流和壤中流。地表径流指沿地表向河流、湖泊、沼泽、海洋等汇集的水流；地下径流指沿潜水层或隔水层间的含水层，向河流、湖泊、沼泽、海洋等汇集的地下水水流。

径流量 指在一定时段内通过河流某一过水断面的水量，用以反映一个国家或地区水资源的丰歉程度。计算公式为：

径流量 = 降水量 - 蒸发量

矿产资源 矿产指由地质作用形成，富集于地壳中或出露于地表达到工农业利用要求的有用矿物。矿产是一种重要的自然资源，是社会发展的重要物质基础。

矿产基础储量 基础储量是查明矿产资源的一部分。它能满足现行采矿和生产所需的指标要求，是控制的、探明的并通过可行性或预可行性研究认为属于经济的、边界经济的部分，用未扣除设计、采矿损失的数量表示。

气　温 指空气的温度，我国一般以摄氏度(℃)为单位表示。气象观测的温度表是放在离地面约 1.5 米处通风良好的百叶箱里测量的，因此，通常说的气温指的是离地面 1.5 米处百叶箱中的温度。其统计计算方法为：

月平均气温是将全月各日的平均气温相加，除以该月的天数而得。

年平均气温是将 12 个月的月平均气温累加后除以 12 而得。

相对湿度 指空气中实际所含水蒸气密度和同温度下饱和水蒸气密度的百分比值。其统计方法

与气温相同。

降水量 指从天空降落到地面的液态或固态(经融化后)水，未经蒸发、渗透、流失而在地面上积聚的深度。其统计计算方法为：

月降水量是将全月各日的降水量累加而得。

年降水量是将 12 个月的月降水量累加而得。

日照时数指太阳实际照射地面的时间。其统计方法与降水量相同。

国民经济核算

国内生产总值(GDP) 指一个国家(或地区)所有常住单位在一定时期内生产活动的最终成果。国内生产总值有三种表现形态，即价值形态、收入形态和产品形态。从价值形态看，它是所有常住单位在一定时期内生产的全部货物和服务价值超过同期中间投入的全部非固定资产货物和服务价值的差额，即所有常住单位的增加值之和；从收入形态看，它是所有常住单位在一定时期内创造并分配给常住单位和非常住单位的初次收入分配之和；从产品形态看，它是所有常住单位在一定时期内最终使用的货物和服务价值与货物和服务净出口价值之和。在实际核算中，国内生产总值有三种计算方法，即生产法、收入法和支出法。三种方法分别从不同的方面反映国内生产总值及其构成。

①生产法 是从生产过程中生产的货物和服务总产品价值入手，剔除生产过程中投入的中间产品的价值，得到增加价值的一种方法，公式为：

增加值 = 总产出 - 中间投入

总产出 是一定时期内一个国家(或地区)常住单位生产的所有货物和服务的价值。既包括新增价值，也包括转移价值。

中间投入 是常住单位在生产或提供货物与服务过程中，消耗和使用的所有非固定资产货物和服务的价值。中间投入也称为中间消耗。

增加值 是指常住单位生产过程创造的新增价值和固定资产的转移价值。按生产法计算它等于总产出减去中间投入。

②收入法 收入法也称分配法，按收入法计算国内生产总值是从生产过程创造收入的角度，对常住单位的生产活动成果进行核算。按照这种计算方

法，增加值由劳动者报酬、生产税净额、固定资产折旧和营业盈余四个部分组成。

用公式表示为：

增加值 = 劳动者报酬 + 生产税净额 + 固定资产折旧 + 营业盈余

国民经济各部门的增加值之和等于国内生产总值。

劳动者报酬 指劳动者因从事生产活动所获得的全部报酬。它包括劳动者获得的各种形式工资、奖金和津贴，既包括货币形式的，也包括实物形式的，它还包括劳动者所享受的公费医疗和医疗卫生费、上下班交通补贴和单位直接支付的社会保险费等。

生产税净额 生产税减生产补贴后的差额。

生产税指政府对生产单位生产、销售和从事经营活动以及因从事生产活动使用某些生产要素，如固定资产、土地、劳动力所征收的各种税、附加费和规费。具体包括销售税金及附加、增值税、管理费中开支的各种税、应交纳的养路费、排污费和水电费附加、烟酒专卖上缴政府的专项收入等。

生产补贴与生产税相反，是政府对生产单位的单方面收入转移，因此视为负生产税处理，包括政策亏损补贴、粮食系统价格补贴、外贸企业出口退税收入等。

固定资产折旧 指一定时期内为弥补固定资产损耗按照核定的固定资产折旧率提取的固定资产折旧，或按国民经济核算统一规定的折旧率虚拟计算的固定资产折旧。它反映了固定资产在当期生产中的转移价值。各种类型企业和企业化管理的事业单位的固定资产折旧指实际计提并计入成本费用中的折旧费；不计提折旧的单位，如政府机关、非企业化管理的事业单位和居民住房的固定资产折旧则是按照统一规定的折旧率和固定资产原值计算的虚拟折旧。

营业盈余 是指常住单位创造的增加值扣除劳动者报酬、生产税净额和固定资产折旧后的余额。它相当于企业的营业利润加上生产补贴，但要扣除从利润中开支的工资和福利等。

③**支出法** 支出法是从最终使用角度来反映国内生产总值最终去向的一种方法。最终使用包括货物和服务的最终消费支出、资本形成总额、货物和服务净出口三部分。

最终消费 指常住单位在一定时期内对于货物和服务的全部最终消费支出，也就是常住单位为满足物质、文化和精神生活的需要，从本国经济领土和国外购买的货物和服务的支出；不包括非常住单位在本国经济领土内的消费支出。最终消费分为居民消费和政府消费。

居民消费 指常住住户对货物和服务的全部最终消费支出。居民消费按市场价格计算，即按居民支付的购买者价格计算。购买者价格是购买者取得货物所支付的价值，包括购买者支付的运输和商业费用。

居民消费除了直接以货币形式购买货物和服务的消费之外，还包括以其他方式获得的货物和服务的消费支出，即所谓的虚拟消费支出。居民虚拟消费支出包括以下几种类型：单位以实物报酬及实物转移的形式提供给劳动者的货物和服务；住户生产并由本住户消费的货物和服务，其中的服务仅指住户的自有住房服务；金融机构提供的金融媒介服务；保险公司提供的保险服务。

政府消费 指政府部门为全社会提供公共服务的消费支出和免费或以较低价格向住户提供的货物和服务的净支出。前者等于政府服务的产出价值减去政府单位所获得的经营收入的价值，政府服务的产出价值等于它的经常性业务支出加上固定资产折旧；后者等于政府部门免费或以较低价格向住户提供的货物和服务的市场价值减去向住户收取的价值。

资本形成总额 指常住单位在一定时期内获得减去处置的固定资产和存货的净额，包括固定资本形成总额和存货增加两部分。

固定资本形成总额 指常住单位购置、转入和自产自用的固定资产价值，扣除销售和转出的价值，包括有形固定资产形成总额和无形固定资产形成总额。有形固定资产形成总额包括一定时期内完成的建筑工程、安装工程和设备工器具购置(减处置)价值，商品房销售增值，土地改良形成的固定资产，新增役、种、奶、毛、娱乐用牲畜和新增经济林木价值。无形固定资产形成总额包括矿藏勘探、计算机软件、娱乐和文学艺术品原件等获得减处置的价值。

存货增加 指常住单位存货实物量变动的市场价值，即期末价值减期初价值的差额。存货增加可以是正值，也可以是负值；正值表示存货上升，负值表示存货下降。它包括生产单位购进的原材料、燃料和储备物资等存货，以及生产单位生产的产成品、在制品等存货等。

货物和服务净出口 指货物和服务出口减货物和服务进口的差额。出口包括常住单位向非常住单位出售或无偿转让的各种货物和服务的价值；进口包括常住单位从非常住单位购买或无偿得到的各种货物和服务的价值。由于服务活动的提供与使用同时发生，因此服务的进出口业务并不发生出入境现象，一般把常住单位从国外得到的服务作为进口，非常住单位从本国得到的服务作为出口。货物的出口和进口都按离岸价格计算。

三次产业 是根据社会生产活动历史发展的顺序对产业结构的划分，产品直接取自自然界的部门称为第一产业，对初级产品进行再加工的部门称为第二产业，为生产和消费提供各种服务的部门称为第三产业。它是世界上较为通用的产业结构分类，但各国的划分不尽一致。

按照国民经济行业分类标准(GB/T4754-2002)和我国的实际情况，我国的三次产业划分是：

第一产业 农林牧渔业(包括农业、林业、畜牧业、渔业、农林牧渔服务业)。

第二产业 工业(包括采掘业，制造业，电力、煤气及水的生产和供应业)和建筑业。

第三产业 除第一、第二产业以外的其他各业。由于第三产业包括的行业多、范围广，根据我国的实际情况，第三产业分为十五个门类。具体为：

交通运输、仓储和邮政业，信息传输、计算机服务和软件业，批发和零售业，住宿和餐饮业，金融业，房地产业，租赁和商务服务业，科学研究、技术服务和地质勘查业，水利、环境和公共设施管理业，居民服务和其他服务业，教育，卫生、社会保障和社会福利业，文化、体育和娱乐业，公共管理和社会组织，国际组织。

当年价格 指报告期的实际价格，如工业品的出厂价格，农产品的收购价格，商业的零售价格等。按当年价格计算，是指一些以货币表现的物量指标，如工农业总产值、国内生产总值等，按照当年的实际价格来计算总量。使用当年价格计算的数字，是为了使国民经济各项指标互相衔接，便于考察当年社会经济效益，便于对生产流通、生产和分配、生产和消费进行经济核算和综合平衡。

按当年价格计算的价值指标，在不同年份之间进行对比时，因为包含有各年间价格变动的因素，不能确切地反映实物量的增减变动。必须消除价格变动因素后，才能真实反映经济发展动态。因此，在计算增长速度时都使用按可比价格计算的数字。

可比价格 指计算各种总量指标所采用的扣除了价格变动因素的价格，可进行不同时期总量指标的对比。按可比价格计算总量指标有两种方法：一种是直接用产品产量乘某一年的不变价格计算；另一种是用价格指数进行换算。

不变价格 指以同类产品某一时期的平均价格作为固定价格，用于计算各时期的产品价值。按不变价格计算的产品价值消除了价格变动因素，不同时期对比可以反映生产的发展速度。新中国成立后，随着工农业产品价格水平的变化，国家统计局先后七次制定了全国统一的工业产品不变价格和农业产品不变价格。从 1949 年到 1957 年使用 1952 年工(农)业产品不变价格，从 1957 年到 1971 年使用 1957 年不变价格，从 1971 年到 1981 年使用 1970 年不变价格，从 1981 年到 1990 年使用 1980 年不变价格，从 1991 年到 2000 年使用 1990 年不变价格，从 2001 年到 2005 年使用 2000 年不变价格，从 2006 年开始使用 2005 年不变价格，从 2011 年开始使用 2010 年不变价格。

从业人员、劳动报酬和社会保障

就业人员 指在 16 周岁及以上，从事一定社会劳动并取得劳动报酬或经营收入的人员。这一指标反映了一定时期内全部劳动力资源的实际利用情况，是研究我国基本国情国力的重要指标。

城镇登记失业人员 指有非农业户口，在一定的劳动年龄内(16 周岁至退休年龄)，有劳动能力，无业而要求就业，并在当地就业服务机构进行求职登记的人员。

城镇登记失业率 城镇登记失业人员与城镇单位就业人员(扣除使用的农村劳动力、聘用的离退休人员、港澳台及外方人员)、城镇单位中的不在岗职工、城镇私营业主、个体户主、城镇私营企业和个体就业人员、城镇登记失业人员之和的比。计算公式为：

$$\text{城镇登记失业率}=\frac{\text{城镇等级失业人数}}{\text{(城镇单位就业人员－使用的农村劳动力－聘用的离退退休人员－聘用的港澳台及外方人员)＋不在岗职工＋城镇私营业主＋城镇个体户主＋城镇私营企业及个体就业人员＋城镇登记失业人数}}\times 100\%$$

在岗职工 指在本单位工作并由单位支付工资的人员,以及有工作岗位,但由于学习、病伤产假等原因暂未工作,仍由单位支付工资的人员。

工资总额 指各单位在一定时期内直接支付给本单位全部职工的劳动报酬总额。工资总额的计算原则应以直接支付给职工的全部劳动报酬为根据。各单位支付给职工的劳动报酬以及其他根据有关规定支付的工资,不论是计入成本的还是不计入成本的,不论是按国家规定列入计征奖金税项目的,还是未列入计征奖金税项目的,不论是以货币形式支付的还是以实物形式支付的,均包括在工资总额内。

平均工资 指企业、事业、机关单位的职工在一定时期内平均每人所得的货币工资额。它表明一定时期职工工资收入的高低程度,是反映职工工资水平的主要指标。计算公式为:

$$平均工资=\frac{报告期实际支付的全部职工工资总额}{报告期全部职工平均人数}$$

固定资产投资

固定资产投资额(又称固定资产投资完成额) 是以货币形式表现的在一定时期内建造和购置固定资产的工作量以及与此有关的费用的总称。它是反映固定资产投资规模、结构和发展速度的综合性指标,又是观察工程进度和考核投资效果的重要依据。现行的国家统计制度规定,固定资产投资统计范围包括:固定资产项目投资,房地产开发投资,农村农户投资。

固定资产项目投资 指计划总投资500万元及以上的固定资产投资项目。具体包括:在本年开工或往年开工本年继续施工的500万元及以上的固定资产建设项目;企业或单位进行的单纯设备购置活动;达到固定资产投资起点标准500万元以上的城镇工矿区私人建房投资和个体经营户投资。

房地产开发投资 指各种登记注册类型的房地产开发公司、商品房建设公司及其他房地产开发法人单位和附属于其他法人单位实际从事房地产开发或经营活动的单位统一开发的包括统代建、拆迁还建的住宅、厂房、仓库、饭店、宾馆、度假村、写字楼、办公楼等房屋建筑物和配套的服务设施,土地开发工程(如道路、给水、排水、供电、供热、通讯、平整场地等基础设施工程)的投资;不包括单纯的土地交易活动。

固定资产投资按国民经济行业分 根据建设项目建成投产后的主要产品或主要用途及社会经济活动性质来确定国民经济行业。一般情况下,一个建设项目或一个企业、事业单位只能属于一种国民经济行业。

固定资产投资按隶属关系分 是按建设单位或企业、事业、行政单位的主管上级机关确定的。

(1)中央:是指中共中央、人大常委会和国务院各部、委、局、总公司以及直属机构直接领导的建设项目和企业、事业、行政单位。这些单位的固定资产投资计划由国务院各部门直接编制和下达,建设中所需物资、主要设备以及建设中的问题都由中央有关部门安排和解决。

(2)地方:是由省(自治区、直辖市)、地区(州、盟、省辖市)、县(旗、县级市)三级政府及业务主管部门直接领导和管理的建设项目、企业、事业、行政单位。地方项目还包括不隶属以上各级政府及主管部门的建设项目和企业、事业单位,如外商投资企业和无主管部门的企业等。

固定资产投资按建设性质分 根据整个建设项目情况来确定。建设项目的性质一般分为新建、扩建、改建和技术改造、迁建、恢复。房地产开发单位投资不划分建设性质。

(1)新建:一般指从无到有"平地起家"开始建设的企业、事业和行政单位或建设项目。现有企业、事业、行政单位一般不属于新建。但如有的单位原有基础很小,经过建设后新增的固定资产价值超过该企、事业、行政单位原有固定资产价值(原值)三倍以上的也应作为新建。

(2)扩建:指在厂内或其他地点,为扩大原有产品的生产能力(或效益)或增加新的产品生产能力,而增建主要的生产车间(或主要工程)、分厂、独立的生产线。行政、事业单位在原单位增建业务用房(如学校增建教学用房、医院增建门诊部、病房等)也作为扩建。

现有企、事业单位为扩大原有主要产品生产能力或增加新的产品生产能力,增建一个或几个主要生产车间(或主要工程)、分厂,同时进行一些更新改造工程的,也应作为扩建。

(3)改建和技术改造：指现有企业、事业单位，对原有设施进行技术改造或更新（包括相应配套的辅助性生产、生活福利设施）的建设项目。现有企业、事业单位为适应市场变化的需要，而改变企业的主要产品种类（如军工企业转产民用品等）的建设项目，应作为改建。原有产品生产作业线由于各工序（车间）之间能力不平衡，为填平补齐充分发挥原有生产能力而增建不增加本企业主要产品设计能力的车间，也应作为改建。技术改造是指企业、事业单位在现有基础上，用先进的技术代替落后的技术，用先进的工艺和装备代替落后的工艺和装备，以改变企业落后的技术经济面貌，实现以内涵为主的扩大再生产，达到提高产品质量、促进产品更新换代、节约能源、降低消耗、扩大生产规模、全面提高社会经济效益的目的。技术改造具体包括以下内容：机器设备和工具的更新改造；生产工艺改革、节约能源和原材料的改造；厂房建筑和公共设施的改造；劳动条件和生产环境的改造等。

固定资产投资按构成分 是指固定资产投资额的工程内容和实现方式，包括建筑工程、安装工程、设备工器具购置和其他费用四个部分。

1.建筑工程：是指各种房屋、建筑物的建造工程，又称建筑工作量。这部分投资额必须兴工动料，通过施工活动才能实现，是固定资产投资额的重要组成部分。

2.安装工程：是指各种设备、装置的安装工程，又称安装工作量。在安装工程中，不包括被安装设备本身价值。

3.设备、工具、器具购置：是指建设单位或企、事业单位购置或自制的，达到固定资产标准的设备、工具、器具的价值。新建单位及扩建单位的新建车间，按照设计或计划要求购置或自制的全部设备、工具、器具，不论是否达到固定资产标准均计入“设备、工具、器具购置”中。

4.其他费用：是指在固定资产建造和购置过程中发生的，除上述几项内容以外的各种应分摊计入固定资产的费用。

施工项目 指报告期内进行过建筑或安装施工活动的项目。凡是报告期内施过工的建设项目，不论施工时间长短，均作为施工项目统计。施工项目个数可以反映一定时期固定资产投资的实际规模，与同期全部建成投产项目个数相比，可以从建设速度的角度反映固定资产投资的效果。根据建设项目施工活动的不同性质，施工项目又分为：本年正式施工项目、本年收尾项目和以前年度全部停缓建项目。

房屋建筑面积 指房屋建筑物勒脚以上外墙外围的水平截面面积，包括房屋建筑物的有效面积和结构面积。该指标是从实物形态上反映建设规模和建设成果的重要指标之一，也是检查工程形象进度、计算工程造价、分析投资效果、研究施工任务和建筑材料之间平衡情况的重要依据。

住宅建筑面积 指施工和竣工房屋建筑面积中供居住用的房屋建筑面积。

施工面积 指报告期内施工的全部房屋建筑面积。包括本期新开工的面积和上期开工跨入本期继续施工的房屋面积，以及上期已停建在本期恢复施工的房屋面积。本期竣工和本期施工后又停缓建的房屋，其建筑面积仍计入本期房屋施工面积中。

竣工面积 指在报告期内房屋建筑按照设计要求已经全部完工，达到住人和使用条件，经验收鉴定合格（或达到竣工验收标准），正式移交使用单位的各栋房屋建筑面积的总和。

新增固定资产 指报告期内已经完成建造和购置过程，并已交付生产或使用单位的固定资产价值。该指标是表示固定资产投资成果的价值指标，也是反映建设进度，计算固定资产投资效果的重要指标。

商品房销售面积 指报告期内出售商品房屋的合同总面积（即双方签署的正式买卖合同中所确定的建筑面积）。由现房销售建筑面积和期房销售建筑面积两部分组成。

商品房销售额 指报告期内出售商品房屋的合同总价款（即双方签署的正式买卖合同中所确定的合同总价）。该指标与商品房销售面积同口径，由现房销售额和期房销售额两部分组成。

能源与能耗

能源消费量 指能源使用企业（单位）在报告期内实际消费的各种能源的数量。能源消费量分实物量和标准量两种。能源消费实物量是按照报表规定的、体现物质形态属性的计量单位（如：吨、立方米）计算的能源消费量；能源消费标准量是按照能源标准计量单位（如：吨标准煤）计算的能源消费量。

工业企业的能源消费量 指工业企业在工业生产活动和非工业生产活动中消费的能源，包括工业生产活动中作为燃料、动力、原料、辅助材料使用的能源，生产工艺中使用的能源，用于能源加工转换的能源；非工业生产活动中使用的能源。

工业生产能源消费 指工业企业为进行工业生产活动所消费的能源。主要包括：

（1）用于本企业产品生产、工业性作业的能源，包括用作原料、材料、燃料、动力的能源；作为能源加工转换企业，还包括用作加工转换的能源（这部分能源不能理解为用作原材料，用作原材料的概念见后面的解释）。

（2）产品生产过程中作为辅助材料使用的能源。

（3）生产工艺过程使用的能源。

（4）新技术研究、新产品试制、科学试验使用的能源。

（5）为了工业生产活动而在进行的各种修理过程中使用的能源。

（6）生产区内的劳动保护用能等。

非工业生产能源消费 指在工业企业能源消费中，除“工业生产能源消费”以外的能源消费，即非工业生产用能和工业企业附属的不从事工业生产活动的非独立核算单位用能。比如本企业施工单位进行技术更新改造、维修等过程用能，非生产区的劳动保护用能，科研单位、农场、车队、学校、医院、食堂、托儿所等单位用能。但是必须注意，上述单位如果是独立核算的，其用能既不能包括在“工业企业能源消费”中，亦不能包括在“非工业生产能源消费”中。

综合能源消费量 指企业（单位）在报告期内工业生产实际消费的各种能源（扣除能源加工转换和能源回收利用等重复因素）的总和。计算综合能源消费量时，需要将各种能源品种的消费量换算成按照标准计量单位（如：吨标准煤）计量的消费量。

能源加工、转换投入 能源加工转换，指为了特定的用途，将一种能源（一般为一次能源），经过一定的工艺，加工或转换成另外一种能源（二次能源）。

能源加工，是能源的物理形态的变化，比如用蒸馏的方式将原油炼制成汽油、煤油、柴油等石油制品；用筛选、水洗的方式将原煤洗选成洗煤；以焦化的方式将煤炭高温干馏成焦炭；以气化的方式将煤炭气化成煤气，等等。这些方法在加工前后能源均未发生质的变化。

能源转换，是能源的能量形态和化学形态的变化，比如经过一定的工艺过程，将煤炭、重油等转换为电力和热力，将热能转换为机械能，将机械能转换为电能，将电能转换为热能等；又比如，经过裂化，将重质石油转换成轻质石油（转换前、后的物质具有不同的化学结构和化学性质）。

能源加工转换投入量，指以生产二次能源产品为目的而投入能源加工转换生产装置的能源（一般为一次能源）的数量。

能源加工转换产出量 指一次能源经过加工转换产出的二次能源产品（包括不作能源使用的其他副产品和联产品）的数量，比如火力发电产出的电力，热电联产同时产出的电力、蒸汽、热水，原煤洗选产出的洗精煤、洗中煤、洗煤泥等，炼焦产出的焦炭、焦炉煤气和其他焦化产品（煤焦油、粗苯等），炼油和煤制油产出的汽油、煤油、柴油、燃料油、液化石油气、炼厂干气、石脑油、润滑油、石蜡、溶剂油、石油焦、石油沥青等，制气（指煤气生产）产出的发生炉煤气、焦炭和其他焦化产品（煤焦油、粗苯等）。

能源加工转换损失量 指能源在加工、转换过程中的各种损失量，计算式如下：

能源加工转换损失量 = 能源加工、转换过程中投入的能源数量 − 产出的能源数量

工业企业回收能利用 指企业将废气、废液、废渣及其余热，产品和工艺生产介质余热，工艺温差、压差，以及其他非直接投入的能量形态和能量物质，作为能源进行使用的数量。目前工业企业回收能的能量，绝大部分来自企业曾经投入使用的能源物质，很小部分来自其他物质在生产工艺过程中释放的能量（比如非能源物质的化学反应热）。所以，目前企业回收能利用量，只在报表中的高炉煤气、转炉煤气和余热余压目录中填报；其他目录均不得填报；企业的综合能源消费量不得出现负值。

财政金融保险

财政收入　指国家财政参与社会产品分配所取得的收入，是实现国家职能的财力保证。财政收入所包括的内容几经变化，目前主要包括：

（1）**税收收入**：包括增值税、营业税、企业所得税、个人所得税、资源税、固定资产投资方向调节税、城市维护建设税、房产税、印花税、城镇土地使用税、土地增值税、车船税、耕地占用税、契税、烟叶税、其他税收收入。

（2）**非税收入**：包括专项收入、行政事业性收费收入、罚没收入、国有资本经营收入、国有资源有偿使用收入、其他收入。

财政支出　国家财政将筹集起来的资金进行分配使用，以满足经济建设和各项事业的需要，主要包括：

（1）**一般公共服务支出**：反映政府提供一般公共服务的支出。

（2）**公共安全**：反映政府维护社会公共安全方面的支出，有关事务包括武装警察、公安、国家安全、检察、法院、司法行政、监狱、劳教、国家保密、缉私警察等。

（3）**教育支出**：反映政府教育事务支出。有关具体教育事务包括教育行政管理、学前教育、小学教育、初中教育、普通高中教育、普通高等教育、初等职业教育、中专教育、技校教育、职业高中教育、高等职业教育、广播电视教育、留学生教育、特殊教育、干部继续教育、教育机关服务等。

（4）**科学技术**：反映政府用于科学技术方面的支出。

（5）**文化体育与传媒**：反映政府在文化、文物、体育、广播电视、新闻出版等方面的支出。

（6）**社会保障和就业**：反映政府在社会保障与就业方面的支出。有关事项包括社会保障与就业管理事务、民政管理事务、财政对社会保险基金的补助、补充全国社会保障基金、行政事业单位离退休、企业改革补助、就业补助、抚恤、退役安置、社会福利、残疾人事业、城市居民最低生活保障、其他城镇社会救济、农村社会救济、自然灾害生活补助、红十字事务等。

（7）**医疗卫生支出**：反映政府医疗卫生方面的支出。具体包括医疗卫生管理事务支出、医疗服务支出、医疗保障支出、疾病预防控制支出、卫生监督支出、妇幼保健支出、农村卫生支出等。

（8）**环境保护支出**：反映政府环境保护支出。具体包括：环境保护管理事务支出、环境监测与监察支出、污染治理支出、自然生态保护支出、天然林保护工程支出、退耕还林支出、风沙荒漠治理支出、退牧还草支出、已垦草原退耕还草支出。

（9）**城乡社区事务**：反映政府城乡社区事务支出。具体包括：城乡社区管理事务支出、城乡社区规划与管理支出、城乡社区公共设施支出、城乡社区住宅支出、城乡社区环境卫生支出、建设市场管理与监督支出等

（10）**农林水事务**：反映政府农林水事务方面的支出。具体包括农业、林业、水利、扶贫支出、农业综合开发支出等。

存　款　指企业、机关、团体或居民根据资金必须收回的原则，把货币资金存入银行或其他信贷机构保管并取得一定利息的一种信用活动形式。根据存款对象或性质的不同可划分为企业存款、财政存款、机关团体存款、基本建设存款、储蓄存款、农村存款、委托存款、其他存款等科目。它是银行信贷资金的主要来源。

贷　款　指银行或其他信贷机构根据资金必

须归还的原则，按一定利率，为企业、个人等提供资金的一种信用活动形式。我国银行贷款分为短期贷款、中期流动资金贷款、中长期贷款、信托贷款、融资租赁、委托贷款、票据融资、各项垫款等。

保险公司　在中国境内的、经过保险监督管理部门批准设立，并依法登记注册的各类商业保险公司。

保险金额　指保险人承担赔偿或者给付保险金责任的最高限额。

保　费　指投保人为取得保险人在约定范围内所承担赔偿责任而支付给保险人的费用。

赔　款　指保险人根据保险合同的规定，向被保险人支付的赔偿保险责任损失的金额。

给　付　包括死伤医疗给付和满期给付。死伤医疗给付是指保险人根据人寿保险及长期健康保险合同的规定，因被保险人在保险期内发生保险责任范围内的保险事故支付给被保险人（或受益人）的金额。满期给付是指被保险人生存期满，保险人按人寿保险合同规定支付给被保险人的满期保险金额。

价格指数

居民消费价格 指数是反映一定时期内城乡居民所购买的生活消费品价格和服务项目价格变动趋势和程度的相对数，是对城市居民消费价格指数和农村居民消费价格指数进行综合汇总计算的结果。该指数可以观察和分析消费品的零售价格和服务价格变动对城乡居民实际生活费支出的影响程度。

城市居民消费价格 指数是反映一定时期内城市居民家庭所购买的生活消费品价格和服务项目价格变动趋势和程度的相对数。该指数可以观察和分析消费品的零售价格和服务项目价格变动对城镇职工货币工资的影响，作为研究职工生活和确定工资政策的依据。

农村居民消费价格 指数是反映一定时期内农村居民家庭所购买的生活消费品价格和服务项目价格变动趋势和程度的相对数。该指数可以观察农村消费品的零售价格和服务项目价格变动对农村居民生活消费支出的影响，直接反映农民生活水平的实际变化情况，为分析和研究农村居民生活问题提供依据。

商品零售价格指数 是反映一定时期内城乡商品零售价格变动趋势和程度的相对数。商品零售价格的变动直接影响到城乡居民的生活支出和国家的财政收入，影响居民购买力和市场供需的平衡，影响到消费与积累的比例关系。因此，该指数可以从一个侧面对上述经济活动进行观察和分析。

农业生产资料价格指数 指反映一定时期内农业生产资料价格变动趋势和程度的相对数。农业生产资料价格指数分为小农具、饲料、产品畜、役畜、半机械化农具、机械化农具、化学肥料、农药及农药械、农机用油、其他农业生产资料十大类。其编制目的是了解农业生产中物质资料投入价格的变动状况，服务于国民经济核算。1994 年以前，农业生产资料价格指数仅仅是商品零售价格指数的一个类别，此后，从商品零售价格指数中分离出来，单独编制。

农产品生产价格指数 是反映一定时期内，农产品生产者出售农产品价格水平变动趋势及幅度的相对数。该指数可以客观反映全国农产品生产价格水平和结构变动情况，满足农业与国民经济核算需要。其中某代表品生产价格指数是通过对全部有出售该产品行为的调查单位的个体指数进行几何平均求得的，类价格指数是通过对其所属的类（或代表品）的价格指数进行加权平均求得的。季度累计价格指数的计算方法与分季指数的计算方法相同。

工业品出厂价格指数 是反映一定时期内全部工业产品出厂价格总水平的变动趋势和程度的相对数，包括工业企业售给本企业以外所有单位的各种产品和直接售给居民用于生活消费的产品。该指数可以观察出厂价格变动对工业总产值及增加值的影响。

原材料、燃料和动力购进价格指数是反映工业企业作为生产投入，而从物资交易市场和能源、原材料生产企业购买原材料、燃料和动力产品时，所支付的价格水平变动趋势和程度的统计指标，是扣除工业企业物质消耗成本中的价格变动影响的重要依据。

目前，我国编制的原材料、燃料和动力购进价格指数所调查的产品包括燃料动力、黑色金属、有色金属、化工、建材等九大类的近 1800 种产品。

固定资产投资价格指数 是反映一定时期内固定资产投资品及项目的价格变动趋势和程度的相对数。固定资产投资额是由建筑安装工程投资完成额、设备工器具购置投资完成额和其他费用投资完成额三部分组成的。编制固定资产投资价格指数应首先分别编制上述三部分投资的价格指数，然后采用加权算术平均法求出固定资产投资价格总指数。

该指数可以准确地反映固定资产投资中涉及的各类投资品和取费项目价格变动趋势和变动幅度，消除按现价计算的固定资产投资指标中的价格变动因素，真实地反映固定资产投资的规模、速度、结构和效益，为国家科学地制定、检查固定资产投资计划并提高宏观调控水平，为完善国民经济核算

体系提供科学的、可靠的依据。

房地产价格指数 是反映一定时期内房地产价格变动趋势和程度的相对数，包括房屋销售价格指数、房屋租赁价格指数、土地交易价格指数和物业管理价格指数。这四套指数的计算方法相似，均采用由下到上逐级汇总的方法。

居民生活

城镇家庭人口 指居住在一起，经济上合在一起共同生活的家庭成员。凡计算为家庭人口的成员其全部收支都包括在本家庭中。

城镇就业者负担人数 指家庭人口与就业人口之比。

城镇家庭总收入 指家庭成员得到的工资性收入、经营净收入、财产性收入、转移性收入之和，不包括出售财物收入和借贷收入。

城镇家庭可支配收入 指家庭成员得到可用于最终消费支出和其它非义务性支出以及储蓄的总和，即居民家庭可以用来自由支配的收入。它是家庭总收入扣除交纳的所得税、个人交纳的社会保障支出以及记账补贴后的收入。计算公式为：

可支配收入 = 家庭总收入 - 交纳所得税 - 个人交纳的社会保障支出 - 记帐补贴

城镇家庭总支出 指除借贷支出以外的全部家庭支出。包括消费性支出、购房建房支出、转移性支出、财产性支出、社会保障支出。

城镇家庭消费性支出 指家庭用于日常生活的支出，包括食品、衣着、家庭设备用品及服务、医疗保健、交通和通信、娱乐教育文化服务、居住、杂项商品和服务等八大类支出。

城镇家庭服务性消费支出 指家庭用于支付社会提供的各种非商品性服务费用。

二、农村住户

农村住户 指经常居住在农村的常住户。是指在农村范围内居住或即将居住半年及以上的家庭户。户口不在本地而在本地居住或即将居住半年及以上的住户也包括在本地农村常住户范围内；有本地户口，但举家外出谋生半年以上的住户，无论是否保留承包耕地都不包括在本地农村住户范围内。

常住人口 指全年经常在家或在家居住 6 个月以上，而且经济和生活与本户连成一体的人口。外出从业人员在外居住时间虽然在 6 个月以上，但收入主要带回家中，经济与本户连为一体，仍视为家庭常住人口；在家居住，生活和本户连成一体的国家职工、退休人员也为家庭常住人口。但是现役军人、中专及以上(走读生除外)的在校学生、以及常年在外(不包括探亲、看病等)且已有稳定的职业与居住场所的外出从业人员，不算家庭常住人口。家庭常住人口主要作为计算农村住户平均每人收入、消费和积累水平及分析家庭人口状况的依据。

整、半劳动力 整劳动力指男子 18 周岁到 50 周岁，女子 18 周岁到 45 周岁；半劳动力指男子 16 周岁到 17 周岁，51 周岁到 60 周岁；女子 16 周岁到 17 周岁，46 周岁到 55 周岁，同时具有劳动能力的人。虽然在劳动年龄之内，但已丧失劳动能力的人，不应算为劳动力；超过劳动年龄，但能经常参加劳动，计入半劳动力数内。

总收入 指调查期内农村住户和住户成员从各种来源渠道得到的收入总和。按收入的性质划分为工资性收入、家庭经营收入、财产性收入和转移性收入。

工资性收入 指农村住户成员受雇于单位或个人，靠提供劳动而获得的收入。

家庭经营收入 指农村住户以家庭为生产经营单位进行生产筹划和管理而获得的收入。农村住户家庭经营活动按行业划分为农业、林业、牧业、渔业、工业、建筑业、交通运输业邮电业、批发和零售贸易餐饮业、社会服务业、文教卫生业和其他家庭经营。

财产性收入 指金融资产或有形非生产性资产的所有者向其他机构单位提供资金或将有形非生产性资产供其支配，作为回报而从中获得的收入。

转移性收入 指农村住户和住户成员无须付出任何对应物而获得的货物、服务、资金或资产所有权等，不包括无偿提供的用于固定资本形成的资金。一般情况下，是指农村住户在二次分配中的所有收入。

现金收入 指农村住户和住户成员在调查期内得到以现金形态表现的收入。按来源分成工资性收入、家庭经营现金收入、财产性收入、转移性收入。

纯收入 指农村住户当年从各个来源得到的总收入相应地扣除所发生的费用后的收入总和。计算方法：

纯收入 = 总收入 - 家庭经营费用支出 - 税费支出 - 生产性固定资产折旧 - 赠送农村内部亲友支出

纯收入主要用于再生产投入和当年生活消费支出，也可用于储蓄和各种非义务性支出。“农民人均纯收入”按人口平均的纯收入水平，反映的是一个地区或一个农户农村居民的平均收入水平。

总支出 指农村住户用于生产、生活和再分配的全部支出。家庭经营费用支出、购置生产性固定资产支出、生产性固定资产折旧、税费支出、生活消费支出、财产性支出和转移性支出。

城市建设

供水综合生产能力 指按供水设施取水、净化、送水、出厂输水干管等环节设计能力计算的综合生产能力。包括在原设计能力的基础上,经挖、革、改增加的生产能力。计算时,以四个环节中最薄弱的环节为主确定能力。

年末供水管道长度 指从送水泵至用户水表之间所有管道的长度。不包括新安装尚未使用的管道。

全年供水总量 指报告期供水企业(单位)供出的全部水量。包括有效供水量和漏损水量。

用水普及率 指城市用水人口数与城市人口总数的比率。计算公式:

$$用水普及率=\frac{城市用水人口数}{城市人口总数}\times 100\%$$

全年供气总量 指全年燃气企业(单位)向用户供应的燃气数量。包括销售量和损失量。

燃气普及率 指报告期末使用燃气的城市人口数与城市人口总数的比率。计算公式为:

$$燃气普及率=\frac{城市用气人口数}{城市人口总数}\times 100\%$$

城市供热能力 指供热企业(单位)向城市热用户输送热能的设计能力。

城市供热总量 指在报告期供热企业(单位)向城市热用户输送全部蒸汽和热水的总热量。

城市供热管道长度 指从各类热源到热用户建筑物接入口之间的全部蒸汽和热水的管道长度。不包括各类热源厂内部的管道长度。

年末道路长度 指年末道路长度和与道路相通的广场、桥梁、隧道的长度,按车行道中心线计算。在统计时只统计路面宽度在3.5米(含3.5米)以上的各种铺装道路,包括开放型工业区和住宅区道路在内。

城市排水管道长度 指所有排水总管、干管、支管、检查井及连接井进出口等长度之和。城市污水日处理能力指污水处理厂(或处理装置)每昼夜处理污水量的设计能力。

年末运营车数 指年末公交企业(单位)用于运营业务的全部车辆数。以企业(单位)固定资产台帐中已投入运营的车辆数为准。

城市园林绿地面积 指报告期末用作园林和绿化的各种绿地面积。包括公共绿地、居住区绿地、单位附属绿地、防护绿地、生产绿地、道路绿地和风景林地面积。

不包括:

1.屋顶绿化、垂直绿化、阳台绿化和室内绿化。

2.以物质生产为主的林地、耕地、牧草地、果园和竹园等。

3.城市总体规划中不列入绿地的水域。

公园绿地 指向公众开放的市级、区级、居住区级各类公园、街旁游园,包括其范围内的水域。其中居住区级公园应不小于1万平方米,街旁游园的宽度不小于8米,面积不小于400平方米。

农　业

农林牧渔业总产值 指以货币表现的农林牧渔业的全部产品总量和对农林牧渔业生产活动进行的各种支持性服务活动的价值,它反映一定时期内农林牧渔业生产总规模和总成果。1957年以前的农林牧渔业总产值中包括了厩肥和农民自给性手工业(如农民自制衣服、鞋、袜,自己从事粮食初步加工等)。1958年及以后,林业中增加了村及村以下竹木采伐产值;牧业中取消了厩肥产值;副业中取消了农民自给性手工业产值,增加了村及村以下办的工业产值;渔业中增加了海洋捕捞水产品产值。1980年及以后,在副业中增加了农民家庭兼营工业商品部分的产值。从1984年起村及村以下工业产值划归工业。从1993年起取消副业,将野生动物的捕猎划入牧业,野生植物采集和农民家庭兼营商品性工业划归农业。从2003年起,执行新的国民经济行业分类标准,农林牧渔业总产值中包括了农林牧渔服务业产值。林业中增加了森林采运业产值。农业中取消了家庭兼营商品性工业产值，将野生林产品的采集划归林业。

农林牧渔业总产值的计算方法通常是按农、林、牧、渔业产品及其副产品的产量分别乘以各自单位产品价格求得；少数生产周期较长，当年没有产品或产品产量不易统计的，则采用间接方法匡算其产值；然后将四业产品产值相加，再加上农、林牧、渔服务业产值，即为农林牧渔业总产值。

粮食产量 指全社会的产量。包括国有经济经营的、集体统一经营的和农民家庭经营的粮食产量，还包括工矿企业办的农场和其他生产单位的产量。粮食除包括稻谷、小麦、玉米、高粱、谷子及其他杂粮外，还包括薯类和豆类。其产量计算方法，豆类按去豆荚后的干豆计算；薯类(包括甘薯，不包括芋头和木薯)1963 年以前按每 4 公斤鲜薯折 1 公斤粮食计算，从 1964 年开始改为按 5 公斤鲜薯折 1 公斤粮食计算。作为蔬菜的薯类(如马铃薯等)按鲜品计算，并且不作粮食统计。其他粮食一律按脱粒后的原粮计算。1989 年以前全国粮食产量数据主要靠全面报表取得，1989 年开始使用抽样调查数据。

棉花产量 指全社会的产量。包括春播棉和夏播棉。产量按皮棉计算。不包括木棉。

油料产量指全部油料作物的生产量。包括花生、油菜籽、芝麻、向日葵籽、胡麻籽(亚麻籽)和其他油料。不包括大豆、木本油料和野生油料。花生以带壳干花生计算。

水产品产量 指人工养殖的水产品和天然生长的水产品的捕捞量。包括海水的鱼类、虾蟹类、贝类和藻类以及内陆水域的鱼类、虾蟹类和贝类，不包括淡水生植物。水产品产量是通过各级水产和统计部门逐级上报取得数据。1995 年及以前，贝类中牡蛎按鲜肉计算；蚶、蛤、蛙按 5 斤鲜品折 1 斤计算。1996 年以后则统一按鲜品计算。

猪、牛、羊肉产量 指当年出栏并已屠宰、除去头蹄下水后带骨肉(即胴体重)的重量。包括全社会范围内的产量。由于畜牧业产品年报数据与普查数据之间存在一定的差距，

根据国家统计局有关文件精神，从 2000 年起，对畜牧业年报数据与普查数据进行衔接。

期初(末)畜禽存栏头(只)数 指报告期初(末)农村各种合作经济组织和国营农场、农民个人、机关、团体、学校、工矿企业、部队等单位以及城镇居民饲养的大牲畜、猪、羊、家禽等畜禽的存栏数。数据上报方式及数据调整情况同猪、牛、羊肉产量。

农作物播种面积 指实际播种或移植有农作物的面积。凡是实际种植有农作物的面积，不论种植在耕地上还是种植在非耕地上，均包括在农作物播种面积中。在播种季节基本结束后，因遭灾而重新改种和补种的农作物面积，也包括在内。它是反映我国耕地面积利用情况的一个重要指标。目前，农作物播种面积主要包括粮食、棉花、油料、糖料、麻类、烟叶、蔬菜和瓜类、药材和其他农作物九大类。

有效灌溉面积 指具有一定的水源，地块比较平整，灌溉工程或设备已经配套，在一般年景下，当年能够进行正常灌溉的耕地面积。在一般情况下，有效灌溉面积应等于灌溉工程或设备已

经配备，能够进行正常灌溉的水田和水浇地面积之和。它是反映我国耕地抗旱能力的一个重要指标。

农用化肥施用量 指本年内实际用于农业生产的化肥数量，包括氮肥、磷肥、钾肥和复合肥。化肥施用量要求按折纯量计算数量。折纯量是指把氮肥、磷肥、钾肥分别按含氮、含五氧化二磷、含氧化钾的百分之百成份进行折算后的数量。复合肥按其所含主要成分折算。公式为：

折纯量 = 实物量 × 某种化肥有效成份含量的百分比

农业机械总动力 指主要用于农、林、牧、渔业的各种动力机械的动力总和。包括耕作机械、排灌机械、收获机械、农用运输机械、植物保护机械、牧业机械、林业机械、渔业机械和其他农业机械〔内燃机按引擎马力折成瓦（特）计算、电动机按功率折成瓦(特)计算〕。不包括专门用于乡、镇、村、组办工业、基本建设、非农业运输、科学试验和教学等非农业生产方面用的动力机械与作业机械。这个指标的统计数据主要来源于农机部门。

乡村从业人员 指乡村人口中劳动年龄在 16 周岁以上实际参加生产经营活动并取得实物或货币收入的人员，包括劳动年龄内经常参加劳动的人员，也包括超过劳动年龄但经常参加劳动的人员，但不包括户口在家的在外学生、现役军人和丧失劳动能力的人，也不包括待业人员和家务劳动者。从业人员按从事主业时间最长(时间相同按收入)分为农林牧渔业从业人员、工业从业人员、建筑业从业人员、交通运输业、仓储及邮电通信业从业人员、批零贸易业、餐饮业从业人员、其他非农行业从业人员。

工　业

工　业　指从事自然资源的开采，对采掘品和农产品进行加工和再加工的物质生产部门。具体包括：(1)对自然资源的开采，如采矿、晒盐等(但不包括禽兽捕猎和水产捕捞)；(2)对农副产品的加工、再加工，如粮油加工、食品加工、缫丝、纺织、制革等；(3)对采掘品的加工、再加工，如炼铁、炼钢、化工生产、石油加工、机器制造、木材加工等，以及电力、自来水、煤气的生产和供应等；(4)对工业品的修理、翻新，如机器设备的修理、交通运输工具(如汽车)的修理等。

工业统计调查单位为独立核算法人工业企业。

独立核算法人工业企业指从事工业生产经营活动的单位。独立核算法人工业企业应同时具备以下条件：①依法成立，有自己的名称、组织机构和场所，能够承担民事责任；②独立拥有和使用资产，承担负债，有权与其他单位签订合同；③独立核算盈亏，并能够编制资产负债表。

轻工业　指主要提供生活消费品和制作手工工具的工业。按其所使用的原料不同，可分为两大类：(1)以农产品为原料的轻工业，是指直接或间接以农产品为基本原料的轻工业。主要包括食品制造、饮料制造、烟草加工、纺织、缝纫、皮革和毛皮制作、造纸以及印刷等工业；(2) 以非农产品为原料的轻工业，是指以工业品为原料的轻工业。主要包括文教体育用品、化学药品制造、合成纤维制造、日用化学制品、日用玻璃制品、日用金属制品、手工工具制造、医疗器械制造、文化和办公用机械制造等工业。

重工业　指为国民经济各部门提供物质技术基础的主要生产资料的工业。按其生产性质和产品用途，可以分为下列三类：(1)采掘(伐)工业，是指对自然资源的开采，包括石油开采、煤炭开采、金属矿开采、非金属矿开采等工业；(2)原材料工业，指向国民经济各部门提供基本材料、动力和燃料的工业。包括金属冶炼及加工、炼焦及焦炭、化学、化工原料、水泥、人造板以及电力、石油和煤炭加工等工业；(3)加工工业，是指对工业原材料进行再加工制造的工业。包括装备国民经济各部门的机械设备制造工业、金属结构、水泥制品等工业，以及为农业提供的生产资料如化肥、农药等工业。

根据上述划分原则，修理业中以重工业产品为修理作业对象的划为重工业，反之划为轻工业。

工业总产值(当年价格)　指工业企业在报告期内生产的以货币形式表现的工业最终产品和提供工业劳务活动的总价值量。

(1)工业总产值计算应遵循的原则

①工业生产的原则。即凡是企业在报告期内生产的最终产品和提供的劳务，均应包括在内。其中的最终产品，不管是否在报告期内销售，只要是报告期内生产的，就应包括在内。凡不是工业生产的产品，均不得计人工业总产值。

②最终产品的原则。即企业生产的成品价值必须是本企业生产的，经检验合格不需再进行任何加工的最终产品。企业对外销售的半成品也应视为最终产品计入工业总产值。而在本企业内各车间转移的半成品和在制品只能计算其期末期初差额价值。

③“工厂法”原则。即以法人工业企业作为一个整体计算工业总产值，是其报告期内生产的最终产品和提供劳务的总价值量。

(2)工业总产值的内容

包括三部分：生产的成品价值、对外加工费收入、自制半成品在制品期末期初差额价值。

①成品价值：指企业在报告期内生产，并在报告期内不再进行加工，经检验合格、包装入库的已经销售和准备销售的全部工业成品(包括半成品)价值合计。成品价值中包括企业生产的自制设备及提供给本企业在建工程、其他非工业部门和生活福利部门等单位使用的成品价值，但不包括用订货者来料加工的成品(半成品)价值。

工业总产值是按现行价格计算的。成品价值按成品实物量乘以报告期不含应交增值税(销项税额)的产品实际销售平均单价计算。会计核算中按成本价格转账的自制设备和自产自用的成品，按成本价格计算生产成品价值。

②对外加工费收入：指企业在报告期内完成的对外承做的工业品加工（包括用订货者来料加工生产）的加工费收入和对外工业品修理作业所收取的加工费收入和对内非工业部门提供的加工修理、设备安装等收入。对外加工费收入按不含应交增值税(销项税额)的价格计算。

对于以对外加工生产为主，对外加工费收入所占比重较大的企业，如果对外加工费收入出现跨报告期支付的情况，为保证总产值生产口径计算的准确性，则应将对外加工费收入按实际情况调整，记录本报告期应实际收取的对外加工费收入。

③自制半成品在制品期末期初差额价值。为了使工业总产值与工业中间投入中的物耗价值一致，以便同口径地计算工业增加值，规定本指标的计算原则是：凡是企业会计产品成本核算中计算半成品、在制品成本，则工业总产值中必须包括自制半成品在制品期末期初差额价值。反之则不包括。

自制半成品在制品期末期初差额价值等于自制半成品在制品期末价值减去期初价值后的余额，如果期末价值小于期初价值，该指标为负值，企业在计算产值时，应按负值计算，不能作为零处理。

(3)工业总产值计算的几种具体规定

①凡自备原材料(包括自备零部件)生产，不论其加工繁简程度如何，一律按全价，即包括自备原材料的价值，计算工业总产值。

②凡来料加工，加工企业只收取加工费，则加工企业一律按财务上结算的加工费计算工业总产值，即不包括定货者来料的价值。一般分两种情况：a、工业企业之间的来料加工，加工企业(即承包单位)按财务上结算的加工费计算工业总产值；委托加工的企业(即发包单位)按全价计算工业总产值。b、工业企业与非工业企业之间的来料加工，当工业企业作为加工企业时一律按加工费计算工业总产值。

③自制半成品、在制品期末期初差额价值，原则上应计入工业总产值，但如果会计产品成本核算中不计算自制半成品、在制品成本，则不计入工业总产值；如果会计产品成本核算中计算自制半成品、在制品成本的，则计入工业总产值。

区分来料加工与自备原材料生产的依据是加工企业与委托加工企业间的财务结算关系。如果委托企业提供原材料而不与加工企业结算，加工企业收取加工费，产品返回委托企业销售，则这种模式是来料加工；如果委托加工企业提供的原材料与加工企业是结算的，制成品由加工企业返给委托企业也是结算的，则这种模式是自备原材料生产。

工业增加值　指工业企业在报告期内以货币表现的工业生产活动的最终成果。

工业增加值有两种计算方法：一是生产法，即工业总产出减去工业中间投入加上应交增值税；二是收入法，即从收入的角度出发，根据生产要素在生产过程中应得到的收入份额计算，具体构成项目有固定资产折旧、劳动者报酬、生产税净额、营业盈余，这种方法也称要素分配法。

生产法工业增加值的计算方法为：

工业增加值 = 工业总产出 - 工业中间投入 + 应交增值税

(1)工业总产出：指工业企业在一定时期内工业生产活动的总成果。工业总产出包括：成品生产价值，对外加工费收入，自制半成品、在产品期末期初差额价值。1995年后用新规定计算的工业总产值代替。

(2)工业中间投入：指工业企业在工业生产活动中消耗的外购物质产品和对外支付的服务费用。服务费用包括支付给物质生产部门(工业、农业、批发零售贸易业、建筑业、运输邮电业)的服务费用和支付给非物质生产部门(如保险、金融、文化教育、科学研究、医疗卫生、行政管理等)的服务费用。工业中间投入的确定须遵循以下原则：必须从外部购入的，并已计入工业总产出的产品和服务价值；必须是本期投入生产，并一次性消耗掉(包括本期摊销的低值易耗品等)的产品和服务价值。

工业中间投入包括直接材料费用、制造费用中的工业中间投入、管理费用中的工业中间投入、销售费用中的工业中间投入和利息支出五部分。

资产总计　指企业过去的交易或者事项形成的、由企业拥有或者控制的、预期会给企业带来经济利益的资源。资产一般按流动性分为流动资产和非流动资产。其中流动资产可分为货币资金、交易性金融资产、应收票据、应收账款、预付款项、其他应收款、存货等；非流动资产可分为长期股权投资、固定资产、无形资产及其他非流动资产等。根据会计“资产负债表”中“资产总计”项目的期末余额数填报。

执行2006年《企业会计准则》的企业：资产合计 = 流动资产合计 + 非流动资产合计；未执行2006年《企业会计准则》的企业：资产合计 = 流动资产合计 + 长期投资 + 固定资产合计 + 无形及递延资产小计 + 其他资产。

流动资产　资产满足以下条件之一应归为流动资产：(1)预计在一个正常营业周期中变现、出售或耗用，主要包括存货、应收账款等；(2)主要为交易目的而持有；(3)预计在资产负债表日起一年内(含一年)变现；(4)自资产负债日起一年内，交换其他资产或清偿负债的能力不受限制的现金或现金等价物。包括货币资金、应收票据、应收账款、存货等项目。根据会计“资产负债表”中“流动资产合计”项目的期末余额数填报。

固定资产合计 指企业为生产商品、提供劳务、出租或经营管理而持有的，使用寿命超过一个会计年度的有形资产。包括使用期限超过一年的房屋、建筑物、机器、机械、运输工具以及其他与生产、经营有关的设备、器具、工具等。固定资产合计是时点指标，表示固定资产经过扣减折旧、减值准备等后的期末余额。根据会计“资产负债表”中“固定资产”项目的期末余额数填报。

负债合计 指企业过去的交易或者事项形成的，预期会导致经济利益流出企业的现时义务。负债一般按偿还期长短分为流动负债和非流动负债。根据会计“资产负债表”中“负债合计”项目的期末余额数填报。

执行2006年《企业会计准则》的企业：负债合计=流动负债合计+非流动负债合计；未执行2006年《企业会计准则》的企业：负债合计=流动负债合计+长期负债合计。

所有者权益合计 指企业资产扣除负债后由所有者享有的剩余权益。公司的所有者权益又称股东权益。包括实收资本、资本公积、盈余公积、未分配利润等。根据会计“资产负债表”中“所有者权益合计”项目的期末余额数填报。

主营业务收入 指企业确认的销售商品、提供劳务等主营业务的收入。根据会计“主营业务收入”科目的期末贷方余额填报。执行2006年《企业会计准则》的企业，如未设置该科目，以“营业收入”代替填报。

利润总额 指企业在一定会计期间的经营成果，是生产经营过程中各种收入扣除各种耗费后的盈余，反映企业在报告期内实现的亏盈总额。根据会计“利润表”中“利润总额”项目的本期金额数填报。执行2006年《企业会计准则》的企业，利润总额为营业利润加上营业外收入，减去营业外支出后的金额；未执行2006年《企业会计准则》的企业，利润总额为营业利润加上投资收益、补贴收入、营业外收入，再减去营业外支出后的金额。

应交增值税 指企业按税法规定，从事货物销售或提供加工、修理修配劳务等增加货物价值的活动本期应交纳的税金（不含期初未抵扣税额）。根据会计相关科目贷方累计发生额，按下述公式计算填报：

应交增值税=销项税额－（进项税额－进项税额转出）－出口抵减内销产品应纳税额－减免税款+出口退税

进项税额指企业在报告期内购入货物或接受应税劳务而支付的、准予从销项税额中抵扣的增值税额。

销项税额指企业在报告期内销售货物或提供应税劳务应收取的增值税额。

从业人员期末人数 指期末最后一日24时在本单位中工作，并取得工资或其他形式劳动报酬的人员数。该指标为时点指标，不包括最后一日当天及以前已经与单位解除劳动合同关系的人员，是在岗职工、劳务派遣人员及其他从业人员之和。从业人员不包括：

1.离开本单位仍保留劳动关系，并定期领取生活费的人员；

2. 利用课余时间打工的学生及在本单位实习的各类在校学生；

3.本单位因劳务外包而使用的人员。

产品销售率 该指标反映工业产品已实现销售的程度，是分析工业产销衔接情况，研究工业产品满足社会需求的指标。计算公式为：

$$产品销售率(\%)=\frac{工业销售产值}{工业总产值(现价)}\times 100\%$$

建筑业

建筑业统计单位 指从事房屋、构筑物建造和设备安装活动的法人企业。建筑业法人企业应具有建筑业资质并能够独立核算，同时其应具备以下条件：①依法成立，有自己的名称、组织机构和场所，能够承担民事责任；②独立拥有和使用资产，承担负债，有权与其他单位签订合同；③独立核算盈亏，能够编制资产负债表。

建筑业总产值 是以货币形式表现的建筑业企业在一定时期内生产的建筑业产品和提供的服务的总和。建筑业总产值包括：

⑴建筑工程产值：指列入建筑工程预算内的各种工程价值。

⑵安装工程产值：指设备安装工程价值，不包括被安装设备本身的价值。

(3)其他产值：建筑业总产值中除建筑工程、安装工程以外的产值。包括房屋构筑物修理产值、非标准设备制造产值、总包企业向分包企业收取的管理费以及不能明确划分的施工活动所完成的产值。

a.房屋构筑物修理产值：指房屋和构筑物修理所完成的产值，但不包括被修理房屋、构筑物本身价值和生产设备的修理产值。

b. 非标准设备制造产值：指加工制造没有定型的非标准生产设备的加工费和原材料价值（如化工厂、炼油厂用的各种罐、槽，矿井生产统一使用的各种漏斗、三角槽、阀门等）以及附属加工厂为本企业承建工程制作的非标准设备的价值。

建筑业增加值 指建筑业企业在报告期内以货币形式表现的建筑业生产经营活动的最终成果。

从 2004 年第一次全国经济普查开始，建筑业现价增加值按生产法和分配法（收入法）两种方法计算，以收入法的计算结果为准，即从收入的角度出发，根据生产要素在生产过程中应得的收入份额计算。具体计算方法：经济普查年度建筑业增加值按照《经济普查年度 GDP 核算方案》计算，非经济普查年度建筑业增加值按照《非经济普查年度 GDP 核算方案》计算。

房屋施工面积 指在报告期内施过工的全部房屋建筑面积，包括本期新开工的房屋建筑面积、上期施工跨入本期继续施工的房屋建筑面积、上期停缓建在本期恢复施工的房屋建筑面积、本期竣工的房屋建筑面积及本期施工后又停缓建的房屋建筑面积。

房屋建筑竣工面积 指在报告期内房屋建筑按照设计要求全部完工，达到住人和使用条件，经验收鉴定合格或达到竣工验收标准，可正式移交使用的各栋房屋建筑面积的总和。

交通运输邮电通讯业

铁路营业里程 又称营业长度（包括正式营业和临时营业里程），指办理客货运输业务的铁路正线总长度。凡是全线或部分建成双线及以上的线路，以第一线的实际长度计算；复线、站线、段管线、岔线和特殊用途线以及不计算运费的联络线都不计算营业里程。该指标可以反映铁路运输业基础设施的发展水平，也是计算客货周转量、运输密度和机车车辆运用效率等指标的基础资料。

公路里程 指在一定时期内实际达到《公路工程 \[WTBZ\]技术标准 JTJ01–88》规定的等级公路，并经公路主管部门正式验收交付使用的公路里程数。包括大中城市的郊区公路以及通过小城镇街道部分的公路里程和桥梁、渡口的长度，不包括大中城市的街道、厂矿、林区生产用道和农业生产用道的里程。两条或多条公路共同经由同一路段，只计算一次，不得重复计算里程长度。该指标可以反映公路建设的发展规模，也是计算运输网密度等指标的基础资料。

内河航道里程 也称内河通航里程，指在一定时期内，能通航运输船舶及排筏的天然河流、湖泊水库、运河及通航渠道的长度。包括全年季节性通航累计三个月以上的航道，不包括仅供零散流放竹、木排的河道。该指标可以反映内河水运网的规模、水平和发展情况。

货（客）运量 指在一定时期内，各种运输工具实际运送的货物（旅客）数量。该指标是反映运输业为国民经济和人民生活服务的数量指标，也是制定和检查运输生产计划、研究运输发展规模和速度的重要指标。货运按吨计算，客运按人计算。货物不论运输距离长短、货物类别，均按实际重量统计。旅客不论行程远近或票价多少，均按一人一次客运量统计；半价票、小孩票也按一人统计。

货物（旅客）周转量 指在一定时期内，由各种运输工具运送的货物（旅客）数量与其相应运输距离的乘积之总和。该指标可以反映运输业生产的总成果，也是编制和检查运输生产计划，计算运输效率、劳动生产率以及核算运输单位成本的主要基础资料。计算货物周转量通常按发出站与到达站之间的最短距离，也就是计费距离计算。计算公式为：

货物（旅客）周转量 $=\sum$（货物（旅客）运输量 $\times$ 运输距离）

民用汽车拥有量 指报告期末，在公安交通管理部门按照《机动车注册登记工作规范》，已注册登记领有民用车辆牌照的全部汽车数量。汽车拥有量统计的主要分类：根据汽车结构分为载客汽车、载货汽车及其他汽车；根据汽车所有者不同分为个人（私人）汽车、单位汽车；根据汽车的使用性质分为营运汽车、非营运汽车；根据汽车大小规格不同载客汽车分为大型、中型、小型和微型，载货汽车分为重型、中型、轻型和微型。

邮电业务总量 指以价值量形式表现的邮电通信企业为社会提供各类邮电通信服务的总数量。邮电业务量按专业分类包括函件、包件、汇票、报刊发行、邮政快件、特快专递、邮政储蓄、集邮、公众电报、用户电报、传真、长途电话、出租电路、无线寻呼、移动电话、分组交换数据通信、出租代维等。计算方法为各类产品乘以相应的平均单价(不变价)之和,再加上出租电路和设备、代用户维护电话交换机和线路等的服务收入。该指标综合反映了一定时期邮电业务发展的总成果,是研究邮电业务量构成和发展趋势的重要指标。计算公式为:

邮电业务总量 =Σ（各类邮电业务量×不变单价)+出租代维及其他业务收入=邮政业务总量+电信业务总量

移动电话用户 指通过移动电话交换机进入移动电话网、占用移动电话号码的各类电话用户。包括签约用户和智能网预付费用户。一个移动电话号码统计为一户。

互联网上网人数 指平均每周使用互联网至少1小时的中国公民人数。

批发和零售、住宿和餐饮

社会消费品零售总额 指批发和零售业、住宿和餐饮业以及其他行业直接售给城乡居民和社会集团的消费品零售额。其中,对居民的消费品零售额,是指售予城乡居民用于生活消费的商品金额;对社会集团的消费品零售额,是指售给机关、社会团体、部队、学校、企事业单位、居委会或村委会等,公款购买的用作非生产、非经营使用与公共消费的商品金额。

社会消费品零售总额包括: 售给城乡居民作为生活消费用的商品金额和修建房屋用的建筑材料,以及售给来华的外国人、华侨、港澳台同胞的消费品金额。不包括:城市居民间或居民委托信托商店卖出的商品;售给农业、工业、建筑业等行业用于生产的商品。

1.批发和零售业零售额:指专门从事商品专卖业务的、各种经济类型的批发和零售业企业、产业活动单位和个体户,直接售给居民和社会集团的消费品零售额。

2.住宿和餐饮业零售额:指专门从事提供食宿服务、进行食品烹饪调制的住宿和餐饮业企业、产业活动单位和个体户,直接向居民和社会集团出售主食、菜肴、烟酒饮料和其他商品取得的餐费收入和商品销售额,包括各行业企业或单位附设的对外营业的旅馆、火车餐车、轮船餐厅、机场餐厅的零售额,不包括机关、团体、学校、企事业单位不对外营业的职工食堂所出售的餐费收入。

3.其他行业零售额:指批发和零售业、住宿和餐饮业法人企业、产业活动单位、个体户以外的其他行业的法人企业、产业活动单位或个体户,从事生活消费用品零售活动或者提供食宿服务所取得的商品销售额和餐费收入。

批发零售业商品购、销、存总额 指各种登记注册类型的批发、零售业企业(单位)以本企业(单位)为总体的,从国内、国外市场购进的商品总量,销售和出口的商品总量、库存商品总量等情况。该指标可以反映商品流转过程中商品的购进、销售、库存之间的比例关系和存在的问题。

商品购进额 指从本企业以外的单位和个人购进(包括从国外直接进口)作为转卖或加工后转卖的商品金额(含增值税)。本指标反映批发和零售业从国内外市场上购进商品的总价。商品购进包括:(1)从工农业生产者、批发和零售业企业、住宿和餐饮业企业、出版社或报社的出版发行部门和其他服务业企业购进的商品;(2)从机关团体、事业单位购进的商品;(3)从海关、市场管理部门购进的缉私和没收的商品;(4)从居民收购的废旧商品等。不包括:(1)企业为本单位自身经营用,不是作为转卖而购进的商品,如材料物资、包装物、低值易耗品、办公用品等;(2)未通过买卖行为而收入的商品,如接受其他部门移交的商品、借入的商品、收入代其他单位保管的商品、其他单位赠送的样品、加工回收的成品等;(3)经本单位介绍,由买卖双方直接结算,本单位只收取手续费的业务;(4)销售退回和买方拒付货款的商品;(5)商品溢余。

商品销售总额 指对本单位以外的单位和个人出售的商品金额(包括售给本单位消费用的商品,含增值税),本指标反映批发和零售业在国内市场上销售商品以及出口商品的总量。

商品销售包括:(1)售给城乡居民和社会集团消

费用的商品；(2)售给农业、工业、建筑业、运输邮电业、服务业、公用事业等国民经济各行业用于生产、经营用的商品，包括售予批发和零售业作为转卖或加工后转卖的商品；(3)对国(境)外直接出口的商品。不包括：(1)未通过买卖行为付出的商品，如随机构变动移交给其他企业单位的商品、借出的商品、归还受其他单位委托代保管的商品、付出的加工原料和赠送给其他单位的样品等；(2) 经本单位介绍，由买卖双方直接结算，本单位只收取手续费的业务；(3)购货退回的商品；(4)商品损耗和损失；(5)出售本单位自用的废旧物资。

批发零售业库存库存商品包括：(1)存放在本单位(如门市部、批发站、采购站、经营处)的仓库、货场、货柜和货架中的商品；(2)挑选、整理、包装中的商品；(3) 已记入购进而尚未运到本单位的商品，即发货单或银行承兑凭证已到而货未到的商品；(4)寄放他处的商品，如因购货方拒绝付款而暂时存在购货方的商品；(5)委托其他单位代销(未作销售或调出)尚未售出的商品；(6)代其他单位购进尚未交付的商品。

库存商品不包括：(1)所有权不属于本单位的商品，如商品已作销售但买方尚未取走的商品，代替他人保管、运输、加工的商品，代其他单位销售(未做购进或调入)而未售出的商品；(2)委托外单位加工的商品（包括本单位所属加工厂和其他生产单位加工生产尚未收回成品的商品)；(3) 外贸企业代理其他单位从国外进口，尚未付给订货单位的商品；(4)代国家储备部门保管的商品。

库存商品金额可以采用进价或售价进行核算。采用进价核算的商品，应按商品进货原则(或实际采购成本)计算期末库存；采用售价核算的商品，应按商品的售价计算期末库存。购入的商品，在商品到达验收入库后计算期末库存（对已记入购进尚未运到的商品，也可计算期末库存)；对于月终尚未开出承兑商业汇票的入库商品，按应付给供货单位的价款暂估计算期末库存；年度终了，凡已转入库存和已作销售的进口商品，属于国外以离岸价格成交、有应付未付国外运保费的，应先估计期末库存，委托其他单位代销的商品包括在期末库存中；委托外单位加工的商品，在发出商品时作减少期末库存，当加工商品收回时增加期末库存（包括商品进货原价、加工费用、加工税金等)。

住宿餐饮业营业额 指住宿和餐饮业单位在经营活动中因提供服务或销售商品等取得的全部收入，包括：客房收入、餐费收入、商品销售额(含增值税)和其他收入。不包括法人单位附营的其他行业产业活动单位的餐费收入、商品销售收入等各项收入。

客房收入 指住宿和餐饮业单位在经营活动中因提供住宿服务取得的收入。不包括法人单位附营的其他行业产业活动单位的客房收入。餐费收入指住宿和餐饮业单位因为顾客提供就餐服务取得的收入。包括：经烹饪、调制加工后出售的各种食品，如主食、炒菜、凉拌菜等的收入。不包括法人单位附营的其他行业产业活动单位的餐费收入。商品销售额指住宿和餐饮业单位出售商品的销售总额（含增值税)。不包括法人单位附营的其他行业产业活动单位的商品销售额。其他收入指营业额中除客房收入、餐费收入、商品销售额(含增值税)以外的其他收入。

对外经济

进出口总额 指实际进出我国国境的货物总金额。包括对外贸易实际进出口货物，来料加工装配进出口货物，国家间、联合国及国际组织无偿援助物资和赠送品，华侨、港澳台同胞和外籍华人捐赠品，租赁期满归承租人所有的租赁货物，进料加工进出口货物，边境地方贸易及边境地区小额贸易进出口货物(边民互市贸易除外)，中外合资企业、中外合作经营企业、外商独资经营企业进出口货物和公用物品，到、离岸价格在规定限额以上的进出口货样和广告品（无商业价值、无使用价值和免费提供出口的除外)，从保税仓库提取在中国境内销售的进口货物，以及其他进出口货物。该指标可以观察一个国家在对外贸易方面的总规模。我国规定出口货物按离岸价格统计，进口货物按到岸价格统计。

商品经营单位所在地进、出口额 指所在地海关注册登记的有进出口经营权的企业实际进、出口额。

商品目的地进口额和商品货源地出口额 目的地进口额指进口货物的消费、使用或最终抵运地的实际进口额；货源地出口额指出口货物的产地或原始发货地的实际出口额。

利用外资 指我国各级政府、部门、企业和其他经济组织通过对外借款、吸收外商直接投资以及用其他方式筹措的境外现汇、设备、技术等。

外商直接投资 指外国企业和经济组织或个人（包括华侨、港澳台胞以及我国在境外注册的企业）按我国有关政策、法规，用现汇、实物、技术等在我国境内开办外商独资企业、与我国境内的企业或经济组织共同举办中外合资经营企业、合作经营企业或合作开发资源的投资（包括外商投资收益的再投资），以及经政府有关部门批准的项目投资总额内企业从境外借入的资金。

教育、科技、文化

普通高等学校 指按照国家规定的设置标准和审批程序批准举办的，通过全国普通高等学校统一招生考试，招收高中毕业生为主要培养对象，实施高等教育的全日制大学、独立设置的学院和高等专科学校、高等职业学校和其他机构。

大学、独立设置的学院主要实施本科层次以上教育，高等专科学校、高等职业学校实施专科层次教育，其他机构是承担国家普通招生计划任务不计校数的机构。包括普通高等学校分校和批准筹建的普通高等学校等。

成人高等学校 指按照国家规定的设置标准和审批程序批准举办的，通过全国成人高等学校统一招生考试，招收具有高中毕业或同等学历的在职从业人员为主要培养对象，利用函授、业余、脱产等多种形式对其实施高等学历教育的学校。包括职工高等学校、农民高等学校、管理干部学院、教育学院、独立函授学院、广播电视大学、其他机构等。其他机构是承担国家成人招生计划任务不计校数的机构。

科技活动 指在自然科学、农业科学、医药科学、工程与技术科学、人文与社会科学领域（简称科学技术领域）中，与科技知识的产生、发展、传播和应用密切相关的有组织的活动。可分为研究与试验发展（R&D）、研究与试验发展成果应用及相关的科技服务三类活动。该定义是联合国教科文组织考虑成员国特别是发展中国家开展科技统计工作的需要，而对科技活动所作的统计界定。

科技活动人员 指直接从事科技活动、以及专门从事科技活动管理和为科技活动提供直接服务，累计的实际工作时间占全年制度工作时间10%及以上的人员。(1)直接从事科技活动的人员包括：在独立核算的科学研究与技术开发机构、高等学校、各类企业及其他事业单位内设的研究室、实验室、技术开发中心及中试车间（基地）等机构中从事科技活动的研究人员、工程技术人员、技术工人及其它人员；虽不在上述机构工作，但编入科技活动项目（课题）组的人员；科技信息与文献机构中的专业技术人员；从事论文设计的研究生等。(2)专门从事科技活动管理和为科技活动提供直接服务的人员，包括：独立核算的科学研究与技术开发机构、科技信息与文献机构、高等学校、各类企业及其他事业单位主管科技工作的负责人，专门从事科技活动的计划、行政、人事、财务、物资供应、设备维护、图书资料管理等工作的各类人员，但不包括保卫、医疗保健人员、司机、食堂人员、茶炉工、水暖工、清洁工等为科技活动提供间接服务的人员。该指标用来反映投入科技活动人力的规模。

科学家与工程师 指科技活动人员中具有高、中级技术职称（职务）的人员和不具有高、中级技术职称（职务）的大学本科及以上学历人员。该指标用来反映投入科技活动人力的素质。

研究与试验发展（R&D） 指在科学技术领域，为增加知识总量，以及运用这些知识去创造新的应用进行的系统的创造性的活动，包括基础研究、应用研究、试验发展三类活动。国际上通常采用R&D活动的规模和强度指标反映一国的科技实力和核心竞争力。

基础研究 指为了获得关于现象和可观察事实的基本原理的新知识（揭示客观事物的本质、运动规律，获得新发现、新学说）而进行的实验性或理论性研究，它不以任何专门或特定的应用或使用为目的。其成果以科学论文和科学著作为主要形式。用来反映知识的原始创新能力。

应用研究 指为获得新知识而进行的创造性研究，主要针对某一特定的目的或目标。应用研究是为了确定基础研究成果可能的用途，或是为达到预定的目标探索应采取的新方法（原理性）或新途径。其成果形式以科学论文、专著、原理性模型或发明专利为主。用来反映对基础研究成果应用途径的探索。

试验发展 指利用从基础研究、应用研究和实际经验所获得的现有知识，为产生新的产品、材料和装置，建立新的工艺、系统和服务，以及对已产生和建立的上述各项作实质性的改进而进行的系统性工作。其成果形式主要是专利、专有技术、具有新产品基本特征的产品原型或具有新装置基本特征的原始样机等。在社会科学领域，试验发展是指把通过基础研究、应用研究获得的知识转变成可以实施的计划（包括为进行检验和评估实施示范项目）的过程。人文科学领域没有对应的试验发展活动。主要反映将科研成果转化为技术和产品的能力，是科技推动经济社会发展的物化成果。

研究与试验发展人员　指参与研究与试验发展项目研究、管理和辅助工作的人员，包括项目（课题）组人员，企业科技行政管理人员和直接为项目（课题）活动提供服务的辅助人员。反映投入从事拥有自主知识产权的研究开发活动的人力规模。

专业技术人员　指从事专业技术工作和专业技术管理工作的人员，即企事业单位中已经聘任专业技术职务从事专业技术工作和专业技术管理工作的人员，以及未聘任专业技术职务，现在专业技术岗位上工作的人员。包括工程技术人员，农业技术人员，科学研究人员，卫生技术人员，教学人员，经济人员，会计人员，统计人员，翻译人员，图书资料、档案、文博人员，新闻出版人员，律师、公证人员，广播电视播音人员，工艺美术人员，体育人员，艺术人员及企业政治思想工作人员，共十七个专业技术职务类别。用来反映科技人力资源情况。

科技活动经费筹集　指从各种渠道筹集到的计划用于科技活动的经费，包括政府资金、企业资金、事业单位资金、金融机构贷款、国外资金和其他资金等。反映各社会经济主体对促进科技进步所做的努力。

政府资金　指从各级政府部门获得的计划用于科技活动的经费，包括科学事业费、科技三项费、科研基建费、科学基金、教育等部门事业费中计划用于科技活动的经费以及政府部门预算外资金中计划用于科技活动的经费等。

企业资金　指从自有资金中提取或接受其他企业委托的，科研院所和高校等事业单位接受企业委托获得的，计划用于科研和技术开发的经费。不包括来自政府、金融机构及国外的计划用于科技活动的资金。

金融机构贷款　指从各类金融机构获得的用于科技活动的贷款。

科技活动经费内部支出　指报告年内用于科技活动的实际支出，包括劳务费、科研业务费、科研管理费，非基建投资购建的固定资产、科研基建支出以及其他用于科技活动的支出。不包括生产性活动支出、归还贷款支出及转拨外单位支出。反映科技投入实际完成情况。

劳务费　指以货币或实物形式直接或间接支付给从事科技活动人员的劳动报酬及各种费用。包括各种形式的工资、津贴、奖金、福利、离退休人员费用、人民助学金等。反映改善科技人员待遇情况。

固定资产购建费　指报告年内使用非基建投资购建的固定资产和用于科研基建投资的实际支出额，即固定资产实际支出和科研基建投资实际完成额之和。固定资产是指长期使用而不改变原有实物形态的主要物资设备、图书资料、实验材料和标本以及其他设备和家具、房屋、建筑物。反映用于改善科研条件和科研手段方面的投入情况。

专　利　是专利权的简称，是对发明人的发明创造经审查合格后，由专利局依据专利法授予发明人和设计人对该项发明创造享有的专有权。包括发明、实用新型和外观设计。反映拥有自主知识产权的科技和设计成果情况。

发　明　指对产品、方法或者其改进所提出的新的技术方案。是国际通行的反映拥有自主知识产权技术的核心指标。

文化事业机构　指从事专业文化工作和为专业文化工作服务的独立建制的单位。不包括这些单位另外举办独立核算的其他机构和各部门的业余文化组织。该指标主要反映文化事业机构发展规模水平。

艺术表演团体　指从事戏曲、音乐、舞蹈、杂技等专业艺术表演，有独立帐户的单位，不包括半工半艺、半农半艺和民间职业剧团。该指标主要反映全国专业艺术表演团体发展规模水平。

艺术表演观众人数（人次）　指售票、包场演出或民族地区免费演出的艺术表演观众人次数，不包括彩排审查和内部观摩演出的观看人次数。该指标主要反映全国观看专业艺术表演团体演出的效益规模。

卫生、体育、民政、司法、测绘、标准计量

卫生机构 包括医疗机构、疾病预防控制中心(防疫站)、采供血机构、卫生监督及监测(检验)机构、医学科研和在职培训机构、健康教育所等。

医疗机构 包括医院、社区卫生服务中心(站)、疗养院、卫生院、门诊部、诊所(卫生所、医务室)、妇幼保健院(所、站)、专科疾病防治院(所、站)、急救中心(站)和临床检验中心。医疗机构分为非赢利性医疗机构和赢利性医疗机构。

医　院 包括综合医院、中医医院、中西医结合医院、民族医院、各类专科医院和护理院。

卫生技术人员 指卫生机构中医生、护理人员、药剂人员、检验人员等卫生技术人员。

医　生 指在医疗、预防保健机构工作且取得《执业医师证书》的执业医师和执业助理医师。

律　师 指依法取得律师执业证书，担任法律顾问,民事(刑事、行政)案件代理人、刑事案件辩护人、办理非诉讼业务,解答法律询问,代写法律事务文书等,为社会提供法律服务的人员。

公证人员 指在公证处工作的人员总称，包括公证处主任、副主任、公证员、公证员助理(助理公证员)和其他从事辅助性工作的人员。

公证文书 指公证处根据当事人申请，依照事实和法律,按照法定程序制作的,具有法律效力的司法证明文书。根据公证书用途和使用地,公证书分为国内公证书、国内经济公证书、涉外民事公证书、涉外经济公证书四类。

调解员 指在人民调解委员会担负调解民间纠纷工作的人员，包括调解委员会的委员和调解小组的调解员。该指标主要反映从事人民调解工作的人员数量。

调解民间纠纷 指调解委员会按照法律规定，根据自愿原则，用说服教育的方法调解民间发生的有关民事权利和义务争执的件数，包括调解成功数和调解未成功数。该指标主要反映人民调解委员会的工作量。

受理劳动争议案件数 指劳动争议仲裁委员会根据国家有关规定，对劳动争议当事人的申请予以审查,符合受理条件而正式立案、准备处理的劳动争议案件数。

国内旅游者人数 指我国大陆居民和在我国常住1年以上的外国人、华侨、港澳台同胞离开常住地在境内其他地方的旅游设施内至少停留一夜，最长不超过6个月的人数。

国际旅游(外汇)收入 指入境旅游的外国人、华侨、港澳同胞和台湾同胞在中国大陆旅游过程中发生的一切旅游支出，其对于国家来说就是国际旅游(外汇)收入。

环境保护

工业废水排放达标量 指报告期内废水中各项污染物指标都达到国家或地方排放标准的外排工业废水量,包括未经处理外排达标的,经废水处理设施处理后达标排放的，以及经污水处理厂处理后达标排放的。

工业废水排放达标率 指工业废水排放达标量占工业废水排放量的百分率,计算公式为：

$$工业废水排放达标率=\frac{工业废水排放达标量}{工业废水排放量}\times 100\%$$

城镇生活污水排放量指城镇居民每年排放的生活污水。用人均系数法测算。测算公式为：

$$\text{生活污水排放量}=\text{城镇生活污水排放系数}\times\text{市镇非农业人口}\times 365$$

城镇生活污水中化学需氧量(COD)产生量 指城镇居民每年排放的生活污水中的COD的产生量。用人均系数法测算。测算公式为：

$$\text{城镇生活污水中COD排放量}=\text{城镇生活污水中COD生产系数}\times\text{市镇非农业人口}\times 365$$

化学需氧量(COD) 测量有机和无机物质化学分解所消耗氧的质量浓度的水污染指数。

工业废气排放量 指报告期内企业厂区内燃料燃烧和生产工艺过程中产生的各种排入大气的含有污染物的气体的总量,以标准状态(273K,101325Pa)

计算。测算公式为：

$$\text{工业废气排放量}=\text{燃料燃烧过程中废气排放量}+\text{生产工艺过程中废气排放量}$$

生活及其他 SO_2 排放量 以生活及其他煤炭消费量和其含硫量为基础，根据以下公式计算：

$$\text{生活及其他}SO_2\text{排放量}=\text{生活及其他煤炭消费量}\times\text{含硫量}\times 0.8\times 2$$

工业 SO_2 排放量 指报告期内企业在燃料燃烧和生产工艺过程中排入大气的 SO_2 总量，计算公式为：

$$\text{工业}SO_2\text{排放量}=\text{燃料燃烧过程中}SO_2\text{排放量}+\text{生产工艺过程中}SO_2\text{排放量}$$

工业烟尘排放量 指企业厂区内燃料燃烧过程中产生的烟气中夹带的颗粒物排放量。

生活及其他烟尘排放量 指除工业生产活动以外的所有社会、经济活动及公共设施的经营活动中燃烧所排放的烟尘纯重量。以生活及其他煤炭消费量为基础进行测算。

工业粉尘排放量 指企业在生产工艺过程中排放的能在空气中悬浮一定时间的固体颗粒物排放量。如钢铁企业的耐火材料粉尘、焦化企业的筛焦系统粉尘、烧结机的粉尘、石灰窑的粉尘、建材企业的水泥粉尘等。不包括电厂排入大气的烟尘。

工业固体废物产生量 指报告期内企业在生产过程中产生的固体状、半固体状和高浓度液体状废弃物的总量，包括危险废物、冶炼废渣、粉煤灰、炉渣、煤矸石、尾矿、放射性废物和其他废物等；不包括矿山开采的剥离废石和掘进废石（煤矸石和呈酸性或碱性的废石除外）。酸性或碱性废石指采掘的废石其流经水、雨淋水的 pH 值小于 4 或 pH 值大于 10.5 者。

危险废物 指列入国家危险废物名录或根据国家规定的危险废物鉴别标准和鉴别方法认定的，具有爆炸性、易燃性、易氧化性、毒性、腐蚀性、易传染疾病等危险特性之一的废物。

工业固体废物综合利用量 指报告期内企业通过回收、加工、循环、交换等方式，从固体废物中提取或者使其转化为可以利用的资源、能源和其他原材料的固体废物量（包括当年利用往年的工业固体废物贮存量），如用作农业肥料、生产建筑材料、筑路等。综合利用量由原产生固体废物的单位统计。工业固体废物综合利用率指工业固体废物综合利用量占工业固体废物产生量（包括综合利用往年贮存量）的百分率。计算公式为：

$$\text{工业固体废物综合利用率}=\frac{\text{工业固体废物综合利用量}}{\text{工业固体废物产生量}+\text{综合利用往年贮存量}}\times 100\%$$

工业固体废物贮存量 指报告期内企业以综合利用或处置为目的，将固体废物暂时贮存或堆存在专设的贮存设施或专设的集中堆存场所内的数量。专设的固体废物贮存场所或贮存设施必须有防扩散、防流失、防渗漏、防止污染大气、水体的措施。工业固体废物处置量指报告期内企业将固体废物焚烧或者最终置于符合环境保护规定要求的场所，并不再回取的工业固体废物量（包括当年处置往年的工业固体废物贮存量）。处置方式有填埋（其中危险废物应安全填埋）、焚烧、专业贮存场（库）封场处理、深层灌注、回填矿井及海洋处置（经海洋管理部门同意投海处置）等。

工业固体废物排放量 指报告期内企业将所产生的固体废物排到固体废物污染防治设施、场所以外的数量，不包括矿山开采的剥离废石和掘进废石（煤矸石和呈酸性或碱性的废石除外）。

"三废"综合利用产品产值指报告期内利用"三废"作为主要原料生产的产品价值（现行价）；已经销售或准备销售的应计算产品价值，留作生产自用的不应计算产品价值。

中国统计出版社最新图书简目

（仅供参考，以最后出书为准）

统计资料

综合类：中国统计年鉴　中国统计摘要　中国发展报告

国际资料类：国际统计年鉴　金砖国家联合统计手册　世界能源资源年鉴

区域资料类：中国区域经济统计年鉴　中国县域统计年鉴　中国城市统计年鉴　中国农村统计年鉴　中国地区经济监测报告

经贸与投资类：中国贸易外经统计年鉴　中国对外直接投资统计公报　中国商品交易市场统计年鉴　大中型批发零售和住宿餐饮企业统计年鉴　中国零售和餐饮连锁企业统计年鉴

住户与物价类：中国住户调查年鉴　中国价格统计年鉴　中国农产品价格调查年鉴　全国农产品成本收益资料汇编

资源与环境类：中国环境统计年鉴　中国能源统计年鉴

产业类：中国工业统计年鉴　中国建筑业统计年鉴　中国房地产统计年鉴　中国第三产业统计年鉴　中国证券期货统计年鉴

科技类：中国科技统计年鉴　中国高技术产业统计年鉴　工业企业科技活动资料

人口与就业类：中国劳动统计年鉴　中国人口和就业统计年鉴　中国人才资源统计报告

社会与文化类：中国社会统计年鉴　中国文化及相关产业统计年鉴

公共管理类：中国民政统计年鉴　中国民族统计年鉴　中国乡镇街道行政区域简册

省级综合统计年鉴系列

北京　天津　河北　山西　内蒙古　辽宁　吉林　黑龙江　上海　江苏　浙江　安徽　福建　江西　山东　河南　湖北　湖南　广东　广西　海南　重庆　四川　贵州　云南　西藏　陕西　甘肃　青海　宁夏　新疆　新疆生产建设兵团

市(县)级综合统计年鉴系列

天津滨海新区　石家庄　唐山　邯郸　太原　大同　阳泉　长治　晋城　朔州　晋中　运城　忻州　临汾　呼和浩特　鄂尔多斯　包头　沈阳　大连　长春　吉林市　四平　哈尔滨　黑龙江垦区　上海浦东新区　南京　无锡　徐州　常州　苏州　南通　连云港　淮安　盐城　扬州　镇江　泰州　宿迁　江阴　丹阳　杭州　宁波　温州　嘉兴　绍兴　金华　衢州　舟山　台州　丽水　合肥　福州　厦门　宁德　福州经济技术开发区　南昌　济南　青岛　郑州　洛阳　平顶山　三门峡　南阳　武汉　十堰　荆州　宜昌　荆门　咸宁　长沙　广州　深圳　惠州　东莞　南宁　柳州　桂林　来宾　海口　三亚　成都　贵阳　昆明　西安　兰州　庆阳　银川　乌鲁木齐　兵团一师　兵团十师

调查年鉴系列

山西　内蒙古　吉林　辽宁　上海　福建　湖北　广西　重庆　四川　云南　甘肃　宁夏　新疆　南宁　桂林

“十二五”规划教材

统计学（经济管理类专业本科适用，单薇 等）　抽样调查理论与方法（冯士雍 等）

贝叶斯统计（茆诗松 等）　统计学（黄良文 等）　试验设计（茆诗松 等）

统计学：从数据到结论（吴喜之）　医学统计学（于浩）　统计学（经济、管理类专业基础教材，张小斐）

概率论与数理统计三十三讲（魏振军）　概率论与数理统计三十三：学习指导与习题解答（魏振军）

非参数统计（吴喜之 等）　统计学：经济与管理中的数据分析（李慧云 等）

卫生管理统计学（新编医学院校基础课教材，尚磊）　医院统计学（新编医学院校基础课教材，徐天和 等）

社会统计学（蒋萍 等）　现代金融投资统计分析（李腊生 等）

国民经济核算初级教程（经济类、统计类、管理类专业适用，蒋萍 等）

重点图书

新中国 65 年　新编英汉汉英统计大词典　中华医学统计百科全书

挑大学选专业 2014- 考研择校指南　挑大学选专业 2014- 高考志愿填报指南